Betty Mahmoody/Arnold D. Dunchock

Aus Liebe zu meiner Tochter

Betty Mahmoody
Arnold D. Dunchock

Aus Liebe zu meiner Tochter

Die Zeit nach der Flucht

Aus dem Amerikanischen von
Annette Burkhardt, Gabriele Burkhardt,
Horst Lauer

Gustav Lübbe Verlag

Titel der amerikanischen Buchausgabe:
For the Love of a Child
Originalverlag: St. Martin's Press, 175 Fifth Avenue,
New York, N. Y. 10010
Aus dem Amerikanischen von Annette Burkhardt,
Gabriele Burkhardt, Horst Lauer

Redaktionelle Bearbeitung: Wolfram Ströle und
Bernd Rullkötter
Umschlaggestaltung: Rolf Mallat, Troisdorf, und Manfred
Peters, Bergisch Gladbach, unter Verwendung eines
Fotos von Betty Mahmoody (Hicks Studio)
Satz: Büro Dr. Ulrich Mihr, Tübingen
Druck und Einband: Franz Spiegel Buch GmbH, Ulm

Printed in Germany
ISBN 3-7857-0628-6

1. Auflage September 1992
2. Auflage September 1992
3. Auflage November 1992
4. Auflage Dezember 1992
5. Auflage Dezember 1992
6. Auflage Januar 1993
7. Auflage Januar 1993

Widmung

Dieses Buch widme ich all jenen Kindern,
die entführt und in fremde Länder gebracht wurden,
und denen, die mit der Angst davor leben.

Inhalt

Danksagung der Autorin 9

ERSTER TEIL 11
1 Endlich wieder zu Hause 13
2 Eine böse Überraschung 34

ZWEITER TEIL 59
3 Tragische Fälle 61
4 Rechtsprechung in Pakistan 86
5 Außer Reichweite 141
6 Grenzübertritt 165
7 Zwischen Hoffen und Bangen 201

DRITTER TEIL 237
8 Die Mütter von Algier 239
9 Die Erfüllung eines Gelöbnisses 277
10 Moodys Reaktion 296
11 Die Hilferufe werden gehört 328
12 Eine Welt für Kinder 336

Nachbemerkung 345

Danksagung der Autorin

Ich hatte das Glück, im Jahre 1986 mit der Agentur William Morris in Kontakt zu kommen. Die Menschen, mit denen ich dort zu tun hatte, haben für mich mehr getan als nur ihre Arbeit und mein Leben nachhaltig beeinflußt. Sie standen mir in meinem neuen Beruf als Schriftstellerin beratend zur Seite, halfen mir durch ihr Vertrauen, meine Selbstachtung wiederzuerlangen, und wurden sehr gute Freunde, die mir auch privat nahestehen.

Mein literarischer Agent Michael Carlisle erwies sich als wahrer Freund, der in guten wie in schlechten Zeiten für uns da war. Wann immer es Grund gab, sich um unsere Sicherheit zu sorgen, stand Michael uns mit Rat und Tat zur Seite. Mehr als einmal beruhigte er uns und half uns, eine Situation zu meistern. Er war für mich Beschützer, geschäftlicher Berater und geistiger Betreuer in einem.

Marcy Posner war für mich von unschätzbarem Wert: Sie öffnete mir den Zugang zu einem weltweiten Markt. Wir verstehen uns sehr gut, da sie eine Tochter im Alter von Mahtab hat.

Randy Chaplin glaubte an meine Fähigkeit, Vorträge halten zu können, und verhalf mir so zu einer Tätigkeit, die mir große Freude bereitet. Darüber hinaus bietet sie mir die Möglichkeit, ständig neue und interessante Leute kennenzulernen.

Mein französischer Lektor Antoine Audouard von der Editions Fixot ist der geistige Vater dieses Buches. Von Anfang an erkannte er die Bedeutung des Problems der elterlichen Kindesentführung und förderte das Buch, wo immer er konnte. So schlug er vor, ich solle nach Frankreich kommen und dort arbeiten, um ungestört zu sein. Durch Antoine lernte ich die Mütter von Algier kennen, die für mich eine alles überragende Entdeckung waren. Antoine hat bei der Arbeit an diesem Buch Unschätzbares geleistet und mitgeholfen, daraus etwas Richtiges zu machen.

Anja Kleinlein vom Gustav Lübbe Verlag ist für Mahtab und mich inzwischen mehr als nur die Lektorin der deutschsprachigen Ausgabe meiner Bücher. Wir haben sie als Familienmitglied aufgenommen, weil wir sie gerne haben und sie zu einem wichtigen Bestandteil unseres Lebens geworden ist. Anja setzte sich mit Leib und Seele für mich ein, als das Interview mit Moody im deutschen Fernsehen ausgestrahlt wurde und man mich in Deutschland lautstark angriff.

Tom Dunne von St. Martin's Press war mir bei diesem Buchvorhaben eine enorme Hilfe und verwandte viel Zeit und Sorgfalt auf die Redaktion und Gestaltung. Sein Interesse an dem Thema, geweckt durch mein erstes Buch *Nicht ohne meine Tochter*, freut mich ganz besonders.

Aufgrund der ausgezeichneten Mitarbeit von Jeff Coplon ist dieses Buch so geworden, wie ich es mir gewünscht habe. Er half mir beim Schreiben der Geschichten und brachte dabei seinen journalistischen Scharfblick und Sachverstand ein.

Mahtab und ich hatten das Glück, nach dem in *Nicht ohne meine Tochter* beschriebenen Alptraum mit offenen Armen empfangen zu werden und unsere schrecklichen Erlebnisse dahingehend nutzen zu können, das Leben anderer auf positive Weise zu beeinflussen. Dadurch gewannen wir unzählige neue Freunde und begegneten vielen, die unser Leben in einer Weise bereicherten, daß wir immer daran denken werden.

Dies ist eine wahre Geschichte.

Die Charaktere sind authentisch, die Ereignisse real. Allerdings wurden die Namen und Details, anhand derer bestimmte Personen identifiziert werden könnten, geändert. Sie und ihre Familien sollen nicht von den Regierungen ihrer Länder verhaftet und hingerichtet werden. Davon betroffen sind Don und Miriam, Sarah, Beverly und Sabrina, Meg, Fereshteh und Kayvan sowie Marilyn und Feridun.

Nelson Bates' Name wurde geändert, um meinen Aufenthaltsort geheimzuhalten.

Erster Teil

1

Endlich wieder zu Hause

Mittwoch, 5. Februar 1986.

»Mommy, schau mal, die amerikanische Fahne!« rief Mahtab, als wir uns der amerikanischen Botschaft in Ankara näherten. Ihr Atem blieb als weiße Wolke in der Luft stehen. Ich spürte meine Füße kaum noch. Mit jedem Schritt erinnerten uns unsere schmerzenden Glieder an den Marsch, den wir gerade hinter uns hatten. Fünf Tage hatte es gedauert, bis wir zu Fuß und zu Pferd die Berge, die den Iran von der Türkei trennen, überquert hatten – Schmuggler hatten uns den Weg gewiesen und so unsere Flucht ermöglicht. Ich war 40 Jahre alt und hatte eine sechsjährige Tochter. Wir waren beide am Ende unserer Kräfte.

Während der vergangenen 18 Monate, in denen Mahtab und ich im Iran gefangen gewesen waren, hatten wir die amerikanische Fahne nur auf Fotografien zu Gesicht bekommen. Auf diesen Fotos war immer das gleiche zu sehen: Die Fahne wurde entweder schändlich verbrannt, oder man hatte sie mit groben Strichen auf den Zementboden einer Schule gemalt, damit die Kinder vor dem Betreten des Klassenzimmers auf ihr herumtrampeln und auf sie spucken konnten. Daß die Fahne an jenem denkwürdigen Tag über unseren Köpfen frei im Wind flatterte, bedeutete etwas ganz Besonderes für mich: Sie war das Symbol unserer Befreiung.

In den letzten anderthalb Jahren hatte ich oft gefürchtet, diesen Anblick nie wieder zu erleben. Im Juli 1984 hatten Mahtab und ich Sayyed Bozorg Mahmoody, meinen im Iran geborenen Mann, auf einem, wie er versprach, zweiwöchigen Besuch in seiner Heimat begleitet. Erst nach unserer Ankunft erklärte Moody – so nannten ihn alle –, daß wir für immer im Iran bleiben würden. Meine Tochter und ich waren von meinen beiden Söhnen im Teenageralter, die aus meiner früheren Ehe stammten, getrennt – eine halbe Welt von meinen Eltern, unseren Freunden, von allem entfernt, was uns teuer und vertraut war.

Am schlimmsten für mich war die Entdeckung, daß ich die Kontrolle über mein Schicksal verloren hatte. Nach der fundamentalistischen islamischen Gesetzgebung des Iran galten Mahtab und ich als iranische Bürger, und Moody war unser absoluter Gebieter. Wir konnten das Land nicht ohne seine schriftliche Erlaubnis verlassen. Ohne diese Erlaubnis waren wir gezwungen, unser ganzes Leben dort zu verbringen, obwohl Moody immer unberechenbarer wurde und er Mahtab und mich immer öfter und heftiger verprügelte.

Ich hatte den Iran nicht auf diese Weise verlassen wollen. Alle Versuche jedoch, mich mit Moody zu verständigen, waren fehlgeschlagen. Drei Wochen zuvor hatte ich ihn gebeten, er solle seine Entscheidung, uns im Iran zurückzuhalten, nochmals überdenken. »Bitte, Moody«, flehte ich, »sag in fünf Jahren oder in zehn Jahren, aber sag nicht nie. Wenn du nie sagst, habe ich nichts mehr, wofür ich leben kann.«

Seine Antwort war: »*Nie!* Ich will nie mehr etwas von Amerika hören.« Ich wußte, daß er meinte, was er sagte.

In den darauffolgenden Tagen faßte ich die wohl folgenschwerste Entscheidung meines Lebens: Wir mußten uns von Moody trennen, um jeden Preis. Es war mir klar, daß Mahtab und ich unser Leben riskierten, wenn wir versuchten, im Februar das Gebirge zu überqueren. Selbst die Schmuggler hielten die Berge zu dieser Zeit für unpassierbar. Es gab viele Gefahren. Wir konnten erfrieren oder in eine Schlucht stürzen. Unsere Führer konnten uns ausrauben und im Stich lassen oder uns an die iranischen Behörden ausliefern. Das war die schrecklichste Aussicht, denn ich konnte dafür hingerichtet werden, daß ich einem Vater das Kind weggenommen hatte.

Dennoch fühlte ich eine unheimliche Ruhe, einen völligen Frieden in mir, wenn ich daran dachte, was wir tun würden. Ich hatte erfahren müssen, daß es Schlimmeres gab, als zu sterben. Am Tag unserer Flucht eröffnete Moody unserer Tochter, daß sie mich nie mehr wiedersehen würde. Er hatte für mich allein – bereits für den übernächsten Tag – einen Flug in die Vereinigten Staaten gebucht. Mir war klar, daß uns keine andere Wahl blieb: Wir mußten fliehen. Und Mahtab, die in den letzten Tagen erlebt hatte, wie die Grausamkeit ihres Vaters erneut und heftiger denn je durchbrach, war zu derselben Entscheidung gelangt.

Acht Tage später, im Foyer der amerikanischen Botschaft, war ich am Ende meiner Kraft. Müde sah ich den Konsul an, der mir erklärte, daß ich unsere Pässe vermutlich bei der Polizei in Ordnung bringen lassen müßte.

»Bitte, tun Sie das für mich«, bat ich, »ich habe Angst, zur Polizei zu gehen.« Unsere neuen amerikanischen Pässe, die wir von der Schweizer Botschaft in Teheran bekommen hatten, trugen keine Einreisestempel. Nach türkischem Gesetz waren wir illegale Einwanderer. Die Polizei konnte mich einsperren – das bedeutete eine Trennung, die Mahtab und ich nicht durchstehen würden. Man konnte uns sogar an den Iran ausliefern.

Der Konsul war bereits vom amerikanischen Außenministerium über unsere Notlage informiert worden und hatte offensichtlich Mitleid mit uns, wie wir so erschöpft dasaßen. Er meinte: »Ich kann nichts garantieren, aber ich werde sehen, was ich tun kann.«

Da es einige Zeit in Anspruch nehmen würde, unsere Reisedokumente in Ordnung zu bringen, schlug er uns vor, in der Zwischenzeit Ankara zu besichtigen. *Nein, danke!* Wir hatten in Teheran die Luftangriffe des Irak auf den Iran überlebt. Wir waren den Gewehrkugeln kurdischer Rebellen entgangen. Wir hatten in fünf Tagen diese gefährlichen Berge überquert, und wir hatten kaum etwas gegessen und kaum geschlafen. Nach alledem wollte ich Moody jetzt nicht die Gelegenheit bieten, uns während eines Stadtbummels in Ankara zu schnappen. Fürs erste war ich genau da, wo ich sein wollte, nämlich sicher im Schutz der amerikanischen Fahne.

Ich hatte noch einen anderen zwingenden Grund, weshalb ich sofort weiterreisen wollte: Wenige Tage bevor wir den Iran verließen, hatte sich mein Vater einer lebensgefährlichen Darmkrebsoperation unterzogen. Auf der Flucht hatte ich keine Möglichkeit gehabt herauszufinden, ob er noch am Leben war. Am vorangegangenen Abend hatte ich von unserem Hotel in Ankara aus mit ihm telefoniert und fürchtete nun, er könne den Tag nicht überstehen. Er hatte mich gedrängt, schnell nach Hause zu kommen, und ich war entschlossen, bei ihm zu sein, bevor es zu spät war.

»Ich will den ersten Flug nach Hause!« sagte ich zu dem Konsul.

Die türkische Polizei war nur das letzte einer langen Reihe möglicher Hindernisse. Mahtab und ich wußten, daß wir den Iran ohne die schriftliche Erlaubnis meines Mannes nie legal hätten verlassen können. Auf der Fahrt von Teheran zur Grenze war unser Wagen oft von der Sicherheitspolizei zu einer routinemäßigen Kontrolle angehalten worden. Jedesmal, wenn sich ein Wachposten dem Fahrzeug näherte, blieb mir fast das Herz stehen. Im klaren Bewußtsein, daß dies das Ende sein konnte, verkroch ich mich hinter meinem Tschador, um jedwede Tarnung, die er mir bieten mochte, nach Kräften auszunutzen. Aus irgendeinem Grund fragte man uns nie nach unseren Ausweisen.

Wir hatten auch in der Türkei Glück, als wir mit dem Bus von der Gebirgsstadt Van nach Ankara fuhren. Ich sah, daß andere Busse am Straßenrand parkten; die Fahrgäste waren ausgestiegen und präsentierten der Kontrolle ihre Papiere. Auch unser Bus wurde immer wieder angehalten; Männer in Khaki-Uniformen stiegen ein und sprachen kurz mit dem Fahrer, aber sie winkten uns anschließend jedesmal durch. Erst als wir in einem Hotel in Ankara gegenüber der amerikanischen Botschaft ein Zimmer nehmen wollten, wurden wir nach unseren Papieren gefragt.

Es gibt keine Erklärung dafür. Ich glaube, daß wir durch Gottes Hand gerettet wurden.

Wir wurden vom Konsul und vom Vizekonsul in die amerikanische Botschaft zum Mittagessen eingeladen. Das in Aussicht gestellte Essen begeisterte uns: Cheeseburger mit Pommes frites! Als wir vor dem monumentalen Tor des amerikanischen Botschaftsgebäudes standen, das forsch von zwei Wachposten der Marine aufgerissen wurde, entstand eine Verzögerung, weil ich unwillkürlich den Männern den Vortritt lassen wollte.

»Nach Ihnen«, sagte der Konsul.

»Nein, nach Ihnen«, wiederholte ich mechanisch.

»Nach Ihnen«, sagte der Vizekonsul.

»Nach *Ihnen*«, beharrte ich. Die Komödie, die von den Marx Brothers hätte sein können, endete erst, als mir bewußt wurde, daß ich im Iran gewohnheitsmäßig hinter Moody und den anderen Männern hergegangen war. Niemand hatte mir das sagen müssen; ich tat einfach, was Millionen Frauen um mich herum taten. Es dauerte noch Monate, bis ich es wieder als normal empfand, einem Mann durch die Tür voranzugehen.

Als wir in der Botschaft auf Nachricht von der türkischen Polizei warteten, zeichnete Mahtab ein Bild von einem Boot auf dem Thunder Bay River, der hinter unserem Haus in Michigan vorbeifließt. Im Hintergrund zeichnete sie mehrere Bergketten, und sie sagte: »Ich will *nie* mehr Berge sehen.«

Dann kam der Konsul zurück; man sah ihm an, daß er Erfolg gehabt hatte. »Es ist alles in Ordnung, Sie können jetzt nach Hause fliegen!«

Sechs Stunden später saßen wir im Flugzeug. Da wir keinen Direktflug nach New York bekommen hatten, bezahlte die Luftfahrtgesellschaft für Unterkunft und Verpflegung im Münchner Sheraton. Trotz der Verlockungen einer westlichen Speisekarte brachten wir keinen Bissen hinunter, so sehr litten wir noch unter der Anspannung der vergangenen Tage, von unseren geschrumpften Mägen ganz zu schweigen. Ich überredete Mahtab immerhin dazu, eine Portion Himbeeren zu bestellen. Über die Schale hinweg sagte sie mit einem schlauen Lächeln: »Mommy, du nimmst mich auf den Arm! Ich weiß, daß wir in Michigan sind, denn das sind *echte* Himbeeren.«

Da wir am Kennedy Airport mit Verspätung eintrafen, verpaßten wir den letzten Anschlußflug nach Detroit. Wir passierten den Zoll und machten uns dann gleich zu dem Flugsteig auf, von dem aus am nächsten Morgen der erste Flug gehen sollte. Wir waren fast zu Hause, aber ich fühlte mich immer noch allein und verletzlich. Die Nacht würde Moody eine Chance geben, die Entfernung zwischen uns zu verkürzen. Mißtrauisch beäugte ich jeden, der vorbeiging.

Als wir zum Flugsteig der Northwest Airlines kamen, war der Flughafen wie verlassen. Ich machte es Mahtab auf den Plastikstühlen so bequem wie möglich und begann dann meine Nachtwache. So müde ich war, ich wagte nicht zu schlafen und meine Tochter unbeobachtet zu lassen. Auch Mahtab schlief nicht viel, aber sie beklagte sich nicht. Ich sah die Müdigkeit in ihrem Gesicht und dachte bei mir, wie bemerkenswert sie doch war, wie reif, geduldig und gefaßt. Es gibt viele Eltern, die für ihr Kind das gleiche getan hätten wie ich. Aber es gibt nicht viele Sechsjährige, die ausgehalten hätten, was Mahtab ausgehalten hatte. Ich war stolz darauf, ihre Mutter zu sein – und dankbar, daß ich mein Versprechen, den Iran nicht ohne sie zu verlassen, hatte halten können.

Als der Flugkapitän am nächsten Morgen den Anflug auf den Metropolitan Airport von Detroit ankündigte, wachte Mahtab auf. Sie glaubte, nicht recht gehört zu haben. »Hat er wirklich Detroit gesagt?« wollte sie wissen.

Wir rannten beide die Rampe hinunter. Michigan! Freiheit! Familie! Sicherheit! Wir wurden von einem halben Dutzend Verwandter begrüßt. Als ich zwei Tage vorher von München aus angerufen hatte, hatten sie mich gefragt, was ich am meisten vermißt hätte. Mir fiel nichts anderes ein als ... *Snickers!* Ich hatte sicher noch nie mehr als ein oder zwei Snickers im Jahr gegessen, aber jetzt hatte ich plötzlich beide Arme voller Tüten mit Schokoladeriegeln, die für den Rest meines Lebens an Halloween für sämtliche Nachbarskinder reichen würden.

Mahtab bekam zwei Puppen geschenkt: eine Cabbage Patch Doll und eine Puppe ganz in Violett, Mahtabs Lieblingsfarbe. Im Iran hatte Mahtab immer gefragt: »Wenn wir hier rauskommen, gehen wir dann gleich drei Tage lang zu McDonald's, bevor wir zu den Großeltern fahren?« Jetzt, da wir tatsächlich zurückgekehrt waren, dachte sie nicht mehr an McDonald's. Sie wollte nur noch heim und alle begrüßen.

Am Flughafen vermißte ich sofort meine beiden Söhne Joe und John. Sie waren erst von unserer Ankunft benachrichtigt worden, als wir in Detroit landeten. Die Nerven eines jeden Familienmitglieds waren zum Zerreißen gespannt gewesen; niemand hatte gewagt, an unsere Ankunft zu glauben, und niemand wollte Joe und John am Ende enttäuschen.

Alle, die zur geplanten Ankunftszeit am Abend vorher nach Detroit gekommen waren, um uns abzuholen, hatten die Nacht am Flughafen verbracht. Als wir nicht wie geplant ankamen, begann eine meiner Schwestern zu schreien. Sie war überzeugt, daß etwas Schreckliches passiert sein mußte, daß wir irgendwie abgefangen worden waren.

Als wir an jenem Freitagmorgen endlich ankamen, waren wir völlig erschöpft. Doch die Aufregung hielt uns wach, und als wir über die vereiste Autobahn heimwärts fuhren, sah ich die mir so vertraute Landschaft mit neuen Augen. Berge frischen Schnees säumten die Straßen. Meine Heimat war für mich schon immer etwas ganz Besonderes gewesen, aber so schön wie heute hatte Michigan noch nie ausgesehen.

Endlich erreichten wir das Farmhaus meiner Eltern im ländlichen Bannister. Wir fuhren die gewundene, ungepflasterte Einfahrt hinauf, und an der Größe der Bäume sah ich, wie lange wir fort gewesen waren. Jahre zuvor hatte ich Dad geholfen, um das Haus Dutzende kleiner Kiefern zu pflanzen. Wenn man einen Baum jeden Tag zu Gesicht bekommt, fällt einem nicht auf, daß er wächst. Aber diese Kiefern waren ungeheuer gewachsen, seit ich sie das letzte Mal gesehen hatte. Sie machten mir plötzlich bewußt, was mich erwartete, wie viel mir vom Leben meiner Söhne und von Dads hartnäckigem Überlebenskampf entgangen war.

Das Haus hatte drei Ebenen. Vom Treppenabsatz am Eingang stiegen wir sechs Stufen zur Küche hinauf. Als wir oben ankamen, erhielten wir das schönste Begrüßungsgeschenk, das wir uns vorstellen konnten: Aus dem Badezimmer zu unserer Linken ertönte ein schwaches »Buh!«. Wir spähten durch die halboffene Tür – und da war Dad, der sich schwer auf das Waschbecken stützte. Er hatte Mahtab so begrüßt, seit sie ein Baby war, und sie damit immer zum Lachen gebracht. Dad war zu krank, um aufzustehen, es hatte schon große Mühe gekostet, ihm ins Badezimmer zu helfen, aber er hatte unbedingt etwas Besonderes für seine Enkelin tun und dieses Ritual beibehalten wollen. Er wäre nicht dazu in der Lage gewesen, wenn die Liebe zu Mahtab ihm nicht die Kraft gegeben hätte. Mahtab wird ihm das nie vergessen.

Mom begrüßte uns in der Küche. Sie hatte Blaubeer- und Bananencremekuchen für uns gebacken, wie es sich Mahtab von München aus gewünscht hatte. Joe hatte man nicht erreichen können, aber mein jüngerer Sohn John war da. Er feierte in zwei Monaten seinen 16. Geburtstag und war 13 Zentimeter gewachsen, seit ich ihn das letzte Mal gesehen hatte. Nun war er viel größer als ich. John umarmte und küßte mich und konnte die Tränen nicht zurückhalten.

Wir gingen in das große Wohnzimmer, in dem das Klinikbett stand, an das mein Vater jetzt gefesselt war. Dad hatte sich wieder hingelegt. Vor seiner Krankheit war er kräftig und stämmig gewesen, ungefähr einen Meter sechzig groß und 80 Kilo schwer. Er war immer ein Energiebündel gewesen und wurde so gut wie nie müde. Als ich zu meinem »kurzen Besuch« in den Iran aufbrach, befand sich seine Krebserkrankung in fortgeschrittenem Stadium, aber man sah es ihm nicht an. Dad hatte zwar seinen Job im Montagewerk einer Autofabrik aufgegeben und sich pensionieren lassen, aber er war immer auf den Beinen, steckte in Arbeitskleidern, kümmerte sich um den Garten oder mähte den Rasen. Danach ruhte er sich gern auf einem Liegestuhl im Garten aus und verfolgte im Radio die Baseballspiele seiner geliebten »Tigers« aus Detroit.

Zur Zeit meiner Abreise im Jahr 1984 waren die »Tigers« auf Siegeskurs gewesen. In den nächsten anderthalb Jahren hatte ich mich immer erkundigt, wenn ein iranischer Bekannter von einer Reise in die Staaten zurückkehrte, wie es den »Tigers« ging und wer die Meisterschaft gewonnen hatte. Niemand schien zu verstehen, wovon ich sprach. Ein Brief von John mit der Nachricht, daß Detroit gewonnen hatte, kam nie bei mir an.

In den letzten anderthalb Jahren hatte der Krebs von Dad einen schrecklichen Tribut gefordert. Dad war bis aufs Skelett abgemagert und wog nur noch 36 Kilo. Er sah aus wie das Opfer einer Hungersnot. Während der Chemotherapie waren ihm die meisten Haare ausgefallen, und die verbliebenen – einst graumeliert – waren weiß geworden. Dad trug einen zu groß gewordenen Schlafanzug und lag auf dem Rücken ausgestreckt im Bett. Er hatte kaum die Kraft, den Kopf in unsere Richtung zu drehen. Über einen Schlauch bekam er Sauerstoff. Immer noch keuchte er von der Anstrengung, die das Aufstehen und die Begrüßung ihm verursacht hatten. Ich sollte ihn nie mehr angekleidet sehen.

Dad hatte verbissen gekämpft, um diesen Tag noch zu erleben. Hartnäckig hatte er sich ans Leben geklammert. Obwohl der Krebs seinen Körper allmählich auffraß, gab Dad nicht auf. Während der ganzen schrecklichen Zeit war er der einzige in meiner Familie gewesen, der wirklich daran glaubte, daß Mahtab und ich einen Weg zur Flucht finden würden. Er hatte von mir *erwartet*, daß ich zurückkehren würde, und in all den Jahren hatte ich seine Erwartungen nur selten enttäuscht.

Er sah zu mir auf und lächelte. »Ich wußte, daß du es schaffst«, flüsterte er. »Du bist stark.« Ich sollte im Lauf der nächsten sechs Jahre noch viele Auszeichnungen erhalten, aber dieses Lob war für mich das höchste.

Jeder wollte mir gleich aufgeregt erzählen, was sich während meiner anderthalbjährigen Abwesenheit zu Hause zugetragen hatte. Das freute mich zwar, aber ich war zu erschöpft, um die Aufmerksamkeit, die mir zuteil wurde, genießen zu können. Nach allem, was ich durchgemacht hatte, sah ich die Dinge aus einer anderen Perspektive. Ich fand keinen Gefallen mehr an Small talk.

Offensichtlich wollte keiner in meiner Familie hören, was Mahtab und mir im Iran zugestoßen war, und niemand nahm dazu Stellung. Sobald ich auf mein Leben in Teheran zu sprechen kam, lenkten sie ab und sagten, das sei zwar alles schlimm gewesen, aber ich sei doch nun zu Hause und solle diese schreckliche Zeit vergessen.

Mahtab und ich zogen zu meinen Eltern, da wir nicht wußten, wohin wir sonst gehen sollten. Die gesamte Familie übernahm die Rolle unserer Beschützer. Meine Angehörigen sind arglose Leute vom Land, die vorher nie die Türen abgeschlossen hatten; doch nun waren stets alle Riegel vorgeschoben. Das Gewehr meines Vaters war immer geladen, und die Erwachsenen hätten es im Notfall auch benutzt. Moody kannte das Haus meiner Eltern. Hier würde er uns zuerst suchen. Da es in diesen Situationen an gesetzlichem Schutz fehlt, würde ihn kaum etwas hindern können, Mahtab in den Iran mitzunehmen.

Im Lauf unserer ersten Woche daheim rief ich das FBI und den Chef der Bezirkspolizei an und erkundigte mich, inwieweit sie uns schützen könnten. Von beiden Stellen erhielt ich die gleiche Antwort: Sie könnten nur im nachhinein tätig werden. »Es klingt vielleicht kalt und unmenschlich«, sagte der FBI-Beamte, »aber wir können erst dann etwas tun, wenn ein Verbrechen bereits begangen worden ist.«

Wir litten alle unter der Anspannung. Wir hörten auf jedes ungewohnte Geräusch und beobachteten jeden fremden Wagen, der die Straße heraufkam. Wenn das Telefon klingelte und sich am anderen Ende der Leitung niemand meldete, befürchteten alle sofort das Schlimmste. Aus Angst, es könne Moody sein, gingen Mahtab und ich grundsätzlich nicht an den Apparat.

Als wir unsere Flucht aus dem Iran planten, hatte ich angenommen, Mahtab und ich könnten nach unserer Rückkehr in die Vereinigten Staaten untertauchen und uns eine neue Identität zulegen; damit würden wir unauffindbar sein. Doch ich wurde schwer enttäuscht, als ich wenige Tage nach unserer Rückkehr mit Teresa Hobgood – der Mitarbeiterin des US-Außenministeriums, die meinen Fall bearbeitete – darüber sprach, Mahtabs Namen zu ändern. Teresa erklärte mir, daß ich Mahtab zwar nennen könne, wie ich wolle, daß ihr Name ohne Erlaubnis des Vaters aber laut Gesetz erst nach ihrem 18. Geburtstag geändert werden dürfe. Außerdem müsse ich, wenn ich untertauchen wolle, woanders hinziehen und alle Kontakte zu Freunden und zu meiner Familie abbrechen. Nicht einmal meine Söhne dürfe ich dann noch anrufen.

Warum hatte ich den Iran überhaupt verlassen? Mit einem entbehrungsreichen Leben und den irakischen Luftangriffen hätte ich fertig werden können. Aber ich konnte nicht als Gefangene leben, und Mahtab durfte nicht in einer Gesellschaft aufwachsen, die sie dazu erzog, ein Leben in Gefangenschaft als normal zu empfinden.

Moody hatte uns im Iran gefangengehalten. Ich würde nicht zulassen, daß er uns auch in Amerika gefangenhielt.

Ich stellte noch eine Überlegung an. Im Iran hatte ich mehrere Frauen und Kinder kennengelernt, die in einer ähnlichen Lage waren wie ich. Ich hielt es für meine Pflicht, anderen die Tragweite interkultureller Beziehungen bewußt zu machen. Ich hatte zum Beispiel nicht gewußt, daß ich von dem Moment an, in dem ich Moody heiratete, auch wenn dies in meinem eigenen Land geschah, iranische Staatsangehörige geworden war. Das erfuhr ich erst, als ich mich an die Schweizer Botschaft in Teheran wandte und man mir dort sagte, man könne mir kein Asyl gewähren. Ich wollte, daß andere die richtigen Fragen stellten, bevor es zu spät war. Ich wollte andere von der Lektion profitieren lassen, die ich auf so bittere Weise hatte lernen müssen: Man kann die Rechte, die man in seinem Heimatland hat, nicht einfach in einen Koffer packen und mitnehmen.

Von der Regelung der Namensfrage einmal abgesehen, war eines klar: Ich brauchte Geld. Bei meiner Flucht hatte ich nichts mitnehmen können, und auch in Amerika war ich völlig mittellos. Moody hatte ungefähr einen Monat, nachdem wir in Teheran angekommen waren, unsere gesamten Ersparnisse, die hauptsächlich vom Verkauf unseres Hauses stammten, aus Michigan abgezogen. Nie hatte ich in der Vergangenheit jemanden um Geld gebeten, und ich wollte damit auch jetzt nicht anfangen. Ich kündigte meine kleine Altersversicherung, um uns vorerst über Wasser zu halten. Doch das würde nicht lange der Fall sein. Das Geld reichte nicht annähernd für die 12000 Dollar, die ich für unsere Flucht bezahlen mußte, geschweige denn für die Kapitalertragssteuer, die ich noch vom Verkauf unseres Hauses schuldete.

Trotz dieser negativen Bilanz und obwohl ich keine Arbeit und keinerlei Sicherheit hatte, war es mir wichtig, mein Versprechen zu halten und Amahl – einem iranischen Geschäftsmann – das Geld zurückzuzahlen, das er den Schmugglern gegeben hatte, die uns aus dem Iran schafften. Gegen den Rat von Freunden ging ich in Alpena zur National Bank of Detroit und schilderte dem stellvertretenden Direktor Francis Flanders, wie Amahl mir vertraut und sein Leben für uns aufs Spiel gesetzt hatte. Mit 12000 Dollar in der Tasche verließ ich die Bank und ging direkt zur Western Union, wo ich das Geld telegrafisch auf ein Konto »irgendwo auf der Welt« überwies. Daß Mr. Flanders mir in jener verzweifelten Lebenssituation vertraut hat, werde ich ihm nie vergessen.

Daß ich ein Buch über den Iran schreiben würde, war mir von dem Tag an klar, als ich in Teheran aus dem Flugzeug in die erdrückende Hitze trat, ein Gewirr schriller Stimmen hörte und die gehorsamen Legionen von Frauen in ihren langen, fließenden, schwarzen Tschadors sah, die meist nur ein Auge freiließen. Moody hatte seine Heimat 1959 verlassen, als der Iran noch ein westlich geprägtes Land unter der Regierung des Schahs war. Nichts in meinen zwölf Jahren mit Moody hatte mich auf das vorbereiten können, was ich dort erlebte. Ich hatte viele Fotos des Iran vor der Revolution gesehen – darunter Bilder von Frauen mit modernen Frisuren und kurzen Röcken –, und ich war bestürzt, wie sehr sich das Land nach Ajatollah Khomeinis Machtübernahme verändert hatte.

Obwohl ich keinerlei Ausbildung als Schriftstellerin hatte, beschloß ich sofort, über diese so völlig andere Gesellschaft zu schreiben. Ich wollte darüber schreiben, wie sich ein Land nach der islamischen Revolution verändert hatte, aber auch darüber, was geblieben war: über Sitten und Gebräuche, das Essen, den Alltag des gewöhnlichen Menschen. Als Gast der Familie meines Mannes würde ich einen unschätzbaren Vorteil vor all denen haben, die das Land von einem Fünf-Sterne-Hotel aus erlebten. Ich würde zwar nur zwei Wochen lang im Iran sein, aber ich wußte, daß ich viel lernen konnte, wenn ich dazu bereit war.

Aus zwei Wochen wurden dann 80, und schließlich hatte ich mehr Stoff, als mir lieb war. Ich plante zwar nach wie vor, ein Buch zu schreiben, aber ich verschob das Projekt auf unbestimmte Zeit.

Am zweiten Abend nach unserer Rückkehr nach Michigan trat eine wichtige Veränderung in meinem Leben ein. Es war Samstagabend, und John, Mahtab und ich waren mit Karen McGinn und Doug Wenzel, Freunden aus Alpena, zum Essen verabredet. Wir hatten im Iran kein Auto gehabt, und ich saß nach anderthalb Jahren zum erstenmal wieder am Steuer. Es war verwirrend und wundervoll zugleich. Unser neuer, mitternachtsblauer Ford war vor unserer Abreise kaum benutzt worden, und ich genoß seine Fahreigenschaften und schwelgte in dem mit Samt ausgekleideten Innenraum. Was für ein Unterschied zu den eckigen, klapprigen Pakons, die die Straßen von Teheran verstopften!

Während wir mit unseren Freunden aßen, ließ meine innere Anspannung etwas nach, und ich konnte zum erstenmal darüber sprechen, was Mahtab und mir zugestoßen war. Für meine Familie war es allzu schmerzlich gewesen, sich die Einzelheiten unserer Qualen und unserer Flucht anzuhören, aber meine Freunde waren wie gebannt von dem, was wir erzählten. »Du mußt unbedingt ein Buch schreiben!« rief Karen, als ich geendet hatte.

»Das will ich ja«, sagte ich. »Aber zuerst muß ich Arbeit finden. Ich habe keinen Cent mehr.«

Doch Karen ließ nicht locker. »Mein Bruder arbeitet bei einem Verlag in Chicago. Soll ich ihn anrufen und fragen, wie man so was anfängt?«

»Klar«, sagte ich. Ich war schläfrig. Zwei Wochen lang hatte ich kaum ein Auge zugetan, und hier, in entspannter Atmosphäre und nach einem Glas Champagner, merkte ich plötzlich, wie müde ich war. Die Idee, ein Buch zu schreiben, klang noch sehr unwirklich.

Am Sonntag wurde mein älterer Sohn Joe 20, und ich freute mich wahnsinnig darauf, diesen Tag mit ihm feiern zu können. Als ich meiner Mutter half, das Mittagessen vorzubereiten und den Geburtstagskuchen zu backen, konnte Dad plötzlich nicht mehr richtig atmen. Wir riefen schnell Roger Morris, den Arzt meines Vaters, dann einen Krankenwagen. »Es sieht nicht gut aus«, sagte Roger. »Es ist überhaupt ein Wunder, daß er so lange durchgehalten hat.«

Ich war verzweifelt. Ich hatte so lange darauf gewartet, Dad zu sehen, und war von so weit gekommen – und jetzt sollte ich ihn verlieren? *Das ist nicht fair! Bitte, lieber Gott, laß ihn nicht sterben!* Dann machte ich mir Vorwürfe wegen meiner Selbstsucht. Im Iran hatte ich immer gebetet, daß Dad den Tag unserer Ankunft noch erleben möge, und die Gebete waren erhört worden. Aber je mehr Gott gab, desto mehr verlangte ich.

Am Montag, als Dads Zustand sehr kritisch war, erhielt ich einen Anruf von Steven Starr von der Agentur William Morris in New York. Karen war schnell gewesen. Steven klang begeistert: »Sie haben da eine unglaubliche Story, und wir würden gerne über die Möglichkeit eines Buches mit Ihnen sprechen.«

»Irgendwann später, nicht jetzt«, sagte ich, denn ich war erschöpft und wollte jede freie Minute mit Dad verbringen.

»Sie könnten damit wahrscheinlich eine Menge Geld verdienen«, fuhr Steven fort. Obwohl ich keinen Cent hatte, lehnte ich ab.

Am Dienstag rief Steven nochmals an und sagte: »Wir müssen unbedingt miteinander reden. Das ist eine unglaubliche Geschichte.« Er fügte hinzu, daß er sicher einen beträchtlichen Vorschuß für mich aushandeln könne. Und erst da wurde mir bewußt, daß ich ja, wenn ich ein Buch schrieb und damit Geld verdiente, zu Hause bleiben und Mahtab beaufsichtigen konnte. Dann hatte ich ja eine Arbeit!

Wir vereinbarten, uns einige Tage später in Detroit zu treffen. Zwar teilte ich die Sorge meiner Familie, was unsere Sicherheit anging, aber schließlich stimmte ich Steven zu, daß ein gewisses Maß an Berühmtheit durch mein Buch den besten Schutz bot: Wenn ich mit meiner Geschichte genug Menschen ansprechen und auch überzeugen konnte, würde Moody vielleicht zu eingeschüchtert sein, um weitere Schritte zu unternehmen.

Am Mittwoch, dem sechsten Tag nach meiner Rückkehr, bereitete sich Dad auf den elften chirurgischen Eingriff in fünf Jahren vor. Er mußte einen Darmverschluß operieren lassen.

Uns wurde gesagt, daß er die Operation vermutlich nicht überleben würde. Als alles vorbei war, sah der Arzt meine Mutter an und meinte: »Es ist, glaube ich, besser, wenn sie für eine Weile hier rauskommt.« Mein Bruder Jim fuhr sie heim. Kaum hatten sie das Haus betreten, als das Telefon klingelte. Mom nahm den Hörer ab und hörte eine wohlbekannte Stimme: »Barbara Walters am Apparat. Kann ich bitte Betty Mahmoody sprechen?« Sie wollte, daß ich in der Fernsehsendung *20/20* meine Geschichte erzählte! Als ich von dem Anruf hörte, dachte ich mir, daß Moms Herz doch stärker war, als die Ärzte glaubten.

Am Freitag – eine Woche nach meiner Rückkehr – ging ich zu einem Basketballspiel, in dem mein jüngerer Sohn John mitspielte. Seine Karriere im Football hatte ich verpaßt, als ich im Iran war. Begeistert feuerte ich ihn an.

Vor dem Spiel erklang die Nationalhymne, und alle standen auf. Es war das erste Mal seit meiner Rückkehr, daß ich die Hymne hörte. Ihre Worte hatten auf einmal eine ganz neue Bedeutung für mich. Tränen strömten mir übers Gesicht, und ich konnte vor Schluchzen nicht singen. Ich war so dankbar, rechtzeitig nach Hause gekommen zu sein, um John in seiner High-School-Mannschaft Basketball spielen zu sehen.

Inmitten all der Aufregung versuchte ich, mich wieder an mein altes Leben zu gewöhnen. Mit Mahtab und mir, John, Dads Krankenschwestern und dem vielen Besuch, den wir bekamen, platzte mein Elternhaus aus allen Nähten. Wir hatten weder den Platz noch die Zeit, uns zu einer Ruhepause zurückzuziehen.

Doch so beschäftigt wir auch waren, nie vergaßen wir das Wichtigste: Wir waren daheim. Schon bald machten wir eine Fahrt nach Alpena, einer Hafenstadt am Huron-See und der einzigen amerikanischen Stadt, an die Mahtab sich noch erinnerte. Dort riecht es nach den Dämpfen einer Fabrik, die Täfelungen herstellt. Als wir aus dem Auto stiegen, holte Mahtab tief Luft und meinte: »Ah, das riecht nach Zuhause – und hör doch, wie die Vögel singen!« Als Mahtab noch klein war, hatten sich immer wahre Vogelscharen um die Futterstellen in unserem Hof versammelt. Zu den ersten Worten, die meine Tochter sprach, gehörten Vogelnamen. Wir lauschten dem Gesang, und es war, als hätten wir alte Bekannte wiedergetroffen.

Bald nach dem Anruf von Barbara Walters kam ein Regisseur zu uns nach Michigan und entschied, was aufgenommen werden sollte. Wenige Tage später wurde für Mahtab, John und mich ein Flug nach New York gebucht, wo wir uns mit Barbara treffen sollten. Joe, mein Ältester, lehnte ab. Er wollte nicht berühmt werden.

Beim Anflug auf New York sah ich die Freiheitsstatue mit neuen Augen: Stolz erhob sie sich vor uns, und ich wußte jetzt besser, wofür sie stand.

Wir wohnten im Park Lane Hotel, mit Aussicht auf den Central Park. Unser Interview fand im Mayflower um die Ecke statt. Als wir den Raum betraten, versuchte der Kameramann, Mahtab von mir wegzulocken, doch Mahtab klammerte sich an meinen Rock, als ob es um ihr Leben ginge. »Komm her«, winkte der Mann. »Deine Mommy kann dort bleiben.« Er sagte Mahtab, sie könne mich durch die Kamera beobachten, aber meine Tochter dachte nicht daran, sich jemals wieder durch irgendwen von mir trennen zu lassen. Sie schrie und klammerte sich nur fester an mich. Es war keine leichte Aufgabe für John und mich, sie zu beruhigen, damit wir mit den Aufnahmen beginnen konnten.

Wir mochten Barbara sehr gern, und sie schien aufrichtig an unserer Geschichte interessiert zu sein. Als die Aufnahmen beendet waren, saß Mahtab bereits auf Barbaras Schoß und ließ sich küssen und umarmen.

Barbara hatte uns vorzügliche Plätze für das Broadway-Musical *Cats* reservieren lassen; wir saßen ganz vorn an der Bühne, und während der Vorstellung kamen Schauspieler herbei und sprachen Mahtab an. Nach der Vorstellung schlug Barbara vor, im Benihana, einem japanischen Restaurant, zu Abend zu essen. Es war ein Lieblingsrestaurant ihrer Tochter.

Monate später, als ich mit meinen Kindern nach einem Haus für uns suchte, stellte Mahtab nüchtern fest: »Ach, wir könnten doch nach New York ziehen. Wir haben Freunde dort. Wir sind mit Barbara Walters befreundet.«

Die Aufnahmen wurden am 20. Juni 1986 gesendet, an Moodys Geburtstag. Doug und Karen gaben in Alpena für uns eine Party, und viele gute Freunde sahen sich zusammen mit uns das Programm an. Am selben Abend mußte Dad wieder so schnell wie möglich mit dem Krankenwagen in die Klinik gebracht werden. Die Krankenschwestern schalteten *20/20* ein, als er hineingerollt wurde, aber er war zu schwach, um sich die Sendung ansehen zu können.

Neue Eßgewohnheiten spiegelten die Veränderungen in meinem Leben wider. Während der ersten beiden Monate im Iran, als ich gegen Depressionen und gegen die Ruhr ankämpfte, verlor ich fast 25 Kilo. Ich war dünner als in meiner Schulzeit, und meine Wangen waren eingefallen. Erst als ich mich bewußt entschloß, um Mahtabs willen zu überleben, erreichte ich wieder mein normales Gewicht.

Nach meiner Rückkehr in die Staaten war ich dann plötzlich umgeben von all den guten Dingen, die ich im Iran so vermißt hatte: Käse, Senf und ein gelegentliches Glas Wein, das nach islamischem Gesetz streng verboten war.

Vor allem Süßspeisen zogen mich an. Bis dahin hatte ich eigentlich nie viel Süßes gegessen. Als ehemaliges Mitglied der Weight Watchers wußte ich, daß ich Süßigkeiten nicht vertrug. Doch nun, nach einer langen Zeit erzwungener Selbstverleugnung, hatte ich Gelegenheit, mich daran gütlich zu tun. Meine Familie ermutigte mich auch noch: »Greif zu, es ist genug da. Im Iran gab es das nicht.« Es wurde noch schlimmer, als Dad, der die Operation entgegen ärztlicher Prognose wieder überstanden hatte, einen ausgeprägten Appetit auf Geleekrapfen mit Zuckerguß entwickelte. Er wollte nie allein essen. »Iß doch auch einen«, sagte er zu mir, und ich tat ihm den Gefallen.

Um es kurz zu machen: Ich nahm so schnell wieder zu, wie ich abgenommen hatte – und noch etliches mehr –, und habe seither mit Übergewicht zu kämpfen. »Das ist ja unglaublich«, sagte ich voriges Jahr zu Mahtab. »Ich habe so viel zugenommen und bin einfach nicht stark genug, wieder abzunehmen. Ich sollte wirklich ganz andere Sachen essen.«

Mahtab sah mit ihren großen braunen Augen zu mir auf und

meinte unschuldig: »Aber Mom, du ißt doch genug. Du brauchst doch nicht mehr.«

Als die Gelegenheit kam, den verhaßten Tschador, das zentrale Symbol der Unterdrückung der Frauen im Iran, endlich loszuwerden, reagierte ich seltsam. Wir saßen im Bus nach Ankara, als Mahtab merkte, daß die Kleidungsvorschriften in der Türkei nicht ganz so streng waren wie im Iran. Sie sagte: »Schau, da sind Frauen ohne Kopftuch. Du kannst dein Tuch jetzt auch abnehmen.« Aber ich weigerte mich, weil ich mein Haar schon mehrere Tage nicht mehr gewaschen oder gekämmt hatte. In 18 Monaten hatte ich nur eine Dauerwelle gehabt. Mein Haar war brünett und sorgfältig frisiert gewesen, als ich die Staaten verließ. Bei meiner Heimkehr war es lang, glatt und grau. John konnte sich kaum überwinden, mich anzusehen. »Mom«, sagte er nach unserer ersten Umarmung, »du siehst nicht aus wie Mom.«

Am zweiten Tag nach unserer Rückkehr brachte meine Schwester Carolyn, die Kosmetikberaterin bei Mary Kay ist, eine Kosmetikerin mit. Zusammen verpaßten sie mir eine Gesichtsbehandlung, schnitten mir das Haar, färbten es und legten es in eine Dauerwelle. Die Gesichtsbehandlung verjüngte mich um Jahre. Meine Haut war ausgetrocknet und saugte wie ein Schwamm alle Feuchtigkeit in sich auf. Hätten wir davor und danach Fotos gemacht, hätte Mary Kay sie für die Werbung verwenden können. Dad konnte Make-up nicht ausstehen. Er hatte uns Töchtern sogar verboten, uns zu schminken, solange wir in seinem Haus wohnten. Aber diesmal gefiel ihm das Resultat. »Das geht schon eher«, meinte er.

Aber selbst als mein Haar in Ordnung war, kam ich mir draußen ohne Kopfbedeckung nackt vor. So lästig es mir im Iran gewesen war, den Kopf zu bedecken, so ungewohnt war es für mich nun in Michigan, dies nicht zu tun. Es war ganz normal geworden, Schal und Tschador zu tragen – so wie ein streng konformistisches Gesellschaftssystem es verlangte. Nur zu gut erinnerte ich mich an jene Zeit, als eine sichtbare Haarsträhne zwanzigminütige Tiraden der Pasdar provoziert hatte. Die Pasdar ist eine bewaffnete islamische Polizeieinheit, welche die Straßen von Teheran in weißen Nissan-Lieferwagen und Pakons abfährt. Wenn ich jetzt einen amerikanischen Polizisten sah – oder irgend jemanden in Uniform, sogar den Briefträger –, faßte ich mir unwillkürlich an die Stirn, als ob ich mein Gesicht verstecken wollte, und mein Herz klopfte wie wild. Es dauerte mindestens ein Jahr, bis ich diesen Reflex überwunden hatte.

Auch Mahtab hatte ihre Alpträume. Die meisten Leute hätten das Flugzeug, das einige Wochen nach unserer Rückkehr im Tiefflug über unser Haus strich, gar nicht wahrgenommen. Aber in Mahtab weckte das harmlose Brummen Erinnerungen an die Schrecken irakischer Luftangriffe, bei denen unser mit Mörtel verputztes Reihenhaus bis in die Grundmauern erbebte und die Luft nach verbranntem Fleisch roch. Ich fand meine Tochter weinend und zitternd in einer Ecke des Wohnzimmers. Sie kam erst viele Minuten, nachdem das Flugzeug verschwunden war, wieder aus ihrem Versteck.

Dad kämpfte sich durch das Frühjahr. Dann wurde es Sommer. Er mußte noch mehr Operationen durchstehen und Schmerzen ertragen, wie ich sie niemandem wünsche. Einmal füllte sich seine Lunge mit Flüssigkeit. Sein Atem kam in röchelnden Zügen, und wir glaubten schon, er würde ersticken. Ein andermal lag er drei Tage im Koma. Als meine Schwester Carolyn und ich an Dads Krankenhausbett standen, öffnete er plötzlich die Augen. Er sah erholt aus. Seine Stimme klang so stark, wie ich sie seit meiner Abreise nicht mehr gehört hatte. Glücklich und zufrieden erzählte er uns eine Stunde lang, was er gesehen hatte: blauen Himmel und Sonnenschein, saftig-grüne Täler voller Blumen. Sein Zwillingsbruder, der vor sechs Jahren gestorben war, sei bei ihm gewesen. Dad lächelte, als er uns das erzählte.

Die Ruhe, die von Dad, von seinem Geist und seiner Seele ausging, half uns, diese letzten Augenblicke tapfer zu ertragen. Wir trösteten uns mit der Hoffnung, daß Dad in Frieden sterben würde, und mit dem festen Glauben, daß sein Tod kein Ende war, sondern der Auftakt zum ewigen Leben.

Bei der ersten Diagnose hatte man Dad sechs Monate bis drei

Jahre gegeben. Er hatte sich nun durch *fünf* Jahre gekämpft, und seine Hartnäckigkeit hatte uns kostbare Zeit miteinander geschenkt. Ich schlief jede Nacht auf einem Sofa neben seinem Bett und holte ihm ein Glas Wasser oder was immer er brauchte. Ich fragte mich, wie viele Nächte er wohl an meiner Wiege verbracht hatte, als unsere Rollen vertauscht waren.

Dad war der einzige in meiner Familie, mit dem ich offen reden konnte, aber für lange Gespräche war er zu schwach, und ich wollte ihn nicht belasten. Er regierte in seinem Haus dennoch bis zum letzten Atemzug mit eiserner Hand. Alle respektierten ihn, und sein Wort galt.

Als Barbara Walters um Erlaubnis bat, für die Fernsehsendung *20/20* eine Schar von Kameraleuten zu meinen Eltern zu schicken, war fast die ganze Familie dagegen. Sie argumentierten, daß Mahtab und ich unter solcher Publizität nur zu leiden hätten. Mom sagte: »Diese Leute kommen mir nicht ins Haus.« Doch Dad, der unsere Diskussion von seinem Bett aus mitangehört hatte, krächzte, obwohl er kaum sprechen konnte: »Sie sollen kommen.« Und so geschah es.

Am 3. August 1986, genau zwei Jahre nach unserer Ankunft in Teheran und fast ein halbes Jahr nach unserer Rückkehr, starb Dad im Krankenhaus von Carson City. Er war 66 Jahre alt geworden. Als ich es Mahtab sagte, meinte sie: »Gott sei Dank haben wir ihn noch zu sehen bekommen.«

Dad war ein ungewöhnlicher Patient gewesen. Er war stets darum bemüht, dem Krankenhauspersonal keine zusätzliche Arbeit zu machen, und hatte immer gefragt, wie es den anderen Patienten ginge. Um sich selbst machte er sich keine Sorgen. Obwohl er schrecklich leiden mußte, beklagte er sich nie. Mehrere Ärzte und Krankenschwestern kamen in die Leichenhalle und sprachen uns ihr Beileid aus. Jahrelang sollte ich noch Geschichten darüber hören, wie sehr er anderen in ihrem Leben Mut gemacht hatte.

Während der Trauerzeit war ich innerlich auf Moody böse. Er hatte mir so viel von meiner Zeit mit Dad gestohlen, und nun, da ich seine emotionale Unterstützung so dringend gebraucht hätte, war er nicht für mich da.

Die Zeit sollte jedoch Trost von anderen Menschen bringen, zum Beispiel von Dr. Jack Dilts, Dads Freund und Chirurg. Ich traf ihn einige Jahre nach dem Begräbnis auf einer Hochzeit. Er nahm mich beim Arm und sagte: »Ich weiß nicht, ob ich Ihnen jemals vom Lebenswillen Ihres Vaters berichtet habe. Er hat mindestens fünf Operationen überstanden, die einen anderen Menschen das Leben gekostet hätten.«

Wenige Tage bevor Mahtab und ich den Iran verließen, hatte Carolyn bei uns angerufen und uns mitgeteilt, Dad müsse wieder operiert werden und werde diesen Eingriff wahrscheinlich nicht überstehen. Moody nahm die Gelegenheit wahr und sprach mit Dad. Er versicherte ihm, daß wir alle nach Hause kommen würden. Tatsächlich hatte Moody jedoch andere Pläne. Er wollte Mahtab als Geisel behalten, während ich allein zurückkehren und unseren gesamten Besitz verkaufen sollte. Er verlangte, daß ich ihm das Geld noch vor meiner Rückkehr in den Iran schickte. Ich war überzeugt, daß er mir, sobald er das Geld in Händen hielt, die Einreise in den Iran verweigerte.

Wenigstens etwas Gutes hatte Moodys betrügerisches Verhalten gehabt. Es hatte mich in meinem Entschluß bestärkt, das Risiko einzugehen und alle Maßnahmen zu ergreifen, um mit Mahtab vor Moody zu fliehen. Eine weitere positive Auswirkung war laut Dr. Dilts, daß Dad unbedingt weiterleben wollte, wenn er in den Operationssaal gerollt wurde. »Sie kommen heim«, erzählte er dort jedem. »Ich habe mit Moody gesprochen, und er sagt, sie kommen alle heim!«

»Er wünschte sich so sehr, Sie und Mahtab wiederzusehen«, sagte Dr. Dilts. »Noch nie habe ich eine so intensive Beziehung zwischen Vater und Tochter erlebt.«

Jacks Frau fügte hinzu, als am Vatertag in der Kirche verschiedene Leute von ihrem Vater erzählt hätten, habe auch Jack sich zu Wort gemeldet und statt von seinem Vater von meinem Dad gesprochen.

Ich hatte das Glück, mit Dads Liebe aufzuwachsen und sie vor seinem Tod noch einmal zu erleben. Dad starb – aber nicht ohne seine Tochter an seiner Seite.

2

Eine böse Überraschung

Die Agentur William Morris hat ihren Sitz in den drei obersten Stockwerken des einstigen MGM-Gebäudes im Zentrum von Manhattan. Hinter ihren Fenstern verbirgt sich ein Teil der Macht und des Zaubers von New York – und der Verlagsbranche, die mein Leben verändern sollte. Man schrieb den März 1986. Einen Monat zuvor war ich aus dem Iran zurückgekehrt.

Eine Woche vor meinem Interview mit Barbara Walters hatte ich den Direktor der Agentur und Michael Carlisle, den für mich zuständigen Literaturagenten, kennengelernt, mit dem ich bald Freundschaft schließen sollte. Ich war zum Mittagessen eingeladen worden und konnte es nun kaum erwarten, zum geschäftlichen Teil zu kommen. Ein Mitarbeiter für mein Buch mußte ausgewählt werden. Ich wußte, wen ich wollte: Bill Hoffer, Koautor von *Midnight Express*, dem dramatischen Bericht über die Flucht eines amerikanischen Drogenschmugglers aus einem türkischen Gefängnis. In Teheran hatte ich von Straßendemonstrationen gegen *Midnight Express* gehört, obwohl das Buch wie auch der auf dem Buch basierende Film im Iran verboten waren. Ich wollte mein Buch zusammen mit diesem Mann schreiben, der eine so nachhaltige Wirkung auf die Bevölkerung des Iran auszuüben vermochte – auf jene Leute, die mein Leben so völlig kontrolliert hatten.

Mein Agent sagte: »Bill Hoffer ist ein sehr bekannter Autor, wie Sie wissen. Es kann sein, daß er ablehnt.«

Aber ich blieb hartnäckig. Wenn dieser Schriftsteller unter den Fundamentalisten *in absentia* für eine solche Aufregung sorgen konnte, dachte ich, mußte er wirkungsvoll schreiben können. Vielleicht würde er ablehnen, aber ich mußte es einfach versuchen! Die Demonstranten im Iran wußten gar nicht, wie sehr sie mich in meinem Entschluß bestärkt hatten.

Es stellte sich heraus, daß Bill über meinen Vorschlag begeistert war und sich sogar erbot, von Washington nach New York zu fliegen, um mich dort zu treffen. Das war sehr zuvorkommend von ihm, da er nicht gerne fliegt. Als wir in der folgenden Woche zusammenkamen, um einen Entwurf vorzubereiten, fühlten wir uns beide von Anfang an in unserer Rolle sehr wohl. Bill hat eine gewinnende, sensible und beruhigende Art, und ich hoffe, in ihm einen Freund fürs Leben gefunden zu haben.

Im Juni wurden zwei Verträge für das Buch und den Film abgeschlossen. Mit meinem ersten Vorschuß beglich ich die 12000 Dollar, die ich als Darlehen bei der National Bank of Detroit in Alpena aufgenommen hatte. Eine weitere Summe legte ich für Mahtabs Collegeausbildung auf die Seite.

Bill kam nach Michigan, und wir machten uns voller Tatkraft an die Arbeit. Bill verstand es, Mahtab und mich über unsere Gefühle auszufragen, ohne aufdringlich zu sein. Wir vertrauten ihm, und dies half uns, unsere verborgensten Empfindungen zu entdecken und auszudrücken. Bill verstand, welch wichtige Rolle Mahtab bei allem spielte, und er verstand auch die Dynamik unserer Beziehung. Meine Tochter akzeptierte Bill schließlich als den Dritten im Bunde. Er war der einzige Mann, dem sie außer Dad, Joe und John vertraute.

Mein neuer Tagesablauf sah so aus: Morgens um acht Uhr erwartete ich Bill in dem Haus, das ich damals gemietet hatte. Wir frühstückten und machten uns dann an die Arbeit. Ich versuchte, die Hölle, die ich durchlebt hatte, heraufzubeschwören, indem ich den ganzen Tag Tonbänder besprach. Die Bänder gingen per Eilpost an Bills Frau Marilyn in Virginia, die die Schreibarbeit übernahm. Sobald der Text von Marilyn wieder bei uns ankam, diskutierten wir jede Episode. Bills Fragen stimulierten mein Gedächtnis in bezug auf Geräusche, Gerüche, Geschmack, Wetter und alles, woran ich mich sonst noch erinnern konnte. Alle paar Stunden schob Bill eine Pause ein und holte Binokelkarten hervor. Wir spielten und wandten uns dann erfrischt wieder dem Tonband zu, bis der Abend hereinbrach und ich mit Mahtab Dad besuchte.

Wir arbeiteten sehr sorgfältig, aber die Sache war es wert.

Nach der Veröffentlichung von *Nicht ohne meine Tochter* war ich stolz, wenn meine Leser mir schrieben, sie hätten in den Bergen mit mir gefroren, sich vor dem Schmutz geekelt, in dem wir lebten, oder den Geruch geschmorter Zwiebeln in der Nase gehabt.

Am 4. Juli kamen Bills Frau und sein Sohn, um den Unabhängigkeitstag mit uns zu feiern. Bill hielt Mahtab hoch, damit sie die amerikanische Fahne an der Fahnenstange neben unserem Haus hissen konnte. Mahtab war eine sehr patriotische Sechsjährige, die ihre Freiheit wahrhaftig zu schätzen wußte.

Bill und ich arbeiteten volle sieben Monate. Wir kamen stetig voran, aber wir mußten zwei Hürden nehmen, bevor wir das Buch zu Ende bringen konnten. Bei der ersten handelte es sich mehr um eine handwerkliche Frage. Ich hatte Schwierigkeiten, einen irakischen Luftangriff zu beschreiben, der Mahtab und mich überrascht hatte, als wir in Teheran in einem Brotladen darauf warteten, bedient zu werden. Auf dem Papier las sich die Szene zwar gut, aber sie war nicht erschütternd. Obwohl wir sie immer wieder umschrieben, gelang es mir nicht, das Entsetzen zu beschreiben, das ich empfand, als ich mit meiner Tochter auf dem Arm durch das Labyrinth der Gassen rannte, die zu unserem Haus führten, und die todbringenden Splitter von Flugabwehrraketen um uns herum auf die Straße fielen. Meine Worte rissen den Leser einfach nicht mit.

Bill schrieb die Szene nochmals um, und plötzlich geschah das Wunder: Die Szene las sich genau so, wie ich sie erlebt hatte. Bis zu diesem Zeitpunkt hatte ich bezweifelt, daß meine Geschichte Menschen interessieren würde, die mich nicht kannten. Nach Bills Zauberei hatte ich keine Zweifel mehr.

Die zweite Schwierigkeit war gewichtiger und gefährdete die Fertigstellung unseres Buches ernsthaft. Es war im September, kurz nachdem Dad gestorben war, und ich war sehr verletzlich. Bill und ich arbeiteten bis tief in die Nacht hinein, manchmal bis zwei oder drei Uhr morgens. Ich war geistig erschöpft und am Ende meiner Kraft.

Das Schreiben war für mich von Anfang an etwas sehr Emotionales, aber ich hatte erkannt, daß meine Gefühle der Kern meiner Botschaft waren. Doch jetzt verlor ich die Kontrolle. Die Wunde brach auf, als mir Dinge in die Hände fielen, die mir Moody über die Jahre hinweg geschenkt hatte: Bücher mit Widmung und eine Spieldose, die Brahms' *Wiegenlied* spielte, während sich ein kleines Figürchen drehte. Eine Mutter, die ihr Kind in den Armen wiegt.

Die Geschenke ließen erstaunliche Gefühle zum Vorschein kommen, die ich verdrängt hatte. Ich konnte es nicht länger leugnen: Ich vermißte Moody. Damit nicht genug, mit einem Teil meines Herzens liebte ich ihn noch. Von der Zeit vor unserer Hochzeit an war er mein bester Freund, mein Vertrauter gewesen. Nun war ich allein.

Als ich diese Gedanken zugab, setzten sie tiefe Schuldgefühle und Selbstzweifel in mir frei. Wie konnte ich für Moody auch nur entfernt irgend etwas empfinden außer Rachegefühlen – nach allem, was er uns angetan hatte? Mit wem konnte ich darüber sprechen? Wer würde mich verstehen?

Wie der Rest meiner Familie war ich in Sachen Gefühle zum wahren Verdrängungskünstler geworden. Jetzt befand ich mich unwiderruflich auf einer Odyssee in meine innerste Gefühlswelt, und ich empfand diese Reise als äußerst qualvoll. Verzweifelt versuchte ich, mich zu befreien und das Buch, den Film und alles, was damit zu tun hatte, zu vergessen. Es gab Zeiten, in denen jede morgendliche Sitzung mit Bill damit anfing, daß ich aufsprang und weinend hinausrannte.

Ich rechne es Bill und Marilyn hoch an, daß sie mich nie zu etwas zwangen und immer für mich da waren. Während ich im Badezimmer schluchzte, rauchte Bill geduldig eine Pfeife und arbeitete still weiter, bis ich wieder zum Tisch zurückkehrte. Wäre er aggressiver gewesen, hätte ich das Projekt vielleicht für immer aufgegeben. Ohne seinen Beistand hätte ich Moody vielleicht tatsächlich angerufen; es gab Tage, an denen ich diesem Drang fast nachgegeben und alles kaputtgemacht hätte.

Ich stand jenen Monat durch – und damit die schlimmste Krise meines Lebens. Ich setzte mich mit der Krise auseinander, ich sprach darüber, ich schrieb darüber, ich durchlebte alles noch einmal. Dann kam die Katharsis, und eine große Last fiel von mir ab. Zum erstenmal in meinem Leben war ich ein freier Mensch.

Die Idee einer Verfilmung von *Nicht ohne meine Tochter* tauchte bereits wenige Tage nach meiner Rückkehr aus dem Iran auf. Die Agentur William Morris sah den Film von Anfang an als Teil des Ganzen, und der Filmvertrag mit Metro-Goldwyn-Mayer kam vier Monate später zustande, kurz nachdem wir den Vertrag für das Buch unterschrieben hatten.

So wie ich es verstanden hatte, sollte ich die MGM-Produzenten Harry und Mary Jane Ufland »beraten«. Die Uflands waren ein typisches Paar aus Hollywood. Er war ein Mann in den späten Fünfzigern, knapp einen Meter siebzig groß, ein quirliges Energiebündel. Mary Jane mochte Mitte Dreißig sein, war größer als Harry, sehr schlank und hatte lange, glatte, blonde Haare.

Mein erstes geschäftliches Treffen mit den Uflands fand wenige Tage nach Unterzeichnung des Vertrages statt. Wir hatten uns im Restaurant eines Hotels am Metropolitan Airport von Detroit verabredet und warteten geschlagene drei Stunden auf einen prominenten, in Detroit ansässigen Drehbuchautor. Obwohl Harry sehr nett zu mir war, konnte ich ihm ansehen, daß er sich ärgerte. Er pflegte sonst nicht auf andere zu warten.

Endlich erschien der Drehbuchautor und setzte sich zu uns. Ohne sich für seine Verspätung zu entschuldigen, sah er mich an und erklärte: »Ich sage Ihnen gleich, was ich von der Sache halte. Wir machen daraus eine Liebesgeschichte zwischen Ihnen und dem Mann, der Ihnen zur Flucht verholfen hat.«

»Aber das stimmt doch nicht«, protestierte ich.

»Egal«, sagte er unbeirrt. »Wir brauchen einen Film, der beim Publikum ankommt, und eine Liebesgeschichte kommt an.«

Harry und Mary Jane musterten ihn mit eisigem Schweigen. Ich war entsetzt. Wenn es beim Film so zuging, dann wollte ich damit nichts zu tun haben, auch wenn ich keinen Einfluß mehr auf das Drehbuch hatte, da ich bereits eine entsprechende Vereinbarung unterschrieben hatte. »Das würde mir wirklich nicht gefallen«, sagte ich tonlos.

»Also gut«, erwiderte der Autor. »Wenn Sie keine Liebesgeschichte wollen, dann werden Sie vom CIA gerettet – entweder das oder das andere.«

Als er gegangen war, versuchten die Uflands mich zu trösten. Zu meiner Erleichterung versicherten sie mir, daß die Geschichte ihnen so gefalle, wie sie war, und daß sie keinen Grund sähen, eine neue Handlung zu erfinden.

Die Uflands konnten es kaum erwarten, Mahtab kennenzulernen. Wenige Tage nach Dads Begräbnis trafen wir uns in einem eleganten französischen Restaurant in Washington D.C. Harry fiel ein, daß der Abend für eine Sechsjährige recht lang werden könnte, und er entschuldigte sich: »Wir hätten in ein Restaurant für Kinder gehen sollen. Sie wird auf der Speisekarte nichts finden, was ihr schmeckt.«

»Keine Sorge«, sagte ich, »Mahtab mag fast alles.« Als ich meine Tochter dazu bewegen wollte, eines ihrer Lieblingsgerichte zu bestellen, nämlich Weißfisch, zögerte sie. »Ach, ich weiß nicht, Mom, haben die auch Hummer? Mir ist heute abend wirklich nach Hummer!«

Ich wollte Mahtab auf keinen Fall sofort zur Schule schicken, damit sie die erste Klasse abschließen konnte. Alles auf einmal hätte sie überfordert. Sie hatte im Iran zwar gelernt, Farsi zu lesen und zu schreiben, aber ihr Englisch war schlechter als das anderer Kinder ihres Alters. Sie mußte mit so vielem fertig werden: mit dem Verlust ihres Vaters und all ihrer kleinen Spielgefährten im Iran; mit dem Tod ihres Großvaters; mit einem neuen, hektischen Zuhause.

Aber Mahtab erhielt in den ersten Monaten nach unserer Rückkehr einen ganz anderen Unterricht. Nelson Bates, ein Beamter der örtlichen Kriminalpolizei, kam in Uniform zu uns. Das sollte Mahtab die Scheu nehmen, Polizeibeamte anzusprechen. Er brachte ihr bei, wie sie im Fall einer versuchten Entführung – im Haus oder auf der Straße – zu reagieren hatte. »Mahtab«, sagte ich zu ihr, »ich will nicht, daß du mir entführt wirst. Du weißt, was du zu tun hast, wenn jemand das versucht. Wir tun, was wir können, aber letzten Endes kommt es auf dich an.«

Im September 1987, als Mahtab sieben Jahre alt wurde, blieb mir keine Wahl: Ich meldete sie unter einem anderen Namen an einer Privatschule an. Wir wählten den Namen am Vorabend des ersten Schultags aus, und in den folgenden Tagen begann Mahtab ihre Schreibübungen immer damit, daß sie ein Blatt Papier, auf das ich in Druckschrift ihren Decknamen geschrieben hatte, zu Rate zog. Ihre Lehrer und der Schuldirektor waren über ihre Vergangenheit informiert und zur Geheimhaltung verpflichtet worden.

Mahtab nahm ihre geheime Identität sehr ernst. Eines Abends, als sie eine Klassenkameradin eingeladen hatte, bei uns zu übernachten, kam John nach Hause und begrüßte sie wie gewöhnlich: »Hi, Tabby, wie geht's?« Mahtab rannte zu ihm, ergriff seine Hand und zog ihn in den Wäscheraum. »Pst!« sagte sie schnell. »Du darfst mich nicht so nennen, wenn Katrina dabei ist.« Wie im Iran war ein Geheimnis bei ihr gut aufgehoben.

Die Lehrerin der Erstkläßler, Ruth Hatzung, konnte gut verstehen, was es für Mahtab bedeutete, von mir getrennt zu sein. Sie lockte Mahtab aus ihrer anfänglichen Reserve und schenkte ihr verständnisvolles Gehör. Mit am wichtigsten war, daß sie ihr half, sich wieder in Amerika einzuleben und die Vergangenheit in die richtige Perspektive zu rücken. Das gelang ihr so gut, daß Mahtab weiter keine Therapie brauchte.

Das erste Erntedankfest nach unserer Rückkehr war von besonderer Bedeutung. Unsere pakistanischen Freunde Tariq und Farzana Ali kamen mit ihren zwei Kindern aus dem nördlichen Teil des Staates New York, um den Feiertag mit uns zu begehen. Wir hatten uns vor Jahren kennengelernt, als Moody und ich noch in Corpus Christi in Texas lebten, einer Stadt mit vielen ausländischen Akademikern. Wir waren damals Mitglieder der Islamischen Gesellschaft, der auch Inder, Ägypter und Saudis angehörten. Die Gruppe traf sich zwanglos, etwa sonntags zu einem Essen, zu dem jeder ein für sein Land typisches Gericht mitbrachte. Ich hatte schon immer gern gekocht. In der High-School gewann ich den Betty-Crocker-Preis für Haushaltsführung – und in Texas erweiterte ich meine Kochkünste. Bis auf den heutigen Tag koche ich lieber orientalische Speisen als amerikanische Gerichte. Moody und ich waren eng mit Tariq und Farzana befreundet, und wir blieben mit ihnen in Verbindung, als sie wegzogen.

Als die Alis hörten, daß Mahtab und ich im Iran festsaßen, reisten sie nach Pakistan und beauftragten jemanden, uns in Teheran aufzusuchen und zu befreien. Durch Helen Balsanian, meine Kontaktperson an der Schweizer Botschaft, erhielt ich die Telefonnummer des Mannes, und ich bat einen von Mahtabs Lehrern, ihn anzurufen. Leider sprach er kein Englisch, und er war zu nervös, um sich mit dem Lehrer in Farsi zu unterhalten. Er hängte den Hörer ein, und der Plan war gestorben.

Wir hatten auch Don und Miriam als Ehrengäste zu jenem Erntedankfest zu uns eingeladen. Als wir im Iran waren, hatte meine Familie die beiden durch einen früheren Kollegen von mir kontaktiert, der wußte, daß Miriam aus dem Iran stammte. Miriam beauftragte sofort ihre Schwester Sarah, die in Teheran lebte, uns zu helfen. Wieder übernahm Helen die Vermittlerrolle und stellte die Verbindung mit Sarah her, die meine heimliche Freundin werden sollte.

An dem Tag, an dem wir Moody für immer verließen, wartete Sarah mit ihrem Auto an der Haltestelle von Mahtabs Schulbus, um uns zu einem Flugzeug nach Zahidan an der pakistanischen Grenze zu bringen. Der Plan funktionierte nicht, da Moody Verdacht schöpfte und uns an jenem Morgen zur Schule begleitete.

In Anbetracht unserer Gäste drehte sich das Gespräch an diesem Erntedankfest natürlich nur um unser Leben im Iran. Ich merkte, daß Joe und John dabei unbehaglich zumute war. Die beiden entschuldigten sich früh und gingen zu ihrem Vater. Später am Abend, als sie zurückgekommen waren, sagte Joe immer wieder, daß er heim müsse, um seinen Holzofen zu heizen. »Wir haben hier tüchtig geheizt«, sagte ich, »warum bleibst du nicht den Winter hier?« Er blieb über Nacht und die nächsten zwei Jahre.

Am 2. Januar 1987 um 2.47 Uhr nachts weckte ich Mahtab leise. Mürrisch sah sie mich an, als ich ihr mitteilte, Bill und ich seien endlich mit *Nicht ohne meine Tochter* fertig. Sie hatte Tonbandgerät und Schreibblöcke satt und nutzte den Moment, mir das Versprechen zu entlocken, daß ich *nie mehr* ein Buch schreiben würde.

Noch im selben Monat verkündete Mahtab, sie wolle getauft werden. Wenige Tage später, als sie merkte, daß ich noch keine Vorbereitungen getroffen hatte, wiederholte sie entschlossen: »Ich will getauft werden. Wenn du dich nicht darum kümmerst, gehe ich selber zu Pastor Schaller.« Rein zufällig setzte der Pastor den 29. Januar 1987 als Taufdatum fest, den ersten Jahrestag unserer Flucht in die Freiheit. Alle Klassenkameraden waren bei der bewegenden Zeremonie als Zeugen anwesend, und Bill und Marilyn Hoffer erwiesen uns die Ehre, als Mahtabs Paten zu fungieren.

In der Zwischenzeit war ich damit beschäftigt, die Fahnen des Buches zu lesen und zu redigieren. Ich hatte so lange an dem Buch gearbeitet, daß mir der Text jetzt langweilig vorkam. Ich fürchtete, das Buch würde keine Leser finden.

An einem strahlenden Wintertag des Jahres 1987 legte ich die Fahnen weg und fuhr mit dem Auto zu Mahtabs Schule, um sie abzuholen. Ich sah ihr zu, wie sie in einer Gruppe plappernder Freundinnen und Freunde aus dem Gebäude kam und wie sie ihnen auf dem Weg zum Wagen immer wieder zum Abschied zuwinkte. Nachdem sie eingestiegen war und mir, wie üblich, einen Kuß gegeben hatte, berichtete ich ihr, daß bei einem Flugzeugabsturz im Iran 200 Passagiere getötet worden seien. Ohne zu zögern, platzte meine sonst so liebenswürdige siebenjährige Tochter heraus: »Gut! Hoffentlich ist mein Vater darunter.«

Eine schmerzliche Stille entstand zwischen uns. Schon früher war ich mit Mahtabs Zorn konfrontiert worden. »Ich hasse Daddy, weil er uns das antut«, hatte sie in der Türkei zu mir gesagt, als wir uns auf der Heimreise befanden. Bis zu diesem Moment hatte ich nicht verstanden, wie tief ihre Bitterkeit war und wie sehr sie ihre Gefühle unterdrückt hatte. Wie konnte Mahtab mit einer gesunden Einstellung zu ihrer Vergangenheit aufwachsen, wenn sie sich den Tod ihres Vaters wünschte?

Ich beschloß sofort, diesem Wunsch systematisch entgegenzuwirken.

Noch am selben Abend zog ich zu Hause Fotoalben aus dem Schrank, die Bilder aus glücklicheren Familientagen zeigten. Ich erinnerte Mahtab daran, wieviel Spaß wir in Michigan mit Daddy gehabt hatten und wie wir an Wochenenden immer zum Frühstücken und Schwimmen und zu Saunabesuchen in ein nahegelegenes Sheraton gefahren waren. Ich erzählte ihr, daß ich es nie bereut hätte, ihren Daddy geheiratet zu haben, daß er ein liebevoller Ehemann und Vater gewesen sei und ein kompetenter Arzt, der sich sehr um seine Patienten sorgte. Besonders herzlich sei Moody zu meinem Vater gewesen. Er habe Dad geholfen, nach einer Kolostomie eine schwere Depression zu überwinden und um sein Leben zu kämpfen. Ich sagte, über den Problemen, die wir im Iran gehabt hätten, dürften wir nicht vergessen, daß es auch schöne Zeiten gegeben habe.

Während der nächsten Wochen unterhielten wir uns regelmäßig über dieses Thema. »Mahtab, Daddy hat bald Geburtstag«, sagte ich bei einer Gelegenheit. »Ich wette, er denkt gerade an dich. Sicher vermißt er dich sehr. Weißt du, es ist ganz normal, wenn du ihn vermißt. Wenn ich noch irgendwo auf der Welt einen Daddy hätte, würde ich ihn auch vermissen.« Ich mußte meiner Tochter die *Erlaubnis* geben, etwas für den Menschen zu fühlen, der uns beiden so nahegestanden hatte.

Ungefähr um diese Zeit sichtete ich Moodys Büromaterial, das immer noch verpackt gewesen war. Ich fand einige eingetrocknete Filzstifte und warf sie weg. Ein paar Tage später entdeckte ich die Stifte in der Schublade von Mahtabs Schrank. Sie hatte sie heimlich aus dem Müll geholt, und sie bewahrt sie heute noch auf, als wolle sie damit an ihrem Vater festhalten.

Zwei Monate nach dem Flugzeugabsturz im Iran kam Mahtab von der Schule heim und sagte: »Mommy, wenn ich heute abend bete, bitte ich den lieben Gott darum, daß er alle Menschen auf der Erde beschützt, auch unsere Feinde.« Von diesem Abend an schloß sie ihren Daddy in ihre Gebete mit ein. Die Wunden heilen, dachte ich dankbar. Mahtab wurde wie ich ein freier Mensch.

Aber Narben blieben trotzdem. Mahtab fürchtete sich weiterhin vor ihrem Vater, obwohl sie sich daran erinnerte, ihn einmal geliebt zu haben. Moody würde für sie immer mit unserer Zeit im Iran verbunden sein – und mit dem, was wir durch ihn gelitten hatten. Mehr als einmal sagte meine Tochter zu mir: »Ich will Teheran nie wiedersehen.«

Feindbilder können das Bewußtsein eines Kindes von seiner Identität beeinträchtigen. Ich wollte immer, daß Mahtab stolz darauf ist, zur Hälfte Iranerin zu sein, und daß sie mehr über ihre Herkunft erfährt. Im März 1987, dem zweiten Frühjahr nach unserer Rückkehr nach Michigan, feierten wir *Nauruz*, das persische Neujahr. Wir zogen unsere schönsten Kleider an und schmückten den Tisch mit den *Haft sin*, den sieben symbolischen Speisen, die alle mit dem Buchstaben S anfangen.

Zusammen warteten wir auf den Augenblick des Frühlingsanfangs, in dem die Sonne in das Sternbild des Widders eintritt und die Erde sich persischer Sage zufolge vom einen Horn des Widders auf das andere verlagert. In diesem Augenblick umarmten wir uns und wünschten einander ein gutes neues Jahr. Dann ging ich kurz hinaus und kam mit einem glänzenden, neuen, violetten Fahrrad zurück.

Nach dem zwei Wochen dauernden Fest erinnerte ich Mahtab, daß es an der Zeit sei, »alle schlechten Erinnerungen einzusammeln und wegzuwerfen, wie man *Sabzi* [frisches Grünzeug] in den Fluß wirft, und das neue Jahr ohne Feinde und mit freundlichen Gefühlen für jedermann zu beginnen«.

Wann immer wir in eine Stadt kommen, in der es iranische Restaurants geben könnte, schlagen wir in den Gelben Seiten nach, und wenn wir eines finden, suchen wir es möglichst auf. Besonders gern mag Mahtab *Jujeh* (Huhn), *Kebab mit Zereshke pollo* (Reis mit Berberitzen), eine *Osh* genannte Gemüsesuppe und *Ghormeh sabzi*, kleingeschnittenes Gemüse, das zusammen mit in Würfel geschnittenem Lammfleisch, Bohnen, Zwiebeln und getrockneter Limonelle gedünstet wird. Wenn wir orientalische Läden besuchen, sucht sich Mahtab Musikkassetten und Bücher mit Geschichten in Farsi aus. Meine Tochter war zweisprachig, als wir den Iran verließen, aber nach unserer Rückkehr nach Michigan wollte sie als erstes ihr Farsi vergessen. »Ich will nie mehr Khomeinis Sprache hören«, sagte sie.

Die Zeit verging wie im Flug, als wir auf den Tag der Veröffentlichung von *Nicht ohne meine Tochter* warteten. Mit jedem Telefonanruf von Michael kamen neue erfreuliche Nachrichten, die uns der Publikation des Buches näherbrachten. Im Herbstkatalog von St. Martin's Press bekam es eine volle Seite. *Ladies Home Journal* war die erste Zeitschrift, die meine Geschichte in Fortsetzungen veröffentlichen wollte. Der schönste Moment jedoch war, als ich das erste gebundene Exemplar von *Nicht ohne meine Tochter* in Händen hielt. Es war ein richtiges Buch!

Aus Anlaß der Veröffentlichung traten Mahtab und ich im September in der Fernsehsendung *Good Morning America* auf. Joan Lunden war auf Mutterschaftsurlaub und wurde an jenem Tag zufällig von Barbara Walters vertreten, was mich außerordentlich freute. Während einiger Werbespots bereiteten wir uns auf das Interview vor, und Barbara fragte, wie es Mahtab gehe. Ich deutete zur Seite und sagte: »Der geht es gut. Dort drüben ist sie übrigens.«

Zum Schrecken des Regisseurs sagte Barbara sofort: »Bringt sie her!« Mahtab war nicht in der Maske gewesen, und auf der Bühne befanden sich nur zwei Stühle. Barbara sagte: »Sie kann hier auf meinem Schoß sitzen und mein Mikrofon benutzen.« Ungeachtet der Fragen, die sie vorbereitet hatte, begann Barbara das Interview, indem sie sich Mahtab zuwandte und sagte: »Das hier ist meine Freundin, meine Freundin Mahtab – stimmt's? Wir kennen uns nun schon über ein Jahr.«

Bill Hoffer kam nach New York und nahm Mahtab im Zug mit zu sich nach Virginia, wo ich am Wochenende zu den beiden dazustoßen sollte. Glücklich machte sie sich mit Bill auf den Weg. Er gehörte jetzt zur Familie.

Ich konnte nicht länger anonym bleiben und ließ meinen Decknamen fallen. Zu meiner Erleichterung verstanden meine neuen Freunde, weshalb ich einen fremden Namen angenommen hatte, und hielten weiterhin zu mir. Ich ging mit meinem Buch auf Vortragsreise, die in 18 Städte des Landes führen sollte. So anstrengend das Schreiben gewesen war, die Tournee war noch anstrengender. Ich kam nachts mit dem Flugzeug in einer Stadt an, ging sofort ins Hotel, bügelte meine Kleider, schlief ein paar Stunden und stand im Morgengrauen auf. Dann rannte ich den ganzen Tag in der Stadt herum und gab Interviews für das örtliche Fernsehen, den Rundfunk und die Zeitung. Danach schaffte ich es gerade noch zum Flug in die nächste Stadt. Zwischen den Terminen waren meine Gedanken immer wieder bei Mahtab, die ohne meine schützende Gegenwart auskommen mußte.

Im Herbst 1987 traf ich mit dem Flugzeug aus Miami in Los Angeles ein und fuhr sofort zum Beverly Hills Country Club, wo mein erster Vortrag stattfinden sollte. Ich teilte das Podium mit den Autoren Leonard Maltin und Clifton Daniels. Leonard Maltin gibt einen jährlich erscheinenden Fernsehfilm- und Videoführer heraus, Clifton Daniels stellte die *Chronik des zwanzigsten Jahrhunderts* zusammen, eine Sammlung von Leitartikeln über geschichtliche Ereignisse.

Daß Maltin einmal meinen Film rezensieren würde, schien damals noch in weiter Ferne zu liegen. Im Verlauf unserer Diskussion merkte ich, daß ich keine Ahnung hatte, welche Filme während meiner Abwesenheit herausgekommen waren. Ich öffnete Clifton Daniels' Buch und war fasziniert von den Schlagzeilen aus aller Welt vom 1. August 1984 bis zum 7. Februar 1986. Erst jetzt wurde mir klar, wie isoliert ich – wie die gesamte iranische Bevölkerung – vom Weltgeschehen gewesen war. Im Iran hatte ich nur lesen oder hören können, was das Ministerium für Islamische Führung genehmigt hatte.

In den folgenden Tagen besuchte ich weitere Städte, und schließlich kam ich nach Tucson, Arizona. Hier sollte ich zusammen mit drei anderen Autoren im Rahmen einer jährlich stattfindenden Autorenlesung vorgestellt werden. Einer der anderen Autoren war Dave Barry, der Spaßvogel des *Miami Herald*, der drei Jahre später den Pulitzerpreis erhielt. Dave war damals kein Fremder mehr für mich, denn wir waren uns während der vergangenen Wochen bei Talkshows überall im Land begegnet.

Wie es schon bei früheren Lesungen vorgekommen war, wollten mir auch hier einige Menschen ihre persönlichen Erfahrungen mitteilen. Eine Frau, die ich Beverly nennen will, sprach von ihren Ängsten. Nervös sagte sie: »Ich weiß, daß mein Mann meine Tochter Sabrina in den Iran entführen will. Was soll ich tun?« Als sie fortfuhr, stellte sich heraus, daß sie bereits zu einer Lösung gekommen war: Sie würde das Problem verdrängen und hoffen, daß es sich von selbst löste. Sie sagte: »Majid wird zwar immer brutaler, und wir haben viele Probleme, aber ich werde mich nicht von ihm scheiden lassen, bevor Sabrina volljährig ist. Eine Scheidung würde ihn nur wütend machen, und er würde mir meine Tochter wegnehmen.«

»Glauben Sie mir, ich kann Sie verstehen«, antwortete ich. »Wenn ich nicht mit in den Iran gegangen wäre, hätte Moody mir Mahtab weggenommen. Ich hätte nichts dagegen tun können. Selbst jetzt sind wir noch nicht sicher vor ihm. Wir müssen mit der Angst leben, daß er zurückkommt und sie holt.« Ich entschuldigte mich, daß ich ihr nichts Ermutigenderes sagen konnte, und bot ihr an, daß sie mich in Zukunft über meinen Verlag St. Martin's Press erreichen könne, falls sie meine Hilfe brauchte.

Ich war fünf Wochen auf Vortragsreise gewesen und konnte die verschiedenen Flughäfen und Hotelzimmer nicht mehr auseinanderhalten. Ich verließ Tucson am Samstagmorgen um fünf, wurde jedoch wegen einer Verspätung in Chicago aufgehalten. Als ich um sieben Uhr abends zu Hause ankam, konnte ich es kaum erwarten, mich ins Bett zu legen und zu schlafen.

In dem Augenblick, als ich die Tür öffnete, hörte ich plötzlich aus allen Richtungen Sirenen von Krankenwagen und Polizeiautos. Wenige Minuten später kam Joe durch die Tür und sagte: »Mom! Auf der Autobahn war ein schrecklicher Unfall. Sie haben alles abgesperrt, und ich mußte einen Umweg fahren, um in die Stadt zu kommen.«

Joe duschte und verschwand dann wieder. Ich wollte gerade ins Bett gehen, als Jan und Gale, unsere Nachbarn und gute Freunde, an der Tür klingelten. Ich wußte, daß etwas passiert war, als Jan mich in das Zimmer schob, das ich als Büro benutzte. »John hat einen Unfall gehabt«, sagte sie. »Er liegt im Krankenhaus.« Ich rannte zu ihrem Wagen und fuhr in dunkelster Nacht fünf endlose Häuserblocks entlang bis zum Krankenhaus.

Was mich auf der Unfallstation erwartete, hätte ich mir schlimmer nicht vorstellen können. Vernichtet stand ich vor dem zerquetschten Körper meines Sohnes. John steckte in einem Stützkorsett zum Schutz des Rückenmarks für den Fall, daß das Genick oder das Rückgrat gebrochen war. Er war noch nicht geröntgt worden, aber er hatte mehrere Brüche, soviel war klar, denn ich konnte gebrochene Knochen sehen, die sich durch die Haut gebohrt hatten.

Johns Gesicht war von Glasscherben völlig zerschnitten. Ein Freund von ihm stand neben ihm und hielt sich ein Handtuch an den Kopf. Ich sollte gleich herausfinden, warum: Seine Kopfhaut war kurz über dem Haaransatz durchschnitten; ohne das Handtuch hätte sie sich vom Schädel gelöst.

Später erfuhr ich, daß Johns Plymouth mit einem Wohnmobil zusammengestoßen war. John war zwischen Tür und Lenkrad seines Wagens eingeklemmt worden und mußte von der Feuerwehr mit dem Schweißbrenner befreit werden. Seine Hüfte war zerquetscht, das linke Bein zweimal gebrochen. Beide Arme waren gebrochen, und die linke Schulter wies einen Schnitt bis auf den Knochen auf. So schlimm alles auch war, John hatte noch Glück gehabt, daß er den Unfall überhaupt überlebte.

Da kein Unfallchirurg Dienst hatte, mußte John ins Krankenhaus von Carson City gebracht werden. Diese Klinik kannte ich am besten, und ich vertraute den Ärzten. Hier hatte ich als Patientin Moody kennengelernt, und hier war Dad so fürsorglich gepflegt worden.

Die Fahrt im Krankenwagen – die erste von so vielen in jenem Jahr – war eine Tortur. Ich saß vorne und bat den Fahrer immer wieder, er solle schneller fahren. Jede Unebenheit auf der Straße ließ John vor Schmerzen stöhnen. Dr. Roger Morris, unser Hausarzt und langjähriger Freund, erwartete uns auf der Unfallstation. Er begann, Johns Schnittwunden zu nähen, und währenddessen kam ein Spezialist nach dem anderen ins Zimmer: ein Internist, ein Unfallchirurg und ein Kardiologe. Trotz ihrer Anstrengungen verschlechterte sich Johns Zustand. Sein Gesicht wurde grau, sein Atem ging schwer – beides Zeichen von Herzversagen. Die Ärzte befürchteten einen Nierenschaden und andere innere Verletzungen.

Binnen weniger Stunden entschieden die Ärzte, daß John in die Universitätsklinik von Michigan in Ann Arbor geflogen werden müsse, eines der größten Traumazentren Amerikas. Als sie meinen Sohn von seinem Bett auf eine Trage umbetteten, um ihn zu einem in der Nähe wartenden Hubschrauber zu bringen, stieß er markerschütternde Schreie aus und stöhnte ununterbrochen. Dr. Gerald Brenton, der Unfallchirurg, sah mir mein Entsetzen an. »Keine Sorge, er wird sich daran nicht erinnern«, tröstete er mich. Dann legte er mir die Hand auf die Schulter und sagte: »Ich kann es nicht medizinisch begründen, aber ich glaube, er wird es schaffen.«

Jan fuhr mich nach Ann Arbor. Während der dreistündigen Fahrt schloß ich die Augen und betete.

Als ich John in dem weitläufigen Zentrum wiederfand, atmete er regelmäßiger – dank der Verabreichung von reinem Sauerstoff – und sah viel besser aus.

Ein paar Stunden später, als sein Zustand sich einigermaßen stabilisiert hatte, mußte John sich einer neunstündigen Operation unterziehen. Selbst in dieser langen Zeit konnte man nur sein Bein und seine Hüfte operieren. Sein linker Arm sollte von allein heilen; er ist bis heute krumm. Die Operation verlief zwar erfolgreich, aber Johns Zustand blieb über eine Woche lang kritisch. Nachdem alle anderen Familienmitglieder abgereist waren, nahm ich ein Zimmer im Gästehaus der Klinik und sagte den Rest meiner Vortragsreise ab.

Die damalige Moderatorin der *CBS Morning Show*, Mariette Hartley, hatte sich sehr an meiner Geschichte interessiert gezeigt, und es tat mir besonders leid, ihr abzusagen. Sie rief mehrmals im Krankenhaus an, um mit mir zu sprechen und sich nach Johns Zustand zu erkundigen. Obwohl ich nicht nach New York kommen konnte, brachte sie einen Extrabericht über mein Buch und ließ John herzlich grüßen.

Während der ersten Tage in Ann Arbor mußte John solche Schmerzen ertragen, daß er kaum jemanden um sich herum wahrnahm. Ich ging in sein Zimmer, stand neben seinem Bett und sah ihn stundenlang einfach nur an. Als ich mich eines Tages umdrehte, stand Sherrie Bourgois, eine Zeitungsreporterin, die kurz vorher einen Artikel über mich geschrieben hatte, vor mir im Krankenzimmer. Sie stand einfach da und weinte. Wir hatten uns zwar nur einmal getroffen, aber sie blieb während Johns langem Krankenhausaufenthalt bei mir, und wieder entwickelte sich eine wertvolle Freundschaft.

Ich war froh, daß der Unfall nicht während meiner Zeit im Iran passiert war. John brauchte jetzt eine Mutter, und ich konnte bei ihm sein und ihm zeigen, wie sehr ich ihn liebte.

Als der Schock nachließ, klammerte John sich an mich, als sei ich seine einzige Rettung. Er hatte große Angst vor dem Alleinsein. Jedesmal, wenn ich in mein Zimmer ging, um mich etwas auszuruhen oder zu duschen, ließ er mich von den Krankenschwestern zurückholen – und das nur, um mich anzuschreien und ständig irgendwelche Forderungen zu stellen. Die Krankenschwestern sagten, sie erlebten immer wieder, daß die Opfer lebensgefährlicher Unfälle ihre Wut an denen ausließen, die sie am meisten liebten.

Die Narben im Gesicht meines Sohnes heilten rasch – Roger Morris hatte beim Nähen hervorragende Arbeit geleistet –, nicht dagegen die emotionalen Wunden. Ich versuchte, seine Launen ruhig hinzunehmen, denn ich wußte, daß auch diese Phase vorübergehen würde.

Sechs Wochen nach dem Unfall kam John nach Hause, obwohl er noch vier weitere Monate rund um die Uhr Pflege brauchte. Sein Körper steckte in einem Gipsverband. Das mußte für einen aktiven Teenager wie ihn eine Qual sein. Jede Benutzung der Bettpfanne erforderte einen hydraulischen Lift. Das, was während der letzten drei Jahre passiert war – mein Verschwinden, Dads Tod und nun sein lebensgefährlicher Unfall –, überforderte ihn fast. »Warum *ich?*« weinte er.

Aber er machte bemerkenswerte Fortschritte. Wie sein Großvater konnte er nicht liegenbleiben. Im Januar 1988, drei Monate nach dem Unfall, hüpfte er in seinem Gipskorsett in die Küche und backte Schokoladenplätzchen. Jeden Tag arbeitete er mit einem Hauslehrer und einigen Klassenkameraden. Sein erklärtes Ziel war, im Juni an seiner High-School-Abschlußfeier teilzunehmen.

Selbst nachdem ein Teil des Gipsverbandes abgenommen worden war, hatte John nicht genug Kraft in den Armen, um an Krücken zu gehen. Die Ärzte meinten, er solle seine Abschlußfeier im Rollstuhl absolvieren, aber das war unter seiner Würde. Täglich übte er mit seinen Krücken, bis er stark genug war, im Gleichschritt mit den anderen Absolventen in die Festhalle einzumarschieren.

Als John an der Reihe war, sein Zeugnis in Empfang zu nehmen, und nach vorne ging – an Krücken zwar, aber entschieden aus eigener Kraft –, ließen ihn alle hochleben. Alle wußten, daß er an diesem Tag eigentlich nicht dabeisein sollte und daß er sich ungeheuer angestrengt hatte, es zu schaffen. Ich war stolz auf ihn. Das Schicksal hatte ihm einen harten Schlag versetzt, aber er war nicht zu Boden gegangen.

Als Mahtab und ich in die Vereinigten Staaten zurückkehrten, ahnte ich nicht, daß es außer mir noch andere gab, die Angst hatten, ihre Kinder an den Ehepartner im Ausland zu verlieren. Nach der Veröffentlichung meines Buches erfuhr ich jedoch, daß internationale Entführungsfälle weitaus häufiger sind, als man vermuten würde.

Auf meiner Vortragsreise fand ich besonderen Gefallen an Sendungen, in denen Zuschauer anrufen konnten. Ich erinnere mich vor allem an ein regionales Fernsehprogramm eines Morgens in Cleveland. Eine Frau rief an und sagte: »Sie haben mir das Leben gerettet! Mein Mann wollte nach Jordanien. Nachdem ich Sie in *20/20* gesehen hatte, rief ich im Außenministerium an und beschloß dann, nicht mitzureisen. Mein Mann kam nie zurück. Hätte ich ihn begleitet, wäre ich in dieselbe Situation geraten wie Sie.«

Nach diesem Muster verliefen viele Gespräche überall im Land. Jemand rief an und sagte: »Meine Kinder wurden vor drei

Jahren nach Saudi-Arabien entführt.« Dann meldete sich jemand anderes: »Meine Kinder wurden vor fünf Jahren nach Spanien entführt.« Ich blieb mit diesen Leuten und mit vielen anderen, die mir über meinen Verleger Briefe schickten, in Kontakt. Meine Post wurde immer schwerer, und in einigen Briefen bat man mich um Hilfe.

Viele der verlassenen Eltern waren von der amerikanischen Regierung vertröstet worden: »Verhalten Sie sich ruhig, vielleicht können wir etwas für Sie tun.« Oft hatten sie das Gefühl, so etwas sei nur ihnen passiert, sie würden deshalb die alleinige Schuld an allem tragen und hätten sowieso alles besser wissen müssen. Ich erzählte diesen Menschen voneinander, und bald entstand ein kleines Netz von Verbindungen. Meine Brieffreunde fühlten sich nicht mehr so isoliert wie zuvor. Jetzt hatten sie einander, und sie wagten sogar zu hoffen, daß sie eines Tages auch ihre Kinder wieder haben würden.

Wir saßen friedlich in einem ruhigen Café in Alexandria in Virginia, aber ich hatte das Gefühl, daß etwas nicht stimmte. Neugierig sah ich Teresa Hobgood von der Abteilung für Auswärtige Konsularische Fragen des US-Außenministeriums an, die mir zum Abendessen Gesellschaft leistete und an diesem Tag mit so ungewöhnlich sanfter Stimme sprach. Normalerweise war Teresa heiter und entspannt, aber heute wirkte sie schon den ganzen Nachmittag über sehr nervös.

Es war der 1. Februar 1988, fünf Monate nachdem *Nicht ohne meine Tochter* von St. Martin's Press in den Vereinigten Staaten veröffentlicht worden war. Seither war mein Leben bestimmt von Vortragsreisen und Autorenlesungen wie jener, die ich an diesem Morgen vor einer jüdischen Gemeinde in Washington gehalten hatte. Danach hatte ich das Außenministerium aufgesucht, um das Thema der internationalen, von einem Elternteil vorgenommenen Kindesentführung zu erörtern.

Teresa hatte unseren Fall bearbeitet, als Mahtab und ich faktisch Geiseln im Ausland waren. Über meine Kontakte an der Schweizer Botschaft in Teheran hatte sie meine Familie auf dem laufenden gehalten und sich das Vertrauen meiner Mutter erworben. Ohne sie, so meine Mutter, wäre die Familie hilflos der Ungewißheit ausgesetzt gewesen. Teresa hatte mir seit unserer Rückkehr bei Nachforschungen nach den Aufenthaltsorten Moodys geholfen. Mit der Zeit entwickelte sich eine herzliche Freundschaft zwischen uns. Ich erfuhr, daß Teresa der Verzweiflung nahe gewesen war, als man ihr unseren Fall übertrug. Mahtab und ich konnten ihr etwas bieten, das in ihrem Job allzu selten war: ein Happy-End.

Der Nachmittag im Außenministerium war schnell vergangen. Ich übte mein Farsi mit Richard Queen, einem Angestellten der amerikanischen Botschaft, der im Iran als Geisel festgehalten und vor einigen Jahren freigelassen worden war. Außerdem sprach ich mit Fabio Saturni über Statistiken zu Entführungsfällen. Saturni leitete die Abteilung für internationales Sorgerecht, die ein Jahr nach meinem ersten Fernsehauftritt in *20/20* gegründet wurde. Sie war die erste offizielle Reaktion des Außenministeriums auf dieses Problem und bedeutete einen ungeheuren Fortschritt.

Dann hatte ich das Café aufgesucht. Teresa schien ungewöhnlich zerstreut, ganz anders als sonst. Während des Abendessens plauderten wir über mein Buch, andere Entführungsfälle und Johns Genesung. Spätestens als meine Begleiterin Käsekuchen bestellte, *wußte* ich, daß etwas anstand. Teresa war schlank und gesundheitsbewußt, ich hatte sie noch nie Nachtisch essen sehen. Offensichtlich schob sie etwas vor sich her.

Teresa streckte die Hand über den Tisch und legte sie auf meine. »Wissen Sie, Betty«, sagte sie, »was immer in Zukunft geschehen mag, wir halten es für richtig, daß Sie Ihre Geschichte anderen Menschen erzählt haben. Wir bekommen jetzt so viele Anrufe von Leuten, die Fragen haben, weil sie jemanden aus einem anderen Land heiraten oder ins Ausland reisen wollen. Diese Menschen lernen aus Ihrer Erfahrung, daß sie die amerikanische Verfassung nicht in den Koffer packen und mitnehmen können. Es ist wunderbar, wie viele Sie schon davor bewahrt haben, in die gleiche Situation wie Sie und Mahtab zu geraten.«

Teresa machte eine Pause, und ihr Blick hielt mich fest. Er

verhieß nichts Gutes. Plötzlich bekam ich Angst. »Heute hat mich Annette von der amerikanischen Botschaft in Bern angerufen«, fuhr Teresa fort. Sie preßte meine Hand. »Dr. Mahmoody hat den Iran verlassen.«

Mein Herz begann zu rasen. Alles Blut wich mir aus dem Gesicht, und mir wurde schwindelig. Ich glaubte, sie nicht richtig verstanden zu haben. Teresas Stimme drang aus der Ferne zu mir, wie vom anderen Ende eines Tunnels. »Wir wissen nicht, wo er sich aufhält. Wir wissen nur, daß er ausgereist ist.« Diese Nachricht löste die größte Angst in mir aus. Mehr als den Tod fürchtete ich, daß Moody seine Tochter eines Tages aus Rache wieder in den Iran entführen könnte.

»Wann denn?« stotterte ich. »Wie hat man das herausgefunden?« – »Erst heute erhielt Annette mit der Post von der Interessenvertretung der USA an der Schweizer Botschaft in Teheran eine Nachricht«, erklärte Teresa. »Sie besagt, daß er Arbeit und Familie verlassen hat, und man vermutet, daß dies noch nicht lange her ist.« Sie las mir einen Teil des Telegramms vor: »Er ist im Besitz einer Green Card. Es ist nicht auszuschließen, daß er nach Amerika zurückkehrt, um Frau und Tochter zu holen.«

Schwer fuhr Teresa fort: »Man glaubt, daß Ihr Leben und das Ihrer Tochter in Gefahr sind.« Als sie sah, wie verzweifelt ich war, tat sie ihr Bestes, mich zu beruhigen: »Bitte, bitte fühlen Sie sich jetzt nicht schuldig. Es war alles richtig, was Sie getan haben. Wir alle wußten doch, daß dies eines Tages geschehen würde. Wir wußten nur nicht, wann. Es wäre auch geschehen, wenn Sie mit Ihrer Geschichte nicht an die Öffentlichkeit gegangen wären.« Sie wollte versuchen, am folgenden Tag ausführlichere Informationen zu bekommen.

Um mich drehte sich alles. Was sollte ich tun? Ich mußte unbedingt zu Hause anrufen, um zu erfahren, ob Mahtab sicher aus der Schule heimgekommen war. Ich mußte in unserem Haus Sicherheitsvorkehrungen treffen. Ich mußte sicherstellen, daß keiner meine achtjährige Tochter erreichen konnte.

Die Minuten vergingen, ohne daß wir es bemerkten, und mir blieb kaum noch Zeit für den letzten Flug vom National Airport nach Michigan. Aber ich *mußte* es schaffen. Ich mußte nach Hause, mußte Mahtab berühren und in den Armen halten.

Man hatte die Passagiere bereits zum letztenmal aufgerufen, als ich zum Ticketschalter kam, und ich hatte keine Zeit zu telefonieren. Das Flugzeug wartete am Flugsteig auf mich. Ich war wie betäubt und nahm nichts um mich herum wahr, nicht einmal, daß wir abgehoben hatten. Immer wieder durchlebte ich die Vergangenheit und sorgte mich um Mahtabs Zukunft. Als wir Dayton in Ohio erreichten, wo ich umsteigen mußte, erfuhr ich, daß der Flug der US-Air wegen typischen Michigan-Wetters eine Stunde Verspätung hatte. Ich nahm mich zusammen und telefonierte mit Mahtab. Es ging ihr gut, sie sah fern und war völlig unbekümmert. Dann sprach ich mit meiner Mutter, die bei uns übernachtete. Ich hätte sie am liebsten gleich gewarnt, wollte mit der schrecklichen Nachricht herausplatzen, aber Mom hatte ein schwaches Herz, und ich durfte sie nicht unnötig erschrecken.

Ich versuchte nachzudenken. Wer konnte uns helfen? Nelson Bates, der Polizist, der so hilfsbereit und nett zu Mahtab gewesen war, hatte mir versichert, ich könne ihn jederzeit anrufen, wenn ich seine Hilfe benötigte. Jetzt war die Zeit gekommen. Ich rief ihn zu Hause an und sprudelte das hervor, was ich von Teresa gehört hatte. Sofort bot er an, die ganze Nacht hindurch unser Haus zu bewachen.

Ich hängte den Hörer gerade noch rechtzeitig ein, um eine Durchsage zu hören, die mir einen Schlag versetzte: »Flug 454 fällt wegen vereister Landebahn aus.« Das durfte doch nicht wahr sein! Ich mußte in dieser Nacht einfach noch nach Hause kommen! Dann eröffnete sich eine Alternative: Auf einem Flug nach Lansing waren noch Plätze frei. In Lansing konnte ich einen Wagen mieten oder mich abholen lassen. Wenigstens wäre ich in Michigan. Ich rannte zum Flugsteig und schaffte es gerade noch, bevor die Tür geschlossen wurde. Ungefähr eine Stunde später kündigte der Flugkapitän über Lautsprecher an: »In zehn Minuten werden wir die Landung auf dem Capital City Airport in Lansing einleiten. Die Temperatur beträgt drei Grad unter Null, und es schneit.«

Von mir aus können es auch 30 Grad unter Null sein, wenn ich nur schnell nach Hause komme! Als wir uns dem Flughafen näherten, meldete sich der Kapitän wieder: »Wir befinden uns über dem Capital City Airport. Der Flughafen wurde wegen vereister Landebahn geschlossen. Wir werden nach Dayton zurückfliegen. Am Flugsteig warten Angestellte der Fluglinie auf Sie, die Ihnen helfen werden, ein Hotelzimmer für die Nacht zu finden und Ihren Flug neu zu buchen.«

Als wir wieder landeten, war es fast Mitternacht, und alle Mietwagen waren ausgebucht. Den Tränen nahe, fand ich mich damit ab, die Nacht in Dayton zu verbringen, und nahm den Bus zu einem nahe gelegenen Sheraton. In dieser Nacht konnte ich nicht schlafen. Immer wieder stellte ich mir vor, wie Moody an Mahtab herankommen konnte. Ich bezweifelte, daß er direkt in die Staaten einfliegen würde. Seine Green Card würde ihm vielleicht die Einreise ermöglichen, aber er würde ein Risiko eingehen, denn er war zu lange im Iran geblieben, und die Karte war abgelaufen. Angesichts seines Bekanntheitsgrades durch *Nicht ohne meine Tochter* war es unwahrscheinlich, daß er ein Visum beantragen konnte. Das Außenministerium wiederum konnte ihn nicht festnehmen lassen, da er gegen kein Gesetz verstoßen hatte.

Vielleicht war Moody nach Mexiko geflogen und hatte mit Hilfe von Verwandten die Grenze nach Texas überquert. Im Iran hatte er mir gedroht, daß er notfalls jemanden beauftragen werde, mich zu töten. Vielleicht hatte er nun jemanden beauftragt, Mahtab zu entführen ...

Oder vielleicht war meine Panik überflüssig. Vielleicht hatte Moody das Leben im Iran einfach satt und sich entschlossen, anderswo zu leben.

Was redete ich mir da ein? Ich hatte doch immer gewußt, daß er eines Tages versuchen würde, seine Tochter zurückzuholen. Außerdem wußte ich, daß er mir den Tod wünschte. Mehr als einmal hatte er gedroht, mich umzubringen, falls ich es schaffte, aus dem Iran zu fliehen. Aber ich wollte noch nicht sterben. Ich merkte, wie meine Kraft und Entschlossenheit beim Gedanken an den Iran zurückkehrten.

Ich würde alles tun, um Mahtab zu behalten. Sie gehörte mir allein, und niemand konnte sie mir wegnehmen. Moody verdiente es nicht, sie zu sehen, und er durfte sie mir nicht wegnehmen – nach allem, was er uns angetan hatte.

Moody tauchte an jenem Abend nicht auf. In den nächsten beiden Monaten, in denen sein Verbleib unbekannt war, lebte ich so, als könne er jeden Moment hinter der nächsten Ecke auftauchen. Selbst nachdem wir die Nachricht erhalten hatten, er sei in den Iran zurückgekehrt, ließ meine innere Anspannung nicht nach. Ich wußte, daß er das Land jederzeit wieder verlassen oder jemanden schicken konnte, um zu erreichen, was er wollte: meinen Tod und meine Tochter.

Zweiter Teil

3

Tragische Fälle

Mahtab und ich hatten immer gewußt, daß Moody uns vielleicht irgendwann aufspüren würde. Trotzdem hatte unsere Anspannung bis zu meinem Treffen mit Teresa etwas nachgelassen. Im täglichen Leben vernachlässigten wir unsere Vorsichtsmaßnahmen.

Doch jetzt nicht mehr. Mir wurde klar, daß wir uns selbst zum Narren gehalten hatten. Ich wußte nun, daß Moody uns überall und zu jeder Zeit einholen konnte. Ich hatte erfahren, daß er sich mit seiner Familie zerstritten hatte. Vielleicht motivierte ihn das noch mehr, sich auf Mahtab zu konzentrieren.

Wie konnte ich uns beschützen? Ich fragte überall um Rat an: bei Sicherheitsfirmen, Detekteien und Leibwächtern. Während einige unserer Vorsichtsmaßnahmen geheim bleiben müssen, kann ich andere nennen. Zum Beispiel befolgte ich gleich in den ersten Tagen nach meiner Rückkehr aus Washington einen Rat: Ich besorgte mir einen Waffenschein.

Ich hatte unser Haus mit dem besten Alarmsystem ausstatten lassen, das ich bekommen konnte. Trotzdem fühlte ich mich nicht sicher. Immer wieder schaute ich aus dem Fenster und musterte mißtrauisch jeden Wagen, der überdurchschnittlich lange an dem Stoppschild an der Straßenecke hielt.

Waffen und Alarmsysteme waren wichtig, aber sie reichten nicht aus. Ich wußte, daß ich so schnell wie möglich eine Sorgerechtsverfügung für Mahtab brauchte. Ohne Sorgerechtsverfügung, so hatte Teresa mich gewarnt, konnte Moody mir meine Tochter wegnehmen, ohne gegen das Gesetz zu verstoßen. Immerhin war er ihr Vater. Selbst wenn man ihn und Mahtab auf dem Flughafen erkannte, konnte Mahtab nicht gerettet werden.

Außerdem fürchtete ich, daß die Beantragung des Sorgerechts unsere Sicherheit gefährden würde. Wenn Moody vom Gericht auf unseren Wohnort aufmerksam gemacht wurde, kam er vielleicht schneller nach Amerika zurück; und genau das wollte ich ja vermeiden. Darüber hinaus erinnerte ich mich noch gut an die Auskunft eines Anwalts auf meinen Hilferuf vor unserer Reise in den Iran.

Im Sommer des Jahres 1984, als die Zeit vor unserem zweiwöchigen »Familienurlaub« bei Moodys Familie in Teheran schneller verging, als mir lieb war, nahmen meine bösen Vorahnungen stündlich zu. Ich fürchtete mich vor der Reise, aber mir blieb keine Wahl. Wenn ich mich weigerte mitzukommen, würde Moody sicher versuchen, Mahtab für immer in sein Land zu bringen. Es gab nur einen Weg aus dem Dilemma: eine Schutzverfügung, die Moody von Mahtab fernhalten würde.

Zu jener Zeit hatte ich noch nie von einer internationalen elterlichen Entführung gehört. Aber ich konnte meine Befürchtungen nicht ignorieren.

Ich hatte viele Gründe, Moody zu mißtrauen: seine plötzliche Hinwendung zu islamischen Ritualen; seine häufigen Telefongespräche mit der Familie im Iran und seine Weigerung, mir zu übersetzen, was gesagt wurde; die heimlichen Gespräche mit Mammal, seinem Neffen, der uns besuchte. Dies alles ließ Böses ahnen.

Ich schüttete mein Herz einem Rechtsanwalt aus, der ein gemeinsamer Freund von Moody und mir war. Seine Antwort lautete: »Erstens brauchst du einen Psychiater, wenn du wirklich glaubst, daß er das tun wird. Zweitens schenkt dir in diesem Land kein Richter Gehör. Moody hat kein Verbrechen begangen. Es gibt keinen Grund, weshalb man ihm das Besuchsrecht vorenthalten sollte.«

Da wurde mir klar, daß ich keine Wahl hatte. Ich mußte mit Moody in den Iran reisen, oder ich würde riskieren, meine Tochter für immer zu verlieren.

Kurz nachdem wir aus dem Iran geflohen waren, ging ich zu mehreren Rechtsanwälten, um mich scheiden zu lassen und das alleinige gesetzliche Sorgerecht für Mahtab zugesprochen zu bekommen. Diesmal hoffte ich auf eine bessere Antwort.

Es gab zwei gesetzliche Barrieren. Die erste betraf den Verhandlungsort, an dem der Schriftsatz abgelegt werden sollte und der Scheidungstermin stattfinden würde. Nach dem Recht des Staates Michigan mußte ich die Anträge bei dem Gericht einreichen, das für den Kreis, in dem ich wohnte, zuständig war. Wenn ich sie anderswo einreichte, würde ich einen Meineid leisten müssen. Außerdem konnte Moody die Scheidung dann ohnehin für ungültig erklären lassen. Die zweite Barriere war, daß die Prozeßvorschriften beachtet werden mußten. Dazu gehörte, daß ich Moody vor dem Verfahren nach bestem Können und Vermögen über die Scheidungs- und Sorgerechtsanträge schriftlich in Kenntnis setzen mußte.

Zusammengenommen liefen diese beiden gesetzlichen Anforderungen darauf hinaus, daß Moody Tür und Tor geöffnet wurden. Sie enthielten gewissermaßen eine offene Einladung an Moody, nach Michigan zu kommen, uns ausfindig zu machen und die im Iran gegen mich ausgestoßenen Drohungen in die Tat umzusetzen.

»Eine Scheidung kommt nicht in Frage, wenn Sie Moody keine Vorladung zustellen«, insistierte der Rechtsanwalt.

»Das kann ich nicht«, protestierte ich. »Moody wird uns finden. Er wird Mahtab wieder entführen.«

»Aber anders geht es nicht«, sagte der Anwalt. »Sie müssen Moody Gelegenheit geben, sich vor Gericht zu verteidigen.«

Als mir mehrere Anwälte diese schlimme Nachricht bestätigten, verwarf ich meine Scheidungspläne.

Nun, im Jahr 1988, stand ich vor demselben Dilemma wie bereits vor meiner Reise in den Iran. Konnte ich vor Gericht auf mehr Entgegenkommen hoffen als damals? Ich hoffte das Beste und fürchtete das Schlimmste.

Teresa, mein Schutzengel im Außenministerium, sagte mir, sie habe einen sachverständigen Prozeßbeistand unterrichtet, einen Beamten, der Richter in Fällen beriet, die mit Kindern zu tun haben. Schon bei unserem ersten Treffen mußte ich jedoch feststellen, daß der Beamte und ich unterschiedlicher Meinung waren.

»Ich bin nicht dafür, das Besuchsrecht von Vätern einzuschränken«, begann er. »Meiner Meinung nach ist für die Kinder ein unbegrenztes Besuchsrecht beider Elternteile besser.«

»Aber wissen Sie denn nicht, was meine Tochter und ich durchgemacht haben, um wieder in die Staaten zurückkehren zu können?« fragte ich.

Kühl erwiderte er: »Ich empfinde wenig Sympathie für Erwachsene, die sich selbst in schwierige Situationen bringen.«

In diesem Augenblick wurde mir bewußt, wogegen ich eigentlich ankämpfte. Wenn jemand wie ich, bekannt und mit einem im Außenministerium dokumentierten Fall, eine solche Antwort erhielt, welche Chance hatten dann andere Eltern?

Ich befand mich in einer Zwickmühle. Ich mußte geschieden werden und eine Sorgerechtsverfügung bekommen, um Moody von Mahtab fernzuhalten. Genau dies würde meine Tochter und mich aber viel verletzlicher machen, als wir ohnehin schon waren. Es schien keinen Ausweg zu geben.

Im Frühjahr 1988 plante ich eine Reise nach Europa, um dort mein Buch vorzustellen. Ich war aufgeregt und besorgt zugleich.

Seltsamerweise fühlte ich mich in meinem eigenen Land weniger beschützt als im Ausland. In Europa würde Moody uns nicht suchen. Und selbst wenn er von der Reise Wind bekäme, hätten wir bis dahin Europa längst wieder verlassen. Die Reise würde Mahtab und mir etwas Zeit geben. Aus Vorsicht konsultierte ich das Außenministerium bezüglich der Länder, die ich besuchen wollte: Frankreich, England und Irland. Die Beamten bestätigten, daß Moody wieder im Iran sei; wohin seine Reise ihn geführt hatte, konnten wir nicht feststellen.

Ich dachte nicht einen Augenblick daran, ohne Mahtab zu reisen. Sie mußte einfach bei mir sein. Ich konnte nicht noch einmal eine Situation durchstehen wie vor zwei Monaten, als ich in Washington nicht weitergekommen war.

Meine Familie meinte, ich solle aus der Vergangenheit lernen und das Land nicht wieder verlassen. Aber dann war ich ja eine Gefangene. Ich wollte so uneingeschränkt leben, wie das angesichts der Umstände möglich war. Wenn Mahtab jetzt Angst vor Reisen bekam, würde sie womöglich ihr ganzes Leben lang darunter leiden. Es war zwar schwer für mich, den Mut aufzubringen, meine Heimat wieder zu verlassen, aber ich fühlte gleichzeitig, daß dies ein wichtiger Schritt in unserem Heilungsprozeß war. Trotz meiner Bitte um Verständnis redete sich meine Mutter ein, daß wir nicht zurückkommen würden. Sie regte sich so auf, daß sie ins Krankenhaus gebracht werden mußte.

Im Jahr 1988 verbrachten wir *Nauruz* (das persische Neujahr) auf dem Flug über den Atlantik nach Paris. In der französischen Hauptstadt traf ich Menschen, die mir große Hoffnung auf eine Lösung des schrecklichen Problems der Terrorisierung von Kindern machten. Antoine Audouard, mein französischer Verleger, erzählte mir: »Eine hiesige Frauengruppe möchte Sie gerne kennenlernen. Ich habe noch nicht zugesagt, weil ich nicht wußte, ob Sie damit einverstanden sind.«

Zu jenem Zeitpunkt hatte ich zwar schon von vielen internationalen elterlichen Kindesentführungen gehört, die meisten davon betrafen jedoch Amerikaner. Ich war gespannt darauf, das Problem in Paris weiterverfolgen zu können. Es war eine willkommene Gelegenheit, mein Wissen zu vertiefen.

Mein erstes Treffen mit den »Müttern von Algier«, einer Interessenvertretung jener Französinnen, deren Kinder von den Vätern nach Algerien entführt worden waren, fand in einem Café an der Seine statt. Ich war überrascht, wie viele Fälle es in Frankreich gab, und sehr beeindruckt von der Arbeit dieser Frauen. Vor meiner Abreise nach England wollte ich so viele Informationen wie nur möglich bekommen. Das Problem der internationalen elterlichen Kindesentführung war offensichtlich nicht auf die Vereinigten Staaten beschränkt. Die »Mütter von Algier« gingen mir nicht mehr aus dem Kopf, und ich beschloß, sie nochmals zu besuchen.

Einen Monat später, während eines Vortrags vor einer gemeinnützigen Organisation in Michigan, verlieh ich meiner Verbitterung über die Scheidungs- und Sorgerechtsprobleme Ausdruck. Nach der Rede wurde das Thema in einer Diskussionsrunde mit Zuhörern nochmals angeschnitten. Einer der Gäste, ein bärtiger Mann in den Mittvierzigern mit leiser Stimme, hörte meinen Ausführungen besonders aufmerksam zu. Als ich herausfand, daß er Rechtsanwalt mit Erfahrung im Familienrecht war, begann ich, *ihm* Fragen zu stellen. Kurz vor Schluß sagte er: »Ich bin nicht auf der Suche nach Mandanten, aber ich glaube, daß ich Ihnen helfen kann.« Er gab mir seine Visitenkarte mit dem Hinweis, ich könne ihn anrufen, falls ich interessiert sei.

Innerhalb von 48 Stunden, nachdem ich Arnold Dunchocks Büro zum erstenmal betreten hatte, erhielt ich eine einstweilige Sorgerechtsverfügung, die es Moody untersagte, Mahtab zu besuchen. Das war eine große Erleichterung, obgleich ich mich immer noch mit den strengeren Bedingungen für eine ständige Sorgerechtsverfügung als Teil des Scheidungsurteils auseinanderzusetzen hatte.

Während jenes ersten Besuchs sagte Arnie, daß er sich meiner Sache gern anschließen wolle. Ich wußte damals noch nicht, daß er mein Mitkämpfer werden würde – nicht nur darin, Mahtab zu beschützen, sondern auch darin, die Interessen der Kinder überall in der Welt zu vertreten.

Neben meinen Lesereisen und Vorträgen gab es neue Entwicklungen, was den Film betraf. Harry und Mary Jane baten mich, in Kalifornien mit Brian Gilbert zu sprechen, der sehr daran interessiert sei, die Regie zu führen. »Ich finde Ihre Geschichte wunderbar, aber ich brauche ein neues Drehbuch«, sagte Brian. »Ich drehe den Film nur, wenn Sie mit mir das Drehbuch neu schreiben.« Ohne zu wissen, was mich erwartete, stimmte ich geschmeichelt zu.

Ich mochte Brian von Anfang an. Er war gemütlich und überhaupt nicht eingebildet. Vor allem aber wollte er, daß das Drehbuch so nahe wie möglich an der Realität blieb. Während der nächsten zwei Monate reiste ich einige Male nach Los Angeles und half Brian und den Uflands bei Recherchen, die dazu beitragen sollten, den Film wirklichkeitsnah zu gestalten. Wir suchten täglich iranische Restaurants und Zentren für persische Kultur auf. Wenn wir zum Tee in einem Café saßen, hörte ich den Unterhaltungen an den Nachbartischen zu, und sobald ich einen Satz in Farsi hörte, unterrichtete ich Brian. Er beobachtete dann, wie die betreffenden Menschen aßen, tranken, sprachen und gingen – und wie die Frauen häufig einige Schritte hinter den Männern blieben.

In jenem Sommer kam Brian nach Michigan, verbrachte einige Zeit mit Mahtab und meiner Familie und blätterte in meinen Fotoalben. Als er nach Hause zurückkehrte, um mit dem Drehbuch anzufangen – er lebt in London –, blieben wir über Telefon und Fax in Kontakt. Brian schien wirklich zu verstehen, was ich ausdrücken wollte.

Aber als ich sein Drehbuch dann bekam, war das »wahre Gefühl« immer noch nicht da. Ich war nahe daran zu verzweifeln. Trotz all unserer Arbeit waren wir der Verwirklichung unseres Projekts in den vergangenen zwei Jahren kaum näher gerückt. Da ich nichts zu verlieren hatte, beschloß ich, selbst mit Hand anzulegen. Anstatt die Uflands anzurufen und ihnen mein Herz auszuschütten, besorgte ich einen Babysitter für Mahtab, nahm ein Zimmer in einem Motel in der Nähe und schrieb Brians Anfangsszenen von Hand um. Ich schliff an jedem noch so trivial scheinenden Detail meiner Erlebnisse im Iran, an Feinheiten, die nur ich kennen konnte. Ich war keine professionelle Drehbuchautorin, aber ich war die einzige (außer Mahtab), die diese Geschichte erlebt hatte. Ich bemühte mich, meine Gefühle unmittelbar zu Papier zu bringen.

Sobald ich eine Szene fertig hatte, holte Arnies Sekretärin Lori sie ab und tippte sie in ihrem Büro in den Computer. Ich kenne übrigens niemanden, der schneller tippt. Nach vier Tagen ununterbrochener Arbeit schickte ich einen großen Teil des Drehbuchs zu Harry und Mary Jane. Die beiden hatten keine Ahnung, was ich die letzten Tage über getan hatte, und ich werde nie vergessen, was Harry am darauffolgenden Tag auf meinen Anrufbeantworter sprach: »Wir sind begeistert! Genau das brauchen wir!«

Als ich mitten in der Arbeit am Drehbuch war, klingelte es an der Tür: ein Paket! Ich wußte schon, was darin war. Als ich Mahtab rief, brummte sie: »Das ist sicher wieder so ein dummes Drehbuch.« Ich mußte ihr sehr zureden, das Paket zu öffnen. Sie bückte sich und kämpfte mit der Schachtel. Schließlich riß sie die Pappe auf und griff hinein. »Ah, mein Hase!« rief sie und schnappte nach Luft. »Es ist mein Hase!« Sie strahlte mich an.

Mahtab umarmte den weißgrünen Stoffhasen, eine Nachbildung des geliebten Stofftiers, das sie im Iran hatte zurücklassen müssen. »Er ist so klein«, sagte sie, als sie den knapp einen Meter großen Hasen mit beiden Händen vor sich hielt. Sie dachte nicht daran, daß sie in der Zwischenzeit gewachsen war. Sie drückte und küßte ihn und wirbelte mit »Tobby Bunny« in den Armen im Kreis herum. Dann befestigte sie die Gummis, die der Hase an den Pfoten hatte, an ihren Füßen und tanzte mit ihm wie schon so oft zuvor.

Mahtab war schon lange nicht mehr so glücklich gewesen. Zusammen mit Tobby Bunny saß sie auf dem Sofa. Dann plötzlich wich das Lächeln aus ihrem Gesicht. Ich merkte, daß sie an den Iran dachte. Sie sah todtraurig aus, und Tränen rannen ihr über die Wangen. Ich war mir sicher, daß Tobby Bunny Erinnerungen an den Vater wachgerufen hatte – an den Menschen, der ihr einst so viel Wärme und Sicherheit gegeben hatte.

Einige Leser von *Nicht ohne meine Tochter* hatten sich bei mir erkundigt, ob wir den im Iran zurückgelassenen Hasen hätten ersetzen können. Wir hatten tatsächlich alle Spielzeuggeschäfte abgesucht, aber keinen zweiten gefunden. Schließlich erklärte sich Mary, die Tochter von Mahtabs Klassenlehrerin, dazu bereit, einen neuen Hasen für uns anzufertigen, wenn wir ihr die Maße und ein Foto des alten besorgten. Später hängten wir den Hasen an den Knopf in Mahtabs weißem Kleiderschrank, an den wir schon den alten gehängt hatten. Trotz Mahtabs stark wechselnder Gefühle hat Tobby Bunny in ihrem Zimmer einen bevorzugten Platz.

Solange ich im Iran lebte, hatte ich nur ein Ziel: zusammen mit Mahtab so schnell wie möglich nach Hause zurückzukehren. Die nächtlichen Seufzer meiner Tochter ließen mich keinen Schlaf finden. Verzweifelt wartete ich auf jemanden, der uns raushelfen würde. Damals schwor ich einen heiligen Eid, niemanden je im Stich zu lassen, der meine Hilfe brauchte.

Zu meiner ständigen Sorge um Mahtab kam nach unserer Rückkehr in die Vereinigten Staaten bald eine andere hinzu: Meine Schlaflosigkeit geht nun nicht mehr auf Mahtabs Seufzer zurück, sondern auf die Schreie all jener Kinder, die immer noch unter den Repressionen zu leiden haben, die auch meine Tochter hatte erdulden müssen. So wie mir andere halfen, einen Weg in die Freiheit zu finden, so will ich heute auch diesen Kindern helfen.

Im Oktober 1990 erwiderte ich einen Telefonanruf, der mich über die St. Martin's Press erreicht hatte. Aus der Frauenstimme am anderen Ende der Leitung klang Panik: »Ich weiß nicht, ob Sie sich an mich erinnern. Ich heiße Beverly und bin vor ungefähr drei Jahren mit Ihnen in Kontakt getreten, als Sie in Tucson waren. Damals erzählte ich Ihnen von meiner Angst, daß meine Tochter in den Iran entführt werden könnte. Er *hat* es getan! Sie ist weg!«

Beverlys Mann hatte Sabrina nach Teheran entführt und ihr sogar verboten, mit ihrer Mutter zu sprechen. Zuerst hatte Beverly ihrer Tochter in den Iran nachfolgen wollen, aber ihr Mann wollte nichts davon hören. Er wollte eine Scheidung, und er wußte genau, daß eine Verhandlung im Iran nach islamischem Recht einen günstigeren Verlauf für ihn nehmen würde als ein Prozeß vor einem amerikanischen Gericht. Beverly erzählte mir weinend: »Ich darf den Iran ohne schriftliche Erlaubnis meines Mannes nicht einmal betreten.«

Beverly war über die Lage ihrer Tochter verzweifelt: »Sie kann sich nicht verständigen. Sie kennt diese Menschen nicht, und wie soll sie ihre Kultur ohne Hilfe verstehen? Sie hat ihren Teddybären nicht dabei, und ohne den kann sie nicht einschlafen. Mein armes Kind! Was kann ich tun, um ihr zu helfen?«

Ich riet Beverly, den Kontakt zu Majid nicht abzubrechen. Sie müsse die Kommunikation aufrechterhalten, so schwierig es auch sein mochte.

Einige Monate später erhielt Beverly nach langem Bitten die Erlaubnis ihres Mannes, in den Iran zu kommen. Sie ließ ihre Familie in Amerika in dem Bewußtsein zurück, daß sie ihre Angehörigen nie mehr wiedersehen und daß Sabrina mit an Sicherheit grenzender Wahrscheinlichkeit den Iran nie mehr verlassen würde. Die beiden sind bis zum heutigen Tag nicht zurückgekehrt.

Das andere Extrem sind Eltern, die in ihrer Verzweiflung alles tun, um ihre Kinder zu behalten, und die versuchen, eine Entführung durch den anderen Elternteil zu verhindern, indem sie ihr Kind verstecken. Wie jedoch Kristine Uhlman bestätigen kann, ist die Sicherheit eines Kindes nicht allein dadurch gewährleistet, daß man es versteckt. Ich kam mit Kristine im Jahr 1987 durch unser damals stetig wachsendes Verbindungsnetz in Kontakt. Ihren Mann Mustafa Ukayli hatte sie vor Jahren kennengelernt, als sie beide studierten. Sie heirateten 1975 im Zentrum für Lutherische Studenten der Ohio State University und hatten zwei Kinder: 1977 eine Tochter namens Maisoon, 1978 einen Sohn namens Hani.

Mustafa fing an, gewalttätig zu werden, und es gelang Kristine, ihm zusammen mit ihren Kindern zu entkommen. »Ich tauchte unter einem anderen Namen unter, denn ich wußte, daß er alles tun würde, seine Kinder ausfindig zu machen.« Kristine erzählte mir, sie habe sich mit ihren Eltern nur durch Dritte verständigt; ihre Eltern hätten nicht einmal gewußt, in welchem Bundesstaat sie lebte. Ein Gericht in Denver sprach ihr schließlich das einstweilige Sorgerecht für ihre beiden Kinder zu.

Kristines Eltern konnten nicht begreifen, weshalb sie ihren gutaussehenden, intelligenten und großzügigen Mann verlassen wollte. In der Zeit, als Kristine sich versteckte, wohnte Mustafa bei ihren Eltern, heulte ihnen etwas vor und versuchte sie zu überzeugen, daß seine Moralvorstellungen den ihren entsprächen. Heimlich ging er jedoch aus dem Haus, löste die gemeinsamen Bankkonten auf und organisierte die Papiere, die er brauchte, um ihr die Kinder wegzunehmen.

Am 11. September 1981 wurden Maisoon und Hani vor dem Haus, in dem sie wohnten, gewaltsam entführt. Kristine erzählte mir: »Innerhalb von drei Tagen bekam Mustafa von einem islamischen Gericht in Saudi-Arabien die Scheidung. Er erhielt das Sorgerecht für die Kinder, und unser gesamter Besitz wurde ihm zugesprochen.«

Da Hilfe aus Amerika nicht möglich war, bat Kristine die saudische Regierung um Hilfe. Sie fand jedoch schnell heraus, daß diese weder ihre amerikanische Sorgerechtsverfügung noch die beiden Klagen wegen Menschenraubs gegen Mustafa anerkannte. Der saudische Botschafter wollte ihr ermöglichen, ihre Kinder zu besuchen – aber nur, wenn sie der Presse gegenüber schwieg. Kristine willigte ein. Damals setzten sich verschiedene andere verlassene Mütter mit mir in Verbindung, denen das gleiche gesagt worden war: »Verhalten Sie sich ruhig, vielleicht können wir dann etwas für Sie tun.«

Weil Kristine unbedingt ihre Kinder sehen wollte, war sie zu fast allem bereit und befolgte den Rat des amerikanischen Außenministeriums und der saudischen Botschaft. Sie wollte sich in Saudi-Arabien niederlassen und dann den Fall vor ein islamisches Gericht bringen. Es dauerte fast zwei Jahre, bis die saudische Regierung ihr eine Aufenthaltsgenehmigung gewährte, die besagte, daß sie in Saudi-Arabien leben und dort als Bauingenieurin arbeiten durfte.

Eine Woche nachdem Kristine das Königreich betreten hatte, wurde sie verhaftet und in ein Frauengefängnis gesteckt. Fast die Hälfte der Insassen waren Kleinkinder. »Der Islam schützt die natürliche Bindung zwischen Mutter und Kind so weit, daß eine Mutter, die eingesperrt wird, ihr Kind bei sich in der Zelle behalten darf«, sagte Kristine. »In der ersten Nacht wurde ich von einer Lesbierin belästigt. Niemand im ganzen Gefängnis sprach Englisch. Es gab weder Matratzen noch Bettücher, und wir wurden nicht regelmäßig mit Nahrung versorgt, weil das Essen von der Familie oder von Freunden gespendet werden mußte.« Während Kristine inhaftiert war, rief ein Vertreter der saudischen Regierung bei ihren Eltern in Kalifornien an und eröffnete ihnen, daß sie ihrer Tochter helfen könnten – aber nur, wenn die Presse umgangen werde. Nach fünf langen Tagen im Gefängnis wurde Kristine entlassen. Bis heute weiß sie nicht, weshalb sie festgenommen wurde.

Kristine war noch immer von ihren Kindern abgeschnitten. Während der folgenden drei Monate sprach sie täglich beim saudischen Außenministerium vor. Sie ersuchte um die Erlaubnis, vor ein islamisches Gericht zu gehen, weil das islamische Gesetz einer Mutter ausdrücklich das Sorgerecht für ihre Kinder zuerkennt, bis diese sieben Jahre alt sind. Da Kristine ihren

Wohnsitz im Land hatte, hoffte sie, dieses Recht zugesprochen zu bekommen.

Am 2. August 1983, fast zwei Jahre nach der Entführung, durfte Kristine ihre Kinder sehen. Hani, der gerade vier Jahre alt geworden war, konnte die Entführung bis ins Detail beschreiben; er erinnerte sich sogar an das Spielzeug, das sein Vater ihm gegeben hatte, damit er nicht mehr weinte. »Er erzählte mir, ein als Nikolaus verkleideter Mann habe seinem Daddy geholfen, ihn und seine Schwester seiner Mommy zu ›stehlen‹«, sagte Kristine.

Eine Woche später konnte sie endlich das Gericht dazu bringen, ihren Fall zu verhandeln. Sie war die erste Frau nichtarabischer Herkunft, die vor einem islamischen Scharia-Gericht angehört wurde. Am zweiten Tag vor Gericht sagte ihr saudischer Rechtsanwalt: »Scheidungsfälle bringen kein Geld.« Er ließ sie ohne Übersetzer in der Verhandlung sitzen, die ausschließlich auf arabisch geführt wurde. Am dritten Tag wurde der ausschlaggebende Beweis gegen sie vorgelegt: ein Foto, auf dem sie mit ihren Kindern aus einer Kirche trat. Der Richter erklärte, er könne Kristine das Sorgerecht für ihre Kinder nicht zusprechen, weil dies deren »Religiosität beeinflussen würde«. Man verweigerte ihr das Recht, die Kinder regelmäßig zu besuchen. Kristine blieb noch ein Jahr in Saudi-Arabien und arbeitete dort; sie durfte ihre Kinder in dieser Zeit nur fünfmal sehen.

Die Situation war für Kristine unerträglich, und schließlich verließ sie Saudi-Arabien. Seither muß sie ihren Ex-Mann bitten, die Kinder sehen zu dürfen. Im Jahre 1986 erlaubte er ihr, sie zu besuchen, aber nur in Gegenwart seiner neuen Frau. Jeder Kontakt mit den Kindern wurde überwacht. »Ich mußte mit seiner neuen Frau in einem Bett schlafen«, erzählte Kristine. »Meine Kinder stritten sich darum, neben wem sie schlafen durften. Keines wollte neben mir schlafen. Meine Tochter sagte: ›Amerika ist schlecht. Amerika hat keine Moscheen. Amerika stellt den Juden Pässe aus.‹ Mein Sohn sagte: ›Meine Augen sind nicht blau, sondern braun. Ich bin Araber.‹«

Kristines Mutters letzter Wunsch, ihre Enkelkinder noch einmal zu sehen, ging nicht in Erfüllung. Wieder wurde mir bewußt, wieviel Glück Mahtab und ich gehabt hatten. Wir waren rechtzeitig aus dem Iran zurückgekehrt, um meinen Vater noch zu sehen, bevor er starb. Wenigstens hatte er gewußt, daß wir endlich zu Hause waren.

Als 1990 irakische Truppen in Kuwait einmarschierten, brachte Mustafa die Kinder nach Holland, wo Kristine sie besuchte. Der Besuch verlief äußerst unerfreulich. Maisoon und Hani waren ihr fremd geworden. Es war schwierig für Kristine, das gebrochene Englisch der Kinder zu verstehen. Beide waren tiefreligiöse Moslems. Das schlimmste war, man hatte ihnen eingeredet, daß Kristine sie nicht liebe, und sie akzeptierten sie nicht mehr als ihre Mutter. Auch Kristines Vater hatte sich damals zu Besuch angesagt, aber am Tag seiner Ankunft überlegte Mustafa es sich anders. An der Hotelrezeption hinterließ er eine Nachricht: »Wenn Du dies liest, sind wir wieder im Königreich Saudi-Arabien.«

Kristine berichtete mir: »Ich will nur noch schlafen und von ihnen träumen. Wenn ich dann aufwache, bin ich getröstet und ruhig. Im Traum spüre ich die Locken meiner Tochter und rieche ihre Wangen.« Leider sind Träume seit 1981 alles, woran sich Kristine klammern kann. Sie hofft, daß Maisoon und Hani zum Studium in die Vereinigten Staaten zurückkehren und daß die drei dann ihr gemeinsames Leben wieder aufnehmen werden. Aber in Anbetracht der gegenwärtigen Meinung der Kinder von ihrer Mutter und deren Land ist auch dies wohl nur ein Traum.

Obwohl wir schon zahllose Stunden am Telefon miteinander gesprochen hatten, trafen Kristine und ich uns erst im Januar 1988, als wir zusammen in der *Phil Donahue Show* auftraten. Sämtliche Studiogäste, darunter auch eine amerikanische Universitätsprofessorin, die zum Islam übergetreten war, wohnten im Drake Hotel in New York. Wir nahmen alle dieselbe Limousine zum Studio. Auf dem Weg zum Wagen begegnete ich zum erstenmal dem palästinensischen Mann der Professorin. Er hielt den Koran über die Tür der Limousine, damit wir ihn beim Einsteigen küssen konnten. Ich lehnte ab, fühlte mich aber sofort von diesem Mann eingeschüchtert. Er ließ sich nicht dazu herab, zusammen mit den Frauen im Fond zu sitzen, sondern nahm den Platz neben dem Fahrer ein. Während sich der Wagen in den Stadtverkehr einfädelte, begannen er und seine Frau, Koran-Verse zu singen. Als die Professorin abbrach und sich unserem Gespräch anschließen wollte, tadelte ihr Mann sie scharf wegen ihres ungehörigen Benehmens. »Ich muß beten«, sagte sie und fing wieder an zu singen. Nach unserer Ankunft im Studio verlangte ihr Mann, daß sie ein anderes Kleid anzog, und sie gehorchte.

Während wir hinter der Kamera warteten, begrüßte Phil Donahue einen nach dem anderen freundlich mit einem Händedruck und ein paar Worten. Als die Professorin an der Reihe war und er die Hand ausstreckte, um sie zu begrüßen, sagte deren Mann laut: »Fassen Sie meine Frau nicht an!« Phil zog die Hand sofort zurück und sagte nichts mehr.

Mir wurde fast übel. Es war, als sei ich wieder im Iran. Einen Augenblick wußte ich nicht, ob ich an der Show teilnehmen konnte, aber dann beschloß ich, diesem Mann keine Macht über mich einzuräumen.

Kristine riet mir an jenem Tag vor allem, mich nie zu verstecken: »Ich habe das alles durchlebt. Ich habe meinen Namen und meine Identität geändert und bin an einen Ort gezogen, wo mich niemand kannte. Sie haben mich trotzdem gefunden. Ich hätte mir die Zeit und das Geld sparen können.« Nachdem ihre Kinder entführt worden waren, hatte Kristine Mühe, die Menschen in ihrer Umgebung von den wirklichen Ereignissen zu überzeugen.

Kristine hat in den letzten zehn Jahren mehr gelitten, als die meisten von uns sich vorstellen können. Dennoch verspürt sie keine Bitterkeit, nur Trauer darüber, daß sie ihre Kinder verloren hat. Kürzlich sagte sie zu mir: »Ich kann nichts tun, aber wenigstens kann ich mit anderen reden.« Kristine hat schon viel Zeit und Geld geopfert, um andere Eltern in einer vergleichbaren Situation zu trösten und zu beraten.

Als ich meinem Literaturagenten Michael Carlisle gegenüber erstmals erwähnte, ich sei um meine Sicherheit besorgt, meinte er: »Berühmt zu werden könnte der beste Schutz für Sie sein.«

Heute bin ich mehr denn je davon überzeugt, daß er recht hatte. Wenn die Menschen in meiner Umgebung meine Situation kennen, können sie mir dabei helfen, verdächtige Ereignisse wahrzunehmen. Nach der Veröffentlichung meines Buches sagte die Mutter eines Klassenkameraden von Mahtab zu mir: »Ich bin so froh, daß wir Ihre Geschichte kennen. Jeden Tag, wenn ich meine Kinder abhole, achte ich darauf, mit wem Mahtab weggeht.« Ja, ich hatte recht daran getan, uns nicht von Moody zu Gefangenen in unserem eigenen Land machen zu lassen. Schließlich hatten wir den Iran verlassen, weil wir bei unserer Familie und frei sein wollten.

Leider sind wahrscheinlich viel mehr Frauen in patriarchalischen Ländern gefangen, als wir uns vorstellen können. Es gibt keine Statistiken darüber, weil die meisten nicht versuchen, sich zu befreien. Sie zerbrechen seelisch an ihrer Verzweiflung.

Am Beispiel von Meg, einer Frau aus dem amerikanischen Mittleren Westen, läßt sich ablesen, wieviel eine Mutter aufzugeben imstande ist, um ihre Kinder zu beschützen. Im Jahre 1982 reichte Meg die Scheidung ein; ihr Mann Hussein entführte daraufhin ihren Sohn Kayvan und ihre Tochter Fereshteh in den Iran. Verzweifelt folgte Meg ihnen. Während der nächsten acht Jahre wohnte sie zusammen mit der großen Familie ihres Mannes in einem Haus in Teheran, das nur zwei Zimmer hatte. Sie hätte sich auch gleich in einen Käfig einsperren lassen können. Während der gesamten Zeit hatte sie kein einziges Mal Gelegenheit, mit jemandem aus dem Westen zu sprechen. Ohne Überwachung durfte sie nicht einmal in einem Laden um Nahrungsmittel anstehen.

Im Jahre 1990 erlaubte Hussein ihr, mit dem gemeinsamen dritten Kind ihre alten Eltern in den Staaten zu besuchen. Ein Beamter vom Außenministerium rief mich an, beschrieb den Fall und fragte: »Würden Sie bitte mit der Frau sprechen? Wir sind hilflos und können wirklich nichts für sie tun. Vielleicht tröstet es sie ein wenig, wenn sie mit Ihnen sprechen kann.«

Ich redete oft mit ihr und versuchte verzweifelt, ihr zu helfen, aber genausowenig wie der Beamte des Außenministeriums konnte ich ihr eine Lösung anbieten. Sie sagte: »Ich habe gerade Ihr Buch gelesen. Wenn mein Leben im Iran auch nur halb so gut wäre wie Ihres damals, hätte ich es geschafft.« Die Beschreibung des Lebens ihrer Familie in Teheran war entsetzlich, doch klang sie in meinen Ohren sehr realistisch. Ich erinnere mich sehr gut an jenen südlichen Teil der Stadt mit Zwei-Zimmer-Baracken ohne Klimaanlage und moderne sanitäre Einrichtungen, in denen 15 Menschen leben.

Sosehr sich Meg davor fürchtete, in ihr Leben in Gefangenschaft im Iran zurückzukehren, sie konnte ihre beiden älteren Kinder nicht im Stich lassen. An dem Tag, an dem sie abreisen sollte, wurde der Flughafen wegen starker Schneestürme geschlossen und ihr Flug abgesagt. Am selben Tag erhielt sie einen Brief, den Fereshteh aus dem Iran geschmuggelt hatte. Über den Brief hatte ihre vierzehnjährige Tochter geschrieben:

> »Mommy, bitte lies dies zweimal!! Mom, komm nicht zurück. Mom, Du bist dumm, wenn Du zurückkommst. Mom, ich werde mit ihm schimpfen, wie damals, als er uns gestohlen hat. Kayvan und ich haben viel geschrien. Ich werde wieder schreien. Jetzt bin ich größer. Ich kann lauter schreien.
> Mom, glaube mir, es geht uns hier gut. Wir haben Fleisch, Eier und auch Obst. Du brauchst Dir keine Sorgen um uns zu machen. Mom, heute habe ich Deinen Brief und die Fotos bekommen. Ich mag alle, so wie sie sind. Du bist auch auf dem Bild. An Deinem Gesicht habe ich gesehen, daß Du uns vermißt, aber ... wenn Du zurückkommst, wirst Du unglücklich sein. Ich schreibe Dir das alles, aber ich weiß nicht, ob Du auf mich hörst. Aber, Mom, überlege, was Du tust. Okay? Mom, bitte grüße alle von mir. Ich bete, daß dieser Brief Dich bald erreicht.«

Meg war hin- und hergerissen. Ich hoffte, sie würde die durch den Schneesturm verursachte Verzögerung nutzen, ihre Rückkehr in den Iran nochmals zu überdenken. Es tat mir weh, an die beiden Teenager zu denken, die sich so sehr bemühten, den

Iran zu verlassen. Ich konnte die Verzweiflung Fereshtehs nachvollziehen, die sich an jeden Strohhalm klammerte, wie ich es im Iran getan hatte. Man darf Kinder einer solchen Belastung nicht aussetzen. Diese beiden Kinder mußten wie Mahtab schnell erwachsen werden.

Megs Schuld- und Verantwortungsgefühle trugen schließlich den Sieg davon. Sie konnte nicht vergessen, wie Kayvan während der Raketenangriffe des Irak auf Teheran den Bunker im Postgebäude verlassen hatte, um Brot zu holen, das einzige Nahrungsmittel der Familie – und sein Leben für ihres riskiert hatte. Sie konnte den Gedanken nicht ertragen, ihn und seine Schwester in Teheran zurückzulassen, ohne zu wissen, welches Schicksal ihnen bevorstand.

Am Tag von Megs Rückflug in den Iran erzählte sie mir, Kayvan habe sich nach seiner Entführung so ungebärdig aufgeführt, daß er in den Keller gesperrt worden sei. Als sie dann nach Teheran gekommen sei, habe er stolz zu ihr gesagt: »Mommy, du darfst bei uns leben, weil ich unartig war.« Meg fuhr fort: »Ich habe Ihr Buch auswendig gelernt. Es gibt mir Hoffnung. Ich gehe, mir bleibt keine Wahl. Vielleicht sehen wir uns eines Tages wieder.«

Nach Megs Abreise erhielt ich einen Brief von ihr, der ihre Gefühle deutlicher zum Ausdruck brachte: »Ich kann es nicht erklären, aber ich habe Angst davor, die Kinder voneinander zu trennen. Irgend jemand wird immer verletzt oder zurückgelassen. Die Familie und meine alten Freunde können das nicht verstehen, nur jemand, der schon einmal dort gewesen ist. Fereshteh versucht, die erwachsene Frau in der Familie zu sein. Sie versucht, meinen Traum zu leben. Ich weiß nicht, wann das Kind erwachsen und die Erwachsene zum Kind wurde. Aber ich werde mich bemühen, die Kinder zusammenzuhalten und ihnen einen Traum zu geben.« Seitdem habe ich nichts mehr von Meg gehört.

Meine Erfahrung mit solchen frustrierenden Fällen lehrte mich, daß man eine Möglichkeit nie ausschließen kann: die der Versöhnung. Sie ist jedoch oft nur eine Folge davon, daß die Frau von ihrem Mißhandler abhängig ist. Der Druck, die Familie wieder zu vereinigen, kann von allen Seiten kommen – nicht zuletzt von den Familien der Eltern. Oft ist die Hoffnung auf Versöhnung das einzige, was verlassene Eltern mit ihren Kindern verbindet. Diese Hoffnung bewegt sie, mit dem Entführer in Kontakt zu bleiben.

Der Gedanke der Versöhnung ist zwar an sich nicht zu verurteilen, aber häufig unrealistisch. Schließlich gibt es einen Grund dafür, daß die Beziehung zerbrochen ist. Nur wenn die Versöhnung tatsächlich alle Differenzen beseitigt, stellt sie eine wirkliche Lösung dar.

Im Jahre 1988 wandte sich die Schwester von Marilyn an mich. Marilyn war eine Frau aus der Gegend von Detroit, die einen Iraner namens Feridun geheiratet hatte. Sie wurde damals von ihrem Mann in ihrem eigenen Haus buchstäblich als Gefangene gehalten. Er zeichnete ihre Telefongespräche auf und verbot ihr den Umgang mit ihren Verwandten. Marilyn zufolge hatte er einen Kanister Benzin im Haus versteckt und drohte wechselweise damit, entweder sie und ihre vier Kinder bei lebendigem Leibe zu verbrennen oder sich mit der Familie im Auto von einer Brücke zu stürzen. Er erklärte Marilyn: »Wenn du die Behörden informierst, bringe ich deine Familie um.«

Da ich für das Leben Marilyns und ihrer Kinder fürchtete, mir aber von Richtern und Anwälten nicht mehr viel Verständnis erhoffte, konsultierte ich Regierungsbeamte und ein Frauenhaus. Schließlich ermöglichten wir Marilyn und ihren Kindern die Flucht aus ihrem Heim; sie wurden über mehrere geheime Zwischenstationen in einen weit entfernten Bundesstaat geschmuggelt. Marilyn erhielt eine neue Identität und besuchte eine Universität, was ihr mehr Selbstsicherheit verlieh und sie auf ein unabhängiges Leben mit den Kindern vorbereitete.

Anderthalb Jahre später, als ihr Mann das Besuchsrecht für die Kinder beantragte, sagte sie mir, sie werde lieber ins Gefängnis gehen als den Aufenthaltsort ihrer Kinder preisgeben. Sie machte sich um deren Sicherheit so große Sorgen, daß sie auf dem Weg zu einer Gerichtsverhandlung in Michigan ihren Wagen in Ohio abstellte und in ein anderes Auto umstieg.

An unheilvollen Vorzeichen war kein Mangel. Feridun hatte wenig Freunde und keine Familienangehörigen in den Vereinigten Staaten und war kurz zuvor in den Iran gereist. Alles deutete darauf hin, daß er die Kinder entführen wollte.

Schließlich kam der Tag der Verhandlung über das Sorgerecht. Marilyn wurde aufgefordert, ihre Kinder herbeizuschaffen. Andernfalls werde man sie wegen Mißachtung des Gerichts einsperren. Nach mehreren Verhören sprach sich der sachverständige Prozeßbeistand gegen das Besuchsrecht für Feridun aus. Das war ein großer Schritt nach vorn. Ich war zu Marilyns Verhandlung als Sachverständige geladen und glaubte fest, daß dieser Fall nicht so traurig enden würde wie andere.

Schließlich war die Bühne frei für den Entscheidungskampf. Ich wartete im Flur zusammen mit Marilyns Mutter, ihren Schwestern und dem Anwalt auf die Ankunft Marilyns und ihrer Kinder. Auch Feridun wartete hier. Er hatte beide Arme voll mit verspäteten Weihnachtsgeschenken für seine Kinder. Die Tür des Aufzugs öffnete sich, Marilyn und die Kinder traten heraus. Sie ging an uns vorbei geradewegs auf den von ihr getrennt lebenden Ehemann zu. Die beiden baten um ein Zimmer, in dem sie sich ungestört unterhalten könnten, und es wurde offensichtlich, daß sie sich versöhnen wollten. Einige Monate später hörte ich, daß Marilyn immer noch Kontakt mit ihrem Mann pflegte und alle Verbindungen zur Familie gelöst hatte.

Dieser Fall spiegelt einen sehr entmutigenden Aspekt des Symptomenkomplexes mißhandelter Frauen wider: Je gewalttätiger, je heftiger, je grotesker und je lebensgefährlicher der Angriff des Mannes, desto größer ist die Wahrscheinlichkeit, daß die Parteien sich wieder versöhnen. Charakteristisch für die mißhandelte Frau ist dabei, daß sie jegliche Hilfe von außen ablehnt, wenn sie zum Täter zurückkehrt.

Nach diesem kläglichen Schauspiel im Gerichtsgebäude fragte mich der Anwalt: »Was werden Sie tun, wenn die nächste Sie um Hilfe bittet?« – »Ich helfe nicht mehr«, gab ich zurück, denn ich fühlte mich verletzt und betrogen. Ich hatte nicht nur beträchtliche Zeit mit Marilyn verbracht, sie hatte auf meine Einladung hin auch bei mir zu Hause übernachtet, wenn man sie zu Gerichtsverhandlungen nach Michigan vorlud. Meine und Mahtabs Sicherheit war gefährdet worden, weil ich Marilyn vertraut und zu helfen versucht hatte. Trotz dieser Enttäuschung wußte ich, daß ich um all der anderen Kinder willen nicht aufgeben durfte.

Im Juni 1990 lernten Arnie und ich in Brüssel die Belgierin Patsy kennen. Ihr Englisch, das sie in Israel gelernt hatte, war ausgezeichnet. Während sie ihre neun Tage alte Tochter in den Armen wiegte, sagte sie traurig: »Obwohl wir seit acht Jahren getrennt leben, widersetzt sich mein Mann einer Scheidung. Ich lebe jetzt mit einem anderen Mann zusammen, und wir haben uns entschlossen, ein Kind zu bekommen und ein neues Leben zu beginnen. Aber ich kann nicht vergessen, was ich durchgemacht habe.«

Patsy lernte Ben, einen nichtpraktizierenden Juden, in Israel kennen, wohin sie damals gerne reiste. In Brüssel wurden die beiden standesamtlich getraut; Ben hatte einen Priester als Trauzeugen. »Solange wir in Belgien lebten, benahm er sich wie ein Europäer«, erzählte Patsy. Nach der Rückkehr nach Israel mit ihrem Sohn und ihren beiden Töchtern änderte sich Bens Verhalten jedoch schlagartig – ein für viele Entführungsfälle charakteristisches Phänomen.

»Er schlug mich, sperrte mich in der Wohnung ein und gab den Kindern nichts zu essen. Also nahm ich die Kinder und verließ ihn«, sagte Patsy. »Ich versuchte nie, den Kindern weiszumachen, ich sei gut und ihr Vater schlecht. Den beiden älteren mußte ich das nicht sagen, die konnten sich nur zu gut daran erinnern, wie er mich in ihrer Gegenwart verprügelt hatte.«

Neun Monate nach der Rückkehr nach Israel versuchte Ben, die Kinder zu entführen. Das kleinste, ein Mädchen, konnte noch nicht gehen und war am leichtesten zu kidnappen. Ben setzte die Kleine ins Auto, und als Patsy ihr nachrannte und sie wieder herausholen wollte, versuchte Ben, Patsy die Wagentür auf den Rücken zu schlagen. Die anderen Kinder schrien und zogen so die Aufmerksamkeit von Passanten auf sich, was Ben schließlich veranlaßte, sich zu entfernen.

Ein belgisches Gericht sprach Patsy das Sorgerecht für die Kinder zu. Aber sie vertraute dem Schutz der Justiz nur bedingt und versteckte sich zusätzlich. Die Kinder mußten mitten im Schuljahr die Schule wechseln und verstanden nicht, was mit ihnen geschah. Vor allem die älteste Tochter schien durcheinander. Als das Mädchen anfing, am Tag in die Hose zu machen, erklärte ihr Patsy, daß Ben versuche, sie zu entführen.

Im November 1985 tauchte Ben mit einem Leibwächter und zwei Autos vor der Schule der Kinder auf. Die älteste Tochter, die den ersten Vorfall noch gut in Erinnerung hatte, sagte: »Ich will nicht mit ihm nach Frankreich!« Der Entführungsversuch scheiterte zum zweitenmal.

Im folgenden Jahr passierte nichts, abgesehen von sporadischen Berichten der Polizei, nach denen Ben sich in Belgien aufhielt. Im Dezember 1986 jedoch, als die Kinder sieben, fünf und vier Jahre alt waren, gelang es Ben, sie zu entführen. Patsy suchte verzweifelt nach ihnen und verfolgte Bens Spur von Brüssel aus nach Amsterdam, London und schließlich im Februar 1987 nach New York. In acht Monaten flog Patsy zehnmal in die Vereinigten Staaten, um ihre Kinder ausfindig zu machen. Sie schaltete das Nationale Zentrum für vermißte und mißbrauchte Kinder ein, und in der Fernsehsendung *America's Most Wanted* wurde ein zehnminütiger Bericht über sie ausgestrahlt.

Im Januar 1989 wurde Patsys Ehemann in New York festgenommen, der Entführung angeklagt und zu einer Gefängnisstrafe verurteilt. Er sagte, er habe die Kinder entführt, weil er nicht wollte, daß sie als Christen erzogen würden, denn Patsy sei katholisch. Ben verriet nicht, wo die Kinder sich aufhielten. (Später fand Patsy heraus, daß er sie in einer Gemeinde chassidischer Juden in den Vereinigten Staaten versteckt hatte.) Sieben Monate später konnte Patsy gerichtlich durchsetzen, daß Ben nach Brüssel ausgeliefert wurde. Dies war die erste Auslieferung aufgrund einer elterlichen Entführung in der belgischen Rechtsgeschichte.

Nach belgischem Gesetz ist eine elterliche Entführung ein Verbrechen, das mit einer Gefängnisstrafe von acht Tagen bis zu einem Jahr geahndet werden kann. Verweigert der Entführer die

Kooperation, kann die Höchststrafe auf unbestimmte Zeit verlängert werden. Ben sitzt nun seit fast drei Jahren in einem belgischen Gefängnis ein. Als ich mit Patsy sprach, spürte ich, daß sie sich nicht an ihrem früheren Mann rächen wollte. Sie wollte, daß er eingesperrt blieb, weil er der einzige war, der sie zu ihren Kindern führen konnte.

In den Vereinigten Staaten folgten Patsy und ihr Vater hartnäckig weiter der Spur der Kinder. Sie stießen auf zwei chassidische Gemeinden, in denen die Kinder gewohnt hatten. Einmal kamen sie nur sechs Wochen zu spät. Offensichtlich hatten Bens Helfershelfer Wind von ihren Nachforschungen bekommen und die Kinder in eine andere Gemeinde gebracht. Patsy weiß nicht, wo sie sind, ob in Paris, Amsterdam, Mexiko oder an welchem Ort der Welt auch immer.

Patsy tat sich mit Annemarie Lizin zusammen, einer Beamtin der belgischen Regierung, und gründete die gemeinnützige Organisation »Missing Children International«, die im September 1989 ihre Arbeit aufnahm. Die Organisation berät Eltern, wenn eine Entführung der Kinder zu befürchten ist oder bereits stattgefunden hat, und bemüht sich, Justizbeamte über die Tragweite dieses Verbrechens aufzuklären. Wie überall auf der Welt sind auch in Belgien die Gerichte für potentielle Problemfälle zuständig.

Kit Bell hatte sich in einen gutaussehenden jungen Libyer namens Sabri verliebt, der mit ihr zusammen am Portland State College in Oregon studierte. Als der gemeinsame Sohn Ahmed auf der Welt war, überredete Sabri seine Frau zu einer Reise nach Libyen. Einmal in Libyen, verfügte Sabri – wie in so vielen anderen Fällen –, daß Kit und Ahmed nicht wieder nach Hause durften. Ihre Tochter Camella wurde in Libyen geboren.

Nach drei langen, unglücklichen Jahren der Gefangenschaft in diesem fremden Land konnte Kit Sabri dazu bewegen, daß sie und die Kinder die Ferien in den Vereinigten Staaten verbringen durften. Wie Kristine Uhlman reichte sie sofort die Scheidung ein und tauchte unter. Sabri folgte ihnen in die Vereinigten Staaten, um die Scheidung anzufechten.

Der Richter behielt die libyschen und amerikanischen Pässe der Kinder ein und verfügte ein beaufsichtigtes Besuchsrecht. Als Kit Widerstand leistete und erklärte, sie habe Angst um die Sicherheit der Kinder und um ihr eigenes Leben, drohte ihr der Richter, sie wegen Mißachtung des Gerichts einsperren zu lassen. Kit wußte, daß sie die Kinder einem größeren Risiko aussetzte, wenn sie ins Gefängnis mußte; widerstrebend verließ sie ihr Versteck. Bei seinem zweiten Besuch wickelte Sabri die vom Gericht bestimmte Aufsichtsperson mit seinem Charme ein und erhielt die Erlaubnis, unbeaufsichtigt mit den Kindern in ein Spielwarengeschäft zu gehen. Er verschwand mit ihnen, ohne eine Spur zu hinterlassen. Drei Wochen später schickte Sabri seinem amerikanischen Anwalt ein Telegramm, in dem stand, er und die Kinder befänden sich in Libyen.

Kit bat ihren Mann, sie zu einem Besuch nach Libyen kommen zu lassen, doch er wies sie schroff ab: »Du existierst für uns nicht mehr!« Drei Jahre nach der Entführung bombardierten die Vereinigten Staaten Gaddafis Hauptquartier in Tripolis, das nur eine Meile von dem Haus entfernt war, in dem Sabris Familie wohnte. Um Kit zu beweisen, daß die Kinder den Angriff überlebt hatten, schickte Sabri ihr später Fotos von Ahmed und Camella, die damals sechs und vier Jahre alt waren. Zwar brannte Kit darauf zu erfahren, wie die Kinder mittlerweile aussahen, aber sie hatte das Gefühl, die Bilder würden ihr »das Herz ausreißen«.

Kit sagte, daß sie ihre Kinder trotz des Trennungsschmerzes geliebt wisse, solange ihre Schwiegermutter am Leben sei. Aber sie fügte hinzu: »Sie wachsen in einem System auf, an das ich nicht glauben kann. Sie wachsen mit Werten auf, mit denen ich nicht umgehen kann. Das Schulsystem dort ist ganz anders als unseres hier.«

Kit hat eine Menge über kulturelle Unterschiede gelernt und versteht nun die Rolle, die der Vater im Islam hat. Sie befindet sich in einem schrecklichen Zwiespalt: »Ich habe diese Kinder zur Welt gebracht, sie gehören zu mir. Aber er liebt sie auch, und in seiner Gesellschaft gehören sie zu ihm.«

Kit räumt ein, daß sie sich in einer weit glücklicheren Lage befindet als viele andere Eltern von entführten Kindern: »Ich weiß wenigstens, wo meine Kinder sind, und vielleicht werde ich eines Tages ...« Ihre Stimme verliert sich. Gefragt, ob sie je selbst an eine Entführung denke, sagt sie: »Ich möchte meine Kinder nur auf der Basis einer friedlichen Einigung. Noch eine Entführung wäre für die Kinder verheerend. Sie sprechen kein Englisch, und sie sind schon so lange dort.« Weil Kit ihre Kinder liebt, möchte sie die beiden nicht einem zweiten solchen Schock aussetzen.

Kit schreibt Ahmed und Camella weiterhin Briefe und schickt ihnen Geschenke, ohne zu wissen, ob diese ankommen. Sie versucht weiterhin, bei den Kindern anzurufen, obwohl man sie nie mit ihnen sprechen läßt. Auch nach zehn Jahren unsäglichen Leidens hat Kit nicht aufgegeben. Sie hofft, daß sie ihre Kinder später einmal kennenlernen kann, wenn sie erwachsen sind.

In Kits Fall ist der Richter einer verbreiteten falschen Vorstellung gefolgt: nämlich der, daß das Gericht die Kinder durch Sicherstellung ihrer Pässe schützen könne. (Manche Richter haben noch naivere Ideen. Sie drohen, elterliche Entführer wegen Mißachtung des Gerichts zu belangen, wenn diese gerichtliche Anordnungen nicht befolgen – eine leere Drohung für jemanden, der das Land verlassen will.) Das Gericht übersah eine offensichtliche Lücke der internationalen Paßabkommen: die Möglichkeit eines jeden Ausländers, Kinder mit Hilfe des in seinem Heimatland ausgestellten Passes über die Grenze zu bekommen.

Laut Teresa Hobgood, der Beamtin des Außenministeriums, die meinen und Kits Fall bearbeitete, kann ein sorgeberechtigter Elternteil »uns eine beglaubigte Kopie der Sorgerechtsverfügung vorlegen und damit verhindern, daß ein amerikanischer Paß an die Kinder ausgestellt wird. Aber natürlich kann auch der andere Elternteil zur Botschaft oder zum Konsulat seines Landes gehen und sich dort einen ausländischen Paß besorgen. Das Ganze ist also nicht pannensicher.«

Im Jahre 1986 regte ich an, das Außenministerium solle für alle Kinder bis zu 16 Jahren, die das Land verlassen wollten, eine Paßkontrolle einführen. Mein Vorschlag war, in einen zentralen Computer die Namen potentieller Opfer von Entführungen einzugeben, die dann über *jeden* Paß identifiziert werden könnten.

Das Außenministerium erwiderte, meine Idee sei nicht durchführbar, da sie die Rechte amerikanischer Reisender verletze. Ich entgegnete, die Kontrolle würde nicht mehr Zeit in Anspruch nehmen als die Zuweisung eines Platzes im Flugzeug, und die Reisenden würden sich mit dieser kleinen Unannehmlichkeit gewiß abfinden, wie sie auch die Sicherheitskontrolle am Flughafen in Kauf nähmen, da sie deren offensichtliche Notwendigkeit erkannt hätten. Müssen die Rechte unserer jungen Mitbürger nicht auch geschützt werden?

4

Rechtsprechung in Pakistan

Im April 1989 hatten sich fünfzig Menschen in einer winzigen Stadtbücherei in Michigan versammelt, um mich sprechen zu hören. Während der anschließenden Fragestunde meldete sich eine Frau, die von meinen Ausführungen offenbar besonders beeindruckt war, in der vordersten Reihe zu Wort. Die Frau – sie war etwa Mitte Zwanzig – stand auf und sagte mit bebender Stimme: »Ich bin aus einem rund 100 Kilometer entfernten Heim für mißhandelte Frauen hierher gekommen. Mein zweijähriger Sohn und ich halten uns dort vor meinem Mann versteckt. Er hat gedroht, unseren Sohn zu entführen und ihn in seine Heimat, den Libanon, zu bringen. Was soll ich tun? Wer kann mir helfen?«

Als sie geendet hatte, brach sie in Tränen aus. Die übrigen Zuhörer, einfache Leute, die solche Gefühlsausbrüche in der Öffentlichkeit nicht gewohnt waren, schwiegen betreten. Dann erhob sich eine hübsche, gut gekleidete Frau. Sie stellte sich als Chris Korest vor. »Ich bin im Auftrag von US-Senator Donald Riegle hier«, begann sie. »Was ich bisher gehört habe, hat mich tief bewegt, und ich würde gerne darüber nachdenken, wie wir helfen können.«

Chris war ein Geschenk des Himmels: Sie engagierte sich mit Leib und Seele und mit ungeheurer Energie und souveräner Intelligenz für unsere Sache. Ihre Begeisterung übertrug sich auf ihr gesamtes Büro und auf ihren Chef. Schon bald schloß Senator Riegle sich mit Senator Alan Dixon aus Illinois zusammen.

Bis dahin hatte ich jeden einzelnen Fall mit dem Außenministerium und mit Sara Pang erörtert, einer Mitarbeiterin in Senator Dixons Büro in Chicago. Aus irgendeinem Grund dauerte es eine gewisse Zeit, bis in Michigan weitere Fälle bekannt wurden, und selbst 1988 war das Problem den Menschen dort offenbar noch fremd. Nachdem mein Buch jedoch immer mehr

Beachtung gefunden hatte, meldeten sich auch Menschen aus Michigan, und mit Chris Korest in unserem »Team« verfügte ich über eine zuverlässige, verantwortungsbewußte Ansprechpartnerin.

Wenn ich unterwegs war oder ins Ausland mußte, hielt Chris Kontakt zu den Eltern, denen wir zu helfen versuchten. Sie befreite mich von dem extremen Druck, der seit Erscheinen meines Buches auf mir lastete, und gab mir unermüdlich moralische Rückendeckung.

Der Fall von Christy Khan und ihren drei Söhnen nahm Chris ganz besonders gefangen. Der lange, steinige Weg der Christy Khan war ein recht verschlungener mit vielen Fallstricken und Gefahren und einem unerwarteten Happy-End. Und das alles in einem Land, das uns in mehr als einer Hinsicht sehr fern ist.

Christy spielte gerade im Haus einer Tante mit den Kindern, als eine kleine Schar von Freunden und Verwandten ihres Mannes zur Tür hereinstürzte. Die Gesichter waren verzerrt, die Stimmen überschlugen sich. Christy verstand sie nur bruchstückhaft – nach 19 Monaten in Pakistan waren ihre Urdu-Kenntnisse immer noch unvollkommen –, aber sie begriff, daß sie einen Anruf von einer Polizeidienststelle in Michigan bekommen hatten und daß etwas Schlimmes passiert war.

»Riaz ist im Gefängnis«, rief einer ihrer Schwager auf englisch. »Du mußt herausfinden, was passiert ist!«

Christys Herzschlag setzte für eine Sekunde aus. Ihr schlimmster Alptraum wurde wahr. Vor dieser Nachricht hatte sie sich gefürchtet, seit Riaz Khan, ihr pakistanischer Ehemann, sie und ihre beiden kleinen Söhne vor zwei Wochen verlassen hatte, um in die USA zu reisen. *Bitte, lieber Gott, laß es ihm gutgehen*, betete Christy, als die Panik der Familie auch sie ergriffen hatte. *Bitte, laß ihn zu uns zurückkommen.*

Es war der 6. August 1990. Neunzehn Monate zuvor hatte Riaz ihre Kinder Johnathan und Adam aus ihrem Haus bei Detroit entführt und sie in seine Heimatstadt Peshawar gebracht. Christy war den Kindern nachgereist, und jetzt hielt ihr Mann sie in Peshawar gefangen. Seit dieser Zeit war Riaz unberechenbar; selbst für seine eigene Großfamilie war das Zusammenleben mit ihm unmöglich. Christy wußte, daß Riaz ihre größte, wenn nicht gar einzige Hoffnung war, die Kinder wieder in die USA zu bringen. Er hatte strikte Anweisungen gegeben: Christy und die Jungen durften das Haus nicht ohne Aufsicht verlassen und das Land schon gar nicht. Als Riaz fort war, hatte sie es nicht nur mit einem, sondern gleich mit sechs Männern zu tun: mit seinem Vater und seinen fünf Brüdern. Im Gegensatz zu Riaz hatten die sechs keinerlei Beziehung zu den USA. Der Sitte entsprechend würden sie Christy und ihre Söhne, vor allem ihre Söhne, für immer bei sich behalten wollen. Trotz seiner schweren Fehler war Riaz ihre einzige Hoffnung, wollte sie je in die Freiheit zurückkehren.

Es dauerte eine Ewigkeit, bis Christy die Polizei von Berrien County, dem im äußersten Südwesten gelegenen Teil von Michigan, am Telefon hatte. Ihre angeheirateten Verwandten standen in heller Aufregung um ihren Stuhl und brüllten eine Frage nach der anderen. Während Christy angespannt den Hörer ans Ohr preßte, überschlugen sich ihre Gedanken. Mehr als einmal hatte sie sich vorgestellt, was ihrem Mann auf dieser Reise alles zustoßen konnte. Was, wenn er in betrunkenem Zustand Auto fuhr und bei einem Unfall verletzt wurde? Zwar verbot der Islam Alkohol, aber Riaz war in dieser Hinsicht kein folgsamer Moslem. Was, wenn er seine frühere Geliebte aufsuchte, mit ihr durchbrannte und Christy und die Kinder ihrem Schicksal überließ? Und was, wenn seine mysteriösen Geschäfte ihn einholten und er verhaftet wurde?

»Polizeirevier.« Trotz des Knisterns in der Leitung war die über 14000 Kilometer entfernte weibliche Stimme am anderen Ende laut und deutlich zu verstehen.

»Guten Tag, ich rufe wegen meines Mannes an. Sein Name ist Riaz Khan.« Christy buchstabierte den Namen. »Wir haben gehört, er sei verhaftet worden.« *Bitte, bitte, laß alles in Ordnung sein.*

»Ich glaube nicht, daß er verhaftet wurde«, sagte die Frau. Sie machte eine Pause, und Christy atmete erleichtert auf – *es war alles ein Irrtum, bei der Übersetzung war etwas verlorengegangen.* Aber dann kam die eigentliche Nachricht, mit nüchterner Stimme übermittelt, und sie überstieg Christys schlimmste Befürchtungen: »Soviel ich weiß, ist eine Leiche identifiziert worden. Vermutlich rufen Sie deshalb an.«

Teilnahmslos wiederholte Christy die Mitteilung. Unter ihren angeheirateten Verwandten brach Verwirrung aus, und einige begannen laut zu klagen. Christy hatte das Gefühl, ganz weit weg zu sein und alles nur zu träumen. Sie dachte an das, was Riaz ihr kurz vor seiner Abreise gesagt hatte. Seine rätselhaften Drohungen klangen ihr immer noch in den Ohren.

»Du solltest hoffen, daß mir nichts passiert, während ich weg bin. Denn wenn etwas passiert, wirst du dieses Land nie mehr verlassen.«

Nach ihrem vorletzten Studienjahr an der Eastern Michigan University hatte Christy im Juni 1985 dringend einen Tapetenwechsel nötig. Sie fuhr nach Tulsa, Oklahoma, und besuchte dort eine alte Klassenkameradin aus der High-School, die an der Oral Roberts University studierte – jener Universität, die der bekannte Evangelist Roberts gegründet hatte. Christy selbst war eine fromme Presbyterianerin, und die Atmosphäre auf dem Campus der ORU gefiel ihr. Außerdem gefiel ihr Riaz Khan, ein hochgewachsener, athletischer Student aus Pakistan mit dichtem schwarzem Haar und einem markanten, von einer senkrechten Furche geteilten Kinn.

Riaz fühlte sich seit der ersten Begegnung mit der temperamentvollen, humorvollen Christy bei einem von Freunden arrangierten Doppelrendezvous ganz offenbar zu ihr hingezogen. Mit seinen 25 war er vier Jahre älter als sie und eine erfrischende Abwechslung nach den spießigen Wirtschaftsstudenten, mit denen Christy in Michigan ausgegangen war. Riaz erzählte ihr, er sei gelernter Advokat (die pakistanische Entsprechung zum Rechtsanwalt), habe Europa bereist und wolle in den Vereinigten Staaten in Rechtswissenschaft promovieren. »Er schien ein rechtschaffener, wißbegieriger Mann zu sein«, erzählte Christy mir Jahre später.

Riaz besaß auch eher romantische Tugenden. Er war galant,

geradezu ritterlich, hielt Christy immer die Tür auf, brachte zu jeder Verabredung Blumen mit und machte ihr ständig Komplimente, »wodurch ich mich ganz als Frau fühlte«.

Obwohl in einer ganz anderen Kultur aufgewachsen, zeigte Riaz sich als leidenschaftlicher Verehrer der USA. Er sagte, er liebe die Menschen in Amerika; hier sei das Leben viel freier als in Pakistan, wo kurz nach seiner Abreise im Jahr 1982 das Kriegsrecht verhängt worden war. Riaz sprach wenig von seiner Heimat und wich Fragen nach seiner Familie aus. Seine Familie interessiere sich nicht besonders für das, was er tue, und er schreibe nur selten nach Hause.

Auch über seine Religion äußerte er sich nur vage. Obwohl in Pakistan 97 Prozent Moslems lebten, beteuerte Riaz, er sei ein überzeugter, wenn auch nicht praktizierender Christ. An der Universität wolle er mehr über seinen Glauben erfahren.

Riaz rief Christy kurz nach ihrer Rückkehr nach Michigan an, und im Herbst besuchten sie sich gegenseitig an den Wochenenden. Im Dezember lernte Riaz Christys Eltern kennen. Er sprach bereits damals von Heirat – leidenschaftlich und unnachgiebig. »Ich kann ohne dich nicht leben, ohne dich sterbe ich«, erklärte er. »Du bist das süßeste Geschöpf, dem ich je begegnet bin.« Rückblickend meinte Christy: »Ich war ungeheuer naiv – das perfekte Opfer.«

Im Januar 1986 teilte Riaz Christy mit, sein Studentenvisum sei abgelaufen. Er wollte ein Semester aussetzen, sich in Pakistan erneut bewerben und so bald wie möglich zurückkommen. Trotz des dumpfen Gefühls, übereilt zu handeln, nahm Christy schließlich seinen Heiratsantrag an, und sie vereinbarten, nach seiner Rückkehr im Herbst zu heiraten.

Christy konnte nicht so lange auf das Wiedersehen warten, sie vermißte ihn zu sehr. Aus einem romantischen Impuls heraus verließ sie die Universität ohne Abschluß, um ihrem Verlobten zu folgen. Es war das kühnste Abenteuer ihres Lebens, aber Christy hatte keinerlei Bedenken mehr. Schließlich war es die perfekte Kombination: ein exotisches Land und ein Mann, dem sie vertrauen konnte.

Peshawar liegt im Nordwesten Pakistans, rund 80 Kilometer

von der afghanischen Grenze und dem Khyber-Paß entfernt, an dem alten Landweg von Indien nach Rußland. Obwohl die Berge der Gegend nur Ausläufer des Himalaya sind, hatte Christy so etwas wie sie noch nie gesehen. Entlang der schmalen, kurvenreichen Straßen gab es keine Leitplanken; wer dort von der Fahrbahn abkam, stürzte unweigerlich in die Tiefe. Die gefährlichsten Strecken waren an den Felswänden durch aufgemalte Totenköpfe markiert.

Die Stadt selbst war weniger als anziehend. In den siebziger Jahren war Peshawar mit seinem berühmten Basar ein beliebter Touristenort gewesen, aber nach der russischen Invasion in Afghanistan 1979 strömten Zehntausende von afghanischen Flüchtlingen in die Stadt. Die Neuankömmlinge lebten in den ärmlichsten Baracken und beanspruchten die ohnehin begrenzten Ressourcen – vor allem Trinkwasser – und Abwasserleitungen über Gebühr. Das ehemals abgelegene Peshawar war inzwischen schmutzig, übervölkert, von Krankheiten verseucht und in einen braunen Dunst von Abgasen gehüllt. Die Paschtunen, die Stadt und Umgebung beherrschten, waren in ganz Pakistan für ihre kompromißlose Härte berüchtigt.

Riaz und Christy wohnten bei einer Tante in der Stadt, der Großteil der Familie lebte dagegen in einem Dorf in einem 24 Kilometer westlich gelegenen flachen, sumpfigen Gebiet. Genauer gesagt, der Familie gehörten das Dorf und die umliegenden Felder mit Zuckerrohr, Mangobäumen und Baumwolle. Die Dorfbewohner, Tausende von Menschen, die in einfachen Hütten lebten, arbeiteten auf den Feldern wie auf Plantagen; eine andere Beschäftigung gab es nicht.

Die Khans waren eine ungeheuer weitverzweigte Familie mit Riaz' Vater und Onkel als Oberhäuptern. Für pakistanische Begriffe waren sie enorm reich. Laut Riaz war der Obstgroßhandel der Familie schlecht organisiert und stand kurz vor der Pleite. Die Häuser der Familie waren zwar groß, aber schlecht erhalten, ja baufällig.

Als zweitältestes von acht Kindern genoß Riaz im Dorf großen Respekt. Er war von den Khans immer der Ehrgeizigste und Abenteuerlustigste gewesen; er hatte die engen Grenzen Peshawars durchbrochen, um sich in der Welt umzusehen. Seine Mutter betete ihn an, und sein Vater, ein labiler, ausgezehrter Mann, der von Magengeschwüren geplagt wurde, beugte sich seinen Wünschen. Riaz »war für sie wie ein König«, erklärte Christy. »Sogar sein älterer Bruder sah zu ihm auf. Da er schon überall gewesen war, glaubten die Leute, er wisse alles.« Und Riaz tat nichts, um sie von diesem Glauben abzubringen.

Christy verliebte sich in die Khans, in ihre Wärme und Gastfreundschaft, in ihre Bereitschaft, eine Ausländerin, die bald zur Familie gehören würde, bei sich aufzunehmen. Unter den Männern faszinierte sie vor allem Fiaz, der drittälteste Bruder. Er war so höflich, daß er zurückblieb, um sich mit Christy zu unterhalten, wenn die anderen loszogen, um zum Spaß ihre halbautomatischen Waffen und Maschinengewehre abzufeuern.

Die Familie tat ihr möglichstes, um Christy das Leben angenehm zu machen. Als Christy fragte, ob sie den in Peshawar von allen Frauen getragenen Tschador vom Kopf nehmen könne, um die Hitze besser zu ertragen, unterstützten die Frauen sie in ihrer Bitte. Riaz rollte wegen ihres unorthodoxen Verhaltens zwar mit den Augen, fand sich aber damit ab. Und Christy warf sich den Tschador erleichtert wie einen mexikanischen Umhang über die Schultern.

Die Familie fühlte sich durch Christys Bereitschaft, mehr über ihre Traditionen und ihren Alltag zu erfahren, geschmeichelt. »Wir haben gehört, daß Amerikaner sich gegenüber Ausländern scheußlich aufführen«, vertraute ihr eine Cousine an.

»Aber in Amerika gibt es doch nur Ausländer, Menschen aus aller Welt. Im Grunde sind wir alle Ausländer«, entgegnete Christy, und alle stimmten ihr zu. Sie räumte auch die Vorurteile gegenüber amerikanischen Frauen aus, »daß wir vorlaut und aggressiv seien und unsere Männer schlecht behandelten«. Als Riaz' Vater Christy dabei beobachtete, wie sie den Freunden seines Sohnes Tee servierte, lobte er mehrmals ihren »Gehorsam«.

So weit, so gut. Es gab allerdings auch Vorkommnisse, die Christy nachdenklich stimmten. Einmal kam eine jüngere Cousine zu Besuch und fragte: »Hast du keine Angst vor seinem Jähzorn?«

»Nein, was für ein Jähzorn?« erkundigte sich Christy.

»Ach, Riaz ist furchtbar jähzornig«, erklärte die Cousine, »und jeder hier hat Angst vor ihm.«

Verwirrt sprach Christy Riaz später darauf an: »So, so, du bist also jähzornig.« – »Überhaupt nicht«, versicherte Riaz, »diese Leute verstehen nur meine Art zu reden nicht.«

Ein paar Tage später fragte eine andere Cousine Christy ohne Umschweife, ob Riaz sie jemals geschlagen habe. Christy war schockiert. »Nein, natürlich nicht! Wenn er mich schlüge, würde ich sofort abreisen!«

Rückblickend meinte sie: »Es beunruhigte mich zwar, daß sie so etwas fragten, aber Riaz war immer so wundervoll zu mir gewesen. Ich dachte, vielleicht verstehen sie ihn einfach nicht. Ich wußte, daß viele Menschen nicht mit ihren Familien zurechtkommen, aber trotzdem eine glückliche Ehe führen können.«

Riaz trieb die Heirat mit aller Macht voran. Er wollte in Pakistan den Bund fürs Leben schließen, je eher, desto besser. Christy zögerte. Sie hatte angenommen, sie würden noch eine Weile unverheiratet bleiben und sich dann in ihrer Heimatstadt kirchlich trauen lassen. Zu ihrer Beunruhigung hatte sie festgestellt, daß Riaz in Wirklichkeit Moslem war. Dabei störte sie weniger die Tatsache an sich als die Unwahrheit, die sie die ganze Zeit für bare Münze genommen hatte. »Dabei kam es mir nur darauf an, daß er überhaupt religiöse Grundsätze hatte«, sagte Christy.

Um Christy zu überreden, versprach Riaz ihr eine zweite Hochzeit in den USA. Später hielt er sein Wort nicht und erklärte, der Islam verbiete ihm die Teilnahme an einem christlichen Gottesdienst. Schließlich ließ er die Bombe platzen: Die Behörden hatten ihm die Verlängerung seines Studentenvisums verweigert. Christy fand später heraus, daß Riaz zu viele Seminare versäumt und deshalb seinen Studienplatz an der Oral Roberts University verloren hatte. Er konnte nicht in die Vereinigten Staaten zurückkehren, es sei denn, er heiratete eine Amerikanerin. »Wenn du mich liebst und mich in Amerika sowieso heiraten willst«, drängte er, »warum kannst du mich dann nicht hier heiraten? Dann können wir immer zusammen sein.«

Am nächsten Morgen wurde Christy von Riaz geweckt und vor ein Ultimatum gestellt. »Du mußt dich entscheiden«, sagte er. »Entweder du heiratest mich jetzt, oder du kannst ohne mich zurückfahren.« Der Imam (ein islamischer Geistlicher) war bereits eingetroffen. Es galt, keine Zeit zu verlieren, und Christy konnte sich nicht einmal das Gesicht waschen.

In ihrer Verwirrung verdrängte Christy das Gefühl, daß etwas nicht stimmte. Riaz' Verhalten mochte widersprüchlich sein, aber sie konnte sich ein Leben ohne ihn nicht vorstellen. Auf dem Weg zum Imam schob sie ihn in einen Nebenraum und sagte: »Ich werde dich heiraten, aber du mußt verstehen, daß ich hier nicht leben kann. Unsere Kinder sollen nicht hier aufwachsen.« Sie hatte in Peshawar zu viele Kinder mit Malaria und Typhus gesehen, sogar in wohlhabenden Familien.

»Natürlich nicht«, meinte Riaz. »Darum habe ich dich ja um diese Heirat gebeten, damit ich nach Amerika zurückkehren darf und wir uns dort eine Existenz aufbauen können.«

Obwohl Christy mit einer Trauung nach islamischem Ritus einverstanden war, gab sie der Familie deutlich zu verstehen, daß sie am christlichen Glauben festhalten wollte. »Aber wenn du unseren Bruder heiratest, bist du für uns ebenfalls ein Moslem«, erklärte eine seiner Schwestern. »Wirst du einen islamischen Namen annehmen?«

»Während ich dort war, lernte ich noch eine ganze Menge über den Islam«, erzählte Christy. »Und alles, was ich hörte, war so schön; der Islam ist eine sehr friedliebende Religion. Trotzdem sagte ich ihnen ganz deutlich, daß ich nicht konvertieren wolle. Ich war jedoch bereit, einen islamischen Namen anzunehmen, weil sie mich so leichter akzeptieren konnten.« In der Heiratsurkunde wurde sie als *Miryam* registriert.

Die Trauung selbst war enttäuschend. Riaz und Christy legten vor zwei Zeugen und einem dritten Mann, der für Christys Vater einsprang, das islamische Ehegelöbnis ab. Der Imam sprach kein Englisch, und Riaz schärfte Christy ein: »Was er dich auch fragt, sag immer nur *gi*«, was auf Urdu »ja« bedeutet. »Nick nur und lächle und stell keine Fragen.«

Nach der Zeremonie erklärte Riaz, er wolle mit seinen Brüdern zur Feier des Tages auswärts essen. Traditionsgemäß, fügte er hinzu, seien dabei keine Frauen anwesend – auch Christy nicht. Er werde ihr aber etwas vom Huhn mitbringen.

Christy verbrachte die Hochzeitsnacht allein in ihrem Zimmer. Sie war zwar gekränkt, fand sich aber letztlich mit der Situation ab. »Ich war nicht so naiv zu glauben, man könne Kulturen problemlos vermischen«, sagte sie. »Ich wußte, daß auf beiden Seiten Zugeständnisse gemacht werden mußten. An jenem Abend gab ich nach, schließlich ging es um nichts Weltbewegendes.«

In den darauffolgenden Tagen wurde ihre Verwirrung aber noch größer. Vor der Hochzeit war Christy immer dabeigewesen, wenn Riaz' Freunde zu Besuch kamen. Jetzt wurde sie regelrecht ausgeschlossen. »Du verstehst die Sprache nicht, und sie fühlen sich in deiner Gegenwart unwohl«, erklärte Riaz ihr keineswegs freundlich. »Sie sind es nicht gewohnt, daß eine Frau im Zimmer ist.«

Es war, erzählte Christy, »wie die Horrorgeschichte vom Bräutigam, der sich am Tag der Hochzeit völlig verändert. Ich war wütend und verbittert, aber ich wußte, daß mein Aufenthalt bald zu Ende sein würde, und ich wollte nicht mit griesgrämigem Gesicht abfahren. Es war eine Situation, in der man einfach die Zähne zusammenbeißt. Was soll man sonst tun?«

Als sie im August abreiste – die Bearbeitung von Riaz' Visumantrag sollte noch einige Monate dauern –, hielt Christy ihren Mann ganz fest. Sie dachte an die schönen Dinge, die sie gemeinsam erlebt hatten, und sie war sicher, daß zu Hause in Amerika alles wieder wie früher werden würde. Schließlich liebten sie sich doch. Sie würden es schon schaffen.

Vier Monate später, am 24. Dezember 1986, landete Riaz' Maschine in Detroit. Es war ihr erstes gemeinsames Weihnachtsfest – und das erste Mal, daß Riaz seinen kleinen Sohn Johnathan sah. Das Wiedersehen war zärtlich und erregend; Christy hatte das Gefühl, als sei ihre Liebe neu entflammt. Rückblickend meinte sie, diese Zeit sei wohl der Höhepunkt ihrer Ehe gewesen.

Sie mieteten ein Haus in Livonia, nicht weit von Christys

Eltern, und Riaz übernahm die zweite Nachtschicht an einer Mobil-Tankstelle. Obwohl er keine Schicht versäumte, merkte Christy, daß er sich durch die untergeordnete Arbeit erniedrigt fühlte. Es sei nur eine vorübergehende Arbeit, sagte er, bis er sein Orientteppichgeschäft eröffnen könne.

Riaz war ein fürsorglicher und aufmerksamer Vater, und die ersten Monate verliefen glücklich, wenn auch nicht ohne Reibereien. Es ärgerte Christy, wenn Riaz sich vor den Leuten um fünf Jahre älter machte oder wenn er gegenüber seiner Familie behauptete, die Tankstelle *gehöre* ihm. Wenn er ihnen die Wahrheit sagte, erklärte er, würden sie ihn nicht mehr respektieren.

»Respektierst *du* mich?« fragte er Christy ständig.

»Natürlich«, sagte sie. »Solange du hart arbeitest, wen kümmert es da, was du tust?« Riaz schien nie zufrieden.

Nach kurzer Zeit geriet ihre Ehe in eine Krise. Trotz der Kapitalspritzen von seiten seines Vaters (einmal traf aus Peshawar ein Scheck über 10 000 Dollar ein) ließ sich Riaz' Traum vom eigenen Teppichgeschäft nicht verwirklichen. Niemand wolle ihm die nötigen Räume vermieten, murrte er; alle hätten Vorurteile gegenüber Ausländern. Er sorgte sich ständig um Geld und drängte Christy, wieder als Anwaltssekretärin zu arbeiten, noch ehe sie sich überhaupt dazu bereit fühlte; schließlich war John erst ein paar Monate alt. Riaz verlor das Interesse an dem Kind und half Christy auch nicht mehr im Haushalt.

»Er sagte, diese Arbeit sei erniedrigend und er müsse sie nicht tun«, erzählte Christy. »Alles, worüber wir uns einig gewesen waren, jede Abmachung zwischen uns, kehrte er ins völlige Gegenteil um. Er nahm keinerlei Rücksicht mehr, alles war plötzlich anders.«

Christy war von Natur aus entgegenkommend – *»allzu* entgegenkommend«, meinte sie im nachhinein. Allmählich jedoch sträubte sie sich gegen die Ungerechtigkeit in ihrer Beziehung. Trotz ständiger Geldsorgen kaufte Riaz seine Kleidung im teuersten Geschäft, speiste ohne Christy in vornehmen Restaurants, kutschierte in großen, angeblich von Freunden geliehenen, brandneuen Mietwagen durch die Stadt und kam wiederholt mit einem neuen goldenen Ring am Finger nach Hause, angeblich einem Geschenk seiner Familie.

Christy hatte keine Ahnung, woher das ganze Geld stammte, sie wußte nur, daß sie und John nichts davon abbekamen. Riaz hatte ein eigenes Bankkonto; von diesem Geld bezahlte er Lebensmittel und Benzin. Christy rackerte sich ab, um Miete und alles andere zu bezahlen, und die Doppelbelastung durch Arbeit und Kind erschöpfte sie. Sie fing an, ihrer Unzufriedenheit Luft zu machen – infolge ihrer unterschiedlichen Arbeitszeiten meist am Telefon –, und Riaz gefiel das gar nicht. Sie benehme sich ihm gegenüber »respektlos«. »Wenn ich von der Arbeit nach Hause komme, mache ich dich fertig!« brüllte er eines Abends wütend in den Hörer. Christy war sich nicht sicher, was er meinte, und eine Stunde später rief Riaz zurück, um sich zu entschuldigen: »Ich bin einfach müde, und die finanzielle Belastung macht mir zu schaffen.«

Im Frühjahr hatte Christy eine Fehlgeburt. Völlig verzweifelt rief sie eine Freundin an und suchte bei ihr Trost. Wenn sie mehr Hilfe im Haushalt gehabt hätte und nicht so lange hätte arbeiten müssen, sagte sie, hätte sie das Baby vermutlich nicht verloren. Riaz hörte das Gespräch mit an und geriet in Rage. Wie konnte Christy es wagen, ihn vor einer anderen Frau zu beleidigen?

Im Juli war Christy wieder schwanger. Sie telefonierte mit ihrer Mutter, und diese flehte sie an, die Arbeit im Büro einzuschränken. »Das kann ich nicht, das können wir uns nicht leisten«, erwiderte Christy. Am nächsten Tag war Riaz wütend. »Warum hast du deiner Mutter gesagt, wir könnten es uns nicht leisten? Jetzt wird sie mich für einen Nichtsnutz halten!« Während er weiter schimpfte, kam Christy ein Verdacht, der sich später bestätigte: *Mein Mann hört meine Telefongespräche ab.*

Obwohl sie sich in letzter Zeit immer häufiger stritten, hatte Riaz Christy in seiner Wut nie angerührt, und sie hatte die beunruhigende Frage seiner Cousine in Pakistan schon fast vergessen. Um so schockierter war sie, als ihr Mann sie an diesem Abend am Hals packte und würgte, ohne auf ihre erstickten

Protestlaute zu achten. Er ließ sie erst los, als sie das Bewußtsein verloren hatte.

»Beim erstenmal faßt man es kaum«, erinnerte sich Christy. »Man kann einfach nicht glauben, daß dieser Mensch so etwas tun würde, auch wenn er noch so wütend ist.«

An jenem Abend entschuldigte sich Riaz reuevoll: »Es tut mir leid, Schatz, es tut mir leid. Es ist nicht deine Schuld, es ist mein Jähzorn.« Er küßte seiner Frau buchstäblich die Füße. Nachdem er zur Arbeit gegangen war, blieb Christy die ganze Nacht wach. Sie überlegte, ob sie am Morgen einfach den Wagen nehmen, »John hineinsetzen und nie mehr zurückkehren« sollte. Der Morgen kam, und sie blieb. Sie war schwanger, und das werdende Leben erfüllte sie mit Hoffnung. Sie wollte sich nicht eine Zukunft mit zwei kleinen Kindern und ohne Mann vorstellen.

Das Muster stand nun fest: Nach einer unbedeutenden oder eingebildeten Kränkung fiel Riaz über Christy her, um sie anschließend völlig zerknirscht um Verzeihung zu bitten. Danach ärgerte er sich über sie, als habe *sie ihn* gedemütigt, und wurde erneut grob. Zwei Wochen später schlug er sie wieder, so daß ihre Lippe anschwoll, und im darauffolgenden Monat würgte er sie – Riaz' bevorzugte Methode der Mißhandlung, die keine Spuren hinterließ. »Es war, wie wenn man einem Hund zeigt, daß man Angst vor ihm hat«, erinnerte sich Christy später. »Je mehr Angst ich hatte, desto wütender wurde er.«

Als Christy sich ihrem Gynäkologen anvertraute, warnte der Arzt sie, daß Riaz die Gesundheit des Fötus gefährde, und er nannte ihr die Telefonnummern verschiedener Frauenhäuser. Aber Christy glaubte immer noch, daß ihre Ehe funktionieren könne: »Wenn ich mich an jemanden binde, dann löse ich mich nicht einfach von ihm.« Sie hatte Mitleid mit ihrem Mann, der so vom Streß geplagt wurde, daß ihm stellenweise die Barthaare ausfielen.

Riaz beruhigte sich wieder, als wolle er ihr Vertrauen belohnen. Im September zogen sie aus ihrem Haus in eine Etagenwohnung, um den finanziellen Druck zu mildern. Auf Christys Anraten suchte Riaz einen Psychiater auf, der eine Stoffwechselstörung vermutete und Riaz mit Medikamenten behandelte. Die Stimmungsschwankungen wurden beseitigt. Wochenlang verlief alles scheinbar normal.

Dann, Ende November 1987, wurde der Frieden erneut durch einen Telefonanruf gestört. »Ist Riaz da?« fragte eine wohlklingende Frauenstimme. Christy erkundigte sich, ob sie etwas ausrichten könne, und die Frau am anderen Ende der Leitung fragte: »Wer sind Sie denn?«

»Ich bin seine Frau Christy.«

»Na ja, ich bin seine Freundin Nicole.«

Zuerst hielt Christy alles für einen Scherz. Riaz war immer bei der Arbeit, wenn sie nachts bei der Tankstelle anrief, und er meldete sich immer nachmittags bei ihr. Woher sollte er die Zeit für eine Affäre nehmen? »Er muß über eine erstaunliche Energie verfügt haben«, sagte sie wehmütig. Doch als Nicole sich über Riaz' Doppelleben empörte, sah Christy ein, daß es sich nicht um einen Scherz handelte. Riaz hatte Nicole erzählt, er wohne bei einem reichen Onkel, und sie hatte geglaubt, bei diesem Onkel anzurufen. Sie hatte die Telefonnummer unter den Sachen gefunden, die Riaz bei ihr deponiert hatte. Er hatte ihr versichert, weder verheiratet zu sein noch Kinder zu haben. Dies war der schwerste Schlag für Christy. Wie konnte ein Mann seinen eigenen Sohn verleugnen? Plötzlich schien ihre ganze Ehe auf Verrat aufgebaut zu sein. Christy wollte sich das nicht länger gefallen lassen.

Sie stellte Riaz zur Rede, doch er ging sofort in die Offensive. Bei Nicole zu Hause sei es sauberer, erklärte er Christy. Er habe die morgendliche Übelkeit seiner Frau satt. Außerdem schlafe er nur mit Nicole, weil Christy an ihrem Arbeitsplatz ebenfalls ein Verhältnis habe – ein Vorwurf, den Christy schon deshalb lächerlich fand, weil die Anwälte in ihrer Firma alle über 60 waren.

Nach einer lautstarken Auseinandersetzung mußte Riaz schließlich zugeben, daß seine Verdächtigungen grundlos waren, und er meinte verlegen: »Dann sollten wir uns wohl scheiden lassen, oder?« Christy, die im sechsten Monat schwanger war, schlug eine andere Lösung vor. Sie wollte mit ihm gemeinsam die Ehe retten, aber nur, wenn er versprach, die Affäre zu beenden und sie nicht mehr zu schlagen. Schluchzend ging Riaz auf ihre Bedingungen ein.

Aber Christy war noch nicht fertig. Im Falle einer Scheidung wolle sie es mit dem Besuchsrecht sehr genau nehmen, sagte sie, »weil ich schon von Vätern gehört habe, die ihre Kinder außer Landes bringen«.

Riaz war empört. Er fiel auf die Knie und sagte: »So wahr Allah mein Gott ist, ich würde dir niemals die Kinder wegnehmen. Ich habe nicht die Schmerzen bei der Geburt ertragen müssen. Du trägst die Kinder unter deinem Herzen, du nährst sie, und du paßt auf sie auf. Du bist die beste Mutter der Welt. Ich könnte viele Frauen haben, aber keine könnte eine bessere Mutter sein.«

Es war ein melodramatisches Versprechen, aber es gab Christy ein Gefühl der Sicherheit. Selbst Riaz würde einen Schwur bei seinem Gott nicht leichtfertig brechen. Und Christy wollte in diesem Augenblick einfach vergessen, daß sie jemanden geheiratet hatte, dem nichts heilig war.

Anfang 1988 sprach Riaz ständig von seiner Familie und von Pakistan – ein auffälliger Sinneswandel für einen Mann, der seine Heimat so lange verunglimpft hatte. Im März, einen Monat vor Christys Niederkunft, buchte er für sich allein einen Flug nach Pakistan. Vor der Fahrt zum Flughafen überkam Christy erneut Angst. Vielleicht, meinte sie, sei es besser, John zu Hause bei ihren Eltern zu lassen.

Riaz schaute sie gekränkt an. »Was, glaubst du, werde ich tun? Ihn dir auf dem Flughafen aus den Armen reißen und wegrennen? Christy, das würde ich nie tun. Ein Kind gehört zur Mutter. Ich könnte ihm nie das geben, was du ihm gibst.«

Obwohl Christy die ständigen Reibereien mit Riaz nicht vermißte, hoffte sie, daß er rechtzeitig zur Geburt des Kindes zurück sein würde. Aber Riaz wollte seinen Aufenthalt nicht vorzeitig abbrechen; er hatte nicht das Bedürfnis, bei ihr zu sein, wenn die Wehen einsetzten. »Ich habe dich so tief verletzt, daß ich es nicht ertragen kann, dich leiden zu sehen«, erklärte er.

Adam wurde am 6. April 1988 geboren. Riaz kam einen Monat später zurück. Er betrachtete das Baby mißtrauisch und sagte: »Das ist nicht mein Sohn. Ich habe braune Augen und du auch. Wie kann unser Sohn dann blaue Augen haben?« Christy machte ihn darauf aufmerksam, daß sein Bruder und Großvater blaue Augen hatten, aber Riaz blieb fest. Adam mußte einen anderen Vater haben. Von diesem Moment an verhielt er sich dem Kind gegenüber ablehnend.

Obwohl Riaz nicht mehr zu physischer Gewalt griff, wußte Christy, daß etwas nicht in Ordnung war. Ihr Mann nahm keine Medikamente mehr und wurde immer depressiver. Schon seit langem fand er Trost im Alkohol, und jetzt trank er immer mehr. Als Christy nur zwei Monate nach Adams Geburt wieder schwanger wurde, entsetzte sich ihr Mann über den Gedanken, noch ein hungriges Maul ernähren zu müssen. »Ich halte das nicht mehr aus«, klagte er.

Wenn Riaz mit seinen Verwandten sprach, die jetzt ziemlich regelmäßig anriefen und ihn zu einem weiteren Besuch drängten, schien er dagegen glücklich und voller Tatkraft. »Ich muß wieder zurück«, erklärte er. Christy schlug vor, im kommenden Frühjahr, nach der Geburt des Babys im April, mit der ganzen Familie zu reisen. Die mit heftigen Krämpfen verbundene letzte Schwangerschaft war problematisch gewesen, und Christy war nicht in der Verfassung zu reisen. »Ich weiß nicht«, meinte Riaz. »Ich muß erst wieder einen klaren Kopf bekommen.« Er wollte im März fahren, wie im Jahr zuvor.

Als im September der Mietvertrag auslief, rief der Hausverwalter Christy im Büro an und bat sie, kurz vorbeizukommen und einen neuen Vertrag zu unterschreiben. Riaz habe um einen monatlichen Vertrag gebeten und angedeutet, die Familie werde im Dezember umziehen. Völlig verblüfft rief Christy Riaz an. Er behauptete, der Verwalter habe ihn mißverstanden, er habe lediglich den Beginn des Mietvertrages auf Dezember festlegen wollen.

Als Christy ihren Arbeitskolleginnen im Spätherbst von ihrer geplanten Reise nach Pakistan erzählte, äußerten einige Frauen Bedenken. Sie hatten gerade mein Buch *Nicht ohne meine Tochter* gelesen und fanden die Geschichte alarmierend. »Er würde die Kinder doch nicht ohne dich mitnehmen, oder?« fragte eine von ihnen.

Nach einem Jahr relativer Ruhe machte Christy sich allerdings in dieser Beziehung keine Sorgen mehr. Sie versuchte, sich Riaz, der in letzter Zeit so gleichgültig gegenüber ihren beiden Söhnen gewesen war, als Kindesentführer vorzustellen, aber es gelang ihr nicht. Wie konnte ein Mann, der nicht einmal eine Windel wechseln konnte, seine Kinder entführen? »Nein«, versicherte sie ihren Kolleginnen, »so etwas würde er nie tun.«

Am Mittwoch, dem 28. Dezember 1988, einem bitterkalten Tag in Michigan, kam Riaz gegen Mittag bei Christy im Büro vorbei. Sie sagte ihm, daß sie sich nicht wohl fühle; sie schlug sich mit einer Erkältung herum und dachte daran, früher nach Hause zu gehen.

Riaz war ungewöhnlich verständnisvoll, riet ihr aber, noch im Büro zu bleiben. »Halte bis Büroschluß durch, und wenn du dann nach Hause kommst, ist alles schon gemacht. Du mußt nichts mehr tun und kannst dich ausruhen.«

Als Christy schließlich gegen 18 Uhr hustend und erschöpft nach Hause kam, war die Wohnung leer und an der Tür klebte ein Zettel. »Liebling«, stand darauf, »wir fahren nach Holly [eine rund 80 Kilometer entfernte Stadt]. Jetzt ist es 15 Uhr. Wir sind noch vor 18.30 Uhr wieder zurück. Wir wollen einen Freund besuchen, Dr. S. Mach dir keine Sorgen, wir sind genau zur angegebenen Zeit wieder zurück. Ich liebe dich.«

Christy war über diese Störung des normalen Tagesablaufs der Kinder wütend und frustriert. Riaz war in letzter Zeit furchtbar zerstreut gewesen; vielleicht hatte er nur einen ihrer Söhne mitgenommen und den anderen einfach vergessen. Sie rief in der Kindertagesstätte an, wo man ihr bestätigte, daß Riaz John und Adam am frühen Nachmittag abgeholt hatte. Christy legte sich aufs Sofa und wartete.

Um 21 Uhr wurde sie nervös. Was, wenn Riaz die Jungen bei Unbekannten gelassen hatte, während er sich irgendwo betrank? Was, wenn ein Fremder sich die Kinder schnappte, wenn Riaz gerade nicht aufpaßte? John war knapp zwei Jahre alt und

Adam erst acht Monate. Sie waren so wehrlos und niedlich, und Christy wußte, daß immer wieder Babys entführt werden.

Um Mitternacht war sie der Verzweiflung nahe. Ihre Gedanken konzentrierten sich auf die beiden wahrscheinlichsten Möglichkeiten: Riaz hatte einen Autounfall gehabt, oder er war einfach nur betrunken und verbrachte die Nacht in Holly. Vielleicht, meinte ihre Mutter, sei es ihm einfach zu peinlich anzurufen. Christy benachrichtigte die Polizei, aber die konnte erst 24 Stunden nach dem Verschwinden der Kinder eingreifen.

Gleich am nächsten Morgen gingen Christy und ihr Vater aufs örtliche Polizeirevier. Der diensthabende Polizist vermutete, daß Riaz die Jungen in seine Heimat Pakistan gebracht hatte. »Wo zum Teufel soll ein Mann mit einem acht Monate alten Baby sonst hin?« Vor dieser Möglichkeit hatte Christy am meisten Angst. Die Indizien sprachen freilich dagegen. In der Wohnung fehlte nichts, weder Spielzeug noch Kleidung.

Voller Panik fuhren Christy und ihr Vater jede nur erdenkliche Strecke zwischen ihrer Wohnung und Holly ab und hielten Ausschau nach zertrümmerten oder verlassenen Fahrzeugen. Christy war außer sich. Sie fürchtete sich, das zu finden, wonach sie suchte, und sie hatte schreckliche Angst vor den Alternativen.

Nachdem sie die Landstraßen abgesucht hatten, rief Christy noch am selben Abend das FBI an. Sie erhielt die Auskunft, daß Riaz im Grunde machen könne, was er wollte. »Solange Sie verheiratet sind, hat er in bezug auf die Kinder die gleichen Rechte wie Sie. Wir können ihn nicht daran hindern, sie irgendwo hinzubringen«, erklärte der Beamte. »Wenn wir ihn auf dem Flughafen anträfen, könnten wir ihn lediglich bitten, zu Hause anzurufen. Wir können ihn nicht zurückhalten.«

Der FBI-Beamte verwies Christy an eine staatliche Stelle in Detroit, die bestätigte, daß für beide Jungen amerikanische Pässe ausgestellt und postlagernd an Riaz geschickt worden seien. Adams Paß war erst vor einem Monat ausgestellt worden, Johns Paß hatte Riaz bereits im Juli 1987 beantragt – in dem Monat, als ihre Ehe an einem Tiefpunkt angelangt war und Riaz sie zum erstenmal gewürgt hatte.

Die Entführung war immer noch reine Theorie, da die Verantwortlichen auf dem Detroiter Flughafen sich weigerten, die Passagierliste für den Flug nach Pakistan herauszugeben. Bis 21 Uhr änderte sich daran nichts. Dann rief Riaz Christy aus Karatschi an, der größten Stadt Pakistans. Er wollte mit den Kindern den Zug nach Peshawar nehmen. Nachdem er Christys Unglück vollkommen gemacht hatte, entschuldigte er sich zutiefst zerknirscht.

»Es tut mir leid, es tut mir leid«, stammelte er, während Christy bitterlich weinte. »Aber warte, warte doch, ich habe dir die Kinder nicht weggenommen. Ich hab' dir ein Ticket dagelassen, Liebling. Es liegt in der Zedernholztruhe im Eßzimmer. Glaub mir, hier wird alles besser werden.«

»Wie kann es denn besser werden?« schrie Christy.

»Hier habe ich Geld, und du brauchst nicht zu arbeiten«, sagte Riaz. Dann hielt er John den Hörer hin. Der kleine Junge klang völlig verwirrt. Er war es nicht gewohnt, soviel Zeit mit seinem Vater zu verbringen. »Ich will zu dir, Mommy«, sagte John. »Wann kommst du?«

»Ich komme ganz schnell«, sagte Christy, die sich bemühte, ihre Panik zu verbergen. »Paß auf deinen kleinen Bruder auf, bis ich da bin.«

Nun, da sie die Wahrheit kannte, war sie wie gelähmt. Riaz hatte seine Pläne erstaunlich gut vor ihr geheimgehalten. Während seiner heftigen Wutanfälle hatte er nie damit gedroht, die Kinder zu entführen, obwohl er wußte, daß er sie damit am meisten verletzen würde. Seine kalte Berechnung machte die Tat noch entsetzlicher.

Christy wählte die Nummer der Familie ihres Mannes in Peshawar und erreichte Tarik, Riaz' älteren Bruder, der ihr erzählte, Riaz habe darum gebeten, ihn am Bahnhof abzuholen. »Aber er hat mir nicht gesagt, daß er die Kinder bei sich hat«, meinte Tarik. »Wo bist du? Warum bist du nicht mitgekommen?«

»Ich bin krank und schwanger«, antwortete Christy mit zitternder Stimme, »und ich glaube nicht, daß die Schwangerschaft gutgeht.«

»Der dumme Riaz, so ein dummer Kerl«, murmelte Tarik. »Keine Angst, Christy, keine Angst.«

Christy wußte, daß sie erst dann keine Angst mehr haben würde, wenn sie ihre Kinder in den Armen hielt. Sie ließ sich beurlauben, buchte den nächsten Flug nach Karatschi und blieb über Nacht in einer Klinik. Geschwächt und ohne Schlaf konnte sie sich leicht eine Bronchitis oder vielleicht sogar eine Lungenentzündung holen. Der gebuchte Flug wurde wegen schlechten Wetters gestrichen, und Christy mußte mehrere Tage warten, bis sie einen Platz in einer anderen Maschine bekam; die Flüge waren völlig von Urlaubern ausgebucht. Inzwischen stellte Christy fest, daß Riaz die von ihr gesparten 2000 Dollar mitgenommen und das gemeinsame Girokonto um 10 000 Dollar überzogen hatte. Später erfuhr sie, daß er in ihrem Namen über ein Dutzend Kreditkarten beantragt hatte, von American Express bis Sears, und bei allen Firmen tief in der Kreide stand.

Am 6. Januar 1989 bestieg sie schließlich das Flugzeug. Der Flug dauerte 26 Stunden, mit Zwischenlandungen in Frankfurt und Istanbul, und Christy mußte fast andauernd husten. Als sie um ein Uhr morgens in der feuchten und kühlen pakistanischen Hauptstadt Islamabad eintraf, fühlte sie sich miserabel. Nachdem sie den Zoll passiert hatte, ging der Schwächeanfall vorüber. Dort stand Riaz, trotzig und ungehalten; er hatte sich schon immer über ihre Krankheiten und die Unannehmlichkeiten geärgert, die sie ihm bereiteten. Und dort waren unverkennbar ihre schlafenden Kinder. Riaz' Schwester Ambreen legte Adam in Christys Arme. Eine Cousine hatte John auf dem Arm. Christy konnte sich zum erstenmal seit zehn Tagen wieder entspannen.

Bei der Anmeldung in einem Hotel in Islamabad, wo sie die Nacht über bleiben wollten, ehe sie am nächsten Tag weiter nach Peshawar fuhren, sah sich Christy ihre Söhne genauer an und erschrak. Nach nur knapp zwei Wochen waren sie bereits völlig verwahrlost. Adams Stoffwindel war durch und durch naß. Als Christy ihn auf ihr Bett legte, um die Windel zu wechseln, entdeckte sie zu ihrem Entsetzen große Wundblasen an seinem Po. Sie rieb das Kind mit Salbe ein, und es schrie vor Schmerz.

Während Christy Adam auf einem Stuhl in den Schlaf wiegte, lag John mager und blaß neben ihr auf dem Bett. Sie gab ihm einen Stups, und langsam öffnete er seine großen braunen Augen. Vor zehn Tagen waren diese Augen noch strahlend und lebendig gewesen; jetzt waren sie so matt und glanzlos wie alte Kupfermünzen.

Als er seine Mutter erkannte, starrte er sie an wie einen Geist. »Mommy, ich habe dir gesagt, du sollst zu mir kommen, aber du bist nicht gekommen«, flüsterte er. Er schloß erneut die Augen, war aber nach ein paar Minuten wieder wach, kletterte aus dem Bett und legte den Kopf in Christys Schoß.

Da bemerkte Christy die winzigen Nadelstiche an Johns Händen und Füßen, die verräterischen Blutergüsse intravenöser Infusionen. »Sie wollten ihn das Wasser dort nicht trinken lassen, weil er nicht daran gewöhnt war«, erzählte sie. »Und er wollte ihre Milch nicht trinken – richtig fette, dicke Büffelmilch, die ganz anders schmeckt als unsere Milch. Keiner dachte daran, ihm Saft zu geben, und er war völlig ausgetrocknet. Mein Mann wußte nicht, was er tun sollte, deshalb brachte er ihn ins Krankenhaus, wo ihm an Händen und Füßen ein Tropf angelegt wurde.«

Christy holte zwei von Johns Lieblingsspielsachen hervor, ein Gummikrokodil und einen Stoffbären. Seit Riaz John mitgenommen hatte, hatte der Junge nichts zum Spielen gehabt, und er hielt seine bescheidenen Besitztümer fest umklammert, als er wieder einschlief.

Christy war keineswegs überrascht, daß Riaz sich nicht um die Kinder gekümmert hatte oder daß in seiner Familie niemand die Verantwortung hatte übernehmen wollen. Aber sie war entsetzt darüber, wie wenig das Leid der Kinder ihren Mann interessierte. Sie war wütender als je zuvor, und sie versuchte nicht einmal, ihre Wut zu zügeln – ungeachtet der Konsequenzen. Während der ersten Tage in Peshawar stritt sie unaufhörlich mit Riaz. »Ist dir nicht klar, daß wir hier in Pakistan sind«, sagte ihr Mann finster und zutiefst beleidigt. »Du kannst dich hier nicht mit mir streiten!«

Christy gab den Kampf nicht auf, auch nicht, als Riaz ihre

Hoffnung, bald mit den Jungen in die USA zurückkehren zu können, zunichte gemacht hatte. Ihr Mann hatte ihre Ausreisevisa, und keiner von ihnen konnte Pakistan ohne seine schriftliche und notariell beglaubigte Erlaubnis verlassen. Er beanspruchte diese Entscheidungsgewalt nach der in Pakistan gültigen Fassung des islamischen Rechts. Christy mußte feststellen, daß sie oder das amerikanische Außenministerium wenig dagegen tun konnten.

Riaz hatte die Zeit vor Christys Ankunft dazu benutzt, sich bei seiner Familie Rückendeckung zu holen. »Er hatte sie ziemlich schnell davon überzeugt, daß es uns ins Pakistan besser gehen würde«, sagte Christy. »Er erzählte ihnen schreckliche Lügen über unser Leben in Amerika – daß ich unglücklich sei, daß sich niemand um die Kinder kümmere und daß meine Familie ihn nicht leiden könne.«

Außerdem hatte Riaz behauptet, Christy beharre auf einer Scheidung und wolle *ihm* die Kinder wegnehmen. Zum Beweis spielte er seiner Familie die Tonbandaufnahme eines erst kürzlich geführten Telefonats vor. Verärgert darüber, daß Riaz sie noch vor der Geburt des Kindes wieder allein lassen wollte, hatte Christy unter Tränen ihre Mutter angerufen: »Wie soll ich nur ein Baby kriegen und mich obendrein noch um die beiden Jungen kümmern?«

»Wenn du einen Platz zum Wohnen brauchst«, hatte ihre Mutter sie beruhigt, »bist du bei uns jederzeit willkommen. Du weißt, unsere Tür steht dir immer offen.«

Obwohl das Wort »Scheidung« nicht ausgesprochen wurde, behauptete Riaz, Christys Mutter habe ihr geraten, ihn zu verlassen. Da er in seiner Familie am besten Englisch konnte, war er in der Lage, das Band so zu »interpretieren«, daß es seinem Zweck diente.

Nachdem Christy mehr über die pakistanische Gesellschaftsstruktur erfahren hatte, konnte sie besser verstehen, warum Riaz Kinder entführt hatte, für die er sich doch offenbar kaum interessierte. Wäre er ohne die Kinder in seine Heimat zurückgekehrt, hätte er das Gesicht verloren – sowohl vor seiner Familie und dem Paschtunen-Stamm, dem er angehörte, als auch vor künftigen Geschäftspartnern. Er wäre in ihren Augen kein richtiger Mann gewesen.

Trotz des strengen Sittenkodex' ihrer Gesellschaft zeigten viele Familienmitglieder, insbesondere die Frauen, offen Verständnis für Christys mißliche Lage. Vor allem die dreiundzwanzigjährige Ambreen war »der netteste Mensch auf der ganzen Welt«. Zwar lehnte sich keiner direkt gegen Riaz auf, aber seine Brüder waren zunehmend über die arrogante Art verärgert, mit der er sie in dem Familienbetrieb, in dem sie seit Jahren arbeiteten, herumkommandierte.

Um den Familienfrieden zu wahren, wurde Riaz gleichsam aus dem Dorf verbannt und mit Christy und den Jungen im Schlepptau nach Peshawar geschickt, wo ihm seine Tante ihr Haus überschrieb. Obwohl sie jetzt in einiger Entfernung voneinander wohnten, befehdeten Riaz und seine Brüder sich weiterhin. Bei dem Streit ging es in erster Linie um Land, die eigentliche Quelle des Reichtums der Familie Khan. Während Riaz sich in den USA aufhielt, hatte die Familie ein neues Stück Land erworben und es unter den Brüdern aufgeteilt. Auf die beiden wertvollsten Grundstücke an der Hauptverkehrsstraße erhoben Tarik und Fiaz Anspruch. Für Riaz war das ein unverzeihlicher Verstoß gegen die Regeln; ihm als zweitältestem Sohn hätte eigentlich eines der vorderen Grundstücke zugestanden. Der Streit eskalierte, bis Riaz sein Gewehr packte, wild damit herumfuchtelte und Fiaz aus dem Haus jagte.

»Er ist doch dein *Bruder*«, sagte Christy und versuchte, Riaz zu beschwichtigen.

»Das ist egal«, entgegnete ihr Mann. »Hier geht es um Geld, und manche töten sogar für Geld.«

Riaz war in seinen Einschüchterungsmethoden nicht wählerisch. Christy erlebte mit, wie er zu verschiedenen Zeiten beinahe jedes Mitglied seiner Familie körperlich mißhandelte, darunter auch seine Mutter und seine Tante. Einmal würgte er sogar seine achtzigjährige Großmutter.

»Ich sage besser nichts«, meinte Christys Schwiegervater, der Sohn des Opfers, mit kläglicher Stimme, als Riaz die Großmutter auch noch schlug. »Das ärgert ihn nur.«

»Was soll das heißen?« rief Christy ungläubig. »Was macht das schon, wenn du ihn ärgerst?« Die Cousine, die sie vor drei Jahren kennengelernt hatte, hatte die Wahrheit gesagt: Alle hatten Angst vor Riaz' Jähzorn.

Zwischen den Wutausbrüchen ihres Mannes war Christy damit beschäftigt, sich in den pakistanischen Alltag einzuleben. Da sie nicht mehr als Touristin angesehen wurde, erwartete man von ihr, daß sie sich nach den Vorschriften richtete, die für alle Frauen im konservativen Peshawar galten. Der Tschador mußte ihr Gesicht bedecken, wenn sich die Familie fünfmal am Tag zum Gebet versammelte, wenn sie das Haus verließ oder wenn Besuch kam.

Die Hauptschwierigkeit für Christy war das Kochen. Riaz hatte auf Bitten seines Vaters versucht, ihr eine Freude zu machen, indem er im Haus seiner Tante ein paar westliche Geräte installieren ließ. Aber die Mikrowelle funktionierte nicht, der Elektroherd brannte durch, weil es in Peshawar starke Stromschwankungen gab, und der Gasherd explodierte. Schließlich benutzte Christy wieder den kleinen Gaskocher auf dem Betonfußboden in der Küche. Oft hatte sie kaum etwas zum Kochen da. Eine Zeitlang zwang Riaz sie, stark gewürzte einheimische Gerichte zu sich zu nehmen – »Das ist mein Land, und du wirst hier gewürzte Speisen essen« –, die der schwangeren Christy stechende Magenschmerzen verursachten. Bei Gelegenheit brachte ihr Schwiegervater große Mengen Karotten oder Melonen vorbei, an denen sich John gütlich tat. Abgesehen von oft verdorbener Babynahrung, die er auf dem Schwarzmarkt erstand, kaufte Riaz wenig ein, und Christy durfte nicht allein aus dem Haus gehen. An manchen Tagen hatten sie und die Jungen nichts zu essen außer Pita-Brot und Eiern. An anderen Tagen hatten sie nur Brot.

Als die Jungen Mundentzündungen bekamen, glaubte die Familie, Christy putze ihnen zu oft die Zähne, denn man hielt Zahnbürsten für etwas Schmutziges. Christy führte die Entzündungen auf einen Mangel an Vitamin C zurück, aber Riaz schloß ihre Vitaminkautabletten in einem Schrank ein. Wenn die Kinder sie nähmen, erklärte er, würden sie den Appetit verlieren.

Zu allem Elend kam Christy sich wie eine Gefangene vor. Das Haus der Tante war von einer hohen Mauer umgeben, das metallene Tor immer verschlossen. Christy durfte weder um den Block gehen noch sich überhaupt dem Tor nähern. Wenn Riaz sich auf eine seiner häufigen und nicht näher definierten »Geschäftsreisen« begab, erteilte er den Dienstboten strikte Anweisung, Christys Telefongespräche abzuhören und jeden ihrer Schritte zu überwachen. Sie befolgten seine Anordnungen genau, ebenso wie die Tante, eine warmherzige Frau, die Christy im übrigen moralisch unterstützte, so gut sie konnte. Immer wenn Christy traurig wirkte, sagte sie: »Fahr heim nach Amerika!«

Bei den gelegentlichen Familienausflügen zum städtischen Basar, wo man Eiscreme kaufte, mußte Christy im Auto warten. Sie hatte keine Gelegenheit zur Flucht. Obwohl Christy sehr gern Eis aß, begann sie sich vor diesen kurzen Ausflügen zu fürchten. Die Begegnung mit etwas so Vertrautem wie Eis erinnerte sie nur daran, wie weit sie von zu Hause fort war.

Während die Wochen vergingen und Riaz sich weiter unnachgiebig zeigte, fand Christy sich allmählich damit ab, ihr drittes Kind in Peshawar zur Welt zu bringen. Aufgrund schlechter Erfahrungen befürchtete sie, der Fötus werde sich nicht normal entwickeln, und sie hatte Angst, daß es bei der Entbindung Komplikationen geben könnte. Die Anspannung vor der Geburt wurde noch durch die tägliche Hausarbeit verstärkt. Vor allem das Wäschewaschen machte ihr Mühe, da sie schwere Eimer mit heißem Wasser von der Badewanne zu einer Waschtrommel schleppen mußte. Am 15. März – sie hatte an diesem Tag fünf Eimer Wasser geschleppt – setzten bei Christy die Wehen ein, drei Wochen zu früh.

Das Krankenhaus unterschied sich sehr von allem, was sie aus den Vereinigten Staaten gewohnt war. Die hygienischen Bedingungen waren unzureichend. Im Kreißsaal stand lediglich ein Holztisch, der zwischen den Geburten abgewischt wurde.

Der Arzt, der das Krankenhaus leitete, vertraute Christy zwei jungen, unerfahrenen Hebammen an. Zuerst verabreichten sie Christy Medikamente, um die Wehen zu unterdrücken und die

Geburt hinauszuschieben. Als sie merkten, daß sie damit nichts ausrichteten, gaben sie ihr weitere Medikamente, um die Wehen zu verstärken. »Ich hatte das Gefühl, als würde mein Leib in drei verschiedene Richtungen auseinandergerissen«, erinnerte sich Christy. »Es war die reinste Hölle.« Obwohl das Kind noch gar nicht in den Geburtskanal eingetreten war, wollten die Hebammen bereits einen Dammschnitt machen. Christy schrie auf, doch sie zeigten wenig Mitgefühl: »Jede Frau hat Schmerzen!«

Dabei kam Christy noch glimpflich davon. Als Ambreen einige Monate später eine schwere Entbindung durchmachte, schlugen ihr die Schwestern jedesmal, wenn sie schrie, ins Gesicht und ermahnten sie, die anderen Patienten nicht zu stören. Ambreens kleine Tochter war von Geburt an kränklich und starb zwei Wochen später an Lungenentzündung.

Riaz war gerade auf einer Geschäftsreise, doch sein Bruder Fiaz kam kurz im Krankenhaus vorbei. Ambreen sagte, sie höre Christy schreien, und Fiaz stieß die Ärztin geradezu in den Kreißsaal, damit sie sich um Christy kümmerte. Christy wußte nicht, ob sie erleichtert oder beunruhigt sein sollte, als die Ärztin ihre Mitarbeiterinnen tadelte: »Ich bin mit Ihrer Arbeit äußerst unzufrieden! Das Baby braucht Hilfe!«

Nach achtstündigen Wehen wurde Eric mit der Zange geholt. Die Ärztin sagte, er sei das blühende Leben, aber Christy erkannte, daß ihr neugeborener Sohn schwächer war als ihre beiden anderen Kinder. Seine Bewegungen waren matt, seine Schreie gedämpft. Drei Wochen später hatte der kleine Eric sein Geburtsgewicht von sechs Pfund immer noch nicht wiedererlangt, und Christy brachte ihn zu Riaz' Cousine Shabina, die damals gerade ein medizinisches Praktikum absolvierte. Sie schöpfte Verdacht und verwies Christy an ihren Professor, der innerhalb von fünf Minuten die Diagnose stellte: Eric habe einen schweren Herzfehler. Wo normale Menschen zwei separate Klappen besäßen, habe Eric nur eine. Ein operativer Eingriff sei dringend erforderlich, er könne aber nur in den USA durchgeführt werden, weil die Operationstechnik dort am weitesten fortgeschritten sei.

Christys Sorgen vergrößerten sich noch, als der Professor die

Vermutung äußerte, bei Eric liege auch eine leichte Form von Mongolismus vor. »Sagen Sie der Familie nichts davon«, warnte er Christy, »sonst lassen sie nicht zu, daß Sie das Kind nach Hause holen. Wenn sie glauben, es sei zurückgeblieben, werden sie sagen, es sei Gottes Wille, daß es stirbt.«

Riaz kehrte am nächsten Tag nach Peshawar zurück und suchte gleichfalls den Professor auf. Wie Christy erwartet hatte, lehnte ihr Mann eine Reise nach Michigan ab: »Ich kann nicht glauben, daß es keinen anderen Ort auf der Welt gibt, wo man ihm helfen kann.«

Der Arzt, von Shabina entsprechend instruiert, nahm Riaz ins Gebet. »Was für ein Mensch sind Sie eigentlich?« fragte er barsch. »Liegt Ihnen etwas an Ihrem Kind oder nicht?« Der höhere soziale Status des Professors veranlaßte Riaz, widerwillig nachzugeben. Christys Eltern besorgten Flugtickets für die ganze Familie. Trotz ihrer Sorgen um Eric faßte Christy wieder Mut. Endlich war Riaz zur Besinnung gekommen; er sah ein, daß sie und die Kinder nach Hause gehörten. Waren sie erst einmal dort, würde sich seine Macht über sie verringern.

Am Tag vor dem Abflug, als Christy die Koffer packte, erklärte Riaz plötzlich, er habe seine Meinung geändert. Er wolle in Pakistan bleiben – zusammen mit John und Adam. Christy stürmte in das Zimmer, in dem gerade der Familienrat tagte. Ihre angeheirateten Verwandten saßen mit gesenkten Köpfen da; sie wollten ihr nicht in die Augen sehen. *Sie haben mal wieder klein beigegeben,* dachte Christy. Schließlich blickte ihr Schwiegervater auf und sagte: »Wir mischen uns nicht in die Angelegenheiten zwischen einem Mann und seiner Frau ein.«

Christy bekam einen Weinkrampf, bis ihr schließlich die Luft wegblieb und sie ohnmächtig wurde. Als sie wieder zu sich kam, sah sie ihre jüngere Schwägerin Mahreen über sich gebeugt. »Christy, du mußt verstehen, daß wir nichts tun können«, sagte Mahreen leise. »Wir fühlen mit dir und deinen Kindern. Aber wenn wir Riaz widersprechen, wird er nur wütend.«

Zum erstenmal machte sich Christy in Gegenwart der Familie Luft. »Ihr habt Angst, *er* könnte wütend werden? Es geht hier um meine Kinder – verdammt, soll er doch wütend werden!«

Sie nahm ein paar Äpfel aus einem Korb und schleuderte sie in Riaz' Richtung, aber nicht so, daß sie ihn trafen, denn auch sie hatte immer noch Angst. Riaz saß lachend auf dem Boden und reizte sie nur noch mehr. »Ihr habt Angst vor *meinem* Jähzorn?« fragte er seine Angehörigen. »Jetzt seht ihr mal, was *ich* ertragen muß.«

Man konnte nicht vernünftig mit Riaz reden. Christy wußte, daß sie reisen mußte, denn Eric war so schwach, daß er nur mit einer Pipette ernährt werden konnte. Ihre Entschlossenheit machte es ihr allerdings nicht leichter, die Nachricht dem zweijährigen John beizubringen, der stundenlang laut schluchzte, oder Adam vier Tage nach seinem ersten Geburtstag alleinzulassen. Als Christy in den Wagen stieg, der sie zum Flughafen von Karatschi bringen sollte, streckte Adam – er wurde von seiner Tante getragen – die Ärmchen nach seiner Mutter aus und schrie verwirrt.

Riaz dagegen verhielt sich so absonderlich wie eh und je. Er bemerkte, daß Christy erster Klasse gebucht hatte (in der Touristenklasse waren alle Plätze belegt), und sagte: »Vielleicht sollte ich doch mitfliegen. Ich würde gerne mal erster Klasse reisen.« Ein oder zwei Tage später, nachdem die Ärzte in Michigan die Diagnose des Professors bestätigt hatten, rief Christy in Peshawar an, um Riaz über den Zustand ihres Sohnes zu unterrichten. Ihr Mann nahm den ärztlichen Befund nicht so wichtig. Ihn interessierte etwas anderes. »Was war es eigentlich für ein Gefühl, erster Klasse zu fliegen?«

Seine Frage erinnerte Christy daran, wie sehr er die Annehmlichkeiten Amerikas vermißte. Sie stand vor einem Rätsel. Riaz war letztlich zu bequem, um sich mit dem spartanischen Lebensstil in Pakistan abzufinden, nur damit er die Kinder behalten oder ihre zerrüttete Ehe nach außen fortsetzen konnte. Es mußte etwas anderes sein, das ihn dort zurückhielt und das ihm angst machte, nach Amerika zurückzukehren. Aber was?

Vier Monate später, im August 1989, wurde Eric in der Kinderklinik der Universität von Michigan am Herzen operiert. Obwohl der Eingriff erfolgreich verlief, waren noch weitere Operationen erforderlich. Angesichts der Tatsache, daß Eric wegen seines Down-Syndroms ebenfalls spezielle Hilfe benötigte, kam für ihn eine Rückkehr nach Pakistan nicht in Frage.

Kurz nach der Operation flogen Christy und ihr Vater für eine Woche nach Peshawar. Die Auswirkungen der Trennung auf ihre beiden Söhne waren nur allzu deutlich. John war schweigsam und nervös und so dünn, daß seine Rippen am Rücken herausstanden. In seinem Kummer über die Abwesenheit der Mutter hatte er die Nahrung verweigert. Adams Haare hingen bis auf die Schultern hinab. Er war 16 Monate alt und konnte kaum sprechen. Es gab keinen Erwachsenen, mit dem er reden konnte; John und er waren den ganzen Tag in der Obhut einer lustlosen Dienerin. Da es im Haus keine Spielsachen gab, mußten sich die Kinder mit einem leeren Windelkarton begnügen.

»Da wurde mir klar«, sagte Christy, »daß ich zurückkehren mußte.«

In der Gewißheit, daß Eric bei ihren Eltern gut aufgehoben war, kehrte Christy im Oktober 1989 nach Pakistan zurück und blieb die folgenden zehn Monate dort. Nur zu Weihnachten flog sie kurz nach Hause, um sich wegen eines Ruhranfalls behandeln zu lassen. Die Trennung von Eric, der lange Zeit dem Tode so nahe gewesen war, schien noch schwerer als die Trennung von den beiden älteren Söhnen. »Ich verzehrte mich vor Sehnsucht nach ihm, ich konnte ihn einfach nicht loslassen und vergessen«, sagte Christy. Da die Kinder sie brauchten, pendelte sie zwischen Peshawar und Michigan hin und her, und sie fühlte sich nirgends heimisch oder aufgehoben. Ein solches Leben kann eine Mutter in den Wahnsinn treiben.

In Peshawar versuchte Christy, sich mit Riaz auf andere Weise zu einigen. Anstatt mit ihrem Mann zu streiten, setzte sie sich behutsam für die Rückkehr der Familie in die USA ein, wo sie alle zusammensein könnten. Christy baute dabei weniger auf Riaz' Vatergefühle – er nannte Eric »eine Strafe Gottes« – als auf seine wachsende Unzufriedenheit mit dem einfachen Leben in Pakistan und seine Sehnsucht nach dem Komfort des Westens. Sie deutete an, daß ihre Liebe in Amerika wieder aufblühen könnte. Riaz schien interessiert, aber er war mißtrauisch. »An deiner Stelle würde ich mich scheiden lassen«, sagte er. Allmählich verlor er das Interesse an einer Rückkehr in die USA.

Im Winter hatten seine schlechten Seiten wieder die Oberhand gewonnen. Je versöhnlicher sich seine Frau zeigte, desto wütender wurde er. Als Christy einmal von ihren Gefühlen überwältigt wurde und nicht aufhören konnte, Erics wegen zu weinen, fragte sie Riaz: »Denkst du überhaupt jemals an eine Rückkehr?«

»Sprich nie mehr von einer Rückkehr«, sagte Riaz kühl und voller Sadismus. »Du mußt endlich begreifen, daß ihr, du und die Kinder, in Pakistan leben und sterben werdet.«

Nach solchen Erlebnissen, erzählte Christy, »suchte ich Zuflucht im Glauben. Ich ging in mich und bat Gott, er möge mir helfen, mich gegen Riaz aufzulehnen ... Dabei war ich absolut ruhig. Irgend etwas in dir verrät dir plötzlich: ›Entweder ich gehe dagegen an, oder ich gehe daran zugrunde.‹«

Manchmal hatte sie Angst, ihre Gebete könnten nicht genügen. Riaz trank viel und schlug und würgte sie wieder. »Weißt du«, sagte er häufig und achtete dabei genau auf die Wirkung seiner Worte, »daß es für mich einfacher wäre, dich loszuwerden, indem ich dich umbringe?«

Eines denkwürdigen Abends wäre aus dieser Drohung fast blutiger Ernst geworden. Erbost über Christys Äußerung, John sei noch zu klein für die Vorschule, ließ Riaz eine Schimpfkanonade los. Christy erklärte, sie werde die Kinder aus dem Schlafzimmer bringen, bis er sich wieder beruhigt habe. Riaz sprang auf, um die Tür zu verriegeln, und drohte: »Wenn du durch diese Tür gehst, bringe ich dich um.« Christy saß wie gelähmt da, und Adam vergrub vor Angst sein Gesicht an ihrer Schulter; Riaz packte seinen Revolver und hielt ihn Christy an den Kopf.

»Du weißt, daß ich dich jederzeit erschießen kann«, sagte er. »Wenn ich dich jetzt töte, erfährt es keiner. Ich sage den anderen einfach, du hättest mit einem Mann aus Karatschi ein Verhältnis gehabt.« Christy blickte starr geradeaus und betete um Erlösung.

Aus den Augenwinkeln sah sie etwas, das ihr das Herz zerriß: John, von dem sie angenommen hatte, er schlafe, stand in anderthalb Meter Entfernung regungslos da, sprachlos vor Entsetzen. »Ach egal«, sagte Riaz angewidert. »Ich tue es, wann ich will und wie ich will.«

Die Jungen waren völlig durcheinander. John wirkte tagsüber noch nervöser, und Adam – einst ein fröhliches, rundliches Baby – wurde immer verschlossener. »Er verlor jede Begeisterung, er interessierte sich für nichts mehr«, erzählte Christy. »Aus den letzten beiden Jahren in Pakistan habe ich kein einziges Bild von ihm, auf dem er lächelt.«

Der harte Alltag, das Kochen, Saubermachen, Wäschewaschen und die alleinige Verantwortung für zwei sich langweilende Kinder, zermürbte Christy. Sie nahm zehn Kilo ab. Es gab Zeiten, da fürchtete sie, Riaz habe mit seiner Voraussage recht, sie werde dieses Land nie wieder verlassen (so wie ich es im Iran geglaubt hatte). Dieses Gefühl tiefer Niedergeschlagenheit und Hilflosigkeit ist schwer zu vermitteln. Wenn man so isoliert ist wie Christy oder ich, fällt es sehr schwer, sich die Hoffnung auf eine bessere Zukunft zu bewahren.

Dann, im Juli, sah Christy eine Chance. Eric mußte wieder in die Klinik. Die Sozialarbeiter in Michigan wollten ihn unter Amtsvormundschaft stellen, wenn das Sorgerecht nicht formell auf Christys Eltern übertragen würde – oder wenn Christy oder Riaz sich nicht für ihre Elternschaft verbürgten und Erics staatlich subventionierte Krankenversicherung wiederaufleben ließen. Obwohl Erics Zustand Riaz immer peinlich gewesen war, fühlte er sich in seinem Stolz getroffen; er wollte nicht, daß jemand anderes Anspruch auf seinen Sohn erhob. Außerdem, erklärte er, habe er geschäftlich in Übersee zu tun – »eine Chance, viel Geld zu verdienen«. Bei dieser Gelegenheit wollte er auch nach Michigan reisen.

Das Datum der Abreise rückte näher, und Riaz wurde nervös. Er weigerte sich, spät am Abend Telefonanrufe entgegenzunehmen, und erlaubte nicht mehr, daß eine Bedienstete mit John auf die Straße ging, um Süßigkeiten zu kaufen. Er war ständig in Sorge, irgendwelche »Leute« oder »diese Männer« könnten seine Kinder entführen. »Laß mich in Ruhe, Christy«, sagte er. »Ich habe Probleme, die dich nichts angehen.«

Zuweilen war er merkwürdig gereizt. »Drück mir die Daumen, daß mir dort drüben nichts zustößt«, wiederholte er ständig, »denn dann kommst du nie mehr aus diesem Land hinaus.« Vielleicht hätte Christy diese Drohung als paranoides Hirngespinst abgetan, wenn Fiaz nicht deutlicher geworden wäre: »Wenn meinem Bruder etwas zustößt, ist es deine Schuld.«

Am meisten aber erschreckten sie Riaz' ominöse Abschiedsworte am Tag seiner Abreise: »Ich bedaure alles, was ich dir angetan habe, und ich bedaure, was ich jetzt tun werde.« Das klang, als wolle er überhaupt nicht mehr zurückkommen. Christy hatte schreckliche Angst. Ihre größte Sorge war, in die Gewalt von Riaz' unberechenbaren männlichen Verwandten zu geraten, wie es das islamische Recht beim Tod oder Verschwinden des Ehemannes vorsieht. Sie bat Riaz, sie an seiner Stelle nach Michigan reisen zu lassen, aber er wollte nichts davon wissen. Er war bereit, dem Schicksal die Stirn zu bieten, auch wenn er ihr nicht sagen wollte, was dies bedeutete.

Riaz' Reise führte zunächst nach Deutschland, wo er einen Juwelier aufsuchte, dann nach Großbritannien, wo er sich mit einem Bekannten aus Peshawar traf. In der ersten Augustwoche traf er in New York ein, ein paar Tage später flog er nach Detroit weiter, wo Christys Vater ihn abholte. Gegen 20 Uhr kamen sie im Haus von Christys Eltern an. Als Riaz in Peshawar anrief, war Christy beinahe erleichtert, den alten spöttischen, anmaßenden Tonfall in seiner Stimme zu hören. »Was ist mit Eric los?« fragte er. »Warum hast du ihm nicht das Laufen beigebracht?«

»Ich bin doch in den vergangenen zehn Monaten in Pakistan gewesen«, sagte Christy, worauf Riaz lachte. *Offenbar hat er wieder getrunken,* dachte sie.

Es war das letzte Mal, daß sie seine Stimme hörte.

Riaz hielt sich zwei Stunden lang bei Christys Eltern auf. Das Angebot, über Nacht zu bleiben, lehnte er ab; er sagte, er wolle bei Freunden aus Indien übernachten, die in der Nähe wohnten. Gegen 22 Uhr hielt ein Wagen vor dem Haus und hupte. Riaz wollte nicht, daß man ihm beim Tragen der Koffer half. Er murmelte hastig ein paar Abschiedsworte und eilte aus der Tür.

Sechs Stunden später wurde seine Leiche in einem Park nahe der Grenze zu Indiana gefunden.

Nach ihrem Gespräch mit der Polizeidienststelle wurde Christy mit Fragen überhäuft, die sie nicht beantworten konnte. »Wie wurde Riaz umgebracht?« wollten seine Verwandten wissen. »Wann ist es passiert? Wer wird verdächtigt?« Sie rief ihren Vater an, der alles mit grimmiger Stimme bestätigte. Kriminalbeamte hatten die Adresse ihrer Eltern anhand eines von Riaz ausgefüllten Antragsformulars für eine Kreditkarte ausfindig gemacht und Christys Vater um Fotos gebeten, die zur Identifizierung der Leiche dienen sollten. Er gab ihnen mehrere. Infolge der Aufregung hatte er danach heftige Schmerzen in der Brust. Riaz hatte Christy und die Jungen zwar zu Gefangenen gemacht, aber er war das einzige Bindeglied zwischen ihnen und ihren Eltern. Er war derjenige, der ihre Ausreisevisa besaß und der sich vielleicht noch hätte überreden lassen, sie freizugeben. Wenn er tot war, würde ihre Zukunft ungewiß sein.

Christy rief noch einmal bei der Polizei an, und diesmal wurde sie mit einem für den Fall zuständigen Kriminalbeamten verbunden. Er erklärte ihr, Riaz habe ein »Trauma« erlitten.

»Was bedeutet das?« fragte Christy, während ein halbes Dutzend Verwandte sie zu unterbrechen suchten.

»Er wurde erschlagen«, sagte der Kriminalbeamte.

»Wer hat ihn erschossen? Wer hat ihn erschossen?« schrien die Verwandten. »Hat die Polizei ihn erschossen?« Christy versuchte, das Mißverständnis zu klären, aber sie wollten nicht zuhören. Sie waren überzeugt, Riaz sei erschossen worden. Als sie nach und nach begriffen, daß Riaz tot war, begannen sie um den verlorenen Sohn zu trauern. Die meisten liefen mit ausdrucksloser Miene herum, starrten die Wände an und schlugen sich hin und wieder an die Brust, um ihrem Schmerz Luft zu machen.

»Er hatte ein reines Herz«, jammerte die Mutter. »Er hatte das Herz eines Königs, er wollte allen alles geben.«

In der darauffolgenden Woche, während die Familie auf die Ankunft von Riaz' Leichnam wartete, verstärkte sich die Trauer. Die Überführung verzögerte sich zum Teil deshalb, weil der Tote einen britischen Paß bei sich hatte – eine der vielen Ungereimtheiten des Falles. Während sich Riaz' entferntere Verwandte in dieser Zeit liebevoll und hilfreich zeigten, waren die nächsten Angehörigen völlig mit ihrer eigenen Trauer beschäftigt und füreinander unzugänglich.

Das Verhalten der Familie gegenüber der Witwe war seltsam und wenig tröstlich. Wenige Stunden nachdem sie von dem Mord erfahren hatten, verlangten die Schwestern von Christy den goldenen Armreif und die Halsketten zurück, die Riaz ihr geschenkt hatte – mit der Begründung, es handele sich um Erbstücke ihrer Großmutter. Immer wenn Christy zu weinen begann, tadelten sie sie: »Nein, du mußt stark sein, du mußt uns helfen, zusammenzuhalten.«

Fiaz versuchte es anders. »Ach, meine liebe, teure Schwester, hab keine Angst«, sagte er salbungsvoll. »Ich werde mich um alles kümmern. Du gehörst jetzt mir, und das sind meine Söhne.« Christy dachte zuerst, er spreche im übertragenen Sinn, bis sie sich an den alten Brauch erinnerte, nach dem Brüder verwitwete Schwägerinnen heiraten und für sie sorgen mußten. Als Fiaz Annäherungsversuche unternahm, sie sanft berührte oder ihre Wange streichelte, wies sie ihn zurecht: »Nimm bitte zur Kenntnis, daß ich nach der Beerdigung wieder zu Eric zurückkehre.« Nach dieser Abfuhr wurde Fiaz gemein. Christy hatte ihn sich auf ewig zum Feind gemacht.

Etwa um dieselbe Zeit kam der damals dreieinhalbjährige John schreiend zu Christy gelaufen: »Mommy, jemand will mich erschießen, jemand will mich erschießen!« Er hatte eine hitzige Debatte der Familie über Riaz' Tod mißverstanden. Christy beruhigte ihn. Sie holte tief Luft und erklärte ihm dann, was passiert war. »Daddy kommt nicht mehr wieder«, sagte sie. »Gott hat entschieden, daß es jetzt Zeit für ihn ist, im Himmel zu wohnen, und dort ist er glücklich und frei.«

John sah sie verwirrt an und erwiderte: »Okay.« Er wollte schon wieder weglaufen, kam dann aber noch einmal zurück und meinte: »Aber Mommy, Daddy ist nicht fröhlich. Er ist ein *böser* Mensch!« John schien die Nachricht problemlos zu verkraften, und Adam zeigte fast überhaupt keine Reaktion. Keiner der Jungen ließ irgendeine Gefühlsregung erkennen, auch dann nicht, als ihre Onkel sie packten und riefen: »Riaz Khan, Riaz Khan!« Es war die gespenstische Anrufung eines Mannes, der bestenfalls ein widerstrebender Vater gewesen war.

Am 16. August traf Riaz' Leichnam in dem mit Seide ausgekleideten Sarg, den Christys Vater gekauft hatte, im Dorf ein. Die erste unheilverkündende Reaktion kam von Christys Schwiegervater. Über seinen Sohn hatte er nichts zu sagen, aber er schien wie besessen von John und Adam. »Ich werde diese Kinder nie mehr sehen«, wiederholte er traurig ein ums andere Mal. Christy wünschte, er würde damit aufhören. Jetzt, da Riaz tot war, hatte die Familie wohl weder ein Interesse daran noch die Macht, sie länger festzuhalten. Der Status ihrer beiden Söhne, die nach pakistanischem Recht doppelte Staatsangehörigkeit besaßen, war dagegen problematischer. Wenn die Familie beschloß, vor einem pakistanischen Gericht um die Vormundschaft zu streiten, stand Christy ein harter Kampf bevor.

Bisher hatte man Christy als Mittrauernde betrachtet. Die Haltung der Familienangehörigen änderte sich jedoch schlagartig, als sie den beigefügten Totenschein lasen, dem zufolge Riaz doch erschossen worden war. (Die Polizei hatte nähere Einzelheiten verschwiegen, um die Ermittlungen nicht zu gefährden. Wie sich herausstellte, war Riaz tatsächlich von einer Kugel in den Hinterkopf getroffen worden.) Diese Enthüllung brachte Christy in eine unangenehme Lage. »Du hast uns angelogen!« schrien die Brüder.

Der Damm brach, als die Familie die islamische Totenzeremonie abhielt, bei welcher der Leichnam zur Vorbereitung des Begräbnisses entkleidet, gebadet und schließlich in ein weißes Baumwolltuch gehüllt wird. Christy hatte zuvor ein qualvolles Telefongespräch mit dem Leichenbestatter der Leichenhalle von Michigan geführt – »Wenn die Leichenbeschauer eine Autopsie machen«, hatte er erklärt, »setzen sie die Leichen hinterher nicht wieder ordentlich zusammen« – und dann darauf gedrängt, daß die Zeremonie aufgeschoben werde. Die Familie ignorierte ihre Bitte. Als Riaz' Angehörige den Zustand des Leichnams sahen, gerieten sie außer sich. In Fiaz' Haus, wo sie sich versammelt hatten, lief ein Onkel ins Wohnzimmer, packte Christy und schrie: »Du verfluchte, mordgierige Amerikanerin!« (Die Vereinigten Staaten, die einst als enge Verbündete gegolten hatten, waren in Pakistan in Ungnade gefallen.) Männer, die Christy nie zuvor gesehen hatte, liefen durch das Haus und durchbohrten sie mit haßerfüllten Blicken.

Nach dem Begräbnis am selben Tag war Christy offiziell eine Außenseiterin, eine verdächtige Person, der man nicht trauen konnte. Weshalb war Riaz vor seiner Abreise nach Amerika so nervös gewesen? Seine Verwandten kamen zu dem Schluß, daß er vor Christys Familie Angst gehabt hatte. Christy gegenüber behaupteten sie: »Nach Auskunft der Kriminalbeamten wurde der Kreis der Verdächtigen auf zwei Personen eingeengt. Wir haben eigene Nachforschungen angestellt, und danach ist dein Vater schuldig. Es ist nur eine Frage von ein paar Tagen, bis sie ihn verhaften.«

Da Christy weder zu Hause noch bei der Polizei in Michigan anrufen durfte, war sie nicht in der Lage, diesen unsinnigen Verdacht zu entkräften oder sich gegen die immer zahlreicheren Drohungen zur Wehr zu setzen. »Wir erledigen das auf unsere Art«, erklärte der einst so liebenswürdige Fiaz. »Weißt du, daß wir, als unser Großvater umgebracht wurde, zwölf Menschen getötet haben, um seinen Tod zu rächen?«

»Glaubt ihr wirklich, mein Vater könnte so etwas tun?« fragte Christy ihre angeheirateten Verwandten.

»Es spielt keine Rolle, was wir glauben«, sagte Mahreen, Riaz' neunzehnjährige Schwester, für die Riaz' Tod ein besonders schwerer Schlag gewesen war. »Wenn du meinen Bruder nicht geheiratet hättest, wäre er noch am Leben.« Sie starrte Christy wütend an und fügte dann ganz ruhig hinzu: »Ich würde gern das Blut deiner Familie trinken.«

»Wollt ihr mir angst machen?« fragte Christy.

»Ja«, erwiderte Mahreen, »das wollen wir.«

Sie hatten Erfolg damit – vor allem, als sie ihre Angriffe auch gegen Christys Kinder richteten. Soweit Christy verstand, behaupteten sie, Eric sei »vom Satan in die Welt gesetzt« worden und das Kind sei an Riaz' Tod schuld. Für das Leid, das Eric ihnen zugefügt hatte, wollten sie sich an John und Adam rächen, indem sie verhinderten, daß die Kinder mit ihrer Mutter in die Vereinigten Staaten zurückkehrten.

Jetzt war die Situation eingetreten, vor der sich Christy am meisten gefürchtet hatte. Sie war entsetzt und wütend: »Wollt ihr John oder Adam bestrafen, weil ihr auf Eric wütend seid? Wollt ihr ein 18 Monate altes Baby für die Nachlässigkeit seines Vaters verantwortlich machen?«

Daraufhin schlug ihr einer der Brüder ins Gesicht und schrie: »Er war ein großartiger Vater! Sprich nicht so von ihm!« Das Bild des toten Riaz verklärte sich bereits.

Zu Riaz' Lebzeiten hatten seine Angehörigen Christy versichert, sie würden nie zulassen, daß er sie von ihren Kindern trennte. Zehn Tage nach seinem Tod wollten dieselben Angehörigen genau das tun. »Dies ist die Heimat ihres Vaters«, erklärte Fiaz, der am meisten darauf drängte, daß Christy Pakistan allein verließ.

»Aber ihr Vater ist tot«, entgegnete Christy, »und die Vereinigten Staaten sind die Heimat ihrer Mutter.«

»Wir haben dich in unserer Familie geduldet«, sagte Fiaz finster. »Mach uns jetzt keine Vorschriften.«

Aber Christy blieb hartnäckig. Sie würde nicht ohne die Kinder abreisen. Ihre Söhne waren das Hauptgesprächsthema im Dorf, an jeder Straßenecke fielen ihre Namen in leidenschaftlichen Diskussionen. John, der besser Urdu konnte als seine Mutter, kam zu Christy gerannt und platzte heraus: »Du wirst mich nie verlassen, oder?«

Christy versuchte, ihren Sohn mit Worten zu trösten, die sie bald bereuen sollte: »Keine Angst, Schatz, wir werden uns nie wieder trennen.«

Am 26. August wohnte Christy noch immer in Fiaz' Haus und wußte nicht, wie der Streit ausgehen würde. Die Atmosphäre war voller Feindseligkeit. Die Menschen schienen sich wie in Zeitlupe zu bewegen. Eine unausgesprochene Drohung hing über Christys Kopf wie ein Sommergewitter, das jeden Moment losbrechen kann. Dann passierte es: Um 17 Uhr nachmittags stürmten 20 männliche Verwandte auf Fiaz' große Veranda hinter dem Haus, umringten Christy und versuchten, ihr die Kinder gewaltsam wegzunehmen. Sie entrissen ihr Adam und übergaben ihn einem Bediensteten. Der Zweijährige blickte sich verzweifelt nach seiner Mutter um, während der Diener sich mit ihm entfernte, und dann wurde ihm übel.

John gab nicht so schnell auf. Fiaz überschüttete ihn mit Obszönitäten, aber das Kind wehrte sich schreiend und klammerte sich mit erstaunlicher Kraft an Christy. In heller Aufregung zerrten die Männer an Johns Armen und schlugen ihn sogar auf den Rücken, damit er losließ. Christy stieß sie zurück und schützte ihren Sohn, so gut sie konnte.

»Kämpfe nicht mit den Männern!« schrie ein Bruder.

»Ich gebe meine Kinder nicht her!« schrie sie zurück.

Christy war schockiert, als sie sah, daß sich auch Riaz' Onkel Hyatt unter den Angreifern befand. Hyatt war immer der netteste von allen gewesen, ihr Freund und Beschützer. Doch jetzt hatte auch er sich mitreißen lassen. Ohne nachzudenken, versetzte sie Hyatt mit aller Kraft einen Schlag ins Genick. »Ich bin nicht stolz darauf«, sagte sie später, »aber es *mußte* sein. Sie hatten jegliche Beherrschung verloren.« Hyatt wich stöhnend zurück. Die unerwartete weibliche Gegenwehr ließ seine Mitkämpfer zögern, und schließlich räumten die Männer murrend das Feld. Minuten später wurde Adam zu Christy zurückgebracht.

Zu diesem Zeitpunkt schien die Familie in zwei Lager gespalten: in das der Männer und das der Frauen. Hyatts Frau erklärte, die Männer hätten ganz und gar unrecht – eine mutige Äußerung in einer von Männern beherrschten Gesellschaft. Ambreen schrie ihren Mann sogar an – ein in Peshawar bis dahin beispielloses Vorkommnis.

Der stärkste Verbündete, der Christy noch blieb, war ein Cousin namens Shohob. »Was immer du tust«, warnte er sie, »laß heute abend niemanden in dein Zimmer.« An diesem Abend schloß Christy die Tür zu ihrem Schlafzimmer ab, obwohl sie wußte, daß so etwas als tabu galt. Um Mitternacht, als die Jungen schliefen, sah sie, daß sich der Türgriff bewegte; irgend jemand wollte in ihr Zimmer. Sie schlich auf Zehenspitzen zur Tür und schaute durch einen schmalen Spalt an der Türkante. Der Anblick verschlug ihr den Atem: Draußen vor der Tür standen ein Mann, der aussah wie Fiaz, und drei weitere Männer, die sie noch nie gesehen hatte. Sie hatten ein starkes Seil und einen Sack aus Leinen dabei. Aus ihren Blusen ragten Messergriffe.

Zu Tode erschrocken setzte Christy sich auf den Boden und klopfte so fest sie konnte mit einem Taschenmesser an die Wand. Ein paar Minuten später hörte sie, wie Shohob wütend mit den anderen stritt. »Das könnt ihr mit einer Amerikanerin nicht machen«, rief er. »Im amerikanischen Konsulat weiß man, wo sie ist, und man wird die Familie zur Verantwortung ziehen.« Shohob geriet in Fahrt und fügte dramatisch hinzu: »Ihr wißt, daß die amerikanische Regierung zur Befreiung ihrer Bürger sogar Truppen einsetzt.« Unter Flüchen zogen Fiaz und die übrigen Männer schließlich ab.

Shohob erklärte Christy später, die Männer hätten sie nicht töten, sondern nur so lange festhalten wollen, bis die Familie das Sorgerecht für John und Adam durchgesetzt habe.

Am nächsten Morgen legte Fiaz Christy eine gerichtliche Verfügung vor, die ihr verbot, Pakistan mit ihren Söhnen zu verlassen. »Wenn es ihr gelingt, die Kinder fortzubringen«, hieß es in dem Antrag der Familie, »ist deren Zukunft ruiniert.«

Christys erster Gedanke war, dazubleiben und zu kämpfen. »Ich gehe nicht ohne meine Kinder«, erklärte sie beharrlich. Eine ihr freundlich gesinnte Cousine namens Ronnie riet davon ab. »Das ist zwar eine schlimme Sache«, sagte sie, »aber du hast bessere Chancen, wenn du gehst und von Amerika aus um deine Kinder kämpfst.« Es war klar, was sie meinte: Die Ereignisse der vergangenen Nacht waren kein Zufall oder Bluff. Die Männer würden wiederkommen.

Christy traf eine Entscheidung. Sie nützte ihren Söhnen nichts, wenn sie eingesperrt war oder wenn etwas noch Schlimmeres passierte. Sie telefonierte mit dem amerikanischen Konsulat und kündigte für den folgenden Tag ihren Besuch in der Botschaft in Islamabad an.

In dieser letzten Nacht in Peshawar betrachtete Christy lange ihre Söhne, die neben ihr schliefen. Sie dachte über die furchtbare Entscheidung nach, die sie hatte treffen müssen, und suchte nach einer Alternative, obwohl sie wußte, daß es keine gab. »Diese Nacht läßt sich nicht mit Worten beschreiben«, sagte sie. Am nächsten Morgen verließ sie schon früh das Haus, ohne John und Adam zu wecken; noch einen langen Abschied konnte sie nicht verkraften.

In den vorangegangenen beiden Jahren hatte Christy sich oft über die beschränkten Möglichkeiten der Diplomatie geärgert. Beamte des amerikanischen Konsulats hatten ihr klargemacht, daß sie ihren Kindern weder Zuflucht gewähren noch eine sichere Fahrt zum Flughafen garantieren könnten, wenn Christy mit ihnen ausreisen wolle. An diesem Tag war ihr Ärger vergessen. Sie war dankbar, als ein Botschaftsangehöriger namens Mike Gayle sie in das imposante moderne Gebäude geleitete und den Verwandten, die sie begleitet hatten, erklärte, man werde ihr von der Botschaft aus eine Unterkunft für die Nacht besorgen. Noch dankbarer war sie, als er ihr einen Botschaftswagen mit verdunkelten Fenstern zur Verfügung stellte, um sie am nächsten Tag zum Flughafen zu bringen, und bei ihr blieb, bis sie das Flugzeug bestieg.

Vor ihrer Abreise führte sie noch zwei wichtige Telefongespräche. Zuerst rief sie die Kriminalbeamten in Berrien County an, die ihr versicherten, ihr Vater sei zu keiner Zeit mit dem Mord an Riaz in Verbindung gebracht worden; die Familie hatte diese Geschichte einfach erfunden. Anschließend rief sie eine Cousine in Peshawar an, von der sie erfuhr, daß John nicht mehr essen wollte. »Er weint ständig und schreit, er möchte zu dir«, sagte sie. Christy verging fast vor Kummer.

»Ich komme zurück, sobald ich kann«, sagte Christy. Das stimmte zwar, dachte sie niedergeschlagen, aber angesichts dieser endlosen Tortur war nicht abzusehen, wie bald das sein würde.

Von all den Zeiten der Trennung, die Christy und ihre Kinder schon erlebt hatten, waren die folgenden sechs Monate die deprimierendsten. Früher hatte sie John und Adam regelmäßig von Michigan aus anrufen können. Jetzt, da Riaz' Familie sie als Feindin betrachtete, wurde jeder telefonische Kontakt unterbunden, bis sich im November 1990, drei Monate nach Christys Abreise, endlich das Konsulat einschaltete.

Als John ans Telefon kam, erkannte sie nicht einmal seine Stimme. Zuerst dachte sie, er sei ein fremdes Kind und die Familie spiele ihr einen Streich. Johns pakistanischer Akzent, der ihr bei ihrer Abreise nicht aufgefallen war, war jetzt deutlich zu hören, und seine Stimme schien ungewöhnlich hoch. »Mommy, ich bin glücklich, und ich weine nicht«, sagte John.

Dann war im Hintergrund die Stimme einer Frau zu hören, einer von Riaz' Tanten: »Sag Mommy, daß du zur Schule gehst.«

»Mommy, ich weine nicht, und ich gehe zur Schule.«

Christy hörte den tiefen Kummer aus der Stimme ihres Kindes heraus. »Egal, was man dir erzählt«, sagte sie, »du hast eine Mommy, die dich sehr lieb hat.«

John brach in Tränen aus, und jetzt klang seine Stimme auf schmerzliche Weise vertraut. »Mommy, ich brauche dich, ich brauche dich!« rief er. »Komm und hol mich!«

Die Tante unterbrach ihn: »Du kannst nicht mit den Kindern sprechen, du bringst sie bloß durcheinander.« Der Hörer wurde aufgelegt. Adam hatte keine Gelegenheit mehr, seine Mutter zu begrüßen.

Ich fühlte in dieser Zeit mit Christy. Eine erzwungene Trennung ist die schmerzlichste Erfahrung, die Eltern machen können. Ich hatte Moody vor allem deshalb in den Iran begleitet, weil ich fürchtete, er könnte Mahtab sonst entführen. Als er mir unsere Tochter dann in Teheran tatsächlich wegnahm und wir zwei Wochen getrennt waren, versank ich in Hilflosigkeit und Verzweiflung, und für zwei Wochen verlor ich meine Identität. Aus Angst vor einer dauernden Trennung wagten wir schließlich die riskante Flucht.

Der dringende Wunsch, die Kinder heimzuholen, ließ Christy keine Ruhe. Da machte ihr pakistanischer Anwalt, ein ernster junger Mann namens Nasir Ul-Mulk, sie darauf aufmerksam, daß ein Streit um das Sorgerecht zwei Jahre oder länger dauern könne. Aber am Ende, erklärte Nasir, werde Christy mit Sicherheit gewinnen. Die Lehre des Propheten Mohammed besage eindeutig, Kinder unter sieben Jahren bedürften der Fürsorge der Mutter, ungeachtet der Religionszugehörigkeit der Frau. Und die Tatsache, daß Christy kraft des bei der Heirat angenommenen islamischen Namens eigentlich Moslem sei, würde ihre Position stärken.

Christy hatte wenig Vertrauen zur pakistanischen Justiz. Es gab keinen Präzedenzfall für das, was sie plante: von einem islamischen Gericht ihre Kinder zurückzubekommen, die sich noch in der Obhut einer moslemischen Familie befanden. Ich habe kürzlich von einem ähnlichen Fall gehört: Einer amerikanischen Mutter wurde in Ägypten das Sorgerecht übertragen – allerdings nur unter der Bedingung, daß sie im Land blieb.

Christy war keineswegs überzeugt, daß ihr Anwalt in der Lage oder bereit sein würde, gegen den Einfluß der Khans in Peshawar anzugehen, und daß er das Gericht dazu bringen könne, rechtzeitig zu entscheiden. In zwei Jahren würde John sieben. In diesem Alter wird die Erziehung eines moslemischen Jungen automatisch dem Vater übertragen – oder, in diesem Fall, der Familie des Vaters. Außerdem war John seinen pakistanischen Ausweisen zufolge zehn Monate älter als in Wirklichkeit – einer von Riaz' cleveren Tricks. Wenn es Christys angeheirateten Verwandten gelänge, das Verfahren hinauszuzögern, würden sie am Ende siegen.

Es gab noch eine Alternative: jemanden anzuheuern, der die Jungen entführte. Christy wußte, daß Peshawar ein Zentrum des afghanischen Widerstands war und daß es dort genügend bewaffnete Männer gab, die nichts zu verlieren hatten. Sie wußte aber auch, daß es so gut wie unmöglich war, unbemerkt in das Dorf der Familie zu gelangen, und daß der kürzeste Weg zur Grenze durch gefährliches Bergland führte. Wenn die Entführung fehlschlug, wäre jeglicher Kontakt zu den Kindern unterbrochen. Schließlich beschloß sie, die Sache vor Gericht durchzufechten.

Um ihren Status als Moslem zu bekräftigen, bekannte Christy sich in Gegenwart eines islamischen Geistlichen, der in der Nähe von Detroit lebte, zum Islam. »Ich glaube, daß es nur einen Gott gibt«, sagte sie feierlich auf englisch und anschließend auf arabisch. »Ich glaube, daß Mohammed von Gott gesandt wurde.« Während der Zeremonie war sie sich keiner Falschheit bewußt. Schließlich glaubte sie an Gott, und je mehr sie über Mohammeds Lehren las – insbesondere über seine Achtung vor Frauen und Kindern –, desto mehr war sie davon beeindruckt. Wenn Mohammed noch lebte, sagte der Geistliche, wäre er über das Verhalten von Christys angeheirateten Verwandten entsetzt.

Auch in dieser Hinsicht konnte ich Christys Entscheidung nachvollziehen. Während meines Aufenthalts in Teheran hatte ich mich eingehend mit dem Islam beschäftigt. In meinem Fall war das aus Berechnung geschehen, denn ich wollte das Vertrauen Moodys und seiner Familie gewinnen. Wenn sie erst glaubten, ich hätte mich mit meinem Leben im Iran abgefunden, dachte ich, würden sie mir mehr Bewegungsfreiheit lassen – die Voraussetzung für jeden Fluchtplan. Als Moody mir Mahtab wegnahm, hatte ich das Bedürfnis zu beten, zu Gott, zu Jesus, zu Allah, zu jeder nur erdenklichen Quelle der Hilfe und des Beistands, wo immer sie auch sein mochte. Ich durfte keine Möglichkeit ausschließen.

Je besser ich Christy kennenlernte, desto mehr mochte ich sie. In einigen mir bekannten Fällen war ich nicht sicher, ob der zurückgelassene Elternteil das entführte Kind tatsächlich besser betreuen konnte. Die elterliche Entführung ist immer eine schmerzliche Sache und muß grundsätzlich verhindert werden, aber es gab Beispiele, wo ich mich fragte, ob die Alternative wirklich viel besser war. In Christys Fall hatte ich keine solchen Bedenken. Ihr Fall weckte sofort mein Interesse. Zum einen war Christy außerordentlich sympathisch, warmherzig, aufrichtig und ein mütterlicher Typ. Zum anderen machte der Tod von Christys Mann deutlich, in welch furchtbare Lage zurückbleibende Ehepartner und ihre Kinder geraten können. Ich erinnerte mich, wie ich Moody im Iran einmal den Tod gewünscht, wie ich mir sogar vorgestellt hatte, ihn im dichten Verkehr Teherans vor ein Auto zu stoßen. Wie andere in meiner Situation hatte ich angenommen, daß Mahtab und ich dann nach Hause fahren könnten, daß mit Moodys Tod unsere Gefangenschaft ein Ende haben werde.

Aber da irrte ich mich. Zu meinem Entsetzen mußte ich erfahren, daß meine Tochter und ich nach Moodys Tod Eigentum seiner Familie gewesen wären! Vielleicht hätten mir seine Verwandten erlaubt, das Land zu verlassen, oder, noch schlimmer, sie hätten darauf bestanden, daß ich ging, aber ich war überzeugt, daß sie Mahtab nie hätten ausreisen lassen. Sie hätten sie dabehalten, sei es aus Stolz oder aus Bosheit, oder weil sie überzeugt waren, daß das Leben im Iran besser sei als das im verhaßten Amerika.

Ich war immer wieder beeindruckt von Christys Einsatz für die Kinder und der Tiefe ihres Gefühls. Sie versicherte sich nicht nur der Hilfe der Religion, sondern bat alle ihre Bekannten, an die pakistanische Botschaft in Washington zu schreiben. Noch ehe sie alle erreicht hatte, wurde die Botschaft mit Hunderten von Briefen und Bittschriften überschwemmt. Die dortigen Beamten teilten ihr zwar mit, über ihren Sorgerechtsfall könne nicht außerhalb Peshawars verhandelt werden, erklärten sich aber bereit, den Richter davon in Kenntnis zu setzen, daß sie seine Entscheidung überprüfen würden – eine Überprüfung von nicht geringer Bedeutung.

Knapp drei Wochen nach Beginn der Operation »Desert Storm« erhielt Christy von ihrem Anwalt die Mitteilung, ihr Fall sei auf die Prozeßliste gesetzt worden und werde in Kürze verhandelt. Ihre Anwesenheit sei zwar nicht erforderlich, aber sie würde die Entscheidung des Richters vermutlich beeinflussen. Die Zeit war gekommen. Christy war entschlossen, nach Pakistan zu fliegen. Und um ihre redlichen Absichten unter Beweis zu stellen, wollte sie allein reisen.

Ihre Entscheidung führte zu einer Reihe hektischer Telefonate zwischen Christys Wohnung, Senator Riegles Büro, dem Außenministerium und meinem Büro. Sally Light, die sich im Auftrag des Außenministeriums um Sorgerechtsfälle amerikanischer Staatsbürger in Übersee kümmerte, war angesichts der Flut antiamerikanischer Demonstrationen in Pakistan aufrichtig um Christys Sicherheit besorgt. Sally glaubte nicht, daß Christy eine echte Chance hatte, ihre Kinder heimzuholen; in ihren Augen ging Christy umsonst ein großes Risiko ein.

Ich sagte Sally, daß ich ihrer Meinung sei und daß ich mir auch um Chris Korest Sorgen mache. Chris hatte sich über ihre beruflichen Pflichten hinaus emotional für Christys Fall engagiert. Sie war überzeugt, daß Christy ihre Kinder wieder nach Hause holen könne. Ich hatte Angst, Chris könnte den Rückschlag, mit dem sicher zu rechnen war, nicht verkraften und sich derart entmutigen lassen, daß ihre gute Arbeit darunter litt.

Chris selbst hatte bezüglich der Reise nach Pakistan Bedenken. Einmal rief sie Christy an und sagte weinend: »Ich habe Angst, daß man dich umbringt.«

Am 9. Februar 1991 versuchte Sally Light eine Stunde vor Christys Abfahrt zum Flughafen ein letztes Mal telefonisch, sie aufzuhalten. »Bleib hier«, bat sie. »Ich glaube nicht, daß du dir das gut überlegt hast. Du mußt begreifen, daß du und deine Kinder unseren Leuten drüben nicht so wichtig seid. Schließlich haben wir jetzt *Krieg!«*

»Das ist mir egal«, sagte Christy. »Ich fliege trotzdem.« Sie legte den Hörer auf und brach in Tränen aus. Dann ließ sie sich zum Flughafen fahren.

Es war bereits ihre fünfte Reise nach Pakistan in gut zwei Jahren, aber diesmal war alles anders: Christy war frei. Sie genoß es, sich in einem Hotel in Peshawar anzumelden und kommen und gehen zu können, wann sie wollte, obwohl keiner ihrer Schritte unbeobachtet blieb. Bald war offensichtlich, daß Christy von zwei Männern überwacht wurde – von pakistanischen Geheimagenten, die ihr auf Bitten Senator Riegles vom pakistanischen Botschafter als Leibwächter zugeteilt worden waren.

Selbst ein Gespräch im amerikanischen Konsulat konnte ihren Optimismus nicht dämpfen. »Aha«, sagte ein Angestellter des Konsulats, »Sie sind also Christy Khan! Sie haben für mehr Post gesorgt als irgend jemand sonst, an den ich mich erinnern kann. Aber ich glaube immer noch nicht, daß dies der richtige Zeitpunkt ist, die Kinder zu holen. Sie sollten wieder nach Hause zurückkehren.«

Nasir zufolge waren die vorausgegangenen Verhandlungen vor Gericht zufriedenstellend verlaufen. Christys angeheiratete Verwandte hatten endlich eingesehen, daß Christys Vater keine Schuld an Riaz' Tod trug, und angedeutet, daß sie sich gütlich einigen wollten.

»Ich will keine außergerichtliche Regelung«, erklärte Christy. »Ich will meine Kinder und sonst nichts.«

Ein paar Tage später erschien Christy das erste Mal vor dem Zivilgericht in Peshawar. Der Gerichtssaal war so groß wie eine Doppelgarage, mit einem Zementfußboden und einer hohen Decke. An der Stirnseite saß der Richter hinter einer grob geschreinerten Bank, die Mandanten und ihre Anwälte hatten an zwei kleinen Tischen gegenüber der Richterbank Platz genommen. Im restlichen Teil des Raumes drängten sich Dutzende von schwatzenden Schaulustigen und Flüchtlingen.

Das Verfahren verlief formlos; die Verhandlung begann, sobald beide Parteien anwesend waren. Während Christy und Nasir auf Riaz' Verwandte warteten, gab ihr der Anwalt ein paar taktische Hinweise: »Egal was passiert, weinen Sie nicht. Weinen ist ein Zeichen von Schwäche. Blicken Sie dem Richter nicht in die Augen, das wäre zu provozierend. Er ist bereits eingeschüchtert, weil Sie Amerikanerin sind, und er will nicht, daß Sie glauben, Sie könnten sich alles erlauben.« Christy entschloß sich zu dem gleichen Auftreten, mit dem sie Riaz' Familie in Schach gehalten hatte – respektvoll, aber nicht unterwürfig.

Angesichts einer Raumtemperatur von 27 Grad und dem Gedränge um sie herum war Christy unter dem obligatorischen Pullover und dem Tschador völlig naß geschwitzt. Sie hielt angestrengt Ausschau nach John und Adam und war bitter enttäuscht, als ihre Schwiegereltern den Gerichtssaal ohne die beiden Jungen betraten. Da Christy nicht mehr in das Dorf zurückkonnte, war dies ihre einzige Chance, die Kinder zu sehen. Der Richter vertagte die Verhandlung um eine Woche und wies die Familie an, die Jungen das nächste Mal mitzubringen.

Fiaz war wütend. »Glaub nicht, daß du eine Chance hast«, fauchte er Christy außerhalb des Gerichtssaals an. »Ich könnte dafür sorgen, daß es so aussieht, als seist du einfach verschwunden.«

Im Hotel rief Christy ihre Mutter an. »Ich habe solche Angst«, sagte sie. Lediglich das wachsende Vertrauen zu ihrem Anwalt, den sie anhand einer Liste des amerikanischen Konsulats ausgewählt hatte, ohne ihn zu kennen, machte ihr Mut. »Immer wieder erwies er sich als überaus rechtschaffener und aufrichtiger Mann, als Mann von unglaublicher Integrität«, erinnerte sie sich. »Ich glaube, der Segen Gottes ruhte auf mir. Ich hatte dauernd Glück, offenbar hatte Gott mir ein ganzes Heer von Engeln geschickt.«

Bei der zweiten Verhandlung zehn Tage nach ihrer Ankunft in Pakistan sah Christy ihre Söhne endlich wieder. Als sie zusammen mit dem Anwalt der Familie den Gerichtssaal betraten, freute Christy sich darüber, wie gut sie aussahen, und war erstaunt, wie groß sie geworden waren. Sie sehnte sich danach, die beiden in die Arme zu schließen. Obwohl sie sich bemühte, Haltung zu bewahren, kam ein lauter Seufzer über ihre Lippen, und das Gemurmel im Gerichtssaal verstummte. Christy versuchte, die aufsteigenden Tränen hinter ihrem Tschador zu verbergen. Ich darf nicht weinen, sagte sie sich, und dann sah sie zum Richter hinüber. Sein Blick verriet aufrichtiges Mitgefühl.

Auf Nasirs Bitte hin unterbrach der Richter die Verhandlung, damit Christy und die Jungen sich in seinem Amtszimmer begrüßen konnten. Christys Schwiegervater begleitete die Kinder und tat sein Bestes, um einen guten Eindruck zu machen. »Ich möchte mich dir anschließen – du bist meine Tochter«, sagte er. Christy beachtete ihn nicht. Ihre ganze Aufmerksamkeit konzentrierte sich auf die beiden kleinen Jungen, die sie seit fünf Monaten nicht gesehen hatte. John lief ihr gleich in die Arme, aber Adam hielt sich zurück. *Er will nicht zu mir*, dachte Christy besorgt. *Er will mich nicht.* Sie setzte John hin und gab ihm ein kleines Spielzeug, das sie ihm mitgebracht hatte. Dann hielt sie auch Adam ein Spielzeug hin und betete, er möge reagieren. »Ich sah Adam an, und Adam sah das Spielzeug an«, erzählte

Christy, »und dann streckte er einfach die Hände nach mir aus. Ich wollte ihm das Spielzeug geben, aber er stieß es weg. Von dem Moment an wollte er meinen Schoß gar nicht mehr verlassen.« Als es Zeit war zu gehen, mußte Christys Schwiegervater Adam regelrecht fortzerren.

Alles schien glatt über die Bühne zu gehen, aber dann trat erneut eine Krise ein. Anfang März zog sich Adam eine Hirnhautentzündung zu, eine infektiöse Erkrankung mit einer hohen Sterblichkeitsrate in Pakistan. Adam war von ihren drei Söhnen immer der kräftigste gewesen, aber jetzt erschien er Christy so wehrlos: mit Flecken übersät, einem krampfartigen Brechreiz ausgeliefert, der ganze Körper steif wie ein Brett.

Christy mußte sich um alles kümmern. Zuerst mußte sie dafür sorgen, daß Adam noch am Freitagabend im Krankenhaus aufgenommen wurde; die Ärzte dort haben an diesem Tag traditionsgemäß frei. Dann mußte sie ihm ein Einzelzimmer beschaffen, weit weg von den Typhus- und Tuberkulosekranken auf der allgemeinen Station. Und anschließend mußte sie noch das für die Behandlung entscheidende Penizillin auftreiben. Riaz' Cousine Shabina, die ihr mit Eric geholfen hatte und die mittlerweile Kinderärztin war, hatte ihre Zweifel, ob Adam durchkommen würde.

»Er wird leben«, erklärte Christy mit intuitiver Gewißheit. Sie wurde durch die Tatsache ermutigt, daß Adam bereitwillig Flüssigkeit zu sich nahm. Die Flüssigkeit würde dafür sorgen, daß die Infektion aus seinem Körper geschwemmt wurde. Aber da war noch etwas anderes – die Überzeugung, daß sie schon zu weit gekommen war und zu lange gekämpft hatte, um jetzt ihr Kind zu verlieren. Plötzlich fühlte sie die ganze Last der Elternschaft auf sich ruhen. »Wenn alles so extrem ist«, sagte sie zu mir, »wird man so stark und konzentriert sich so sehr auf das, was man tut, daß man seine Erschöpfung vergißt und überhaupt nichts mehr fühlt. Man tut nur, was man tun muß.«

Zwei Tage später war Adam über den Berg, und Christy verbrachte die letzten beiden Wochen in Pakistan an seinem Bett. Den Prozeß überließ sie Nasir. Er berichtete, die Familie gebe allmählich nach. Sie habe vorgeschlagen, Christy solle John mitnehmen und Adam dalassen, da er schon immer der Folgsamere gewesen sei. Dann kam Nasir mit seiner bislang besten Nachricht: Der Richter hatte ein Machtwort gesprochen. Er wollte der Familie keine weiteren Vertagungen zugestehen. »Das ist weder für die Kinder noch für die Mutter noch für die anderen Beteiligten gut«, hatte er erklärt.

Daraufhin hatte Fiaz die Beherrschung verloren. »Was soll das heißen, nicht gut für die Mutter?« fragte er wütend. »Die Mutter ist unwichtig!«

Der Richter musterte ihn ernst. »Wenn die Mutter unwichtig ist, was soll dann der Antrag, der hier vor mir auf dem Tisch liegt?« Fiaz hatte einen kolossalen Fehler begangen: Seine Familie hatte bisher argumentiert, Christys Söhne sollten zu ihrem eigenen Wohl und zum Wohl ihrer Großmutter väterlicherseits, die nach dem Verlust *ihres* Sohnes Trost brauche, in Pakistan bleiben. Das war von Anfang an ein fadenscheiniges Argument gewesen, aber jetzt lag es in seiner ganzen Scheinheiligkeit offen.

Als Riaz' Verwandte sahen, daß sie verloren hatten und daß der Richter offenbar entschlossen war, Christy die Kinder zu überlassen, bemühten sie sich, die bestmöglichen Übergabebedingungen auszuhandeln. Die Anwälte arbeiteten mit Zustimmung des Gerichts eine Vereinbarung mit mehreren Bedingungen aus – darunter die, daß Christy, unter Androhung des Verlusts des Sorgerechts, nicht wieder heiraten durfte. Die Schlacht war geschlagen.

Christy und die Jungen quetschten sich auf den Rücksitz von Fiaz' Wagen, um sich zum Flughafen von Peshawar bringen zu lassen. Als Christys Schwager mürrisch den Motor anließ, sah ein vertrautes Gesicht durch das offene hintere Fenster. »Christy, du warst immer eine meiner Lieblingsnichten!« rief Onkel Hyatt, als der Wagen anfuhr. »Ich bin froh, daß alles ein gutes Ende genommen hat!«

Fünf Jahre zuvor waren Mahtab und ich auf dem Metropolitan Airport von Detroit dieselbe Gangway heruntergekommen – die Gangway in die Freiheit! Am 26. März 1991 stiegen Christy, Johnathan und Adam aus dem Flugzeug, und John sah Eric nach zwei Jahren zum erstenmal. Er hatte das Bedürfnis, sich ordnungsgemäß vorzustellen. »Hallo, ich bin Johnny, dein großer Bruder«, sagte er mit dem feierlichen Ernst eines Vierjährigen. »Ich passe ab jetzt auf dich auf.« Endlich, dachte Christy, können sie alle aufeinander aufpassen.

Da sie über kein Einkommen und keine Ersparnisse verfügte, war sie zu ihren Eltern in einen überwiegend von Arbeitern bewohnten Vorort von Detroit gezogen, in dasselbe bescheidene Haus mit drei Schlafzimmern, in dem sie aufgewachsen war. Trotz der beengten Verhältnisse wird die Familie getragen von Liebe und gegenseitiger Dankbarkeit; nach der gemeinsam durchlebten Krise sind die Bande noch stärker geworden.

Obwohl John und Adam vier Monate nach ihrer Rückkehr immer noch labil waren, hatten sie bereits große Fortschritte gemacht. John wachte nachts nicht mehr keuchend und schweißgebadet auf, um Christy zu bitten, ihn nicht zu verlassen, und er träumte nicht mehr von Männern mit Gewehren. Adam verlangte nicht mehr nach seiner Flasche und machte nicht mehr ins Bett. Beide konnten jetzt zu Bett gehen, ohne daß sie ihre Spielsachen umklammern und Angst haben mußten, ihre Besitztümer und ihr neues, glücklicheres Leben könnten sich am nächsten Morgen in Luft auflösen.

Da John zum Zeitpunkt der Entführung schon älter gewesen war, hatte sich der sensible, aufgeweckte und intelligente Junge einigermaßen an das Leben in Peshawar anpassen können. Adam dagegen wurde in der neuen Umgebung ein ganz anderes Kind, »eine hysterische, völlig neue Persönlichkeit«, wie es Christy ausdrückte. Nach dem physischen und emotionalen Chaos des gespaltenen Familienlebens in Pakistan »kann er keine Unordnung mehr ertragen. Wenn seine Hände schmutzig sind, muß er sie waschen. Wenn er sieht, daß Eric eine Haarbürste aus dem Badezimmer holt, verfolgt er ihn durchs ganze Haus, bis er sie wieder in den Schrank gelegt hat, wo sie hingehört. Oder er sitzt im Badezimmer, sieht sich um und sagt: ›Sauber, sauber, sauber!‹«

Fast jede Nacht fragte Adam seine Mutter kurz vor dem Einschlafen: »Du gehst doch nicht weg?«

»Nein, natürlich nicht«, antwortete Christy jedesmal.

»Ja«, sagte Adam mit seinem pakistanischen Akzent, »wir sind zusammen!«

Bei drei Jungen unter fünf Jahren waren kleine Konflikte unausweichlich, und Christy nahm sie in Kauf. Zwischen John und Adam konnte die geschwisterliche Rivalität recht heftig sein – ein Überbleibsel, meinte Christy, aus der Zeit, als Riaz und seine Familie die beiden gegeneinander ausspielten. Adams Eifersucht auf Eric, schließlich hatte ihm dieses Baby ständig die Mutter weggenommen, äußerte sich gelegentlich auf physische Art. Mutter zu sein war für Christy mehr als ein Ganztagsjob. Zur Förderung von Eintracht und Ordnung bemühte sie sich um eine tägliche Routine: »Feste Schlafenszeiten, feste Aufstehzeiten, regelmäßige Badetage. In diesem Haus gibt es Regeln. Mein Mann war furchtbar verwöhnt, und ich will nicht, daß meine Kinder meinen, sie könnten tun und lassen, was sie wollen.«

Wie sich zeigte, erleichterte ihr ausgerechnet *der* Sohn die Last, bei dem man eigentlich geglaubt hätte, daß er sie am meisten in Anspruch nehmen würde. »Mongoloide Kinder sind wie ein Geschenk der Liebe, und Eric ist voller Liebe«, sagte Christy. »Er hat eine einfache Herzensgüte, die ich nicht beschreiben kann. Er ist der flexibelste von den dreien und überhaupt nicht eifersüchtig.«

Eine von Erics künstlichen Herzklappen war undicht, und die Ärzte sagten voraus, daß in ein oder zwei Jahren eine weitere Operation notwendig werden würde. Unterdessen nahm er zwei harntreibende Medikamente und Herzmittel ein; vergaß er sie einmal, fühlte er sich schwach und erschöpft. Seine Aktivitäten mußte er jedoch nicht einschränken, und er balgte sich gern mit seinen Brüdern.

Eric litt auch am wenigsten darunter, wenn Christy allein ausging, um Besorgungen zu machen, was sie erst Mitte Juni tat, zwei Monate nach ihrer Rückkehr. John und Adam dagegen hatten dann immer gleich große Angst, auch wenn sie nur kurz fort war. Im Laufe der Zeit gewöhnten freilich auch sie sich daran. Als eine Schwägerin Babysitter spielte, damit Christy im

Juli abends zu einer Hochzeitsfeier gehen konnte, nahmen die Jungen es gelassen hin.

In Wahrheit waren die Trennungen wohl für Christy am schwersten. Sie hatte einen natürlichen Beschützerinstinkt, und jetzt mußte sie fürchten, daß Riaz' Familie die nur widerwillig getroffene Vereinbarung nicht einhielt und versuchte, ihr die Jungen wieder wegzunehmen. »Das ist irgendwie traurig, weil ich meine Kinder über alles liebe und ihre Kindheit so genieße – sie sind einfach zum Schießen. Trotzdem werde ich froh sein, wenn sie erst einmal Teenager sind. Erst wenn sie auf sich selbst aufpassen können, werde ich Ruhe finden und das Zusammensein mit ihnen am meisten genießen können. Jetzt sind sie noch so hilflos. Ich weiß, die Kinder spüren, was ich fühle, sosehr ich mich auch bemühe, es vor ihnen zu verbergen. Manchmal, wenn ich aus dem Fenster schaue und über diese Probleme nachgrüble, ohne daran zu denken, daß man mir das ansieht, fragt mich John: ›Was ist los, Mommy?‹«

Monate nach ihrem Erfolg vor Gericht war es Christy immer noch nicht gelungen, sich mit der Kultur ihres verstorbenen Mannes auszusöhnen. In den bequemen pakistanischen Blusen und Hosen, die sie aus Peshawar mitgebracht hatte, fühlte sie sich nach wie vor unwohl. Sie wußte zwar, daß sie den Jungen von der Kultur ihres Vaters erzählen mußte, vor allem, wenn sie älter waren, aber gleichzeitig gestand sie sich ein, daß ihr das nicht leicht fallen würde.

Vorerst zumindest wollten die Jungen gar nichts davon wissen. John, der fließend Urdu sprach, weigerte sich, auch nur ein Wort dieser Sprache in den Mund zu nehmen. Die Erinnerung an die Zeichentrickversion von *Charlotte's Web*, das einzige Videoband, das ihm in den zwei Jahren in Pakistan zugänglich gewesen war, hatte er völlig verdrängt – eine seltsame Vergeßlichkeit bei einem Kind, das Riaz' fotografisches Gedächtnis geerbt hatte.

Weder John noch Adam zeigten großes Interesse an ihrem Vater. Das Thema wurde nur selten angeschnitten, es sei denn, John sah auf einem Ausflug ein spazierengehendes Ehepaar.

Dann wußte er, daß ihm etwas fehlte. »Keine Angst, Mommy«, sagte er. »Der liebe Gott gibt uns einen neuen Daddy.«

Christy beschäftigte sich in Gedanken immer noch mit dem Vater der Kinder – vor allem mit der Frage, wie und warum er gestorben war. Die Kriminalbeamten glaubten nicht, daß sie in Gefahr sei. »Seien Sie ganz ruhig«, meinten sie. Wer auch immer hinter Riaz her gewesen war, hatte offenbar gefunden, wonach er suchte.

Der Mord blieb freilich nach wie vor unaufgeklärt. Christy wußte, daß die Polizei zu ihrem Schutz absichtlich Informationen zurückhielt. Sie war verbittert darüber, daß Riaz im Tod für sie ebenso unerreichbar war wie im Leben und daß sie so wenig von dem Mann wußte, mit dem sie fast fünf Jahre zusammengelebt hatte.

Von den Kriminalbeamten erfuhr Christy nur, daß Riaz »allen und jedem« Geld geschuldet hatte und daß er in einem Park auf halbem Weg zwischen Chicago und Detroit erschossen worden war. Der Park war ein bekannter Treffpunkt für Drogenschmuggler und andere Kriminelle.

Christy hörte zu ihrer Überraschung, daß man in Riaz' Blut keinen Alkohol gefunden hatte. Das schien merkwürdig bei einem Mann, der fast schon Alkoholiker war und seiner Leidenschaft vor allem auf Flügen frönte. »Wenn jemand einen Deal vorhat«, sagte ein Kriminalbeamter, »bleibt er häufig nüchtern.«

Hatte Riaz mit Drogen zu tun? Christy wußte, daß Peshawar ein Umschlagplatz für Opium aus Afghanistan war, und sie hatte Gerüchte gehört, nach denen sich die Drogenbehörde in den Fall eingeschaltet hatte. Aber niemand bestätigte diese Gerüchte.

Christy war überzeugt, daß Riaz' Verwandte die wahre Geschichte kannten, und sie ärgerte sich, daß sie schwiegen, um ihren Ruf nicht zu gefährden. Trotz wiederholter Nachfrage seitens der amerikanischen Polizei lehnten sie es ab, Riaz' Telefonnotizen aus den Wochen vor seiner letzten Reise herauszugeben. Christy war sicher, daß diese Aufzeichnungen zur Aufklärung des Verbrechens hätten beitragen können. Obwohl sie damals nur Bruchstücke von Riaz' nervösen Telefongesprächen mitbekam, hatte sie gehört, wie er mehrmals den afghanischen Widerstand erwähnte. Bestand hier ein Zusammenhang?

Immer wieder dachte sie an Riaz' Worte kurz vor seiner Abreise aus Pakistan: *Laß mich in Ruhe, Christy. Ich habe Probleme, die dich nichts angehen.* Riaz hatte überall Feinde, und jeder dieser Feinde hätte seinem Leben mit Vergnügen ein Ende gesetzt.

Im Herbst 1991 machte Christy einen Schritt nach vorn. Sie besuchte Kurse, um geprüfte Protokollführerin bei Gericht zu werden. In drei Jahren, wenn alle drei Kinder zur Schule gehen würden, wollte sie wieder arbeiten. Sie konnte die Vergangenheit nicht auslöschen, und sie wollte es auch nicht. In Pakistan hatte sie keine Zeit und keine emotionalen Reserven gehabt, um Riaz zu betrauern – weder bei seiner Beerdigung noch an seinem Grab. Dem Grabstein zufolge war Riaz 35, als er starb – fünf Jahre älter als in Wirklichkeit, so wie der Verstorbene es gewollt hätte. Einige Monate nach dem Mord nahm Christy in Michigan an einem Gedenkgottesdienst für Riaz teil. Es war Zeit, mit der Trauer zu beginnen.

»Meine Freunde sagen: ›Trauere ihm nicht nach, er ist da, wo er hingehört‹«, sagte Christy. »Aber immerhin war er mein Mann. Ich habe ihn einmal geliebt, und zusammen hatten wir Kinder. Er war kein Ungeheuer, sondern immer noch ein Mensch. Ein solches Ende hätte ich ihm nicht gewünscht. Ich war wütend auf ihn, aber in gewisser Weise rettete mich mein Glaube. In Pakistan erkannte ich, daß es in der Persönlichkeit meines Mannes eine Seite gab, die ich nicht einmal ansatzweise verstand. Aber ich denke, Gott kennt uns besser, und ich glaube von ganzem Herzen daran, daß Gott gnädig ist. Ich hoffe nur, daß Riaz seinen Frieden gefunden hat, weil er im Leben überhaupt keinen inneren Frieden kannte.«

Christy war jetzt zwar zu Hause, aber sie kam noch nicht zur Ruhe. So wie mich ein Bericht über Moodys letzte Schritte aus der Fassung bringen konnte, setzte Christy die Frage zu, wann ihre Schwiegereltern versuchen würden, sich das zu holen, was sie vor Gericht verloren hatten: ihre Söhne.

Aber trotz all ihrer Sorgen gehört Christy zu den Glücklichen. Die weitaus meisten zurückgelassenen Eltern, die im Ausland vor Gericht gehen, stoßen nur auf Hindernisse. Ihre Niederlage verfolgt sie, und sie verzweifeln an der Zukunft. Es sind Menschen wie Ramez Shteih, ein gebürtiger Libanese aus New Jersey, dessen drei Töchter 1986 von der Mutter nach Südafrika gebracht wurden. In solchen Schicksalen werden meine schlimmsten Alpträume Tag für Tag Wirklichkeit.

5

Außer Reichweite

Nachdem Ramez Shteih von Beirut nach New York umgezogen war, um in der Buchhaltung der Pan American Airlines zu arbeiten, wurde er amerikanischer Staatsbürger. Zu seinen Vergünstigungen im Dienst der Fluglinie gehörten Flüge zum Nulltarif fast überallhin, ideal für einen Mann mit Fernweh. Ein solcher Urlaubsflug führte Ramez 1977 nach Südschottland. Im blühenden Hochland hielt er an einem Restaurant an der Straße an, um zu Mittag zu essen. Eine Kellnerin erregte seine Aufmerksamkeit, und die Romanze seines Lebens begann. Muriel Dunlop wurde tags darauf 19, Ramez war 38, aber trotzdem verstanden die beiden sich von Anfang an. Sie tauschten ihre Adressen aus und schrieben sich innige Briefe. Als Ramez sechs Monate später wieder zu Besuch kam, turtelten sie wie ein seit langem verliebtes Paar.

»Meiner Meinung nach darf man einen Menschen nicht nach seinem Alter beurteilen«, sagte Ramez. »Wie waren uns sehr nahe und verstanden uns auch ohne Worte, als könnten wir gegenseitig unsere Gedanken lesen. Wir brauchten einander nichts zu erklären. Was wir auch anpackten, es gelang.«

Sie gönnten sich ganz einfache Vergnügungen: Picknicks auf dem Land oder am Strand, abendliche Streifzüge, auf denen sie Eis kauften, Besuche bei Muriels Freunden. Ramez lernte Muriels Eltern kennen und wurde gleich freundlich aufgenommen. David Dunlop war Werkzeugmacher, seine Frau Isobell arbeitete als Empfangsdame in einem Hotel. Sie waren offenbar ganz vernünftige Leute, die weder aufgrund des Altersunterschieds noch aufgrund der verschiedenen Nationalität oder der religiösen Unterschiede zwischen Muriel und ihrem Verlobten Bedenken hatten. Ramez ging in eine griechisch-orthodoxe Kirche, während Muriel nichtpraktizierende Presbyterianerin war. Auch die Dunlops waren abenteuerlustig und reisten gern. Die meiste Zeit ihrer Kindheit und Jugend hatte Muriel in Rhodesien (Simbabwe) verbracht, wo ihre Eltern nach lukrativerer Arbeit gesucht hatten, ehe sie wegen des Unabhängigkeitskrieges im Jahre 1975 nach Schottland zurückkehren mußten.

Im Februar 1978 heirateten Ramez und Muriel in einer kleinen schottischen Kirche. Nachdem Muriel ihre Green Card bekommen hatte, nahmen sie sich eine Wohnung in Brooklyn; später zogen sie in das eher kleinbürgerliche New Jersey – ihrer Ansicht nach der geeignete Platz, um eine Familie zu gründen. Der jungen Braut, die kaum dem Teenageralter entwachsen war, fiel die Anpassung schwer. Sie konnte es kaum erwarten, schwanger zu werden, und sah sich gar nicht erst nach Arbeit um. In der neuen Umgebung fühlte sie sich allein, isoliert und fehl am Platz. Aber Muriel beklagte sich nicht oft. Sie war der Typ Frau, erklärte Ramez, der »alles in sich hineinfrißt und plötzlich explodiert wie ein Vulkan«. Er hoffte, ihre Unzufriedenheit werde vorübergehen.

Im Februar 1979 flog Muriel in Erwartung der Geburt ihres ersten Kindes nach Schottland. Victoria wurde im April geboren, und Muriel blieb noch weitere drei Monate dort. Ramez konnte sie nur hin und wieder am Wochenende besuchen.

Sechs Monate nach der Geburt der zweiten Tochter Maya kam Isobell aus Simbabwe zu Besuch nach New Jersey. Die Dunlops hatten sich wieder in Afrika niedergelassen; sie wollten in der Nähe ihrer beiden jüngeren Söhne sein, die dort Arbeit suchten.

Bereits am zweiten Tag ihres Aufenthalts erkundigte sich Isobell bei Ramez, wo er die Pässe seiner Töchter aufbewahre. Als sie hörte, daß die Pässe sich in einem Banktresor befänden, schien sie verstimmt darüber.

Tags darauf bestellte Isobell Ramez in ihr Zimmer, um unter vier Augen mit ihm zu sprechen. Sie kam gleich zur Sache: »Ich will, daß meine Tochter und meine Enkelinnen mich nach Simbabwe begleiten und dort die Familie besuchen.«

Erstaunt und verärgert über Isobells mit solcher Bestimmtheit geäußerten Wunsch, erklärte Ramez: »Darüber muß ich erst mit meiner Frau sprechen.«

»Ach, deine Frau hat ihren eigenen Kopf«, entgegnete Isobell gelassen, als sei die Sache bereits entschieden. Sie wurde nie laut; sie wußte, daß das nicht notwendig war.

Ramez bestand jedoch darauf, mit Muriel zu reden. Zu seinem Kummer mußte er feststellen, daß seine Frau auf einmal nicht mehr mit ihm sprach. Wenn Ramez ein Zimmer betrat, gingen Muriel und ihre Mutter hinaus. Nachts im Bett drehte sie ihm den Rücken zu und war stumm wie ein Stein. Noch vier Tage zuvor hatte Muriel Ramez dreimal am Tag an seinem Arbeitsplatz angerufen, um ihm ihre Liebe zu gestehen und sich ganz offen noch ein Baby zu wünschen. Jetzt beschränkte sich ihre Kommunikation auf banale Fragen wie die, wer zum Supermarkt fahren solle.

»Was ist denn los?« wollte Ramez immer wieder wissen.

»Wenn du es nicht merkst, warum soll ich es dir dann sagen?« antwortete Muriel. Solange ihre Mutter zu Besuch war, blieb sie ihm gegenüber schweigsam.

»Sie hielt sonst immer zu mir, wie ich zu ihr«, sagte Ramez. »Es gab nie Streit. Aber sobald sie mit ihrer Mutter zusammen ist, verändert sie sich total. Sie verliert völlig die Kontrolle. Mein Schwiegervater ist ein Schwächling – das Sprachrohr seiner Frau. Er hat nichts zu sagen. So, wie meine Schwiegermutter ihren Mann beherrscht, will sie auch ihre Tochter und unsere Familie beherrschen. Und wenn sie das nicht kann, will sie alles zerstören.«

Ramez beschrieb Muriel als eine Art Besessene. Sonst tat sie frische Milch in ihren Kaffee, jetzt nahm sie Milchpulver wie Isobell. Bisher hatte sie immer Merit-Filter-Zigaretten geraucht, jetzt wechselte sie zu Marlboro, der Marke ihrer Mutter. Am schlimmsten war freilich die Veränderung in Muriels Gesicht. Sonst locker und entspannt, war ihr Blick jetzt verkrampft, und der Mund verzog sich oft zu einem höhnischen, verächtlichen Grinsen. »Ich habe noch bei keinem Menschen einen solchen Haß erlebt«, sagte Ramez. Als er die Visitenkarte eines Scheidungsanwalts in der Tasche von Muriels Bademantel fand, wußte er, daß sein Leben allmählich aus den Fugen geriet.

Die Tage waren qualvoll, die Nächte unheimlich. Oft sah er,

wie Isobell durch das Haus geisterte, Kaffee in sich hineinschüttete und eine Zigarette nach der anderen rauchte. Isobell beharrte mit immer größerem Nachdruck auf Muriels Reise nach Afrika. »Deine Frau liebt dich nicht«, erklärte sie Ramez. »Ich werde mit ihr und den Kindern nach Simbabwe fliegen, und wenn sie dort zu der Überzeugung kommt, daß sie dich doch liebt, kehrt sie zu dir zurück.«

Aber Ramez weigerte sich, die Pässe herauszugeben. Zwei Monate nach ihrer Ankunft im Oktober räumte Isobell schließlich das Feld und reiste ab. »Es war, als schalte man das Licht an und aus«, erzählte der geplagte Schwiegersohn. Muriel war plötzlich wieder ganz die alte, als sei sie aus einem Traum erwacht.

Sieben Monate später, im Juni 1982, folgte ein zweiter Schock. Isobell hatte Muriel ohne Ramez' Wissen hartnäckig mit Briefen traktiert und ihr einen Scheck über 500 Dollar für einen Anwalt beigelegt. Eines Samstags erklärte Muriel ihrem Mann aus heiterem Himmel: »Mach dich auf was gefaßt.«

»Was meinst du?« fragte Ramez.

»Ich lasse mich von dir scheiden«, sagte Muriel eisig. Sie wollte ihre Gründe nicht nennen, und Ramez ertrug zwei weitere Monate tödlichen Schweigens.

Die Wahrheit erfuhr er eines Abends, als Muriel einen Anruf von einer Freundin erhielt. Nachdem Ramez der Freundin mitgeteilt hatte, seine Frau sei bereits zu Bett gegangen, beschloß diese, ihm reinen Wein einzuschenken. »Hinter deinem Rücken passiert so einiges«, sagte sie. »Deine Schwiegermutter hetzt deine Frau gegen dich auf.«

Diese Neuigkeit kam für Ramez nicht völlig überraschend, aber sie bestärkte ihn in seiner Überzeugung, daß Muriel das hilflose Opfer einer weitaus stärkeren Persönlichkeit war. Am nächsten Morgen sagte Ramez seiner Frau nichts von dem Anruf. Er gab ihr lediglich zu verstehen, er begreife, was hier vor sich gehe – daß manche Menschen nur durch das Leid anderer glücklich werden könnten.

»Es war, als hätte ich ein Zauberwort gesprochen«, erzählte Ramez. »Meine Frau umarmte und küßte mich und sagte: ›Ich liebe dich.‹ Sie rief mich drei- oder viermal im Büro an, und als ich abends nach Hause kam, sagte sie: ›Ich habe dich vermißt. Ich werde nicht zulassen, daß meine Mutter mich noch länger beherrscht.‹«

Vier friedliche Jahre lang stand Muriel zu ihrem Wort. Isobell schrieb weiter Briefe – und Ramez ärgerte sich darüber, daß die Briefe nur an Muriel und die Mädchen gerichtet waren –, aber Muriel ließ sich nicht davon beeindrucken. Sie ignorierte die Bitte ihrer Mutter, nach Simbabwe zu kommen, und fertigte sie am Telefon kurz und bündig ab: »Ich will nicht, daß du meine Ehe zerstörst.« In einem Brief an ihren Mann schrieb sie damals: »Glaube mir, ich liebe niemanden mehr als dich. Selbst meine Eltern kommen jetzt erst an zweiter Stelle.«

Im Dezember 1983 wurde ihre dritte Tochter Monica geboren. Obwohl im Haus jetzt Frieden herrschte, konnte Muriel sich nicht an das Leben in den Staaten gewöhnen. Jedes Jahr machten sie und die Mädchen zwei bis drei Monate lange Besuche bei Ramez' Familie im Libanon. Im September 1984 reisten sie für ein ganzes Jahr in den Libanon, und Vicky besuchte dort eine britische Schule. Ramez konnte sie immer nur kurz besuchen. Die Trennung war schwer für ihn, aber er wußte, daß Isobell nur in Schach gehalten werden konnte, wenn Muriel zufrieden war.

»Ich weiß nicht, warum«, schrieb Muriel ihrem Mann aus Beirut, »aber hier finde ich eine gewisse innere Ruhe. Ich bin immer fröhlich und lache. Und wenn ich einmal deprimiert bin, dann gehe ich zu Leila [Ramez' Schwester] oder Nohad [die Frau eines Arztes aus der Nachbarschaft], und alles, was mir zuvor wichtig erschien, ist bald vergessen.« Immer wieder drängte sie Ramez, für immer in den Libanon zu kommen und einen Job bei Middle East Airlines anzunehmen oder ins Import-Export-Geschäft einzusteigen. Ramez erklärte, er würde im Libanon nicht genug verdienen, und der endlose Krieg, dem 150000 Menschen oder fast drei Prozent der Bevölkerung zum Opfer gefallen waren, mache das Leben dort zu unsicher. Seine eigene Familie war bisher glücklicherweise verschont geblieben, aber die Gefahr war stets gegenwärtig.

Im Jahre 1986 plante Muriel einen Besuch bei ihrer Familie in Simbabwe. Sie wollte mit ihren drei Töchtern vorausreisen; Ramez sollte zwei Wochen später nachkommen. Nach einer weiteren Woche würden sie dann gemeinsam nach Hause fliegen. Ramez war nicht ganz wohl bei dem Gedanken, aber es gab keinen vernünftigen Grund, sich der Reise zu widersetzen. Immerhin hatte seine Frau ihre Angehörigen fünf Jahre nicht gesehen, und sie vermißte sie.

Offenbar glaubte Muriel zu diesem Zeitpunkt nach wie vor an eine gemeinsame Zukunft. Auf dem Kalender in der Küche machte sie um den 3. September einen Kringel mit dem Vermerk »Schulbeginn«. Vicky kam im Herbst in die zweite Klasse, Maya in den Kindergarten und Monica in den Kinderhort. Da Muriel unbedingt einen Sohn haben wollte, hatte sie kürzlich ihren Arzt aufgesucht, um herauszufinden, warum sie seit Monicas Geburt nicht mehr schwanger wurde. Kurz vor ihrer Abreise bat sie eine Nachbarin: »Kümmern Sie sich um meinen Mann, solange ich weg bin.«

Am 12. August trafen Muriel und die Mädchen im öden Hügelland der Provinz Natal ein, rund 80 Kilometer landeinwärts von der Küstenstadt Durban. Ihre Eltern hatten dort von einem Mann, der tropische Pflanzen exportierte, einen Teil einer alten Farm gemietet. Das Haus war primitiv und abgelegen; weit und breit war kein anderes Gebäude zu sehen, abgesehen von den Unterkünften für die 30 schwarzen Arbeiter oberhalb des Farmhauses. Muriel aber glaubte, das Paradies entdeckt zu haben. »Ramez, du wirst es lieben, wenn du kommst«, schrieb sie fünf Tage später mit der ihr eigenen Leidenschaft. »Es erinnert mich so an Beirut und die Berge.«

Der Schluß des Briefes war für Ramez am schönsten: »Die Mädchen vermissen dich, und ich auch. Sie fragen mich immer, wann du kommst. Ich liebe dich!«

Ende August bestieg Ramez eine Maschine der South African Airlines und landete nach siebenstündigem Flug auf einer Wüsteninsel westlich von Marokko. Nach dreistündigem Aufenthalt flog er acht Stunden lang weiter nach Johannesburg; von dort nahm er einen Inlandflug, der ihn in einer Stunde nach

Durban brachte, wo ihn Muriels Bruder Gordon abholte. Ramez traf kurz nach Mitternacht im Haus der Dunlops ein. Ganz leise legte er sich zu Muriel und den Mädchen in das große Bett. Er war viel zu aufgeregt, um zu schlafen. Er lag noch stundenlang wach und hörte auf das leise Atmen seiner Töchter.

»Als sie am Morgen nacheinander aufwachten«, schrieb Ramez drei Jahre später in sein Tagebuch, »blieben sie zuerst ganz still liegen und überlegten, ob ich ein Traum oder Wirklichkeit sei, und sie sahen mich mit liebevollen, süßen und sehnsuchtsvollen Blicken an. Sobald sie merkten, daß ich kein Traum war, fielen sie voll überschäumender Freude über mich her: Sie waren glücklich, überglücklich. Wir freuten uns und lachten.«

Zumindest am ersten Tag war Isobell freundlich, und alles schien in Ordnung. Dann benahm sich Muriel mit einem Mal seltsam. Beim abendlichen Beisammensein mit der Familie rückte sie immer weiter von Ramez weg, oft ging sie sogar ins Nebenzimmer. »Sie bewegte sich wie in Trance – wie ein Zombie«, sagte Ramez.

Am 3. September, dem Tag vor ihrer geplanten Abreise, wurde Ramez das Gefühl nicht los, daß ihn noch eine schlechte Nachricht erwartete. Am Nachmittag bemerkte er in den Gesichtern einiger Freunde der Familie einen Ausdruck von Mitleid und Enttäuschung. Und er hörte die stets aufmerksame Victoria unschuldig sagen: »Mommy bekommt ein Auto und einen Job.« Sicher meint sie damit einen Bürojob in New Jersey, dachte Ramez. Er wagte nicht, seine Gedanken in eine andere Richtung zu lenken.

Am Abend zogen sich Muriels Eltern bereits um 20 Uhr in ihr Schlafzimmer zurück, was schon deshalb verdächtig war, weil sie sonst bis Mitternacht aufblieben.

»Es ist ja noch gar nichts gepackt«, sagte Ramez zu Muriel, als die Mädchen im Bett waren.

Sie setzte sich zu ihm auf das Sofa im Wohnzimmer und sah ihn mit prüfendem Blick an wie eine Fremde. »Ich will nicht zurück«, sagte sie. »Ich liebe dich nicht mehr.«

Ramez war wie vom Schlag getroffen. »Und die Kinder?«

fragte er. »Überlege doch, wie weh du ihnen damit tust – und mir auch.«

»Das ist dein Problem«, sagte Muriel automatisch, als habe sie ihre Worte einstudiert. »Sie bleiben bei mir.«

Ramez war wie gelähmt. Auch als seine Frau seine schlimmsten Befürchtungen bestätigte, wollte er die finstere Realität, die ihn immer auswegloser umgab, nicht wahrhaben. Muriel konnte das unmöglich ernst meinen. »Wir müssen dieses Problem zu Hause in den Vereinigten Staaten lösen«, erklärte er mit Nachdruck.

Aber Muriel war unzugänglich für Argumente – ebenso wie ihre Eltern, die Ramez' Aufforderung, sich an der Auseinandersetzung zu beteiligen, bereitwillig Folge leisteten. Isobell konnte ihre Schadenfreude nur schwer unterdrücken. »Deine Frau liebt dich nicht mehr«, sagte sie. »Warum sollte sie also bei dir bleiben?«

»Sie kann sich in New Jersey von mir scheiden lassen, wenn sie mich nicht mehr will, aber sie kann mir nicht die Kinder wegnehmen«, sagte Ramez beharrlich.

Isobell war unbeeindruckt, als sprächen sie und Muriel mit einer Stimme: »Warum sollte sie nach New Jersey zurückgehen und vor Gericht allein gegen dich antreten? Hier können wir ihr die Hilfe geben, die sie braucht.« Und dann fragte Isobell kalt: »Wie willst du den Kindern beibringen, daß du nicht mehr bei ihnen wohnen wirst?«

»Das könnte ich meinen Kindern nie sagen«, entgegnete Ramez.

»Aber es gibt doch viele Kinder, deren Vater stirbt, wenn sie noch ganz klein sind«, sagte Isobell. »Muriel hat ihr Leben vor sich – hier bei uns. Warum sollte sie mit dir zusammenleben, wenn sie dich nicht liebt? Nur wegen der Kinder? Den Kindern geht es hier besser als in einem Heim ohne Liebe.«

Sie diskutierten die ganze Nacht, ohne zu einer Lösung zu kommen. »Es sind sture Leute«, sagte Ramez. »Mit ihnen kommt man nicht weiter.« Als er nach den Pässen der Kinder fragte, lachte Muriel finster und sagte, sie habe sie versteckt. »Es war schlimmer, als ich dachte«, erzählte Ramez. »Meine

Frau wußte, wie schwer es für mich war, von den Kindern getrennt zu sein, und hat immer verhindert, daß etwas von draußen unser Familienleben störte. Ihre Persönlichkeit hatte sich verändert, sie war ein völlig anderer Mensch geworden.«

Am nächsten Morgen verschob Ramez seinen Flug und fuhr zum amerikanischen Konsulat in Durban. Die dortigen Beamten erklärten, zwar könnten sie hinsichtlich seines »familiären Problems« nichts für ihn tun, aber wenn er die Mädchen mitbringe, könnten sie ihnen neue Pässe ausstellen. Würden sie ihm auch helfen, die Kinder zum Flughafen und außer Landes zu bringen? Das, sagten sie, sei völlig unmöglich.

Das Hauptproblem war laut Ramez, daß die neuen Pässe erst drei Tage nach Antragstellung fertig sein konnten. Was, wenn in der Zwischenzeit eines der Mädchen ihr Vorhaben ausplauderte?

»Ich hatte Angst um meine Töchter«, erzählte Ramez. »Ich weiß nicht, was meine Schwiegermutter getan hätte. Sie interessierte sich im Grunde nicht für meine Töchter – sie sorgte sich nur um *ihre* Tochter –, aber sie wußte genau, daß Muriel nur bei ihr bleiben würde, wenn meine Kinder auch dablieben.«

Als Ramez das Konsulat verließ, wußte er zunächst nicht, wohin er gehen sollte. Dann überquerte er einfach die Straße und suchte aufs Geratewohl einen Anwalt auf – einen jungen Mann, der einen seriösen Eindruck machte und zuerst den Fall näher kennenlernen wollte, ehe er sich auf eine Strategie festlegte. Er riet Ramez, in der Zwischenzeit nach New Jersey zurückzukehren und beim dortigen Gericht das Sorgerecht für die Kinder zu beantragen.

Nachdem Ramez den Rückflug um mehrere Tage verschoben und vergeblich versucht hatte, Muriel umzustimmen, folgte er dem Rat des Anwalts. Noch nie war ihm etwas so schwergefallen. Er würde seine Kinder in Südafrika zurücklassen und den Kampf um sie von den Staaten aus führen.

»Ich litt Qualen und fühlte mich innerlich zerrissen«, sagte Ramez. Um der Kinder willen versuchte er, sich zusammenzureißen. Als Muriel den Mädchen sagte, ihre Ferien würden noch länger dauern und ihr Vater käme in zwei Wochen wieder, um sie abzuholen, widersprach er ihr nicht. Er hoffte, den Prozeß rasch für sich entscheiden und seine Familie nach Hause holen zu können, bevor die Kinder etwas merkten. Hinterher bereute er seine Entscheidung. »Vielleicht hätte ich meinen Töchtern sagen sollen, was los war. Meine Schwiegereltern wären dadurch unter Druck gesetzt worden … Ich bedaure wirklich, daß ich ihnen nichts gesagt habe.«

Am Tag seiner Abreise blieb Muriel im Bett. »Ihr Gesicht war rot wie eine Tomate«, erinnerte sich Ramez. »Sie war so nervös, daß sie mich nicht einmal ansehen, geschweige denn von mir verabschieden konnte.«

Nach seiner Rückkehr in die Vereinigten Staaten setzte sich Ramez mit dem südafrikanischen Konsulat in New York in Verbindung. Im Oktober erhielt er eine Antwort. »Wenn Sie nicht wollen, daß Ihre Kinder in Südafrika bleiben«, schrieb der für Auswanderungsfragen zuständige Vizekonsul, »können Sie eine eidesstattliche Erklärung vorlegen, in der Sie die Erlaubnis für die Verlängerung der befristeten Aufenthaltserlaubnis Ihrer Kinder verweigern.« Die Visa sollten am 4. Dezember auslaufen. »Ihre Erklärung wird dann an das Innenministerium in Pretoria zur Entscheidung weitergeleitet.«

Der Brief enthielt jedoch den Hinweis, daß sich das Ministerium »nicht in familiäre Streitigkeiten einmischen« könne; diese müßten vielmehr »gerichtlich« beigelegt werden. In einem nachfolgenden Brief versicherte der Vizekonsul nochmals, daß sich Pretoria »nicht in die Privatangelegenheiten der Familie einmischen« wolle.

Theoretisch lehnt das südafrikanische Innenministerium die Verlängerung des Besuchervisums eines Kindes ab, wenn *ein* Elternteil gegen die Verlängerung ist. In der Praxis geht man jedoch nicht immer konsequent vor, besonders dann nicht, wenn es sich bei dem Elternteil, der die Verlängerung beantragt, um eine Mutter mit Wohnsitz in Südafrika handelt wie in Muriels Fall.

Anders ausgedrückt, die Regierung enthielt sich jeglicher Garantie oder Verantwortung – eine weitverbreitete Haltung, die Eltern, die von ihren Kindern getrennt sind, auf der ganzen Welt Schwierigkeiten bereitet.

Der 4. Dezember kam und ging, und Ramez mußte feststellen, daß die Visa der Kinder trotz seines schriftlichen Einspruchs verlängert worden waren. Er hatte den Eindruck, daß Muriel im Land der Apartheid einem Außenseiter aus dem Nahen Osten vorgezogen wurde, obwohl Libanesen rechtlich als »Weiße« galten.

Die Monate vergingen, und Ramez' Leben verlor seinen Sinn. »Nach der Arbeit drehte sich mein Leben immer nur um die Familie, um meine Frau und meine Kinder«, erklärte er. »Ich ging nie mit Kollegen aus. Frauen sagten mir, sie wünschten, ihre Männer wären ebensolche Väter wie ich. Keiner unserer Nachbarn hatte mit so etwas gerechnet.«

Bei früheren Trennungen war Ramez mit seinen Töchtern ständig in Kontakt geblieben. Er hatte sie alle paar Wochen angerufen und ihnen Tonbandaufnahmen mit Gutenachtgeschichten geschickt. Die Mädchen sprachen dann mit den Kassetten, als wäre Ramez bei ihnen im Zimmer. Jetzt war ihm der Kontakt verwehrt. Muriel war am Telefon ausfallend – »launenhaft, schrill, haßerfüllt. Sie sagt zu mir: ›Leide!‹ und knallt den Hörer auf die Gabel.« Wenn die Mädchen am Telefon waren, hörte Ramez, wie Isobell ihnen die Antworten einflüsterte: »Wenn ich sage: ›Ich liebe euch‹ oder ›Ich vermisse euch‹, sagen sie: ›Mhm‹ oder ›Wir auch‹. Wenn ich sie frage: ›Habt ihr Angst zu sagen, ich liebe dich?‹, sagen sie: ›Mhm.‹«

Am Anfang bekam Ramez drei oder vier Briefe von seinen Kindern, dann kam nichts mehr, nicht einmal eine Weihnachtskarte.

Am 9. Januar 1987 wurde Ramez von einem höheren Gericht in Union County, New Jersey, das einstweilige Sorgerecht für seine Kinder übertragen. Sein Anwalt aus New Jersey rief seinen neuen Anwalt in Pietermaritzburg an; Ramez hatte die Kanzlei aus einer Liste der amerikanischen Botschaft in Pretoria ausgewählt. In seinem Antworttelegramm bestätigte der Anwalt aus Südafrika, daß die Entscheidung über das Sorgerecht »von den Beamten des Obersten Gerichtshofs von Südafrika in Kraft gesetzt« werde, »vorausgesetzt, die Entscheidung und sämtliche Unterlagen« seien »ordnungsgemäß beglaubigt«.

Auf diese Weise frisch gewappnet, nahm Ramez bei Pan Am drei Monate Urlaub, flog nach Südafrika, mietete ein Hotelzimmer in Pietermaritzburg und bereitete sich auf den Kampf vor.

Zu seinem Erstaunen suchte ihn ein jüngerer Anwalt der Kanzlei auf – »einer, der mit internationalen Fällen keine Erfahrung hatte«. Ramez sagte ihm, daß sich das Innenministerium mit seinem Fall befassen solle, nicht ein südafrikanisches Gericht. Seiner Meinung nach war der Streit um das Sorgerecht bereits beigelegt, da das Gericht in New Jersey ordnungsgemäß entschieden hatte; der Rest war Diplomatie und Papierkram.

Der Anwalt erklärte Ramez jedoch, der Fall müsse der Form halber von einem südafrikanischen Gericht untersucht werden, um festzustellen, weshalb Muriel sich weigere, in die Vereinigten Staaten zurückzukehren. Zwei Wochen später teilte der Anwalt ihm mit, die Klage müsse noch vor Beginn der Verhandlung zurückgezogen werden. »Er sagte: ›Die Gerichte hier stehen immer auf der Seite der Frau. Wenn wir weitermachen, sind Sie Ihr ganzes Geld und Ihren Paß los, und Sie müssen den Anwalt Ihrer Frau bezahlen.‹«

Laut Nathaniel Bloch, Ramez' Anwalt aus Pretoria, rührte sein Problem daher, daß kein internationales Recht existiert, um die entscheidende Frage zu klären, welches Gericht in welchem Land über den Sorgerechtsstreit der Familie entscheidet.

Südafrikanische Gerichte folgen oft den Gerichtsbeschlüssen anderer Länder, unter anderem der USA, aber sie sind dazu keineswegs verpflichtet. In einer Familiensache, erklärte Bloch, könne die erklärte Absicht einer Person, ihren ständigen Wohnsitz nach Südafrika zu verlegen, ungeachtet der gegenwärtigen Staatsangehörigkeit, ein südafrikanisches Gericht veranlassen, die Gerichtshoheit zu übernehmen, selbst wenn der Fall seinen Ursprung woanders habe. Auch im Fall der Shteihs könne die Tatsache, daß Muriels Wohnsitz in Südafrika sei, das dortige Gericht zum Handeln veranlaßt haben. Und schließlich, so Bloch weiter, stünden die Gerichte in Südafrika wie in vielen anderen Ländern bei Sorgerechtsverfahren eher auf seiten der Mutter als des Vaters.

Hilflos und verzweifelt ließ Ramez es darauf ankommen. Das

südafrikanische Innenministerium hatte ihm mitgeteilt, es werde ein formelles Ersuchen der US-Regierung um die Rückkehr der Kinder anerkennen. Ramez wandte sich an das amerikanische Außenministerium – ohne Erfolg. Ohne offizielle Vereinbarung gebe es keine Möglichkeit für eine derartige Maßnahme. »Ich fuhr nach Johannesburg, ich fuhr nach Pretoria, ich fuhr nach Durban – vergebens«, seufzte Ramez. Am 9. März bestätigte das Konsulat in Durban, »daß die US-Regierung gegen die Rückkehr der beiden amerikanischen Staatsbürger Maya und Monica Shteih und der in den USA ansässigen Victoria Shteih in die Vereinigten Staaten keine Einwände« habe. Vicky war britische Staatsangehörige, weil sie in Schottland geboren worden war.

Aber das genügte dem Innenministerium nicht. Pretoria verfügte vielmehr, daß die Sorgerechtsklage vor einem südafrikanischen Gericht entschieden werden müsse, weil Ramez' Anwalt sie dort eingereicht hatte.

Am 12. März 1987 übertrug der Oberste Gerichtshof von Südafrika Muriel das Sorgerecht für die Mädchen; Ramez wurde angewiesen, den Kindern monatlich 450 Rand (etwa 220 Dollar) Unterhalt zu zahlen. Die Entscheidung des Gerichts in New Jersey wurde ignoriert. Obwohl der Gerichtshof ihm ein Besuchsrecht zugestand, war Ramez am Boden zerstört.

Bisher hatte Muriels Familie Ramez' Kontakt zu seinen Töchtern streng überwacht – »es war wie im Gefängnis«, sagte er. Als er zum erstenmal auf der unbefestigten Straße zur Farm hinausfuhr, stürzten gleich alle drei Kinder auf ihn zu, »und wir blieben etwa 20 Minuten so stehen und hielten uns fest. Meine Frau und ihre Eltern standen reglos in der Tür zum Garten und beobachteten uns. Ich ging ins Haus, aber sie redeten nicht mit mir. Meine Kinder und ich saßen im Wohnzimmer, meine Frau und ihre Eltern blieben in der Küche.«

Mit erstickter Stimme sagte Ramez: »Und dann sah mich meine älteste Tochter an und fragte: ›Möchtest du Kaffee?‹ Sie lief in die Küche, holte eine Tasse Kaffee und brachte sie mir.«

Bei seinem zweiten Besuch ging Vicky auf Distanz und lehnte es ab, neben ihrem Vater zu sitzen. Nein, dachte Ramez, jetzt haben sie auch meine Tochter herumgekriegt. Nachdem der Beschluß des südafrikanischen Gerichts in Kraft war, waren Maya und Monica ganz begeistert von dem Gedanken, ein Wochenende mit Ramez verbringen zu können; nur Vicky hielt sich zurück. Sie sei müde, erklärte sie. Sie fühle sich nicht wohl. Sie wolle nicht mitkommen.

Aber sobald Vicky in Ramez' Wagen saß, entspannte sie sich, als habe sie nur eine Schau abgezogen, um die Familie ihrer Mutter zu beschwichtigen. Als sie die unbefestigte Straße erreichten, fragte sie nach ihren Freundinnen in New Jersey. Sofort mischten sich die beiden jüngeren Schwestern ein; sie vermißten so vieles. Maya erinnerte sich an den Honig, der in Spritzflaschen in Form eines Bären gefüllt wird. Monica sehnte sich nach amerikanischer Erdnußbutter. Victoria wollte ihre Babypuppe wiederhaben, die sie in den USA zurückgelassen hatte. Alle drei wollten von Ramez wissen, was es Neues über die alte Nachbarin zu berichten gab, die sie immer »Oma« genannt hatten. Die Mädchen hatten mit ihr Kekse gegessen und Kinderlieder gesungen.

Sie könnten sie jetzt nicht mehr Oma nennen, erklärten sie Ramez.

»Warum nicht?« fragte er.

»Weil wir jetzt eine Oma haben«, entgegnete Vicky. Ramez war wütend auf Isobell, die nun das Leben seiner Töchter so sehr beeinflußte.

Am meisten hatten die Mädchen natürlich ihren Vater vermißt. An diesem Abend erzählte Ramez den Mädchen in seinem Zimmer, in das der freundliche Wirt kostenlos noch drei Betten hineingestellt hatte, ihre Lieblingsgeschichte: die Geschichte von Anansi, einer jungen Heldin, die ein Abenteuer nach dem anderen erlebt, eine Geschichte, in der Vögel und Ameisen vorkommen, die sich in Flugzeuge verwandeln und die Heldin an entfernte Orte bringen. »In dieser Geschichte vermischen sich Realität und Phantasie«, sagte Ramez, »wie Kinder es lieben.«

Am nächsten Tag sagte Ramez zu seinen Töchtern: »Ihr wißt doch, daß ich euch sehr lieb habe.«

»Ja, das wissen wir«, sagte Maya, »aber das ist unser Geheimnis.« Sie hatten einfach zu große Angst, ihre Liebe zu ihm vor ihrer Großmutter einzugestehen. Später, als sie in einem Lieferwagen unterwegs waren, den Ramez sich von einem Freund geliehen hatte, und aus dem Kassettenrecorder libanesische Musik ertönte, sang Vicky mit. »Schau mal dort«, sagte sie, »die Gebäude in Pietermaritzburg erinnern mich an den Libanon.«

Wenigstens habe ich sie noch nicht verloren, dachte Ramez und war glücklich. »Sie wußten genau, was vorging – daß sie gegen meinen Willen dort waren«, sagte er vier Jahre später voller Stolz. »Ich mußte nichts erklären. Sie waren wirklich sehr tapfer für ihr Alter.«

Als Ramez nach dem gemeinsamen Wochenende das letzte Stück auf der unbefestigten Straße zur Farm zurückfuhr, rief Vicky plötzlich: »Halt an.« Weinend fiel sie ihrem Vater um den Hals, küßte ihn und sagte immer wieder: »Ich habe dich lieb, ich habe dich lieb.« Dann riß sie sich zusammen und sagte: »Okay, laß uns weiterfahren.«

Kurz bevor Ramez die Mädchen bei der Farm absetzte, schlang Monica die Arme um den Hals ihres Vaters. »Ich möchte für immer bei dir bleiben. Fahr nicht zur Oma, fahr einfach zum Flughafen und nimm uns mit nach Amerika.«

Ramez, der sich auf das Gesetz verlassen hatte und der jetzt nicht wußte, wie er den Schmerz seiner Töchter lindern sollte, war zutiefst erschüttert. Er beschloß, Muriel irgendwie zu überreden, mit ihm nach Hause zu kommen – und wenn es nur zu Besuch war. Dort würde sie Tausende von Kilometern von ihrer Mutter entfernt sein.

Leider war seine Frau weniger zugänglich als seine Töchter. Auf einer Geburtstagsparty für Maya im Februar nahm Ramez Muriel in dem großen Vorgarten beiseite und redete sich seinen Kummer von der Seele. Er erinnerte sie an all das, was sie leichtfertig weggeworfen hatte. Muriel sah ihn verwirrt an und begann zu stottern, als sei sie bei einer Lüge ertappt worden. Ramez spürte, wie sich ihre frühere Sanftheit und Zuneigung zu regen begannen.

In diesem Moment griff ihr Bruder Gordon ein. Er legte die

Hände auf Muriels Schultern, drehte sie herum und schob sie zum Haus. »Überlassen wir die Entscheidung dem Gericht«, sagte er zu Ramez. »Sie kommt nicht mit dir.«

Im März führte Ramez ein vierstündiges Gespräch mit Muriel in ihrem Wohnzimmer. Er glaubte, sie fast so weit gebracht zu haben, daß sie endlich zu ihm zurückkehren wollte. Als er ging, durchbohrte Isobell ihn mit Blicken und schlug die Küchentür zu. Am nächsten Tag weigerte sich Muriel, mit ihm zu sprechen, und er war wieder gescheitert.

In den USA bemühte sich Ramez weiterhin um die Anerkennung der Sorgerechtsverfügung des Gerichts aus New Jersey. Er sammelte eidesstattliche Erklärungen: von einer alten Freundin Muriels aus England, der Muriel anvertraut hatte, »daß ihre Mutter schwierig war und ... sich ständig in ihre Ehe einmischte«; von einem Freund der Familie aus Brooklyn, der sich für das »ganz normale Familienleben« der Shteihs verbürgte; und von einem früheren Vermieter aus New Jersey, der sich daran erinnerte, daß Vicky »[Ramez] immer an der Tür begrüßte, wenn er von der Arbeit nach Hause kam« und daß Ramez nach dem Abendessen stets mit der Familie im Park spazierenging.

Alle drei bezeugten, daß Ramez ein »guter Familienvater« sei, wie der Vermieter es ausdrückte, und daß seine Töchter ihn offensichtlich über alles liebten.

In dieser Zeit nahm Ramez auch Verbindung mit Muriels ältestem Bruder David auf, der sich mit seiner Familie überworfen hatte und in Botswana lebte. David sagte, Isobell habe versucht, auch seine Ehe zu zerstören, und sie übe ungeheure Macht auf ihre Familie aus. »Ich fühle mit dir«, sagte David in einem auf Band aufgenommenen Telefongespräch zu Ramez, »aber solange Muriel unter dem Einfluß ihrer Mutter steht, hast du keine Chance.«

Zur selben Zeit wurden die Behörden der beiden Länder immer gleichgültiger. »Den Beamten bedeutet das alles nichts. Es sind ja nicht ihre Kinder«, klagte Ramez. Er befürchtet, daß er für die Bürokratie nur einer mehr ist, der Probleme mit seiner Schwiegermutter hat.

Im August 1987 flog Ramez zum letztenmal nach Südafrika.

Er nutzte einen dreiwöchigen Urlaub zu einem letzten persönlichen Appell an Muriel. Er überschüttete sie mit Einladungen zum Abendessen und zu Wochenend-Picknicks mit den Kindern, aber sie wollte – oder konnte – sie nicht annehmen. Ramez stieß überall auf Hindernisse. Das war deshalb so frustrierend, weil er *wußte*, er konnte seine Frau umstimmen, wenn er nur die Gelegenheit dazu bekam. Als er eines Tages allein in ihrem Schlafzimmer stand, war er beeindruckt von den Fotos, die dort hingen. Es waren über fünfzehn Bilder; alle waren dort aufgenommen worden, wo Muriel sich am wohlsten gefühlt hatte, und auf allen war die Frau zu sehen, die ihr die aufrichtigste Liebe und das größte Verständnis entgegengebracht hatte: Ramez' Mutter in Beirut.

Ramez hatte noch nicht aufgegeben. Aber die Monate vergingen, seine Familie war nach wie vor 11000 Kilometer von ihm entfernt, und der Kontakt wurde immer sporadischer. Trotz seiner Anweisungen erhielt er von den Schulen der Mädchen keine Zeugnisse. Daß Maya im Juni 1988 die Mandeln entfernt werden mußten, erfuhr Ramez erst am Tag vor ihrer Aufnahme ins Krankenhaus bei einem zufälligen Telefongespräch mit einem Kollegen Muriels. Er spielte im täglichen Leben seiner Töchter nur noch eine unbedeutende Rolle, und anscheinend konnte er nichts dagegen tun.

Nach dem Umzug der Dunlops in die südafrikanische Küstenstadt Margate am Indischen Ozean im Jahre 1989 sprach Ramez zum letztenmal mit seinen Kindern am Telefon. Muriel und die Mädchen bewohnten ein Apartment neben dem ihrer Eltern. Da Muriel kein Telefon hatte, konnte Ramez seine Familie nur über die Schwiegereltern erreichen. Wenn er mit seinen Töchtern sprach, waren sie vorsichtig und zurückhaltend, und Ramez hörte, wie Isobell ihnen zuflüsterte, was sie sagen sollten. Bei anderen Gelegenheiten erklärte ihm Isobell, die Mädchen seien nicht zu Hause – ein Verhalten, das Ramez unerträglich fand. »Unter diesen Umständen wollte ich nicht mit meinen Töchtern sprechen«, meinte er.

Darüber hinaus wurden seine Anrufe durch einen Streit mit

Muriel wegen des Unterhalts für die Kinder belastet. Eine Zeitlang hatte er monatlich 220 Dollar geschickt, aber dann verringerte er den Betrag. Seinen Schätzungen zufolge hatten die Reise- und Anwaltskosten bereits 10000 Dollar an Ersparnissen verschlungen, und er hatte weitere 20000 Dollar Schulden. Finanzielle Probleme hatten ihn auch davon abgehalten, nach Südafrika zu reisen und das ihm vom Gericht zugestandene Besuchsrecht wahrzunehmen.

Hartnäckig verfolgte er sein Ziel. Er schrieb an das Außenministerium, an seinen Kongreßabgeordneten und an Senator Donald Riegle aus Michigan, der sich besonders für das Problem der elterlichen Kindesentführung engagierte. Ramez forschte nach, wie Vicky amerikanische Staatsbürgerin werden könnte, bis er in eine Sackgasse geriet. Regierungsquellen zufolge war Vickys britische Staatsbürgerschaft kein Hindernis für eine Rückkehr in die USA. Außerdem pflegte er die Beziehung zu einem Mann, dessen Vater im südafrikanischen Parlament saß. »Ich will nur, daß die Sache vorangeht, und sei es mit kleinen Schritten«, sagte er. »Wenn ich abgewiesen werde, versuche ich es so lange wieder, bis ich an die richtige Tür klopfe.«

Nach Ramez' Ansicht kam es darauf an, daß die Zuständigkeit für die Sorgerechtsklage wieder an das Gericht in New Jersey ging. Seine größte Sorge war, seine Töchter könnten annehmen, er habe sie im Stich gelassen. »Sie werden sagen: ›Unser Vater war Tag und Nacht bei uns und hat alles für uns getan, und plötzlich redet er nicht mehr mit uns.‹ Wenn sie groß sind, werden sie niemandem glauben und niemandem vertrauen.«

Dabei treffe genau das Gegenteil zu, sagt Ramez nachdrücklich. Er schreibt seiner Familie immer noch zweimal im Monat und schickt seinen Töchtern Geburtstagsgeschenke, obwohl er keine Antwort erhält und nicht sicher ist, ob seine Post auch tatsächlich ankommt. In Gedanken sind die Mädchen immer bei ihm. Er sieht sie jedesmal vor sich, wenn er zu dem gelben Backsteingebäude hinüberschaut, in dem die Grundschule untergebracht ist, und wenn er den Eiswagen in der Nachbarschaft hört. (»Wir sitzen da, und die Kinder spielen, und plötzlich steht meine älteste Tochter auf und spitzt die Ohren wie ein Hase. ›Eis, kann ich ein Eis haben?‹ Und dann höre auch ich den Wagen, und sie laufen nach draußen.«)

Muriels letzter Brief kam im August 1990. Sie nahm Ramez wegen der versäumten Besuche und der Unterhaltszahlungen ins Gebet. Mit im Umschlag lag ein neueres Foto der drei Mädchen – damals zwölf, zehn und acht Jahre alt. Ramez kamen fast die Tränen, als er sah, wie groß sie geworden waren, seit er sie nicht mehr gesehen hatte. »Ich versäume das Wichtigste im Leben«, meinte er. In Victorias freundliches Lächeln mischte sich bereits das Selbstbewußtsein der jungen Dame. Maya sah stur geradeaus, unerschrocken und selbstsicher wie immer. Monica, die längst kein Baby mehr war, blickte zuversichtlich unter den Ponyfransen ihres Pagenkopfs hervor.

Dieses Bild blieb im Umschlag, es bekam keinen Platz in der Bildergalerie in Ramez' Wohnzimmer. Ramez konserviert die Vergangenheit, indem er alles so läßt, wie es war, als ihm das Herz brach. Bei ihm zu Hause sind seine Kinder immer noch kleine Mädchen mit Ringellocken und Trägerhosen wie in seiner Erinnerung. Er erinnert sich an Ereignisse aus ihrer frühen Kindheit, als seien sie erst gestern passiert oder als könnten sie sich morgen wiederholen. Ich glaube, er besucht seine Töchter deshalb nicht – so sehr er sie vermißt –, weil er Angst hat, sie könnten seinen Erinnerungen entwachsen sein.

Auch fünf Jahre nach der Trennung hat Ramez noch immer Sehnsucht nach Muriel. Er hat bisher keine Anstalten gemacht, die Scheidung einzureichen. »Ich will meine Frau nicht herabsetzen«, sagt er, »aber ich weiß, daß sie ein Opfer ist wie meine drei Töchter. Ja, sie war verantwortlich, aber wenn einem die Dinge aus den Händen gleiten, was kann man da tun?« Er würde sie sofort nach Hause holen, wenn sie bereit wäre, eine Therapie zu machen, um sich völlig von Isobells Einfluß zu befreien.

Ramez wohnt in einem niedrigen Dreifamilienhaus, und seine Wohnung ist ein merkwürdiger Ort für ein Heiligtum. Das Haus steht in einer Reihenhaussiedlung in New Jersey, einer Schlafstadt, 32 Kilometer südwestlich von New York.

Aber Ramez' Wohnung ist ein Heiligtum – ein Ort, um vergangenes Glück zu bewahren. Vor dem Haus steht ein Apfelbaum. Früher haben seine drei Töchter die Äpfel gepflückt, und seine Frau hat damit Kuchen gebacken. Als ich Ramez im Juni, Monate vor der Apfelernte, besuchte, trug der Baum eine ganz andere, bittere Frucht. An seinem Stamm waren vier gelbe Schleifen befestigt, und unterhalb der Schleifen hatte Ramez ein gelbes Band um den Stamm geschlungen, auf dem in schwarzer Schrift stand: »11. August 1986« – das Datum, an dem Muriel die Mädchen mit nach Südafrika genommen hatte, wo sie heute noch sind – und »Betet für ihre sichere Heimkehr«. Alle sechs Monate, wenn die Aufschrift verblaßt ist, ersetzt Ramez das Band durch ein neues. Die Botschaft bleibt immer dieselbe.

In der Wohnung ist die Zeit seit dem Tag der Abreise vor mehr als fünf Jahren stehengeblieben. Eine Wand im Wohnzimmer hängt voller Familienerinnerungen: Porträts von Muriel und den Töchtern, mit gelben Schleifen an der rechten oberen Ecke; ein Hochzeitsfoto von Ramez und Muriel in Schottland: er steif und stolz in seinem grauen Anzug mit Weste, sie mit scheuem Lächeln, blonder Ponyfrisur und vollen Wangen, die weiße Schleppe kunstvoll auf dem Steinboden einer Veranda drapiert; eine Zeichnung mit Buntstiften von einer Krawatte – ein Geschenk seiner ältesten Tochter Vicky zum Vatertag; ein Schnappschuß von Maya, der mittleren Tochter, mit einem Golfschläger aus Plastik für Kinder; und über dem Fernseher eine Großaufnahme von Monica, der Jüngsten, die den Betrachter mit großen Augen ansieht. Ramez hat einmal mit dem Gedanken gespielt, Fotograf zu werden. Die Fotos sind scharf, die Bildausschnitte gut gewählt.

An der Wand daneben hängt ein von Ramez gerahmter Aufsatz Vickys aus der ersten Klasse, ordentlich mit Bleistift zwischen die waagrechten Linien des Papiers geschrieben. Über den Titel des Aufsatzes – »Meine Blume« – hat Vicky ein Bild gemalt: ein lachendes Mädchen mit weit ausgebreiteten Armen. Die rechte Hand deutet auf eine Schaukel; eine ähnliche Schaukel hatte Ramez kurz zuvor im Garten aufgestellt. Die linke

Hand zeigt auf eine Palme; Palmen kannte Vicky von Besuchen in Ramez' Heimat, dem Libanon.

»Eines Tages ging ich nach draußen zum Spielen«, beginnt die Geschichte. »Da sah ich meine Blume, die so schön neben einem Baum wuchs. Dann kam ein Hund angelaufen. Er trat auf die Blume, und das war ihr Ende.«

»Sie hat diese Geschichte wenige Monate vor ihrer Abreise geschrieben«, sagte Ramez bedeutungsvoll. »Sie nimmt die Reise nach Südafrika vorweg.«

Er dachte ständig über seine Familie und seine drei ungleichen Töchter nach, die er über alles liebte. Die damals siebenjährige Vicky war »sanft und rücksichtsvoll wie eine alte Dame«, erzählte Ramez, und bei dem Gedanken an sie bekam seine Stimme einen warmen Ton. »Sie bringt nicht gern einen anderen Menschen in Verlegenheit, und sie mag einem nicht sagen, daß man unrecht hat. Eines Tages, als Vicky ungefähr drei Jahre alt war, wollten wir in die Kirche gehen, aber wir waren zu spät dran, der Gottesdienst war schon zu Ende. Ich wollte sie nicht enttäuschen, deshalb gingen wir trotzdem hinein. Wir saßen in der Kirche, und sie sah, daß sie leer war. Sie schaute mich an und meinte: ›Daddy, ich glaube, Jesus arbeitet heute nicht!‹ Sie hat sehr viel Phantasie.«

Die fünfjährige Maya mit ihren rötlich-blonden Locken sah ihrem Vater am ähnlichsten – »mein Ebenbild«, sagte Ramez stolz und zeigte mir ein Foto aus seiner Kindheit. Maya war direkt und kräftig und zäh, ein Mädchen, das es mit den Jungs aus der Nachbarschaft aufnehmen konnte. »Sie ist sehr sensibel, emotional und liebevoll. Als ich meine Töchter besuchte, setzte Victoria sich mir auf den Schoß und erzählte mir stundenlang alles, was inzwischen passiert war. Wenn Maya auf meinem Schoß saß, starrte sie mich nur an, als ob sie stumm mit ihren Blicken redete.«

Monica, damals noch nicht ganz drei Jahre alt, war »eine Mischung aus beiden«, altklug und bestimmt. »Man kann sie zu einer Gruppe von Erwachsenen setzen, und sie redet, als gehöre sie dazu«, meinte Ramez. »Wenn sie etwas haben möchte, sagt sie es ganz laut, um sicherzugehen, daß man sie auch hört. Da sie die Jüngste ist, muß sie vermutlich lauter reden. Wenn sie bekommen hat, was sie will, ist sie sofort ruhig und zufrieden und sitzt fröhlich und gelassen da.«

Und dann fuhr er traurig fort: »Ich komme mir vor wie auf einem Schlachtfeld, wo einem die Kugeln um die Ohren pfeifen. Aber wenn man sich von einem Mißerfolg gleich entmutigen läßt, hilft man niemandem.«

Ramez bereitet seine Schlacht an einem weißen Tisch im Wohnzimmer vor. Dort ordnet er bis tief in die Nacht Fakten und Gedanken und gibt sie in einen Computer ein. Als Buchhalter ist er von Natur aus gründlich. Er hat einen ganzen Aktenschrank voller Unterlagen: unzählige Schriftsätze und eidesstattliche Erklärungen; zwei Sorgerechtsverfügungen, eine Entscheidung des Gerichts von New Jersey, wonach ihm das Sorgerecht übertragen wird, und einen Beschluß des südafrikanischen Gerichts zugunsten Muriels; die Briefe seiner Frau sowie Kopien seiner eigenen Briefe; Zeitungsartikel über ähnliche Entführungsfälle; und seine komplizierten Rekonstruktionen häuslicher Vorfälle, die damals belanglos schienen, im nachhinein aber zu denken geben. Alles ist in ein Register aufgenommen, mit Datum und Stichwort gekennzeichnet und mit Querverweisen versehen.

Als wolle er sich moralischen Auftrieb geben, sagt er mit seinem libanesischen Akzent: »Ich denke nicht an das Problem, sondern an die Lösung – kein Gedanke an Mißerfolg, nur Hoffnung.«

Ramez will in seinen Bemühungen nicht nachlassen. Es ist, als sei sein Leben ein einziges Rätsel und als hänge seine Zukunft von der Lösung dieses Rätsels ab. Er ist besessen vom Detail, wie einer, der eine Verschwörung plant.

Manchmal allerdings verläßt ihn der Mut. »Ich kämpfe ganz allein in einem Sumpf«, sagt er mit einem Seufzer. »Ich brauche eine größere Organisation, die mich unterstützt. Allein hat man keine Chance! Man rennt einfach gegen eine Wand.« Abends und an den Wochenenden ist es am schlimmsten. Dann fängt Ramez an zu rauchen, eine Angewohnheit, die er glaubte endgültig abgelegt zu haben, bevor ihn das Unglück traf.

Aber er leistet sich diesen Pessimismus nicht lange. Da sind die Akten, denen er sich widmen muß, und die dicken Ringordner, die »gefüttert« werden wollen. Es ist, als könne das nächste Detail, die nächste Erkenntnis oder der nächste Gedankenschritt den Fall entscheiden und ihm ermöglichen, seine Familie nach Hause zu holen. Ramez will den Schluß des Falles selbst schreiben; er versucht immer noch, seine Familie wieder zusammenzuführen.

»Es ist sehr schwer für mich«, sagt er, »aber ich wußte, daß ich die Situation in allen Einzelheiten beschreiben mußte, auch wenn es beim Schreiben weh tat. Ich durfte nicht im Kummer schreiben. Es war zwar eine Art Therapie, aber hauptsächlich möchte ich, daß die Fakten schriftlich festgehalten werden. Ich muß stark sein; ich darf mich nicht hängenlassen. Ich muß kämpfen, kämpfen und nochmals kämpfen.«

Aber auf der rot-beigen Schaukel sitzt niemand, den Ramez anstoßen könnte; die Schaukel verrostet hinten im Garten. Die Fotos an der Wand altern nicht, aber jenseits des großen Teichs wachsen drei Kinder heran und werden immer unerreichbarer. Eines Tages werden sie zu groß sein für Schaukeln und Eiswagen und vielleicht auch für Geschichten von Mädchen, denen Flügel wachsen.

Ramez schrieb mir im Februar 1991, nachdem er *Nicht ohne meine Tochter* gelesen hatte. Er zog Parallelen zwischen unseren Fällen: Beide waren wir über einen Familienurlaub getäuscht worden, und das Verhalten unserer Ehepartner hatte sich drastisch verändert. Ramez hatte seine Heimat verlassen, um amerikanischer Staatsbürger zu werden; jetzt ist er allein, und seine Kinder sind in einem dritten Land.

Ich habe andere verlassene Eltern erlebt, die auf das Trauma der Entführung ähnlich reagieren wie Ramez. Sie sind so sehr damit beschäftigt, Beweismaterial zusammenzutragen, daß sie ihr ursprüngliches Ziel aus den Augen verlieren: den Kontakt zu den Kindern um jeden Preis aufrechtzuerhalten. Wenn ich mit diesen Eltern spreche, gebe ich ihnen den Rat, vom Besuchsrecht Gebrauch zu machen, die Unterhaltszahlungen fortzusetzen und Geburtstagsgeschenke zu schicken – einfach alles zu tun, damit die Verbindung nicht abreißt. Bedauerlicherweise liegt es oft nicht in ihrer Macht, die Kinder zurückzubekommen. Aber ihre Liebe kann dazu beitragen, daß sie und die Kinder das Trauma der Trennung überwinden.

6

Grenzübertritt

Viele verlassene Eltern halten es für aussichtslos, sich an ein in- oder ausländisches Gericht zu wenden. Sie sehen keine andere Möglichkeit, als die Sache selbst in die Hand zu nehmen und sich damit außerhalb des Gesetzes zu stellen.

Da ich ebenso handeln mußte, als ich mit Mahtab aus dem Iran floh, kann ich die Verzweiflung dieser Eltern gut verstehen. Im Februar 1988, ein paar Tage nach meiner Reise nach Washington, wo ich die erschreckende Nachricht erhielt, daß Moody aus dem Iran ausgereist war, wurde ich von einer nervlich zerrütteten Frau namens Cathy Mahone aus Dallas angerufen. »Danke, danke«, sagte sie. »Wenn Sie nicht gewesen wären, hätte ich meine Tochter nicht wiederbekommen!«

Im Jahre 1976 wurden Cathy und Ali Bayan christlich getraut. Sie ließen sich in Dallas nieder, und ihr Leben war fast zu schön, um wahr zu sein. Cathy arbeitete in einem Immobilienbüro, Ali in einem Restaurant. Bei einem Besuch in Alis Heimatstadt Jarash in Jordanien wurde Cathy von Alis Familie ebenso bereitwillig akzeptiert, wie ihre Familie Ali akzeptiert hatte.

Als Cathy schwanger war, reiste Ali noch einmal in seine Heimat. Diesmal kam er mit einer »veränderten Persönlichkeit« zurück, wie ich es schon in vielen Fällen erlebt habe. Er wollte mit seiner Familie nach Jordanien ziehen, aber Cathy weigerte sich. Die Ehe ging allmählich in die Brüche, und nach der Geburt der Tochter Lauren ließen sie sich scheiden.

Ali kehrte jedoch nicht nach Jordanien zurück, sondern eröffnete mit seinem Bruder ein Geschäft und heiratete wieder. Er verbrachte immer noch viel Zeit mit Lauren; in Cathys Augen war er ein großartiger Vater.

Als die texanische Wirtschaft stagnierte, verlor Ali sein Geschäft. Am 1. November 1987 – seine Tochter übernachtete bei ihm – brachte er Lauren nach Jordanien. Es war ein Treuebruch, der Cathy völlig überraschte.

Vom Außenministerium bekam Cathy eine Liste mit jordanischen Anwälten und den Rat, in Jordanien vor Gericht zu gehen. Aber Cathy hatte von den Verzögerungen und Rückschlägen gehört, die andere verlassene Eltern auf diesem Weg hatten hinnehmen müssen, und sie wußte, daß sie nicht so lange warten konnte. Ohne Lauren hatte ihr Leben keinen Sinn. Sie war bereit, jedes Risiko einzugehen, um ihre Tochter zurückzubekommen.

Cathy versuchte es auf andere Weise: Sie heuerte einen Profi an, der ein Entführungskommando nach Jordanien schickte, um Lauren aufspüren zu lassen. Cathy reiste nach Zypern, wo sie auf die telefonische Nachricht des Kommandos wartete. »Ich nahm Ihr Buch mit nach Zypern«, erzählte sie mir, »und jedesmal, wenn ich Zweifel bekam, ob ich es auch schaffen würde, las ich weiter und faßte neuen Mut.«

Auf die Nachricht hin, daß Lauren ausfindig gemacht worden sei, reiste Cathy nach Jordanien, wo sie und die Männer des Kommandos sich als Besucher des Heiligen Landes tarnten. Das Kommando stoppte Laurens Schulbus, die Schlüssel des Busses landeten im Sand. Cathy holte ihre Tochter heraus und rannte mit ihr zu einem wartenden Auto. Auf dem Rücksitz umarmten sich Mutter und Tochter. Der Wagen brachte sie über die Grenze nach Israel, und von dort flogen sie zurück in die Staaten.

»Wenn Sie nicht den Mut besessen und ihre Geschichte niedergeschrieben hätten, wäre meine Tochter heute nicht bei mir«, sagte Cathy schluchzend. Dabei war die Krise noch keineswegs überstanden: »Jetzt bin ich in eine Wohnung eingesperrt. Meine Tochter hockt in einer Ecke und schreit immer wieder, wenn jemand an der Tür ist: ›Mommy, bitte, laß nicht zu, daß sie mich holen!‹ Mit einer Pistole in der Hand gehe ich nervös auf und ab. Was kann ich von jetzt an tun? Wie soll unser Leben weitergehen?«

Ich wußte, wie ihr zumute war. Auch ich war zu Hause mehr als einmal mit einem Revolver auf und ab gegangen und hatte vergeblich versucht, meine Panik in Schach zu halten.

Ich konnte Cathy keine befriedigende Antwort geben. Solange die Rechte der Kinder weltweit mit Füßen getreten werden, können Cathy und ihre Tochter – oder Mahtab und ich – immer nur für kurze Zeit Ruhe und Frieden finden.

Cathy hat ihre gesamten Ersparnisse, rund 200 000 Dollar, für die Entführung ausgegeben. Mutter und Tochter leben an einem unbekannten Ort unter neuen Namen. Ich habe seit mehreren Monaten nichts mehr von ihnen gehört.

Nachdem meine Geschichte von *20/20* gesendet worden war, nahm ein Mann mit mir Kontakt auf, der sich als professioneller Entführer ausgab. Der Mann verbrachte ein Wochenende bei uns und erzählte uns seine unglaubliche Lebensgeschichte: Er sei einige Jahre bei der CIA gewesen, schäme sich aber der Dinge, die er dort getan habe. Entführte Kinder aus dem Ausland zurückzuholen biete ihm die Möglichkeit, seine Schuldgefühle zu mildern. Als der Mann fort war, fragte ich Mahtab, was sie von ihm halte. »Er sieht nicht besonders kräftig aus«, meinte sie. Anscheinend hatte sie einen Mann mit der Statur eines Rambo erwartet.

Solche Profis sind nicht immer vertrauenswürdig. Einige sind ehrlich, andere jedoch skrupellos, ja sogar gefährlich. Im Jahre 1990 lernte ich eine Marokkanerin kennen, die in Belgien einen Tunesier geheiratet hatte und dort auch ihre beiden Töchter großzog. Beide Elternteile waren Moslems. Als der Vater die Kinder nach Tunesien verschleppte, heuerte die Frau einen Mann an, um die Mädchen zurückzuholen; sie zahlte ihm 800 000 belgische Francs. Aber statt die Kinder zurückzubringen, verschwand der Mann einfach mit dem Geld. Es kostete die Frau viel Mühe, ihn aufzuspüren, und als sie ihn endlich gefunden hatte, bedrohte er sie mit einer Waffe. Dankbar, mit dem Leben davongekommen zu sein, aber ohne finanzielle Mittel, setzte sie die Suche nach ihren Kindern fort.

Angesichts der unberechenbaren Reaktion der jeweils zuständigen Gerichte, der Grenzen des internationalen Rechts und der hohen Kosten und Risiken bei der Einschaltung Dritter sind einige der betroffenen Eltern gezwungen, sich selbst zu helfen.

Die Eltern zeigen dabei manchmal großen Einfallsreichtum. Ein Beispiel dafür ist Gretchen, eine Deutsche, die *Nicht ohne meine Tochter* gelesen hatte und versuchte, mit mir über Dr. Morris, dessen Nummer sie im Telefonbuch gefunden hatte, telefonisch in Kontakt zu treten. Sie rief an, als es nach deutscher Zeit Morgen war, das heißt, sie weckte den Doktor mitten in der Nacht. Wir merkten bald, daß dies für Gretchens impulsive Art typisch war.

Ich rief sie zurück, und Gretchen erzählte mir ihre interessante Geschichte. Sie studierte in Paris an der Sorbonne Französisch und lernte dort einen um etliche Jahre älteren tunesischen Diplomaten kennen. »Er war wie Rock Hudson – groß, dunkles Haar, romantisch und rücksichtsvoll«, sagte sie. Nach einer stürmischen Romanze heirateten sie.

Als der Diplomat nach Tunis zurückbeordert wurde, änderte sich sein Verhalten, wie es bei Moody der Fall gewesen war. Seine Wutausbrüche wurden immer unerträglicher. Er verlangte, daß Gretchen sich den traditionellen tunesischen Sitten beugte; sie sollte sich unauffälliger kleiden und den Kopf bedecken. Spontan sprach sie von Scheidung. Unbeeindruckt erwiderte er, sie könne tun, was sie wolle, aber die Kinder werde sie nicht bekommen. Gretchen hörte ihm zwar schweigend zu, aber innerlich kochte sie.

Eines Morgens kam die entscheidende Krise: Gretchen wurde von ihrem Mann beschuldigt, den Milchmann geküßt zu haben. Das war zuviel für Gretchen. Sie sagte nichts, schmiedete aber sofort einen Fluchtplan. Sie wies ihren Chauffeur an, sie und die Kinder zum Strand zu fahren. Unterwegs bat sie ihn, am Flughafen anzuhalten, da sie einen Brief an ihre Eltern aufgeben wolle. Nur mit einem Bikini bekleidet, brachte Gretchen die Kinder in das Flughafengebäude. Dann kaufte sie drei einfache Tickets nach Deutschland. Nach tunesischem Recht braucht eine Frau die Erlaubnis ihres Mannes, um das Land verlassen zu können. Aber einige Angehörige des Flughafenpersonals wußten, daß Gretchen die Frau eines Diplomaten war, und erlaubten ihr, an Bord zu gehen.

Bei der Ankunft in Deutschland wurden sie und die Kinder

wegen ihrer Badekleidung »von allen angestarrt«. »Es war richtig kalt an dem Tag«, erzählte Gretchen. »Und der Chauffeur? Wahrscheinlich wartet er immer noch am Flughafen.«

Gretchen beschäftigte besonders die Frage, wie Mahtab über ihren Vater dachte, als sie älter wurde. Ihre eigene Tochter wollte mit 18 Jahren unbedingt ihren Vater und ihr früheres Zuhause wiedersehen und fuhr ohne Wissen der Mutter nach Tunesien. Die Reise zerstreute glücklicherweise die letzten Sorgen: Der Vater versuchte nicht, die Tochter zurückzuhalten, als sie abreisen wollte.

Die meisten Rück-Entführungen sind viel schwieriger als in Gretchens Fall. Es sind Verzweiflungstaten, die Gefahren für Eltern und Kinder in sich bergen, wie Craig DeMarr bestätigen kann.

Im Jahre 1981 war Craig DeMarr als Pionier der US-Armee in Fulda stationiert. Craig wachte über mehrere 70-Pfund-Ladungen Plastiksprengstoff, die unter Fuldas Hauptverkehrsstraßen und Brücken für den Fall angebracht waren, daß die Sowjets durch den Durchgang im Bergland um Fulda in die Stadt einmarschierten.

In der dienstfreien Zeit gab es für den neunzehnjährigen Soldaten, der bereits alle Kirchen und Sehenswürdigkeiten besichtigt hatte, in Fulda wenig Abwechslung, es sei denn, er besuchte die verschiedenen Clubs der Stadt. Für einen symbolischen Mitgliedsbeitrag konnte ein einsamer Soldat dort mit seinen Kameraden etwas trinken, zehn Jahre alte Rocksongs hören und deutsche Mädchen kennenlernen. Die meisten Freundschaften waren nur von kurzer Dauer, einige führten aber auch zur Heirat. Die Frauen folgten ihren Männern dann, wenn diese an einen anderen Ort abkommandiert wurden, und letztlich reisten sie mit ihnen in die Staaten.

Craig war gerade sechs Monate beim Militär, als er in einem schummrigen Club für Singles, dem »Overpass«, Vera Hoffmann kennenlernte. Sie hob sich von den anderen Frauen ab – eine auffallende Brünette mit einem besonderen Talent für amerikanischen Slang und einer Schwäche für Soldaten, die diesen

Slang benutzten. Craig forderte sie zum Tanzen auf, und sie bewegte sich zu amerikanischer Musik, als sei sie in Amerika geboren. Er spendierte ihr ein paar Drinks und zappelte im Netz. »Sie schien mir damals die Richtige.«

Ich sprach mit Craig im holzgetäfelten Eßbereich seines Wohnzimmers, einem Raum voller Nippes und Familienfotos. Craig war ein schlanker junger Mann mit dunkelbraunem Haar, das seit Beendigung der Militärzeit im Nacken wieder nachgewachsen war. Seine haselnußbraunen Augen funkelten schelmisch, und er grinste breit, aber er hatte auch etwas Sanftes an sich.

Craig und die Armee paßten nicht zueinander. Als seine Militärzeit 1983 zu Ende war, erklärte er Vera, er werde zurückkommen. »Das sagen alle«, meinte er, »und niemand glaubt ihnen, weil keiner je zurückkommt.« Craig war eine Ausnahme. Er arbeitete zwei Monate, bis er das Geld für ein Flugticket nach Frankfurt zusammenhatte. Dann machten die beiden Verliebten da weiter, wo sie aufgehört hatten. Im darauffolgenden Jahr trampten sie die meiste Zeit ziel- und planlos durch Europa, wie es Vera gefiel. »Laß uns heute nach Spanien fahren«, sagte sie, und sie fuhren nach Spanien.

Eines Morgens weckte Vera ihn mit einem Schlag auf die Wange in aller Frühe auf – eine ihrer weniger liebenswerten Eigenschaften.

»Was willst du denn?« stöhnte er.

»Laß uns heiraten«, sagte sie.

»Bist du verrückt?«

»Nein, ich meine es ernst.«

Craig dachte einen Augenblick über den Vorschlag nach. »Und dann kehren wir zurück in die Staaten«, sagte er. Er hatte das Vagabundenleben satt und wurde von Heimweh geplagt.

»Klar«, sagte Vera. Sie träumte schon lange davon, in die USA zu ziehen – in das Land des Überflusses.

Per Anhalter fuhren sie nach Dänemark und ließen sich dort trauen. Die Hochzeitsnacht verbrachten sie in einer verlassenen Windmühle.

Nach ihrer Rückkehr nach Westdeutschland tauchte ein

Problem auf: Vera brachte es nicht über das Herz, die Heimat zu verlassen und sich von ihren Freunden und ihrem Vater, einem verwitweten Kranführer, zu trennen. Sie zögerte immer wieder. Endlich, fast auf den Tag genau ein Jahr nach Craigs Rückkehr – sein Rückflugticket war nur noch wenige Tage gültig –, wagte sie den Sprung nach Amerika.

Die beiden ließen sich in Muskegon nieder, einer Stadt am Michigan-See von der Größe Fuldas, und dort nahm ihre Ehe bald einen schlimmen Verlauf. Vera versuchte, in die traditionelle Hausfrauenrolle zu schlüpfen. Sie gab Craig, der bei einer Kegelbahn arbeitete, sogar jeden Morgen ein Lunchpaket mit. »Sie bemühte sich tapfer, ein ganz normaler Mensch zu werden«, meinte Craig ironisch. Aber Vera konnte den Kneipen von Muskegon und dem Drang nach Freiheit nicht widerstehen. Wenn der fleißige Craig sich nicht mit ihr amüsieren konnte, würde sie sich anderweitig umsehen.

»Vera paßte sich dem Leben in den USA wirklich gut an«, sagte Craig. »Schwupp« – er schnippte mit den Fingern – »schon war sie Amerikanerin.« Sie sprach bald akzentfrei, und neue Bekannte hielten sie für eine Einheimische. Sie dachte daran, amerikanische Staatsbürgerin zu werden, verfolgte den Gedanken aber nicht weiter. »Ich bin Deutsche und werde immer Deutsche sein«, erklärte sie.

Trotz der ständigen Schwankungen in ihrer Ehe wurde Vera Ende 1984 mit ihrer ersten Tochter schwanger. Craig war begeistert und hoffte, das Baby werde sie einander näherbringen, doch seine Frau fühlte sich wie eine Gefangene. Vera selbst war von einer Reihe von »Tanten« großgezogen worden – Freundinnen ihres Vaters, mit denen sie unter der Woche, wenn er arbeitete, allein war. Mit einer Kleinfamilie konnte sie nichts anfangen.

Vera dachte an Abtreibung, aber Craig war dagegen. Daraufhin versuchte sie wieder, sich in ihrer neuen Rolle zurechtzufinden. Sie rauchte und trank nicht mehr, hielt Diät und nahm Vitamine. Im April 1985 wurde Stephanie geboren, und Craig setzte alles daran, damit das Familienleben funktionierte.

»Ich liebte Vera von ganzem Herzen, und ich hätte fast alles getan, um sie glücklich zu machen«, sagte er. Als Stephanie drei Wochen alt war, besuchten sie für zwei Wochen Veras Vater in Deutschland. Bereits am ersten Abend in Fulda kehrte Vera zu ihren alten Gewohnheiten zurück. Sie ging allein aus und kam erst um drei Uhr morgens völlig betrunken nach Hause – eine peinliche Situation für Craig, dessen Eltern sie auf der Reise begleiteten. »Ich nahm sie weiterhin in Schutz«, erzählte er, »aber es wurde immer schlimmer.«

Zurück in den Staaten machten sie eine Anzahlung auf eine bescheidene Variante des amerikanischen Traumes: auf ein Häuschen mit blauen Schindeln an einer belebten Straße von Muskegon. Craig war stolz darauf, ein eigenes Heim zu haben, aber Vera hielt sich nur gelegentlich dort auf. Sie blieb zwei- bis dreimal in der Woche die ganze Nacht fort, und als sie Anfang 1987 erneut schwanger wurde, änderte sich ihr Lebenswandel kaum. Diesmal ging sie trotz Craigs eindringlicher Bitten nicht zur Mutterschaftsvorsorge, und statt der Vitamine gab es Cola mit Rum. Craig wartete bis zum Morgen an der Haustür und verfluchte die aufgehende Sonne, bis Vera endlich zu Hause erschien, um auf Stephanie »aufzupassen« und den ganzen Tag zu schlafen. Craig kam ständig zu spät zur Arbeit und verlor deshalb mehrere Jobs.

»Ich drohte ihr dauernd damit, sie zu verlassen, aber ich schaffte es einfach nicht«, sagte er. »Ich verlor einen Job nach dem anderen. Ich bekam Magengeschwüre. Es war schrecklich ..., und es wurde noch schlimmer.« Nach der Geburt ihrer zweiten Tochter Samantha bekam Craig seine Frau kaum noch zu Gesicht. Kaum kehrte er von der Arbeit nach Hause zurück und trat durch die Hintertür ein, da hörte er auch schon, wie die Vordertür zuschlug: Ausgehzeit für Vera. Craig gab den Mädchen zu essen und badete sie, ging allein ins Bett und sorgte dafür, daß seine Töchter frühstückten, ehe er am nächsten Morgen das Haus verließ. Kam Vera noch vor Tagesanbruch zurück, litt Craig am meisten. Sie wälzte sich im Schlaf hin und her und murmelte zum Beispiel: »Dave, hör auf!« oder »Pete, laß das!« – »Es war einfach widerlich«, sagte Craig.

Nach Samanthas Geburt reiste die Familie noch einmal nach

Fulda. Bereits beim erstenmal hatte Vera dem erschrockenen Craig verkündet, sie wolle dortbleiben, dann hatte sie ihre Meinung jedoch wieder geändert. »Während unseres zweiten Urlaubs«, erinnerte sich Craig, »sagte sie: ›Ich bleibe hier – keine Frage.‹ Wir mußten sie buchstäblich ins Flugzeug zerren.«

Im November 1987 unternahm Craig einen letzten verzweifelten Versuch, seine Ehe zu retten. Er verbrachte mit Vera einen Abend in der Stadt bei Tanz und Champagner. Beide amüsierten sich großartig, aber als sie nach Hause kamen, wollte Vera noch in ihre Lieblingskneipe. »Ich habe noch nicht genug gefeiert«, erklärte sie. Craig gab sich geschlagen. Am nächsten Tag zog er aus. Er fuhr in dem Augenblick weg, als Veras neuester Freund in die Auffahrt einbog.

Vera reichte umgehend die Scheidung ein, »und am Ende bekam sie fast alles, was ich besaß«, sagte Craig mit einem matten Lächeln. »Ich habe alles falsch gemacht. Ich war vorher noch nie geschieden worden.«

Angesichts von Veras Lebenswandel riet Craigs Anwalt ihm, das Sorgerecht für seine Töchter zu beantragen. Craig zögerte; die Verantwortung war ihm zu groß. »Damals sagte ich mir: ›Vera ist eine Frau, und die beiden Mädchen sind noch klein. Wenn sie wieder ins richtige Gleis kommt, kann sie wahrscheinlich besser für die Kinder sorgen als ich.‹ Und mein Anwalt meinte: ›Behalten Sie sie im Auge; wenn sich herausstellt, daß Ihre Frau die Kinder nicht versorgen kann, und Sie Ihre Meinung ändern, ziehen wir vor Gericht, und Sie bekommen das Sorgerecht.‹«

Craig nahm sich den Rat des Anwalts zu Herzen. Er ließ das Haus rund um die Uhr abwechselnd von Mitgliedern seiner Familie beobachten. »Meine Mutter stellte ihren Wecker auf zwei Uhr morgens, mein Vater stellte seinen auf vier Uhr.« Ein Freund seines Vaters, der Leiter der Ortspolizei, ließ die Autokennzeichen sämtlicher Besucher überprüfen.

Bald war klar, daß Vera dem Sorgerechtsbeschluß zuwiderhandelte, nach dem nicht verwandten männlichen Personen Hausbesuche untersagt waren. Schlimmer noch, zwischen Vera und ihrem Lebensgefährten gab es fast täglich lautstarke Auseinandersetzungen, wie Craig von der dreijährigen Stephanie während seiner Besuche am Wochenende erfuhr. Bei einer dieser Auseinandersetzungen blieb in einer getäfelten Wand ein faustgroßes Loch zurück. Im Frühjahr 1988 erreichte Craig, daß man den Sorgerechtsbeschluß revidierte. Veras Freund wurde das Betreten des Hauses ausdrücklich verboten, und Vera wurde verboten, die Kinder außer Landes zu bringen. Aber nichts änderte sich. Im Sommer und Herbst 1988 wurde die Ortspolizei mindestens zehnmal ins Haus gerufen – meist nachdem der Freund Vera in Gegenwart der Kinder tätlich angegriffen hatte.

Craigs Bedenken schlugen in Angst um, als ihm eine Babysitterin im Teenageralter erzählte, Veras Freund habe Stephanie sexuell mißbraucht. »Damals legte ich mir eine Schrotflinte zu«, berichtete Craig. »Ich wollte auf dem Rücksitz seines Wagens auf ihn warten. Aber dann sagte ich mir: ›Nein, das führt zu nichts. Er kommt davon, ich lande im Gefängnis, und die Kinder bleiben bei ihr.‹« Craig ließ von seinem Vorhaben ab und beschloß, vor Gericht zu gehen und Vera das Sorgerecht für die Töchter entziehen zu lassen. Er wollte sich nicht länger vor der Verantwortung drücken, denn er wußte, daß seine Kinder vor Schaden bewahrt werden mußten und daß kein anderer diese Aufgabe übernehmen konnte. Ein Sozialarbeiter von der Jugendfürsorge erklärte ihm allerdings, es gebe nicht genügend »greifbare Beweise«, um seinen Antrag zu stützen.

Im November 1988 wurde die Polizei erneut wegen eines Streites zwischen Vera und ihrem Freund alarmiert. Diesmal war eine Waffe im Spiel. Vera hatte eine 22er Automatik aufgetrieben, damit auf ihren Freund gezielt und zweimal abgedrückt. Sie schoß jedoch daneben – wenn sie betrunken war, war sie eine schlechte Schützin – und hinterließ zwei Einschußlöcher in der Schlafzimmertür. Das Bezirksgericht gab Stephanie und Samantha für die Nacht in DeMarrs Obhut. Nachdem Vera versprochen hatte, ihren Freund zu verklagen und ihn nie wieder ins Haus zu lassen (ein Versprechen, das sie bald brach), bekam sie ihre Töchter zurück. Craig fühlte sich niedergeschlagen und hilflos.

»Bei der Polizei sagte man mir: ›Sie können nichts tun.‹ Und ein Sachverständiger des Gerichts meinte: ›Sie sind der Mann, Sie haben einen Job, und Sie teilen eine Wohnung mit einem anderen Mann. Dies ist das Zuhause der Kinder. Wir können Ihre Frau nicht rauswerfen, damit Sie wieder einziehen können.‹«

Damals beantragte Craig formell das Sorgerecht. Während sein Antrag bearbeitet wurde, lud man ihn nochmals vor. Er sollte Vera Samanthas Paß aushändigen, damit Vera mit den Mädchen im Dezember für zwei Wochen in die Bundesrepublik reisen konnte. Für Stephanie hatte Vera bereits einen Paß. Craig geriet in Panik. Er hatte erfahren, daß das Rauschgiftdezernat hinter Vera und ihrem Freund her war, und er fürchtete, die beiden würden nicht in die USA zurückkehren. Aber als er seine Bedenken äußerte, stieß er auf wenig Mitgefühl.

»Der Sachverständige meinte: ›Natürlich besteht diese Möglichkeit und damit Grund zur Sorge, aber solange der Fall nicht eintritt, können Sie nichts tun.‹ Und der Richter erklärte: ›Sie haben keinerlei Beweise. Ihre Frau ist freiwillig hergekommen. Sie müssen ihr Samanthas Paß aushändigen.‹ Seine Stimme klang, als wolle er sagen: ›Du Idiot! Wie kannst du so etwas glauben!‹«

Wenn Vera ihren zweiwöchigen Urlaub in Deutschland überziehe, so der Richter weiter, falle das Sorgerecht automatisch an den Vater, eine Regelung, die Craig wenig tröstete.

Craig schrieb »vielleicht dreißig Briefe« an den für ihn zuständigen Kongreßabgeordneten Guy Vander Jagt. Die Antwort war entmutigend: Es gab kein Gesetz, das Vera daran hindern konnte, das Land zu verlassen. »Ich kam überhaupt nicht weiter«, sagte Craig.

Letztlich kehrte Vera pünktlich zurück. Am Mittwoch, dem 28. Dezember, rief sie Craig an und bat ihn, an diesem Tag nicht vorbeizukommen – die Mädchen seien auf einer Geburtstagsparty. Ob er etwas dagegen habe, sie erst am Wochenende zu besuchen? Craig ging nur widerwillig auf den Vorschlag ein; er spürte, daß etwas nicht stimmte. Er fuhr zum Haus und sah, daß sich im Inneren etwas bewegte; immerhin waren sie zu Hause. Als es dunkel wurde, ging im Schlafzimmer seiner Töchter das Licht an. Craig glaubte, daß Vera sie gerade ins Bett bringe und soweit alles in Ordnung sei.

An den nächsten zwei Tagen ging niemand ans Telefon. Am Samstag, dem 31. Dezember, fuhr Craigs Mutter an dem Haus vorbei, und anschließend rief sie ihn aufgeregt an. Es hatte geschneit, aber um das Haus herum waren keine Fußspuren oder Reifenabdrücke zu sehen. »Schau besser mal nach«, riet seine Mutter.

Wenige Minuten später stand Craig an der Hintertür. Innerhalb von Sekunden hatte er sie aufgestemmt. Ganz offensichtlich wohnte hier niemand mehr. Wo sich einmal die Flügel des Ventilators gedreht hatten, hingen nur noch Drähte von der Decke. Die Küchengeräte, die Stereoanlage, die Eßecke, die Craig kurz zuvor gekauft hatte – alles war fort. Die paar Möbel, die noch da waren, hatten tiefe schwarze Brandlöcher von Zigaretten. Was Vera nicht mitgenommen oder verkauft hatte, war ruiniert.

Auf dem Boden im Schlafzimmer, inmitten von Papier und verschiedenen Medikamenten, fand Craig einen Zettel von Vera, auf dem sie ihm mitteilte, er könne sie »vielleicht eines Tages« besuchen, wenn er genug Geld habe. Craig begriff die furchtbare Wahrheit: Seine Töchter waren über den großen Teich nach Deutschland unterwegs oder vielleicht schon dort.

Er fragte bei einem älteren Nachbarn nach, von dem er wußte, daß er alles mitbekam, was im Block vor sich ging. Nach Auskunft des Nachbarn hatten Vera und ihr Freund einige Tage zuvor mehrere größere Gegenstände auf einen Lieferwagen geladen. Und an diesem Donnerstag hatten sie die restliche Habe auf dem Dach eines Mietwagens verstaut.

In den folgenden Tagen klammerte sich Craig an eine schwache Hoffnung – daß Vera und ihr Freund sich vorübergehend in der Nähe von Muskegon versteckten und erst dann in die Bundesrepublik fliegen würden, wenn die Gefahr vorbei war. Craig nahm Urlaub und machte sich auf die Suche nach seinen Kindern. Er schlief kaum noch und überwachte fast rund um die Uhr sein früheres Heim und vier weitere Adressen, die Vera und ihr Freund häufig aufgesucht hatten. »Ich fuhr einfach von Haus zu Haus, 24 Stunden am Tag.«

Als Veras Telefonrechnung mit der Post kam, öffnete er sie, weil er hoffte, über ihre Telefonate Hinweise auf ihren Aufenthaltsort zu finden. Man könne Vera einiges nachsagen, meinte Craig später, aber dumm sei sie nicht. Sie hatte versucht, ihre Spur zu verwischen, indem sie Ferngespräche mit Hunderten von Adressen führte, vom Einkaufsservice des Fernsehens bis zu Partnervermittlungen. Craig strich zuerst alle 900er-Nummern durch und danach die, an deren Zahlenstruktur er erkannte, daß es sich um Münzfernsprecher handelte. Bei den restlichen Nummern achtete er auf Wiederholungen. Er stellte fest, daß eine Nummer in Colorado Springs vierzehnmal angerufen worden war.

Ein Privatdetektiv fand heraus, daß die Nummer einem gewissen Cecil Blackburn gehörte, einem GI, den Vera in Fulda kennengelernt hatte. Ein Kontaktmann bei einer Autoverleihfirma bestätigte, daß die Flüchtigen ihren Mietwagen in Colorado Springs abgegeben hatten. »Jetzt wußte ich, daß sie nicht mehr mit dem Auto unterwegs waren und ein Flugzeug nehmen wollten«, sagte Craig. Am 2. Januar rief er beim Flughafen von Colorado Springs an und erhielt die niederschmetternde Nachricht, daß Vera, ihr Freund, Stephanie und Samantha am Tag zuvor in die Bundesrepublik abgeflogen waren.

Craig vermutete, daß sie Veras alte Freunde und Stammlokale in Fulda besuchten. Sein Verdacht bestätigte sich, als er erfuhr, daß ein Brief an die Mutter des Freundes einen Fuldaer Absender hatte. Es sei freilich zwecklos, den Aufenthaltsort der Kinder genau zu bestimmen, erfuhr Craig vom amerikanischen Außenministerium. Die Bundesrepublik Deutschland gehöre nicht zu den Unterzeichnerstaaten des Haager Abkommens von 1980, einer internationalen Vereinbarung zur Beschleunigung der Rückkehr entführter Kinder in ihre Heimatländer. (Das wiedervereinigte Deutschland unterzeichnete das Abkommen im Dezember 1990.) Craig bleibe nur die Möglichkeit, »hinzufliegen, sich einen deutschen Anwalt zu nehmen, in Deutschland die Untauglichkeit der Mutter zu beweisen und darauf zu hoffen, den Prozeß in zwei bis drei Jahren zu gewinnen«. Dazu allerdings fehlten Craig die Geduld, das nötige Geld und das

Vertrauen in die deutsche Justiz. Schon das amerikanische Gericht hatte ihm bei seiner Sorgerechtsklage auf Schritt und Tritt Steine in den Weg gelegt. Welche Chance hatte er dann gegen eine deutsche Mutter vor einem deutschen Gericht?

Zwei Wochen später, am 13. Januar 1989, übertrug das Gericht in Michigan Craig das einstweilige Sorgerecht. »Ich hatte endlich mein Ziel erreicht«, meinte er wehmütig, »nur, daß die Kinder jetzt fort waren.«

Drei Monate lang hatte Craig keinen Kontakt zu seinen Töchtern. Er bekam weder Anrufe noch Post. Es war die schlimmste Zeit seines Lebens. »Ich drehte völlig durch«, sagte er, und schon bei dem Gedanken daran wurden seine Augen wieder feucht. »Ich weinte hemmungslos, es tat so weh. Ich aß nicht, ich schlief nicht. Ich war verloren. Keiner konnte mir helfen, und diejenigen, die mir helfen konnten, wollten es nicht.«

Craig hatte nie Geld, denn er bezahlte nicht nur die Miete für seine Wohnung, sondern er leistete auch weiterhin die Zahlungen für das Haus, um die Zwangsvollstreckung zu verhindern. Er bat darum, wieder in das Haus ziehen zu dürfen, aber das Gericht lehnte ab; während des Scheidungsverfahrens hatte er eine Abtretungsurkunde unterzeichnet, und Vera hatte nach wie vor einen rechtlichen Anspruch auf das Haus. Craig durfte zwar nicht dort schlafen, aber er suchte es trotzdem heimlich auf, ging durch die Räume und erinnerte sich an die Badezeit der Kinder, das gemeinsame Frühstück und tausend kleine Dinge. Er ließ alles so, wie er es vorgefunden hatte, und malte sich aus, Vera werde eines Tages wegen ein paar vergessener Sachen zurückkehren. Das war zwar sinnlos, »aber ich mußte doch *irgendwas* tun, um die Kinder zurückzubekommen«. Wenn er es nicht fertigbrachte, das Haus wieder zu verlassen, saß er die ganze Nacht oben auf der Treppe, direkt vor den Schlafzimmern seiner Töchter.

Craigs Eltern konnten das Elend nicht länger mitansehen und beschlossen, eine andere Methode auszuprobieren: Sie wollten Söldner anheuern, welche die Mädchen entführen und nach Hause bringen sollten. Sie schrieben alle für einen solchen Auftrag in Frage kommenden Söldner an, die es sich leisten konnten, in der Zeitschrift *Soldier of Fortune* zu inserieren. Die Reaktion war nicht gerade ermutigend. Fast keiner wollte eine Reise in die Bundesrepublik mit ihren streng bewachten Grenzen riskieren – auch nicht für viel Geld. Die positivste Reaktion kam von einem Profi, der sich »der Dicke« nannte. »Ich mache es für 10000 Dollar im voraus, dazu die Kosten für den Flug, das Hotel, die Verpflegung und das Auto, eben alle Spesen.«

Craigs Vater hielt das für angemessen.

Der Mann fuhr fort: »Craig muß mich begleiten. Und er muß ihr eine knallen oder tun, was sonst nötig ist. Ich werde im Wagen warten. Und dann bringe ich ihn und die Kinder zur Grenze. Dort endet mein Auftrag.«

Craig lehnte die »15000-Dollar-Taxifahrt« ab. Er kam rasch zu einem schicksalhaften Schluß: Der einzige, der seine Kinder zurückholen konnte, war er selbst.

Etwa um diese Zeit, im April 1988, machte Craig Veras Bruder in der Bundesrepublik ausfindig und setzte sich mit ihm in Verbindung. Veras Bruder hatte auch Kinder, und nachdem Craig an sein Gewissen als Vater appelliert hatte, bestätigte er, daß Stephanie und Samantha in Deutschland seien und daß es ihnen gutgehe; außerdem wollte er Vera bitten, mit Craig Kontakt aufzunehmen.

Eine Stunde später rief Vera an. »Wir sind hier, und es geht uns gut«, erklärte sie kurz und bündig. »Wir bleiben für immer hier, und du kannst nichts dagegen tun.«

Craig blieb ganz ruhig. »Hauptsache, ihr seid glücklich, und es ist alles in Ordnung«, sagte er. Dann sprach er eine knappe Minute mit seinen Töchtern. Er hatte einen Kloß in der Kehle, und er hörte Angst in Stephanies Stimme.

»Daddy, wann kommst du und holst uns?« fragte sie flehentlich. »Uns gefällt es hier nicht, es ist blöd.«

»Tut mir leid, Schätzchen«, sagte Craig. »Ich kann euch nicht holen.« Er wußte, daß Vera mithörte, und durfte ihr keinen Hinweis auf seine wirkliche Absicht geben: Er wollte sich die Kinder innerhalb des nächsten Monats auf eigene Faust zurückholen.

Es hatte Wochen gedauert, einen Plan zu entwerfen, aber jetzt nahm er dank der Hilfe zweier Männer allmählich Gestalt an: Der eine hatte ihm bereitwillig geholfen, der andere widerstrebend. Letzterer war Veras Freund. Er hatte Fulda satt und wollte zurück nach Muskegon, eine Kleinstadt, in der sich Neuigkeiten rasch verbreiten. Craig beschaffte sich die Ankunftszeit des Flugzeugs, mit dem der Freund eintraf, und wartete am Tag der Ankunft beim Haus von dessen Eltern in der Nähe seines eigenen Hauses. (Das Gericht hatte endlich nachgegeben und Craig gestattet, wieder in das Haus zu ziehen.)

Als Veras Freund Craig entdeckte, kam er heraus. In der einen Hand hielt er eine Flasche Whiskey, in der anderen ein volles Glas. Jemanden, der weniger zu verlieren hatte, hätte er vielleicht eingeschüchtert. Er trug kein Hemd, und im Gesicht und auf der Brust hatte er tiefe Narben, Andenken an eine Messerstecherei in einer Kneipe. Offensichtlich war er bereit, mit Craig zu kämpfen.

»Ich will nicht kämpfen«, sagte Craig. »Ich will nur mit dir reden.« Er wußte, daß Veras Freund seine beste Informationsquelle war, und er war entschlossen, diese Quelle zu nutzen. »Er war recht kooperativ«, erinnerte sich Craig. »Schließlich wußte er, daß ich ihn am liebsten umgebracht hätte.«

Das Verhör begann: Wie lautete die Adresse von Veras neuer Wohnung in Fulda? Wie gelangte man dorthin? In welchem Stock wohnten sie und die Mädchen? Wie waren die Zimmer angeordnet? Wo schlief jeder? Ließ Vera die Kinder allein in der Wohnung oder hatte sie einen Babysitter? Wo war ihre Lieblingskneipe?

Craig bekam seine Antworten, aber er war nicht besonders zufrieden damit. Nach Angaben des Mannes blieb Vera immer in der Wohnung – oft zusammen mit mehreren Freunden. Sie ging nur jedes zweite Wochenende aus und ließ die Kinder dann bei ihrem Vater. Craig brütete tagelang über verschiedenen Plänen. Wie sollte er sein Ziel je erreichen?

Das nötige Selbstvertrauen gab ihm ein zweiter Bekannter, ein muskulöser, unbekümmerter ehemaliger Marineinfanterist namens Frank Corbin, den Craig im Vorjahr kennengelernt hatte. Sie spielten zusammen Basketball und Karten. Bis zu jenem Nachmittag im April freilich, als sie an einem neuen Getriebe für Franks 67er Oldsmobile Cutlass bastelten, waren die beiden noch keine engen Freunde. Craig sprach gerade von seinen Kindern, als Frank, der selbst einen Sohn hatte und bald zum zweitenmal Vater werden sollte, aufblickte und vorschlug: »Weißt du was, flieg doch einfach hin – hol dir die Kinder.«

»Ich fliege ja hin«, antwortete Craig.

»Ich begleite dich«, sagte Frank sofort.

Craig versuchte, seinen Freund davon abzubringen. Wenn jemand – gemeint war Vera – bei der Entführung ums Leben komme, drohe ihnen der elektrische Stuhl. Wenn die Entführung glücke, sie aber nicht aus der Bundesrepublik herauskämen, würden sie wahrscheinlich lebenslänglich hinter Gitter wandern. Und Craig hatte kein Geld, um einen Partner zu bezahlen. Frank würde ganz umsonst ein großes Risiko eingehen.

»Das ist mir egal«, sagte Frank. »Auf geht's.«

Nach einer Beratung im Familienkreis erklärten sich Craigs Eltern bereit, den Plan mit 20000 Dollar aus ihren Ersparnissen zu finanzieren. Craigs Vater war zwar dagegen, daß sein Sohn eine so große Gefahr auf sich nahm, aber auch er sah keine andere Möglichkeit, und er war beeindruckt von Craigs Entschlossenheit. Craig war nicht gerade berühmt für seine Zielstrebigkeit oder Standfestigkeit, aber jetzt war er völlig konzentriert. Er war noch nie so sicher gewesen, das Richtige zu tun.

»Ich hatte keinen Job mehr«, sagte er, »und das Haus, das ich zurückbekam, glich einem Schlachtfeld. Aber das war mir egal, solange ich die Mädchen nicht bei mir hatte. Sie waren mein Leben, und wenn sie mir genommen wurden, hatte ich nichts mehr, buchstäblich nichts. Damals litt ich innerlich solche Höllenqualen, daß es mir ganz egal war, wie ich mich selbst durchschlug, solange die Kinder nicht das bekamen, was sie verdienten: ein anständiges Leben.«

Jetzt wurde es ernst. Craig führte am Telefon ein ernüchterndes Gespräch mit einer Frau vom amerikanischen Konsulat in Amsterdam – dem Zielort ihres Fluchtweges. Er schilderte die Situation und erkundigte sich, ob er bei der Ankunft in den Niederlanden neue Pässe für seine Töchter bekommen könne.

»Wir möchten nicht in einen Sorgerechtsstreit verwickelt

werden«, erklärte die Frau, »aber wenn Sie die Unterlagen über das Sorgerecht für die Kinder, die Geburtsurkunden und die Sozialversicherungskarten mitbringen, stellen wir Ihnen die Pässe aus.« Dann fragte sie ganz konkret: »Wie wollen sie überhaupt über die deutsche Grenze kommen?«

»Das kann ich Ihnen nicht sagen«, erwiderte Craig.

»Ich schlage vor, Sie versuchen es gar nicht erst«, sagte sie. »Niemand schafft das.«

Unerschrocken vervollständigten Craig und Frank ihre Tarnung. Franks Deckname war Brad Madison. Er sollte Militärkleidung tragen, damit er besser in Veras GI-Clique paßte. Craigs Deckname war Bob Servo. Er trug saloppe Kleidung im mexikanischen Stil und eine Sonnenbrille mit reflektierenden Gläsern; die zivile Kleidung würde es ihm ermöglichen, in einem Hotel in Fulda abzusteigen, ohne Verdacht zu erregen. Beide legten sich einen Bürstenhaarschnitt zu, und Craig färbte sein braunes Haar und den Schnurrbart schwarz.

Am 30. April flogen sie nach Amsterdam und stiegen dort in einen Zug nach Frankfurt. Craig war gegen einen Direktflug in die Bundesrepublik gewesen. Veras Freund zufolge hatte Veras Vater die deutschen Grenzbeamten alarmiert, damit sie Craig die Einreise verweigerten. Der Zug war sicherer, trotz der Paßkontrollen auf beiden Seiten der Grenze. Wenn die Grenzbeamten Craigs Paßnummer in ihren Computer eingaben, war das Spiel aus. Um das zu verhindern, legte sich Craig den Paß auf den Schoß und stellte sich schlafend, in der Hoffnung, auf diese Weise durchzukommen. Bei der ersten Kontrolle funktionierte der Trick. »Er schläft«, sagte Frank. »Wir sind seit 28 Stunden unterwegs.« An der nächsten Station kehrten die Beamten freilich zu einer neuen Kontrolle zurück.

»Meine Handflächen waren ganz feucht«, erinnerte sich Craig. »Sie kamen zurück, und ich tat so, als schliefe ich noch. Einer der Beamten stieß mich zweimal an. Auf der anderen Seite des Ganges spielten ein paar ältere Frauen Karten, und eine von ihnen sagte: ›Lassen Sie ihn in Ruhe, er ist erschöpft. Er hat einen Paß. Sie haben ihn doch beim letztenmal schon überprüft.‹« Craig war gerettet.

Sie blieben über Nacht in Frankfurt, und Craig färbte sich die Haare nach. Am nächsten Tag fuhren sie mit einem gemieteten Peugeot in das nicht weit entfernte Fulda. Dort fanden sie eine brauchbare Pension. Der Beschreibung des Freundes folgend, fuhren sie mit einem Taxi zu Veras Wohnung in der Bertholdstraße, damit sich Frank einen Eindruck von der Umgebung verschaffen konnte. Auf der Rückfahrt zu ihrer Pension kamen sie an der »Grünen Gans« vorbei – Veras Stammkneipe. Anschließend schickte Craig Frank zum Einkaufen, »um sicherzugehen«: falls sie nämlich in einem heiklen Moment auf Widerstand stießen. Frank besorgte zwei Schnappmesser, einen schweren Holzhammer, 27 Meter Schnur und mehrere Rollen Isolierband.

Am zweiten Tag fuhren sie mit dem Peugeot auf der Autobahn zur niederländischen Grenze zurück. Dort suchten sie einen unbewachten Übergang, aber im Laufe des Tages wurden die Aussichten immer trüber. »Wir stiegen aus dem Wagen und liefen durch Wälder und über zwei Bahngleise, aber der Weg hörte immer irgendwo auf. Aus irgendeinem Grund kam man nicht durch«, erzählte Craig. »Und überall begegneten wir Beamten auf Motorrädern, zu Pferd oder zu Fuß und mit Hunden.«

Schließlich nahmen sie einen jungen Anhalter mit und fragten ihn, wie er es anstellen würde, wenn er »illegales Zeug« außer Landes schaffen wolle. Kein Problem, meinte der junge Mann. Sechzehn Kilometer weiter sei ein Übergang, der nur zwölf Stunden am Tag bewacht werde. Die Sache habe nur einen Haken: Man wisse nie im voraus, zu welcher Zeit die Grenzer auftauchten.

Probehalber fuhren Craig und Frank zu der angegebenen Stelle. »Als wir hinkamen, war ein Posten dort, und wir fuhren einfach durch«, erzählte Craig. »Wir winkten dem Typ zu, und er winkte zurück. Er saß in einem Wachhäuschen an einer schmalen, zweispurigen Straße mit Kopfsteinpflaster. Das Ganze sah gar nicht aus wie ein Grenzübergang.« Mit wachsender Aufregung zeichneten die beiden den Weg zum Übergang auf einer Karte ein. Vielleicht würde die Sache gar nicht so schwer sein.

Ihr dritter Tag in Fulda war ein Freitag – Zeit zu handeln. Nachdem sie endlos Karten studiert und sich ausgemalt hatten, was schlimmstenfalls schiefgehen konnte, fuhren sie um 19 Uhr zur »Grünen Gans«. Frank spazierte in einer knallroten Nylon-Windjacke, seinem künftigen Erkennungsmerkmal, in das Lokal. Craig wartete an der Ecke im Peugeot; er ließ die Tür des Lokals keine Sekunde aus den Augen.

Plan A basierte auf Veras Vorliebe für Alkohol und auf der verheerenden Kombination von Alkohol und einem schmerzstillenden Beruhigungsmittel namens Tylox, mit dem Franks Vater seine fortgeschrittene Arthritis bekämpfte. Vor der Abreise aus den USA hatten sie Veras Körpergewicht geschätzt, einen Apotheker angerufen, der bereit war, ihnen Auskunft zu erteilen, und sich erkundigt, wie viele Kapseln Tylox nötig seien, um sie zu betäuben.

In der »Grünen Gans« schien an diesem Abend alles seinen gewohnten Gang zu gehen. Vera tauchte gegen 20 Uhr auf. Frank stellte sich vor, fing ein Gespräch an und spendierte ihr Brandy mit Cola. Nach ungefähr einer Stunde zeigte er ihr das Medikament, das in zwei unbeschriftete Antihistamin-Kapseln umgefüllt worden war. Die Wirkung, erklärte er, sei mit der von Kokain zu vergleichen. Vera schluckte die Kapseln bereitwillig und trank weiter, ohne daß sich eine Wirkung zeigte. Frank und Vera verließen die »Grüne Gans« und gingen noch in einige andere Kneipen. Nach ungezählten Brandys mit Cola schwankte Craigs Exfrau ein wenig, aber sie hielt sich immer noch auf den Beinen. »Sie hatte eine eiserne Konstitution«, gab Craig später nicht ohne Bewunderung zu.

Am nächsten Morgen folgte Frank Vera in die Bertholdstraße – zusammen mit drei anderen Amerikanern, zwei deutschen Männern und zwei deutschen Frauen. Veras Zweizimmerwohnung diente der Gruppe offensichtlich als Absteige. Mit fünf Kästen Bier ging die Party weiter – den ganzen Sonnabend hindurch und bis in den nächsten Tag hinein. Erst am Sonntagnachmittag sank Vera friedlich in den Schlaf.

Craig verzweifelte unterdessen beinahe. Er hatte Frank und Vera nach deren Besuch in der »Grünen Gans« aus den Augen verloren (Frank hatte die rote Windjacke ausgezogen) und seit fast 48 Stunden nichts mehr von seinem Partner gehört. Er war in die Pension zurückgefahren, konnte in seiner Aufregung jedoch nicht schlafen. Ruhelos ging er im Zimmer auf und ab, und in seinem Kopf überschlugen sich die Gedanken. Franks Frau hatte geschworen, ihren Mann zu verlassen, wenn er sich auf dieses Abenteuer einließe; sein Freund hatte zu Hause nichts Gutes zu erwarten. War Frank gewalttätig geworden, und hatte man ihn verhaftet? Hatte er mit Craig falsches Spiel getrieben und Vera alles erzählt? War er von Veras Vater bezahlt worden? Wie gut kannte er, Craig, diesen Typ überhaupt?

Am Sonntag gegen 18 Uhr war Craigs Geduld erschöpft. Er fuhr zu Veras Wohnung, klingelte unten an der Haustür und wartete mit pochendem Herzen. In der Hand hielt er den Holzhammer und einen Turnbeutel mit dem Isolierband. Er war bereit, Vera oder jeden anderen, der sich ihm in den Weg stellte, niederzuschlagen.

Einer der Deutschen lehnte sich aus dem Fenster und fragte: »Wer ist da?«

»Hier ist Bob Servo«, rief Craig. »Ist Brad Madison bei euch?«

Frank schaute heraus. »Mein Gott«, flüsterte er, und als nächstes hörte Craig, wie Frank vom zweiten Stock die Treppe herunterrannte. Frank riß die Haustür auf und zischte: »Was machst du denn hier?«

»Ich schlage dich tot«, fauchte Craig. »Wo bist du gewesen?«

»Ich habe alles im Griff«, erklärte Frank. »Ich habe ihre Hausschlüssel; ich soll heute abend wiederkommen.« Etwas besänftigt zog Craig ab. Als Frank aber eine Stunde später in der Pension vorbeikam, um sich umzuziehen, hielt Craig ihm eine gehörige Standpauke. Da sie so wenig Kleidung wie möglich mitgenommen hatten, tauschte Frank einfach das Hemd mit Craig, um Vera den Eindruck zu vermitteln, er habe eine ganz normale Garderobe. Frank versprach, Craig besser auf dem laufenden zu halten, und sie dachten sich einen neuen Plan aus.

Das größte Problem bestand darin, daß Vera anscheinend nie allein war. Ihre Freunde blieben die ganze Woche über da und verließen die Wohnung nur, um den Alkoholvorrat aufzufüllen.

Am Sonntag hatte Veras Vater Stephanie und Samantha wieder zu ihrer Mutter gebracht. Obwohl die Mädchen gesund wirkten, sah Frank in der Woche, die er dort verbrachte, nie, daß sie nach draußen zum Spielen gingen, badeten oder eine vernünftige Mahlzeit zu sich nahmen. Von Zeit zu Zeit schnitt Vera ein paar Scheiben Brot, Wurst und Käse ab und legte sie auf den Küchentisch. Wenn die Mädchen hungrig waren, nahmen sie sich einfach, was sie wollten. Trotz ihrer Nachlässigkeit hatte Vera ein wachsames Auge auf die Kinder, als warte sie nur darauf, daß etwas passierte.

»Sie hatte nie ein enges Verhältnis zu den Mädchen entwickelt«, bemerkte Craig. »Nicht, daß sie es nicht wollte. Sie wußte einfach nicht, wie sie es anstellen sollte. Deshalb beschränkte sich die Beziehung auf: ›Ihr müßt was essen, hier habt ihr was; ihr braucht was zum Anziehen, hier habt ihr was.‹ Ansonsten war sie mit sich selbst beschäftigt.«

Die Party dauerte zwei, drei, vier Tage. Vom frühen Abend bis zum Morgengrauen saß Craig in seinem Mietwagen mit den niederländischen Nummernschildern und beobachtete das Haus, in dem Vera wohnte. Er erregte bereits Aufmerksamkeit und erntete unfreundliche Blicke. Zwei Anwohner notierten sich das Autokennzeichen, ein dritter fotografierte ihn sogar.

Am Donnerstag konnte Frank Vera endlich überreden, ihre Freunde hinauszuwerfen, damit die beiden eine Weile allein sein konnten. Sie wollten an diesem Wochenende zu Hause bleiben – zusammen mit den Mädchen. Als Frank in die Pension zurückkehrte, drängte Craig ihn, auch Vera aus der Wohnung zu schicken. Frank sollte mit den Kindern allein zurückbleiben, damit die Entführung ohne physische Gewalt über die Bühne gehen konnte. »Gib ihr eine Handvoll Geld, damit sie in die Kneipe geht«, sagte Craig. »Das tut sie sofort.«

Aber Vera wollte nicht. Sie lebte seit vier Monaten so wie jetzt, und sie sah keinen Anlaß, ihre Gewohnheiten zu ändern. Craig hatte mittlerweile in einem nahegelegenen griechischen Café Stellung bezogen, und seine Angst wuchs ständig. Seine Haare wurden wieder länger, und zu viele Menschen in dieser Stadt konnten ihn wiedererkennen. Er wußte, daß Vera und

Frank miteinander schliefen und daß Vera mit dem jetzigen Zustand zufrieden war. Schließlich hatte sie einen GI mit Bargeld in der Tasche. Craig argwöhnte, daß Frank sich besser amüsierte, als dieser zugab. »Er schob alles vor sich her. Ich fragte mich allmählich, ob er Vera am Ende gern hatte und dableiben wollte … Ich nahm seinen Paß und sein Flugticket an mich, weil ich nicht sicher war, was er vorhatte.«

Am Freitag, dem 4. Mai, stellte Craig seinem Partner ein Ultimatum: Am Sonntag würde er die Mädchen holen, ob die Umstände günstig waren oder nicht.

Ein paar Tage zuvor, in ihrem Versteck in der Pension, hatte er Frank von seiner Zeit als Pfadfinder erzählt. Damals hatte er von einem Indianerstamm gehört, dessen Krieger jeden Morgen beim Aufwachen sagten: »Heute ist ein guter Tag, um zu sterben.« Am Samstagabend gegen 20 Uhr wurde Craig im Café ans Telefon gerufen. Die Stimme am anderen Ende klang konzentriert und eindringlich. Es war die Stimme eines alten Ledernackens, der ganz in seinem Element zu sein schien. »Hier spricht Brad«, sagte die Stimme. »Heute ist ein guter Tag, um zu sterben.« Craig lachte. Seine Hände wurden feucht.

Craig eilte zu Veras Wohnung. Er rannte die beiden Treppen hinauf und stürmte durch die Wohnungstür. Zum erstenmal seit vier Monaten sollte er seine Töchter wiedersehen. Frank fing ihn ab und legte ihm eine Hand auf die Brust. »Beruhige dich erst mal. Sie sind beide hier, und sie sind wohlauf.« Craig holte tief Luft, ging ins Bad und wusch sich Hände und Gesicht. Er durfte die Mädchen jetzt nicht erschrecken. Dann folgte er Frank ins Wohnzimmer, wo die Kinder sich einen deutschen Zeichentrickfilm anschauten. Sie waren schmal und hatten feine Gesichtszüge. Stephanie – mit vier Jahren die Ältere – hatte glattes blondes Haar und ein aufgewecktes Lächeln. Die erst zweijährige Samantha besaß noch immer ihr Babygesicht und die hellbraunen Locken.

»Mädchen«, sagte Frank, »hier ist jemand, der euch besuchen will. Er ist ein Freund von mir.«

Stephanie drehte sich um und starrte den schwarzhaarigen Mann in den weiten Kleidern zwei oder drei Sekunden lang an – für Craig eine schmerzhafte Ewigkeit. »Daddy!« rief sie, und dann flossen die Tränen. Sie warf die Arme hoch und lief zu ihm. Craig ging in die Hocke, um sie aufzufangen, und wurde fast umgeworfen. Samantha wußte nicht genau, was vorging, aber sie folgte dem Beispiel ihrer Schwester, und im Handumdrehen hielt Craig die beiden Kinder im Arm, für die er alles gewagt hatte. Die Mädchen sahen dünner aus, als er sie in Erinnerung hatte. Ihre rosa-weißen Baumwollnachthemden waren ausgefranst. Ihr Haar mußte dringend geschnitten und gewaschen werden ... , und trotzdem waren sie die hübschesten Kinder, die Craig je gesehen hatte. Plötzlich fühlte er sich beschwingt, als sei ihm eine schwere Last von den Schultern genommen worden. Es war, sagte er später, »wie alle Fahrten mit der Achterbahn, die man jemals gemacht hat, wie alle Fahrten zusammen«.

»Fahren wir jetzt nach Hause, Daddy?« fragte Stephanie.

Craig hatte seine Antwort unzählige Male in Gedanken wiederholt. »Ja, Liebling«, sagte er, »eure Ferien sind zu Ende. Es wird Zeit, nach Hause zu fahren.«

Sie handelten rasch. Obwohl Vera nicht vor dem frühen Morgen zurückerwartet wurde, wollte Craig das Glück nicht herausfordern. Frank wies beide Mädchen an, ein Lieblingsspielzeug mitzunehmen. Samantha wählte einen Stoffhasen mit einer roten Weste aus, den Vera ihr vor kurzem geschenkt hatte, als sie an einer Lungenentzündung litt. Stephanie nahm ihre Schmusedecke mit, die grüne Babydecke, die Craigs Mutter ihr gestrickt hatte, als sie noch ganz klein war. Craig packte außerdem einen großen Teddybären ein als Kopfkissen für die bevorstehende Fahrt.

Um Vera zu täuschen, ließ Frank seine Windjacke, die letzte Packung mit amerikanischen Zigaretten und sein Feuerzeug in der Wohnung und schrieb ihr einen Zettel: »Ich bin mit den Mädchen zu meinem Freund Bob Servo gefahren. Wenn sie müde werden, bleiben wir über Nacht dort, und ich bringe sie morgen früh wieder nach Hause.« Frank packte noch zwei Wegwerfwindeln ein – genug für Samanthas dringendste Bedürfnisse, aber nicht so viele, daß sich Vera wundern würde. Dann nahmen sie die Mädchen auf den Arm und brachten sie zum Auto hinunter. Craig kletterte auf den Rücksitz, um mit seinen Töchtern zu spielen, Frank setzte sich ans Steuer. Um 21 Uhr fuhren sie los: Vor ihnen lagen die Niederlande oder die Festnahme. Als sie die Autobahn erreichten, schaltete Frank in den fünften Gang und trat das Gaspedal ganz durch. Er holte alles aus den vier Zylindern heraus.

Die beiden Männer hatten die Fahrt bis in alle Einzelheiten geplant. Sie wollten versuchen, die Mädchen bis etwa 160 Kilometer vor der Grenze wachzuhalten und sie dann einschlafen zu lassen. Unmittelbar vor dem Grenzübergang sollten Craig und die Kinder in den bereits mit Schaumgummi und Decken ausgekleideten geräumigen Kofferraum des Peugeot steigen. Mit etwas Glück würden die Mädchen durchschlafen, bis sie in den Niederlanden waren. Sicherheitshalber sollte Frank kurz aufs Bremspedal treten, wenn ein Grenzbeamter auftauchte; Craig wäre dann gewarnt, denn er würde das Aufleuchten der Bremslichter im Kofferraum bemerken, und wenn die Kinder aufwachten, konnte er ihnen notfalls den Mund zuhalten.

Sie hatten auch einen Ausweichplan parat. Wenn etwas schiefging und sie angehalten wurden, wollte Craig den am nächsten stehenden Grenzbeamten niederschlagen und dann noch möglichst viele andere außer Gefecht setzen, während Frank mit den Mädchen im Auto flüchtete. Frank sollte zum amerikanischen Konsulat in Amsterdam fahren und dort warten, bis Craigs Eltern mit ihren Anwälten erschienen. Die Hauptsache sei, betonte Craig, daß die Kinder um keinen Preis wieder zu Vera zurückkehren dürften.

Sie kamen zügig und zumindest in den ersten drei Stunden ohne Zwischenfälle voran. Craig war in »Panikstimmung – ängstlich, aufgeregt und erleichtert zugleich«. Um sich die Zeit zu vertreiben, sang er mit seinen Töchtern Kinderlieder. Er gab beiden einen Lutscher, weil er hoffte, der Zucker werde sie länger wachhalten. Die Mädchen waren zwar müde, aber in bester Stimmung; sie freuten sich schon auf das Wiedersehen mit Craigs Eltern und einer Cousine, mit der sie in Muskegon gespielt hatten. Die knapp zweijährige Samantha lernte gerade sprechen und plapperte auf deutsch vor sich hin. Die vierjährige Stephanie hatte ihr Englisch noch nicht vergessen. Einmal sah sie ihren Vater an und meinte: »Ich wußte, du würdest kommen und mich holen.« Craig, bemüht, sie vom Weinen abzuhalten, antwortete: »Na, ich konnte euch doch nicht im Stich lassen.«

Nach einer kurzen Pause auf einem Rastplatz, wo Craig Samanthas Windeln wechselte, schliefen die Mädchen ein, und Craig setzte sich nach vorn neben Frank. Die Nacht war kalt, und die Männer deckten die schlafenden Kinder mit ihren Jacken und ihren Flanellhemden zu; sie selbst hatten nur noch ihre verschmutzten T-Shirts an. Craig wußte, daß sie noch eine knappe halbe Stunde von der Grenze entfernt waren. Sobald die Mädchen ihn nicht mehr ablenkten, wurde er immer nervöser. Würden sie es schaffen? Was würde passieren, wenn sie in Holland waren? Sie fuhren weiter durch eine bewaldete Sumpflandschaft. Die beiden Männer sprachen nur wenig, jeder war mit seinen Gedanken beschäftigt.

Etwa um diese Zeit merkten sie, daß sie sich rettungslos verfahren hatten. Sie waren der Karte gefolgt, auf der sie an ihrem zweiten Tag in der Bundesrepublik den Weg eingezeichnet hatten; danach mußten sie, kurz bevor die Autobahn aufhörte und in eine andere Straße überging, rechts abbiegen. Sie waren entweder zu früh oder zu spät abgebogen. Als sie sich einer Anhöhe näherten, tauchte plötzlich vor ihnen ein Schild mit der Aufschrift *Douane, Zoll, 1 km* auf, das sie noch nie gesehen hatten. Craigs Puls wurde schneller. Er wußte, daß diese Stelle gefährlicher war als der harmlose Übergang an der Straße mit dem Kopfsteinpflaster.

»Fahr den Hügel hinauf und halt an«, sagte Craig. Bevor sie dann weiterfuhren wie geplant, wollte er sich mit den Mädchen im Kofferraum verstecken. Als Frank den Wagen aus einer Geschwindigkeit von 95 Stundenkilometern heraus mit quietschenden Bremsen zum Stehen brachte, stand er auf einmal in gleißendem Flutlicht. Das Schild hatte gelogen. Sie waren nicht einen Kilometer von der Grenze entfernt, sondern höchstens noch 60 Meter. Vor ihnen lag in Rufweite ein größerer Grenzübergang mit acht bis zehn Fahrspuren und jeweils einem Glashäuschen und Scheinwerfern dazwischen. Der Peugeot war weit und breit das einzige Auto, und gewiß wurden sie von sämtlichen Grenzbeamten beobachtet. Der Plan mit dem Kofferraum war durchkreuzt. Schlimmer noch, es gab kein Zurück, denn sie waren auf einer Einbahnstraße.

In Craigs Kopf drehte sich alles. Er zeigte auf einen seitlich gelegenen Parkplatz für die Kontrolle von Lastwagen und forderte Frank auf, dort zu halten. Aufgeregt stoppte Frank auf dem Parkplatz und schaltete Licht und Motor aus, was die Grenzer nur mißtrauischer machen konnte. Da entdeckte Craig in Richtung der Wachhäuschen einen Münzfernsprecher. »Geh zum Telefon und tu so, als wolltest du jemanden anrufen«, sagte er zu Frank. »Ich lasse mir in der Zwischenzeit was einfallen.«

Leichter gesagt als getan. Sie saßen in der Falle. Entweder konnten sie weiterkämpfen oder aufgeben – aber dazu war Craig nicht bereit. Frank setzte sich wieder ans Steuer und fragte: »Und? Was machen wir jetzt?«

Craig lächelte dünn. »Hast du starke Nerven? Dann fahr durch.«

Frank dachte nach. »Du willst, daß ich den ersten Gang einlege und einfach durchfahre?«

»Nein«, sagte Craig, »wenn sie auf den Wagen schießen, könnten sie die Mädchen treffen. Fahr langsam an die Häuschen heran und wedele mit deinem Paß. Dann sehen wir ja, ob sie dich durchwinken.« Bis zu diesem Moment hatte die Angst Craig fast aufgefressen. Er hatte merklich gezittert; sogar um seinen Mund zuckte es. Aber sobald er entschieden hatte, was zu tun war, wurden beide wieder ruhiger – so riskant die Sache auch sein mochte.

Craig hatte diese Methode schon einmal erfolgreich angewandt, aber diesmal funktionierte sie nicht, denn sie hatten sich zu auffällig verhalten. »Halt!« riefen die Grenzbeamten. Etwa ein halbes Dutzend von ihnen kam herbeigerannt. Sie waren noch sechs Meter entfernt.

Zwei Grenzer tauchten auf beiden Seiten des Wagens auf und verlangten die Pässe. Frank gehorchte, aber Craig erstarrte auf seinem Sitz; er hatte seine Papiere in einem Beutel im Kofferraum gelassen. »Bitte aussteigen!« forderte sie der diensthabende Beamte auf. Craig betete, daß seine Töchter nicht aufwachten und daß die Beamten sie unter den auf dem Rücksitz ausgebreiteten Hemden und Jacken nicht sahen. Er nahm die Autoschlüssel, stöberte im Kofferraum und reichte dem Beamten dann mit gespielter Ruhe seinen Paß. Aber dann verließ ihn der Mut. Er sah, daß der Beamte einen tragbaren Computer bei sich hatte, wie er ihm schon im Zug nach Frankfurt fast zum Verhängnis geworden wäre. Und als ein dritter Beamter sich vorbeugte und mit seiner Taschenlampe den Rücksitz absuchte, war Craig sicher, daß alles verloren war. Stephanies blondes Haar schimmerte in der Dunkelheit.

Der Grenzbeamte öffnete gerade den Mund, als wolle er etwas fragen, da lenkte Craig ihn ab, indem er rasch drei Schritte zurückging. »Halt!« Zwei der Beamten öffneten ihre Pistolenhalfter und griffen nach ihren halbautomatischen 9-Millimeter-Waffen.

Mit Unschuldsmiene sagte Craig: »Entschuldigung. Durchsuchen Sie ruhig den Kofferraum.«

»Haben Sie etwas zu verzollen?«

»Nein, nichts«, antwortete Craig. *Bis auf zwei kleine Mädchen ohne Papiere auf dem Rücksitz.*

Der Beamte gab Frank die Pässe zurück, war aber immer noch nicht zufrieden. Die beiden Männer sahen nicht aus wie gewöhnliche Touristen. »Wo sind Ihre Souvenirs? Wo ist Ihre Kamera?« Craig antwortete nicht. Er setzte sich wieder auf den Beifahrersitz, steckte den Zündschlüssel ins Schloß und sagte leise zu Frank: »Fahr langsam an. Würg den Motor nicht ab, laß die Reifen nicht quietschen, fahr einfach ganz ruhig los.«

Frank fuhr an, und mehrere Beamte gingen drei oder vier Schritte mit dem Wagen mit, als seien sie noch nicht fertig. Dann blieben sie zurück, und der Peugeot hatte die Grenze passiert. Das Ganze hatte vielleicht sieben Minuten gedauert.

Aber Craig war noch nicht zum Jubeln zumute. Er war nicht sicher, ob sie tatsächlich schon in den Niederlanden waren oder ob noch ein anderer Grenzübergang vor ihnen lag. Sie fuhren noch zwei Stunden lang weiter. An die Stelle der weißen deutschen Nummernschilder waren längst gelbe niederländische getreten. Am frühen Sonntagmorgen erreichten sie schließlich den Stadtrand von Amsterdam. Auf einem Parkplatz machten sie ein Nickerchen, dann suchten sie sich ein Hotel in der Nähe des amerikanischen Konsulats, das erst am Montag wieder geöffnet wurde. »Wir wollten ganz in der Nähe sein«, erklärte Craig. »Wir wußten immer noch nicht, ob sie [die Holländer] uns nicht wieder nach Deutschland zurückschicken würden. Deshalb wollten wir uns versteckt halten.«

Außerdem mußten sie mit Bargeld sparen. Craig hatte von seinen 20000 Dollar nur noch 80 übrig. Sie nahmen sich ein Einzelzimmer in einem schäbigen Hotel, aßen trockenen Käse und Toast und tranken warme Cola. Am Montag ließen sie die Mädchen fotografieren und suchten das Konsulat auf, um sich die kostbaren Pässe ausstellen zu lassen. Da sie Kinder dabei hatten, wurden Craig und Frank von einer langen Warteschlange vorgelassen. Endlich, dachte Craig, behandelt man uns mit Respekt, als *Amerikaner*. Dann saßen sie der Frau vom Konsulat gegenüber, mit der Craig einen Monat zuvor aus den Staaten telefoniert hatte.

»Wie haben Sie es denn geschafft, ohne Pässe über die Grenze zu kommen?« fragte sie streng.

»Das ist doch egal. Jetzt sind wir jedenfalls hier«, sagte Craig. »Hier sind die Fotos, die Geburtsurkunden, die Sozialversicherungskarten und die gerichtliche Verfügung, nach der ich das alleinige Sorgerecht habe.«

Aber die Beamtin wollte alles wissen: »Haben Sie die Kinder herausgeschmuggelt? Haben Sie jemanden verletzt? Haben Sie die Kinder entführt?«

»Hören Sie«, sagte Craig, »die Kinder sind hier, und sie sind amerikanische Staatsbürger. Hier sind die Papiere, geben Sie mir die Pässe. Wie wir hergekommen sind, geht Sie wirklich nichts an.«

Eine Viertelstunde lang lieferten sie sich ein Wortgefecht, dann wurde die Frau endlich weich. Sie hatte nur ihre Pflicht getan, und sie konnte sehen, daß die Kinder bei ihrem Vater offenbar glücklich waren. Ein paar Minuten später kam sie zurück und sagte: »Hier sind Ihre Pässe, Mr. DeMarr. Meinen Glückwunsch.« Mehrere andere Konsulatsangestellte standen auf und applaudierten. Einer gab die Neuigkeit laut an die Wartenden weiter, und bald klatschten alle im Raum Beifall. Craig wurde warm ums Herz.

Sie hatten noch andere schöne Erlebnisse. Zwei Angestellte der Northwest Airlines überließen ihnen ihre reservierten Plätze für einen ausgebuchten Transatlantikflug am folgenden Tag. Wieder andere Begegnungen waren weniger erfreulich: Ein Zollbeamter in Boston zog Craig aus der Reihe der Wartenden, öffnete grob sein Gepäck und wollte wissen, wo die Mutter der Mädchen sei, bevor er ihn gehen ließ. »Ich sagte ihm, die Mutter sei für ein oder zwei Wochen bei ihrer Familie in Deutschland zu Besuch.«

Craig hatte zu viel durchgemacht, um zu glauben, daß sie es geschafft hatten. Frank und er hatten während des Fluges von Amsterdam kaum ein Wort gesprochen. Sie hatten ihr Budweiser getrunken und den Mädchen dabei zugesehen, wie sie die Erdnüsse futterten. Selbst nach der Landung in Detroit, als sie vor dem Flughafengebäude auf Craigs Familie warteten, war Craig auf der Hut.

»Ich beugte mich gerade über Stephanies Schuh, um ihn zuzubinden«, erinnerte sich Craig, »und ich wußte nicht, daß jemand hinter uns gehalten hatte. Ich hörte nur Schreie und schnelle Schritte auf dem Pflaster. Die Schritte kamen direkt auf mich zu. Ich fuhr herum und wollte auf die Person losschlagen, denn ich war völlig mit den Nerven fertig. Schließlich hatte ich nicht all die Strapazen auf mich genommen, um jetzt zurückgeschickt oder verhaftet zu werden.«

Aber die Schritte, die Craig gehört hatte, waren die seiner Freundin, die ihm um den Hals fiel, ehe er irgendwelchen Schaden anrichten konnte. Stephanie rannte zu Craigs Mutter und umklammerte sie, Samantha marschierte auf wackligen Beinen geradewegs zu ihrem Großvater. Unter Tränen und Umarmungen wurden die beiden erschöpften Helden mit Geschenken für die Heimfahrt im Lieferwagen überschüttet: zwei Stangen

Camel-Zigaretten, zwei Sechserpackungen amerikanisches Bier und, als Höhepunkt, zwei speziell angefertigte T-Shirts. Craigs T-Shirt trug vorn die Aufschrift »Superdad«, und auf der Rückseite standen die Namen seiner Töchter. Die Aufschrift auf Frank Corbins T-Shirt lautete: »Der beste Freund, den ein Mann sich wünschen kann.«

In Muskegon mußten zunächst einmal die Wunden heilen, und vor allem mußte den Mädchen die Angst vor ihrem früheren und künftigen Zuhause genommen werden, wo sie so viel Schreckliches erlebt hatten. Jeden Morgen brachte Craig Stephanie und Samantha zu dem Haus, das er in so chaotischem Zustand zurückbekommen hatte. Während die Kinder spielten, arbeitete ihr Vater an der Installation und an den Wänden. Craigs Mutter und seine Freundin hatten bereits die Schlafzimmer der Mädchen tapeziert, mit neuen Teppichen ausgelegt und Rüschenvorhänge aufgehängt, als wollten sie die Vergangenheit auslöschen.

Craig setzte an der Vorder- und Rückseite des Hauses neue Fenster und Türen ein, komplett mit Einriegelschlössern und stählernen Rahmen für die Türpfosten. Dabei bat er seine Töchter, ihre Spielsachen hinzulegen und ihm zu helfen. »Sie sollten mir Hammer und Nägel reichen, und ich sagte: ›Paßt gut auf.‹ Ich schlug die Nägel ein und sagte: ›Seht, diese Stahltür kann niemand eintreten. Niemand kann hier herein, um euch zu holen.‹«

Trotz Craigs Bemühungen heilten die alten Wunden nur schwer. Kaum wohnten sie wieder im alten Haus, da wachte Stephanie nachts schreiend auf, weil sie von Veras früherem Freund geträumt hatte. »Dieser blöde David will mich holen! Er bricht die Tür auf! Er zertrümmert die Fensterscheiben, er will mich holen, er will mir weh tun!« Craig rannte die Treppe hinauf, knipste das Licht an und beruhigte sie. Wenn der Traum besonders schlimm gewesen war, trug er sie auf dem Arm die Treppe hinunter und zeigte ihr, daß die Türen verschlossen waren. Sie sei hier absolut sicher.

In den ersten Monaten ließen die Töchter Craig nur ungern

aus den Augen. Sie klammerten sich förmlich an ihn. Wenn er ins Bad ging, um zu duschen, setzten sie sich draußen vor die Tür und redeten mit ihm. »Bist du noch da?« – »Ja, ich bin noch da.« Fremden, vor allem Männern gegenüber waren die Mädchen zurückhaltend. Schon ganz kleine, alltägliche Zwischenfälle brachten sie aus dem Gleichgewicht, und Craig gab sich Mühe, daß »alles reibungslos funktionierte, ohne große Hetze und ohne Aufregung«. Sie erschraken furchtbar, wenn Menschen schrien, weil sie das als Auftakt zu Gewalttätigkeiten betrachteten, und Craig schärfte seinen Freunden ein: »In diesem Haus sind keine lauten Auseinandersetzungen erlaubt.«

Aber auch solche Wunden heilen bei kleinen Kindern schließlich, wie es sich in den folgenden zwei Jahren bei Stephanie und Samantha zeigte. Heute sind sie gesellige, wohlerzogene Kinder, die sich gut eingelebt haben, so gut sogar, daß ein Mitarbeiter der Jugendfürsorge Craig erklärte, sie benötigten zumindest im Moment keine Therapie.

Trotzdem wird ihre Kindheit wohl nie ganz normal sein. Craig weiß, daß ihre Sicherheit von seiner ständigen Wachsamkeit abhängt – so wie ich in bezug auf Mahtab immer wachsam sein muß. Der Rektor von Stephanies Schule hat sich bereit erklärt, Fenster und Türen geschlossen zu halten. Am Ende des Schultages wartet Stephanie mit ihrer Lehrerin im Klassenzimmer, bis sie entweder von Craig, seiner Mutter oder seiner Schwägerin abgeholt wird. Sollte Vera eines Tages in der Schule auftauchen, würden die Lehrer, die Fotos und detaillierte Beschreibungen von ihr haben, umgehend die Polizei verständigen. Obwohl die Schule nur wenige Häuserblocks entfernt ist, geht Craigs Erstkläßlerin nie mit ihren Schulkameradinnen nach Hause und nie ohne Begleitung nach draußen.

Zu Hause gelten dieselben Regeln. Craig erlaubt seinen Töchtern, in der Wohnung einer Nachbarin zu spielen, die die ganze Geschichte kennt. »In jedem Zimmer des Hauses gibt es Fenster, die immer geöffnet sind«, erklärte Craig. »Ich sehe, wenn sie hinübergehen, und ich beobachte sie dauernd vom Fenster aus.« Stephanie darf auf einer ruhigen Straße hinter dem Haus mit Freundinnen radfahren, solange sie in Sichtweite bleibt. Wenn die Mädchen bei seinen Eltern sind, fühlt sich Craig sicher. Ein Swimmingpool ist dort die Hauptattraktion. Aber das sind die Grenzen seiner sorgenfreien Welt.

Wenn Craig mit seinen Töchtern Besorgungen macht, trägt er eine 22er Magnum Derringer bei sich. Im Haus hat er in jedem Zimmer eine geladene Waffe versteckt, natürlich außer Reichweite der Mädchen. Dreimal in der Woche ruft er Vera in Fulda an. Wenn sie sich meldet, legt er sofort auf. Ihm ist wohler, wenn er weiß, daß sie sechs Zeitzonen von ihnen entfernt ist.

Manchmal überlegt Craig, ob er vielleicht überängstlich ist. »Was ich hier tue, scheint mir so unwirklich«, sagte er. »Manchmal denke ich, ich brauchte doch nicht ständig aufzupassen ... Aber was ist, wenn Vera in ein Flugzeug steigt? Was, wenn sie mich im Park gegenüber aus einem Leihwagen heraus beobachtet und ich ins Haus gehe und die Kinder draußen lasse? Es dauert nur eine Minute.« Craig überläßt nichts dem Zufall. Wenn ein Jugendlicher auf dem Gehweg vor dem Haus eine Limoflasche zerschlägt, steigt er sofort aus dem Bett, um nachzusehen. Wenn abends in der Nähe des Hauses ein fremder Wagen auftaucht, wählt er den Notruf.

»Es ist nie wirklich vorbei«, erzählt er niedergeschlagen. »Es geht einfach immer weiter.«

Tatsache bleibt, daß Vera die Mutter seiner Töchter ist und daß die Erinnerung an sie nie ganz verschwinden wird. Nach letzten Angaben arbeitet sie in einem Kiosk in Fulda und verkauft dort Zigaretten und Bier. Alle zwei Wochen ruft sie ihre Kinder an. Stephanie weigert sich meistens, an den Apparat zu kommen, aber Craig bringt sie schließlich dazu, daß sie im Wohnzimmer den Hörer abnimmt. »Ich weiß, wie es ist, völlig ausgeschlossen zu sein, es ist ein schreckliches Gefühl. Mir kommen die Tränen, wenn ich daran denke, wie mir zumute war. Ich kann mir vorstellen, wie es ist, wenn ein Kind am Telefon sagt: ›Ich will nicht mit dir sprechen.‹ Deshalb bitte ich Stephanie immer: ›Sag einfach nur hallo und daß du gerade einen Zeichentrickfilm siehst. Das versteht sie dann schon.‹«

Obwohl Vera in den letzten zwei Jahren mehr als einmal gedroht hat, Craig umzubringen, tut sie ihm immer noch »irgendwo leid. Aber damit muß Schluß sein, für mich und für meine Töchter.«

Stephanie hat ihr Deutsch fast vollständig vergessen, bis auf die Zeile eines Kinderverses: »Augen, Nase, Mund und Ohren.« Die Angst vor einer Rückkehr nach Deutschland ist stärker als die Sehnsucht nach der Mutter. Als Craig mit den Mädchen beim örtlichen Burger King kürzlich mittags Chicken-Nuggets aß, fragte er sie beiläufig, ob sie Vera gerne besuchen würden, und beide nickten.

»Möchtet ihr, daß sie kommt und bei uns bleibt?« fragte er weiter.

Stephanie verzog unschlüssig das Gesicht. »Ja und nein. Ich habe ein wenig Angst.«

»Hast du Angst, sie könnte dich wieder zurück nach Deutschland bringen?« Stephanie schüttelte den Kopf.

»Warum nicht?«

»Du bist doch hier«, sagte die Sechsjährige. »Sie kriegt mich nie wieder zurück.«

»Und was würde Daddy tun, wenn ein paar blöde Leute versuchen würden, in unser Haus einzudringen?«

»Du würdest sie umbringen!« rief Stephanie im Brustton der Überzeugung, der verriet, daß sie diese Antwort schon oft gegeben hatte.

Samantha meldete sich mit ihrer piepsigen Stimme zu Wort: »Und den doofen David sehen wir nie wieder.«

»Richtig, Schatz«, sagte Craig und wischte etwas Ketchup vom Mund des kleinen Mädchens.

Alleinerziehende Väter oder Mütter haben es nicht leicht, und Craig ist da keine Ausnahme. Um mehr Zeit mit den Mädchen verbringen zu können, arbeitet er nicht ganztags. In Muskegon ist es ohnehin schwer, Arbeit zu bekommen; die Arbeitslosenquote liegt bei zwölf Prozent. Craig bestreitet seinen Lebensunterhalt mit Autoreparaturen und Gelegenheitsarbeiten im Detektivbüro seines Vaters und mit der Unterstützung durch Familie und Kirche. Wenn seine Nerven sich bemerkbar machen, wartet er, bis die Mädchen Mittagsschlaf halten, schließt Vorder- und Hintertür ab und spielt mit einem Freund im Keller

Poolbillard. Nach einer Stunde hat er sich wieder beruhigt und ist für alle Eventualitäten gerüstet.

»Manchmal ist man fast überfordert, aber man weiß, es lohnt sich immer«, sagte er neulich. »Ich würde mit niemand anderem tauschen.«

In besonders schweren Zeiten denkt Craig an die plötzliche Ruhe, die ihn überkam, als Frank Corbin und er auf einem Parkplatz an der deutschen Grenze im Auto saßen – als die Erfolgschance ihres riskanten Plans, sicher über die Grenze zu kommen, praktisch gleich Null war.

»Ich habe immer fest an Gott geglaubt«, sagte Craig. »Aber nun glaube ich mehr denn je, daß ich einen Schutzengel habe. Da war etwas, als wir die Grenze überquerten, nicht nur die Erregung. Es war, als legte Gott mir die Hand auf die Schulter und sagte: ›Alles ist in Ordnung. Du tust das Richtige. Ich bin bei dir.‹«

Trotz unserer ständigen Sorge gehören Craig und ich zu den Glücklichen. Die große Mehrheit der verlassenen Eltern hat nicht soviel Glück. Sie sitzen in leeren Häusern, allein mit ihren Erinnerungen und alten Fotos, mit verstaubten Spielsachen und verrosteten Schaukeln. Meist fehlen ihnen die Mittel oder die Gelegenheit für eine Entführung, und wenn sie versuchen, ihre Kinder auf legalem Weg über ein ausländisches Gericht zurückzubekommen, werden sie meist abgewiesen.

Im Iran lebte ich in einer Gesellschaft, die mir vor Gericht keine Chance gab. Frau und Kinder waren ganz einfach das Eigentum des Mannes. Selbst wenn ich Moody hätte überreden können, sich von mir scheiden zu lassen (was unwahrscheinlich gewesen wäre), das Sorgerecht für Mahtab hätte auf jeden Fall er erhalten.

Obwohl Kinder nach islamischem Recht bis zu ihrem siebten Lebensjahr in der Obhut der Mutter bleiben sollen, versicherten mir alle, die ich in Teheran fragte, daß ich vor Gericht verlieren würde. Zuviel sprach gegen mich – die Tatsache, daß ich keine Moslime war (trotz meiner vorgetäuschten Bekehrung), und, noch belastender, meine amerikanische Staatsbürgerschaft. Ich war überzeugt, daß ich gegen einen iranischen Arzt vor Gericht keine Chance hatte. Christy Khan ist bis heute die einzige mir bekannte Frau aus dem Westen, der von einem islamischen Gericht gestattet wurde, mit ihren Kindern ein überwiegend islamisches Land zu verlassen.

Ist der verlassene Partner ein Mann, stößt er bei uns wie im Ausland auf ein weiteres Hindernis: das deutliche Vorurteil gegenüber Vätern beim Streit um das Sorgerecht. In einem von fünf Fällen werden die Kinder von der Mutter entführt, das heißt, in jedem fünften Fall ist der Vater der verlassene Elternteil. Die Geschichte von Craig DeMarr – wie die von Ramez Shteih – macht deutlich, daß unser Problem nicht nur Mütter oder nur Väter angeht, sondern *beide* Elternteile. Sie zeigt auch, daß das Geschlecht allein nicht darüber entscheiden darf, wer für die Erziehung der Kinder am besten geeignet ist, und daß das Recht eines Kindes auf Geborgenheit und Sicherheit Vorrang haben muß.

7

Zwischen Hoffen und Bangen

Nach zahlreichen Beratungen wurde Chris Korest, Arnie und mir klar, daß keine Region, kein Staat und keine soziale Schicht gegen das Problem der internationalen elterlichen Kindesentführung gefeit ist. Das Problem war viel größer und weniger bekannt, als wir angenommen hatten. Um es stärker ins Bewußtsein der Öffentlichkeit zu rücken, schlug Chris einen Workshop vor, zu dem insbesondere Richter und Anwälte eingeladen werden sollten.

Getrieben von ihren Muttergefühlen, stieß auch Lori Hansen Riegle, die Frau des Senators, zu uns. Eines verschneiten Abends im November 1990 kam sie nach Lansing, wo der erste Workshop stattfand.

Auch vom Nationalen Zentrum für vermißte und mißbrauchte Kinder und vom Außenministerium erschienen Vertreter. Neben den Experten saßen auch betroffene Mütter, Christy Khan und Jessie Pars, auf dem Podium.

Ich sprach von meinen Erfahrungen. Nach mir berichtete Jessie Pars aus Philadelphia, wie sie ihren Mann dazu überredet hatte, ihre beiden Kinder aus dem Iran zu einem Besuch in die Türkei zu bringen, und wie sie die Kinder von dort in die Staaten zurückgeholt hatte. Dann erzählte Christy Khan von ihren beiden Söhnen, die damals noch immer in Pakistan waren.

Zu diesem Zeitpunkt gab es kaum noch ein trockenes Auge im Publikum. Die Zuhörer erkannten, daß dieses Problem auch bei uns häufig vorkam. Damit hatten wir neue freiwillige Helfer gefunden.

Im August des Jahres 1991 versammelten wir uns erneut. Mrs. Riegle und die Organisation »One World: For Children«, die ich als Reaktion auf das Problem der internationalen elterlichen Kindesentführung mitbegründet hatte, riefen zu Spenden für Christy Khan auf. Christy hatte sich in große Unkosten gestürzt, um ihre Kinder Anfang des Jahres zurückholen zu können. Da ich ihren Fall aus nächster Nähe verfolgt hatte, war es eine große Genugtuung für mich, Mutter und Kinder wieder vereint zu sehen.

In meinem kurzen Vortrag mußte ich darauf hinweisen, daß ihr Fall leider untypisch war. »Christy und ich gehören zu den Glücklichen: Wir haben unsere Kinder wieder. Aber in den meisten Fällen gibt es kein Happy-End.«

Leider kommt es in der großen Mehrheit der Fälle nicht zu einer Wiedervereinigung. Einige Eltern kennen nicht einmal den Aufenthaltsort ihrer Kinder oder werden daran gehindert, in das Land des Entführers zu reisen. Andere werden von der Justiz des Landes aufgrund nationaler oder religiöser Differenzen abgewiesen. Nur wenige erhalten das Sorgerecht, dürfen das Land dann jedoch nicht verlassen; sie bezahlen ihre Elternschaft mit der Freiheit.

Während meiner kurzen Ansprache fiel mein Blick auf eine andere betroffene Mutter, auf Mariann Saieed. Ich erzählte dem Publikum, Mariann sei eine Woche zuvor aus dem Irak zurückgekehrt. Ihre beiden Kinder habe sie beim Vater lassen müssen, von dem sie entführt worden seien. »Ihr Mann versprach ihr, sie dürfe ihren Sohn mitnehmen«, fuhr ich fort, »also packte sie seine Koffer. Doch dann überlegte ihr Mann es sich anders und sagte nein.«

Mariann zeigte an jenem Abend großen Mut. Sie saß inmitten der Gratulanten und mußte Christys Söhnen beim Spielen zusehen, während ihre eigenen Kinder für sie unerreichbar waren. Ihre Geschichte hat es verdient, erzählt zu werden.

Für Mariann Saieed war die Antiquitätenausstellung in Ohio eine einzige Enttäuschung. Das Geschäft mit ihrer Sammlung von Spielsachen, Puppen und Büchern aus der Zeit vor 1970 ging normalerweise gut. »Kaufen Sie sich Ihre Kindheit zurück«, lautete ihr erfolgreiches Motto. Aber an diesem warmen Samstag im Juni 1990 fand sie kaum Käufer. Gegen 19 Uhr wurde sie unruhig. Sie rief in ihrer Wohnung in einem Vorort von

Detroit an, wo sie ihren Ehemann Khalid mit ihrem achtjährigen Sohn und ihrer vierjährigen Tochter zurückgelassen hatte.

Niemand antwortete. In einer anderen Familie hätte dies nichts weiter bedeutet: Vielleicht waren Mann und Kinder Eis essen oder ins Kino gegangen. Aber für Mariann war das rhythmische Klingeln ein Zeichen des Unheils. Khalid ging nie mit den Kindern aus, schon gar nicht abends.

Schon als sie auflegte, »wußte ich innerlich, daß er sie in den Irak mitgenommen hatte«.

Mariann rief jede Stunde an, und bei jedem erfolglosen Versuch wuchs ihre Angst. Wenn ihr Mann ohne Vorwarnung abgereist war, konnte sie das nicht weiter überraschen, denn das hatte er in den vergangenen zehn Jahren ein halbes dutzendmal getan. Erst kurz zuvor hatte er den Wunsch geäußert, in den Irak zurückzukehren. Mariann rechnete damit, daß er wie so oft allein reisen würde. Bisher hatte sie nicht im Traum daran gedacht, daß er die Kinder mitnehmen könnte.

Am nächsten Tag begab Mariann sich auf den langen Heimweg. Sie bemühte sich, langsam zu fahren und ruhig zu bleiben, denn sie wollte nicht aus Panik einen Unfall verursachen. Sie mußte jedoch immer an das merkwürdige Verhalten denken, das ihr Mann seit kurzem an den Tag legte. Khalid hatte sich immer über ihre Leidenschaft für Antiquitäten geärgert, vor allem über ihre Geschäftsreisen. Als sie das erste Mal in Ohio übernachtete, hatte er sich geweigert, ihre Anrufe entgegenzunehmen. Nach dem zweitenmal war er eine Woche lang schlecht gelaunt. Vor dieser dritten Reise jedoch war er ungewöhnlich hilfsbereit gewesen. »Fahr ruhig«, hatte er gesagt. »Und wenn du müde bist, kannst du ja bis Montag bleiben.«

Als Mariann abends zu Hause eintraf, fand sie alles unverändert vor. Nur auf dem Wohnzimmerboden lag ein leerer Koffer, dem sie verbittert einen Fußtritt versetzte. »In diesem Augenblick wußte ich sicher, daß er abgereist war.« Auf dem Eßzimmertisch fand sie eine Notiz, die auf einen Fetzen Computerpapier gekritzelt war: »Wir machen Ferien. Bis bald.«

Von den Kindersachen fehlte nichts. Khalid hatte alles getan, »mich so lange wie möglich abzulenken«, folgerte Mariann.

»Die Kinder sollten sich eingelebt haben, bevor ich ihn erreichen konnte.« Im folgenden Monat trafen zahlreiche Rechnungen für Kreditkäufe ein. Wie sich herausstellte, hatte Khalid durch Einkäufe, Barvorschüsse und Bankkredite einen Schuldenberg von 30000 Dollar angehäuft. Außerdem hatte er den Kindern am Tag vor der Abreise neue Kleidung gekauft.

Marianns Befürchtungen bestätigten sich, als sie sich mit dem Papierwust beschäftigte, den Khalid in einem Müllsack zurückgelassen hatte. Sie rekonstruierte den Reiseweg aus Flugnummern und Reservierungscodes: Auf eine Fahrt nach Toronto folgten Flüge nach London, Wien und schließlich Bagdad.

Nach einer schlaflosen Nacht rief Mariann die Jugendabteilung des örtlichen Polizeireviers an, die sie an das Nationale Zentrum für vermißte und mißbrauchte Kinder weitervermittelte. »Ich gab ihnen Namen und Adresse«, berichtete Mariann, »und sie sagten, sie würden mir ein Buch schicken. Danach verwiesen sie mich an das Außenministerium.« Mariann telefonierte mit einem Beamten des Konsularischen Dienstes für amerikanische Staatsbürger und erhielt »eine lange Broschüre über internationale elterliche Kindesentführungen, in der im wesentlichen mitgeteilt wird, daß man nichts tun kann«.

Das schlimmste war der Zeitpunkt der Entführung. Zwei Monate später fiel der Irak in Kuwait ein. Fünf Monate danach wurde die neue Heimat ihrer Kinder gnadenlos von ihrer eigenen Nation bombardiert. Es sollte sehr lange dauern, bis Mariann herausfinden konnte, ob Adam und Adora überlebt hatten.

Mariann und Khalid hatten sich 1980 als Studenten in einem College bei Detroit kennengelernt und sechs Monate später geheiratet. Sie war 20, er 23. Khalid war zwei Jahre zuvor in die Staaten gekommen, um Maschinenbau zu studieren. Er war ein Mann ohne erkennbare Laster: Er rauchte, trank und spielte nicht. Zurückhaltend und ehrgeizig, verbrachte er 15 Stunden täglich in der Universitätsbibliothek.

Mariann hatte gerade eine Beziehung mit einem temperamentvollen jungen Mann beendet, weshalb Khalids unaufdringliche Art wie eine Befreiung wirkte. »Ich weiß nicht, was ihn an mir reizte«, sagte sie. Sie ist groß, mit kräftigen Gesichtszügen, grünen Augen und schulterlangem braunem Haar; ihre Stimme ist melodisch. »Als ich ihn das erste Mal sah, funkte es sofort. Ich wußte genau: Das ist der Richtige.«

Der erste ernsthafte Streit ereignete sich ein halbes Jahr nach der Heirat, als Khalid von einem sechswöchigen Irak-Aufenthalt zurückkehrte und Mariann ihm mitteilte, sie sei schwanger. Wütend beschuldigte er sie, ihre »Abmachung« gebrochen zu haben, nach der sie frühestens in fünf Jahren Kinder haben wollten, wenn er seine Ausbildung beendet hatte. Khalid schrie aufgebracht: »Das hast du absichtlich getan. Du hast mein Leben zerstört.« Kurz danach zog er in eine eigene Wohnung und ließ Mariann ohne Auto und ohne genügend Geld zurück. »Es gab Tage, an denen ich nichts zu essen hatte«, berichtete sie. »Oder manchmal nur einen Schokoriegel.«

Drei Wochen vor Adams Geburt zog Khalid nach Texas, um dort zu studieren. Nachdem er einige Monate später zu Mariann zurückgekehrt war, interessierte er sich kaum für das Baby; er badete es nicht, wechselte ihm nicht die Windeln und fütterte es kein einziges Mal. Mariann mußte die ganze Hausarbeit erledigen, und sie hatte außerdem noch einen Job als Briefträgerin angenommen. »Ich brachte Adam zur Babysitterin, holte ihn wieder ab, hielt das Haus in Ordnung und bezahlte die Rechnungen, während Khalid studierte«, erzählte sie. Der Streß erhöhte sich dadurch, daß sie ihm »nie mehr trauen« konnte, zumal er wiederum verschwand, als Adam 18 Monate alt war.

Während dieser zweiten Trennung äußerte Marianns Mutter die Befürchtung, Khalid könne eines Tages mit Adam das Land verlassen. Um sie zu beruhigen, sagte Mariann: »Unmöglich, das würde er nie tun.«

Das Familienleben änderte sich, als Adora geboren wurde. Mariann hatte bereits damals schlimme Vorahnungen: »Ich wußte, daß es bald großen Ärger geben würde.«

Khalid war wegen der zweiten Schwangerschaft noch wütender. Ihm war klar, daß er seine Ausbildung jetzt nicht planmäßig beenden konnte, weil er Geld verdienen mußte. Er verstand sich auf psychologische Kriegführung und sprach monatelang nicht mehr mit Mariann. Im Mai 1986 – Adora war gerade drei Monate alt – verschwand er von neuem: Diesmal wollte er sich an einem kalifornischen College einschreiben.

Die berufliche Belastung und die chronische Krankheit der beiden Kinder – beide litten an Asthma – wurden Mariann schließlich zuviel. Telefonisch stellte sie Khalid ein Ultimatum: »Wenn du nicht bald zurückkommst, hast du keine Familie mehr.« Khalid kehrte zurück und fand einen Posten bei der Elektrofirma Perceptron. Mariann konnte ihren Job aufgeben und für die nächsten drei Jahre zu Hause bleiben und den Haushalt versorgen.

Die Familie hatte jedoch weiterhin Probleme. Wenn Khalid und Mariann sich besonders heftig stritten, drohte der eine dem anderen, ihn zu verlassen. Auch das Wort »Scheidung« tauchte wiederholt auf, obwohl Mariann nicht sicher war, ob sie wirklich den Mut dazu aufbringen würde. Ihre Vorahnung Adoras wegen bestätigte sich. Nachdem das Baby aus den Windeln war, zeigte Khalid extrem puritanische Neigungen. Geschichten über das Sexualverhalten junger Mädchen in den USA und die Einnahme von Drogen durch Jugendliche beunruhigten ihn. Als Adora drei Jahre alt war, geriet er bereits außer sich, wenn sie zum Beispiel einen Badeanzug trug, der ihre Taille nicht bedeckte. Wenn die Familie ausging, konnte er sich über die harmlosesten Dinge aufregen.

»Adora ist ein sehr lebhaftes, geselliges Mädchen«, sagte Mariann. »Sie redete von Anfang an mit allen. Als sie anderthalb Jahre alt war, begrüßte sie Fremde im Laden oft mit: ›Hallo, wie geht's?‹ In einem Restaurant sprach sie einmal den Hilfskellner an, einen Jungen von kaum 18 Jahren. Ärgerlich befahl Khalid ihr: ›Dreh dich um und sei still!‹ Ich merkte am Ton seiner Stimme genau, was er dachte: Adora sollte nicht mit einem Fremden sprechen. Er sah sie so merkwürdig an. Sie konnte den Blick natürlich nicht verstehen, ich dagegen sehr wohl.«

Khalid schien kaum noch eine Beziehung zu seiner Heimat zu haben, abgesehen von monatlichen Telefonaten mit seiner Familie, die er seit 1980 nicht mehr gesehen hatte. Er war zwar

Moslem, ging aber nicht zum Gottesdienst und sprach kaum mit Mariann über die Kultur, in der er aufgewachsen war. Als 1988 der Krieg zwischen Irak und Iran zu Ende ging, drängte er Mariann gelegentlich, mit ihm in den Irak zu ziehen – »für ein Jahr« –, damit die Kinder seine Familie kennenlernen konnten und um herauszufinden, ob es sich dort nicht leichter lebte.

Mariann wußte, daß Khalid sich in den Staaten ohne Freunde und Großfamilie isoliert fühlte. Sie lehnte seinen Vorschlag jedoch beharrlich ab. Sie hatte mit ihm vor langer Zeit vereinbart, die Kinder in Amerika zu erziehen. Was war, wenn sie in den Irak flogen und er ihr und den Kindern dann die Rückkehr verweigerte? Sie traute ihm einfach nicht.

»Ich ermutigte ihn immer wieder, hinzufliegen oder Verwandte hierher einzuladen. Sein Bruder wäre beinahe gekommen, entschied sich dann aber in letzter Minute anders. Das war wohl einer der Gründe dafür, daß Khalid die Entführung plante. Er zeigte sonst überhaupt keine Gefühle, aber als sein Bruder nicht kam, merkte ich, daß ihm wirklich elend zumute war.«

Im März 1990 wurde Khalid von Perceptron entlassen. Der Verlust der Stelle zerschnitt ein weiteres Band in einem Leben, das von Anfang an wenig gefestigt war.

Als Mariann die Papiere und Telefonrechnungen überprüfte, von denen die meisten postlagernd adressiert worden waren, erkannte sie, daß Khalid die Entführung seit mindestens zwei Jahren geplant hatte – seit der Zeit, als er zum erstenmal vergeblich eine Reise in den Irak vorschlug. Khalid hatte in der Stadtbücherei Artikel über internationale Entführungen gelesen und 1988 von der irakischen Botschaft eine Arbeitserlaubnis erhalten. Mit dem letzten, entscheidenden Schritt hatte er jedoch bis kurz vor der Abreise gewartet: der Eintragung der beiden Kinder in seinen irakischen Paß.

»Als Adora noch klein war und Khalid das letzte Mal zurückkehrte, sagte er wiederholt zu mir: ›Ich werde die Kinder nie wieder verlassen.‹ Das war seine feste Absicht. Egal was passierte oder wen er damit verletzte, er würde die Kinder nicht verlassen. Nach seiner Auffassung hat er jetzt das Richtige getan.«

Nun ist Mariann klüger. »Im Rückblick wird mir alles klar«, sagt sie. »Aber niemand, der ihn kannte, hätte ihm das zugetraut.«

Der Verlust ihrer Kinder stürzte Mariann monatelang in Trauer und Verzweiflung.

»Leuten, die sagten, sie könnten sich meine Schwierigkeiten gar nicht vorstellen, antwortete ich: ›Seid froh, daß ihr euch nicht vorstellen könnt, wie mir zumute ist. Es würde euch innerlich zerreißen.‹ Denn etwas Schlimmeres kann man überhaupt nicht durchmachen. Es ist ein Gefühl, wie wenn das Finanzamt einem mitteilt, daß es einen Steuerprüfer schickt, oder wie kurz vor einem Autounfall: Ein Drücken in der Magengrube kündigt an, daß etwas Schlimmes passieren wird. Ich hatte dieses Gefühl jeden Tag.«

Mariann mußte sich nach jedem Essen übergeben. Sie konnte die Wohnung nicht verlassen, ohne zu weinen. Wenn sie hinausfuhr, um an der frischen Luft zu sein, konnte eine Erinnerung an Adora, die sie immer im Auto begleitet hatte, einen heftigen Weinkrampf auslösen. Dann mußte sie zurückfahren, obwohl sie kaum die Straße erkennen konnte.

Es gab Zeiten, in denen Mariann, kaum daß sie die Wohnung verlassen hatte, von der irrationalen Idee verfolgt wurde, Khalid und die Kinder könnten plötzlich vor der Tür stehen. »Ich dachte immer: Was ist, wenn sie zurückkommen und ich bin nicht da? Deshalb eilte ich nach Hause, um jedesmal festzustellen, daß sie natürlich nicht da waren.«

Mariann verlor das Interesse an ihren Antiquitäten und sagte Einkaufsreisen ab. Sie wußte, daß sie einen Job brauchte, da Khalid das gemeinsame kleine Sparkonto geplündert hatte, konnte sich jedoch nicht zu einem Vorstellungsgespräch aufraffen. Ihr Leben, das sich immer um die Kinder gedreht hatte, war nun völlig sinnlos. Bald mußte ihre beste Freundin Lee Ballas sie jeden Morgen anrufen, damit sie auch wirklich aufstand.

»Lee fragte dann immer: ›Was hast du heute vor?‹ Worauf ich sagte: ›Nichts.‹ Dann meinte Lee: ›Nein, du mußt etwas tun: Zuerst rufst du das Außenministerium an, dann duschst du und ziehst dich an. Dann siehst du in deinem Postschließfach nach [das Mariann für ihr Geschäft benötigte], und dann treffen wir uns und entscheiden, was wir mit dem restlichen Tag anfangen.«

Mindestens einmal täglich versuchte Mariann, ihre Kinder im Haus von Khalids Bruder in Mosul anzurufen, einer großen, planlos gewachsenen Stadt im Nord-Irak. Sie wußte, daß Khalid keinen Kontakt mit ihr wünschte. Manchmal meldete sich eine Kinderstimme, bevor die Verbindung unterbrochen wurde, meistens meldete sich jedoch niemand. Mariann telefonierte so oft wie möglich mit der zuständigen Sachbearbeiterin im Außenministerium, Dawn McGlynn. Doch auch sie konnte ihr nicht weiterhelfen.

Nachdem sich irakische Beamte eingeschaltet hatten, konnte der reichlich nervöse Khalid am 31. Juli 1990 schließlich zu einem Treffen mit amerikanischen Botschaftsangehörigen in Bagdad überredet werden. Sechs Wochen nach der Entführung hatte Mariann endlich die Gewißheit, daß ihre Kinder gesund waren.

Obwohl kein Gesetz Khalid zwingen konnte, die Kinder zurückzugeben, schöpfte Mariann Mut. Joe Wilson, der Geschäftsträger der Botschaft und der zweithöchste Beamte nach Botschafterin April Glaspie, zeigte ein persönliches Interesse an dem Fall und schien bemüht, alles in seiner Macht Stehende zu tun.

Zwei Tage später jedoch, am 2. August, fiel der Irak in Kuwait ein. Wilson und seine Mitarbeiter hatten jetzt natürlich anderes zu tun. Mariann war mehr als zuvor auf sich allein gestellt, da sie keine Telefonverbindung nach Mosul bekam. »Ich hatte gedacht: *Schlimmer kann es nicht werden.* Natürlich kam es prompt schlimmer.« Wie gelähmt saß sie in ihrer Wohnung und schaute sich die Cable Network News (CNN) an – ihre Hauptbeschäftigung in den nächsten sechs Monaten.

Als ihre mißliche Lage bekannt wurde, rief man zuerst vom regionalen Nachrichtensender, dann von CNN selbst an. Zu Beginn verhielt Mariann sich reserviert, doch Lee ermutigte sie zur Kooperation: »Du brauchst Hilfe. Vielleicht gibt es irgendwo jemanden, der dir helfen kann.«

Der Bericht der CNN über Mariann sollte sich tatsächlich als hilfreich erweisen. Er brachte Mariann mit Frauen in ähnlicher Situation zusammen; außerdem hatte sie jetzt Kontakt zum Sender. Als CNN einmal eine von Saddam Husseins antiamerikanischen Reden abbrach, rief Mariann zornig die Zentrale in Atlanta an: »Wir wollen alles hören und selbst entscheiden.«

Joe Wilson hatte Mariann nicht vergessen. Während einer Reise nach Mosul im September versuchte er auf eigene Faust, sich mit Khalid in Verbindung zu setzen. »Das gehörte nicht zu seinen Aufgaben, aber er betrachtete es als eine Art humanitärer Mission«, sagte Mariann. Khalid war zwar beeindruckt von Wilsons Engagement und hohem Rang, stimmte jedoch nur einem Kontakt durch »offizielle« irakische Kanäle zu, was zu jener Zeit völlig unmöglich war.

Aber noch im selben Monat kam der Durchbruch. Khalid wollte die Kinder in Mosul einschulen und benötigte dafür Kopien ihrer Geburtsurkunden, die vom amerikanischen Außenministerium beglaubigt sein mußten. Wilson schlug einen Handel vor: Die Botschaft werde die beglaubigten Kopien zur Verfügung stellen, wenn Khalid bereit sei, Mariann anzurufen.

Einige Tage später meldete sich Wilson bei Mariann: »Ich habe Ihren Mann hier. Er will mit Ihnen sprechen.« Khalids Ton war aufreizend lässig: »Na, wie geht's?« Mariann mußte ihren Ärger zügeln, denn das Ministerium hatte ihr eine strikte Anweisung erteilt: »Seien Sie so freundlich wie möglich und halten Sie das Gespräch in Gang. Wenn Sie ihn verärgern, ruft er nicht mehr an.«

Nachdem sie erfahren hatte, daß die Kinder wohlauf und eingeschult seien, fragte sie, ob sie sich ihnen in Mosul anschließen könne. »Natürlich«, sagte Khalid, als habe er das schon immer gewollt. Sie vereinbarten, daß Mariann versuchen sollte, in der irakischen Botschaft in Washington, die damals noch nicht geschlossen war, ein Visum zu bekommen. Khalid würde ihr bei eventuellen Schwierigkeiten helfen.

Nun hatte Mariann wieder Freude am Leben. Um die Reise zu finanzieren, verkaufte sie ihren gesamten Besitz und ließ ihre Antiquitäten für 5000 Dollar versteigern. Dann zog sie zu ihrem

Bruder und dessen Frau, Tom und Mary Ann Smith. Sie hatte schon das Flugticket nach Bagdad in der Tasche, als sie im Oktober von der irakischen Botschaft erfuhr, daß sie für ein Visum eine formelle Einladung aus Bagdad benötige. Später fand sie heraus, daß, bedingt durch die Krise, kein Visum ohne Bestätigung durch einen irakischen Bürger ausgestellt wurde, in ihrem Fall durch ihren Mann.

Khalid rief Mariann Ende Oktober aus der amerikanischen Botschaft in Bagdad an und versicherte ihr, er werde »von hier aus alles tun«. Sie solle auf seinen Anruf warten und sich bereit halten.

Aber die Wochen vergingen, und kein Anruf kam. Als Amerika sich für den Krieg rüstete und Präsident Bushs Ultimatum für den irakischen Rückzug immer näher rückte, versank Mariann erneut in Depressionen. »Weihnachten stand vor der Tür. Den ganzen Tag liefen Werbespots mit Kindern, die sagten, wie schön das Fest sei. Ich fühlte mich so mies, daß ich nicht wußte, wie lange ich das noch ertragen würde.«

Am 21. Dezember meldete sich Khalid endlich mit einer guten Nachricht: Ihr Visum war genehmigt worden. Mariann fragte nach den Kindern, und Khalid erwiderte, daß Adam gerade draußen spiele. »Ich schrie ins Telefon: ›Gib ihn mir! Bitte, bitte, gib ihn mir!‹ Seit der Entführung ein halbes Jahr zuvor hatte ich nicht mehr mit den Kindern gesprochen. Adam kam ans Telefon und flüsterte nur: ›Hallo, Mom!‹ Ich fing an zu weinen. Im Hintergrund hörte ich die Anweisungen seines Vaters. Adam sagte, ihm und seiner Schwester gehe es gut, er habe keine Probleme mit seinem Asthma, er liebe mich und vermisse mich und ich solle bald kommen. Ich konnte zehn Minuten lang mit ihm sprechen, dann wurde die Verbindung unterbrochen.«

Am 25. Dezember wurde Mariann um drei Uhr morgens von einem irakischen Konsularbeamten aus Bagdad angerufen. »Frohe Weihnachten«, sagte der Mann. »Sie bekommen Ihr Visum.« Während er ihr eine wichtige Telexnummer durchgab, starrte Mariann auf das Telefon und dachte: Das muß ein Witz sein.

Es war kein Witz, sondern Realität, doch Marianns Ungewißheit war damit noch nicht zu Ende. Sie kaufte ein Ticket für den nächsten Flug nach Amman, Jordanien, am 12. Januar. Weil sie nur noch wenig Geld hatte, mußte sie befürchten, von dort die 800 Kilometer bis Bagdad nicht mehr weiterzukommen. Der Flug von Amman nach Bagdad mußte in Jordanien gebucht werden, da in den USA niemand Flugtickets in den Irak verkaufte. Und sie wußte, daß ihr Reisetermin gefährlich nahe am 15. Januar lag – dem Tag, an dem Hussein seine Truppen aus Kuwait zurückziehen sollte.

Am Tag der geplanten Abreise nach Jordanien wurde die amerikanische Botschaft in Bagdad geschlossen. Es hatte keinen Zweck mehr zu fliegen; auch der gesamte kommerzielle Luftverkehr in den Irak wurde eingestellt. Khalid, der nun öfter anrief, riet Mariann: »Warte, bis der Krieg vorbei ist. Er wird ohnehin nur noch einige Wochen dauern. Hab keine Angst, die Kinder sind in Sicherheit.« Mariann glaubte ihm nicht: *Er erzählt mir, die Kinder seien sicher, dabei sind sie doch in einem Kriegsgebiet.*

Khalid hatte ihr nicht mitgeteilt, daß Adam und Adora mit ungefähr 50 Verwandten für die Dauer des Krieges auf eine Farm außerhalb von Mosul umgezogen waren. 43 Tage lang gab es dort weder Strom noch fließendes Wasser, noch Kerosin zum Heizen – und das, obwohl die winterliche Temperatur auf etwa fünf Grad gefallen war.

Mariann saß wie gebannt vor ihrem kleinen japanischen Fernsehgerät und fühlte sich hilfloser denn je. Da die diplomatischen Beziehungen abgebrochen worden waren, konnte nicht einmal Joe Wilson etwas für sie tun. Er mußte zusammen mit den anderen Botschaftsangehörigen Bagdad verlassen. Mariann starrte auf den flimmernden Bildschirm und wartete. Sie schlief unruhig und nur wenige Stunden pro Nacht.

Als Mariann am frühen Abend des 16. Januar aufwachte und den Fernseher anschaltete, wurde sie von den Bildern und Geräuschen des ersten amerikanischen Bombenangriffs auf Bagdad begrüßt. Sie ging zu ihrer Freundin Lee, und beide saßen den ganzen Abend vor dem Apparat. Danach versuchte Mariann immer, in der Nähe eines Fernsehers zu sein.

»Ich mußte mir alles ansehen, ich hatte keine andere Wahl.

Wenn ich das nicht tat, spielte meine Phantasie verrückt, und ich dachte ständig an die Kinder und was ihnen Schreckliches passieren konnte.«

Auch der Kontakt zu Khalid war abgebrochen. Mariann beschloß, in der Zwischenzeit alle möglichen Informationen über den Irak zu sammeln. Sie mußte jedoch feststellen, daß sie dabei rasch an Grenzen stieß. Obwohl in den Vororten von Detroit der arabisch-amerikanische Bevölkerungsanteil am größten in den USA war, gab es in der Stadtbücherei von Detroit keine nach der Machtergreifung Saddam Husseins geschriebenen Bücher über den Irak. Mariann kopierte eine detaillierte Landkarte und heftete sie an das schwarze Brett in ihrem Schlafzimmer neben die Zeitungs- und Zeitschriftenartikel. »Ich hatte mir ein eigenes Informationszentrum eingerichtet«, sagte sie, »damit ich besser überblicken konnte, was passierte.«

Obwohl Mosul die drittgrößte Stadt des Irak ist, konnte Mariann kaum etwas über es in Erfahrung bringen. Sie war besonders beunruhigt, als im Frühling in 80 Kilometer Entfernung von ihren Kindern die Kurdenaufstände ausbrachen. Eines Tages suchte sie wieder einmal sämtliche Fernsehkanäle durch und blieb bei einer Sendung hängen, die sich mit den in der Nähe von Mosul liegenden Ruinen von Ninive beschäftigte. Hier sah sie die ersten Bilder von Mosul: eine weitläufige Siedlung von niedrigen Zementhäusern am Tigris ohne erkennbare Stadtmitte. »Es sieht aus wie die Stadt einer primitiven Zivilisation des Altertums«, sagte sie zu Lee. Sie fühlte sich nun mehr mit ihren Kindern verbunden. Obwohl Mariann sie nicht sehen und nicht einmal mit ihnen sprechen konnte, vermochte sie sich jetzt wenigstens vorzustellen, wo die beiden lebten.

Was Mariann täglich durchmachte, war niederschmetternd. Als der Irak Scud-Raketen auf Israel abschoß, fürchtete sie, Israel könne mit einem noch barbarischeren Gegenschlag auf die irakische Zivilbevölkerung antworten, was vielleicht sogar den Dritten Weltkrieg auslösen würde. Auch an Adams neuntem Geburtstag, dem 30. Januar, regnete es Bomben. Am 24. Februar, Adoras Geburtstag, begann der Bodenkrieg.

»Das war mein wohl schlimmster Tag«, erinnerte sich Mariann. »Ich hatte keine Ahnung, ob die Kinder in Sicherheit und am Leben waren oder ob sie bombardiert wurden. Wie benommen fuhr ich durch die Stadt, um mich abzulenken. Ich weinte die ganze Zeit, auch nachts.«

Im März wohnte Mariann bereits ein halbes Jahr bei ihrem Bruder. Sie hatte keine Arbeit, keine Kinder und kein eigenes Zuhause. Dazu kam, daß sie ihrem Land entfremdet war, angewidert von den Fahnen und gelben Bändern. Obwohl keine Anhängerin von Saddam, stand sie »meiner Kinder wegen auf irakischer Seite. Ich war während des Krieges so furchtbar allein. Alle waren für den Krieg, doch ich dachte: Hoffentlich werden meine Kinder nicht von den amerikanischen Bomben getötet.«

Seit der Entführung war Marianns Leben eine einzige Folge von Krisen: zuerst die irakische Invasion, dann die Visumprobleme, die Geldsorgen, die Bomben, der Landkrieg, der Kurdenaufstand. Immer wenn CNN die Verwüstungen des Krieges zeigte, sah Mariann die zerfetzten Körper ihrer Kinder in den Trümmern liegen. Es kam so weit, daß sie Lee gestand: »Ich wünschte, meine Kinder wären tot. Bei diesem Gedanken war mir zwar schrecklich zumute, aber ich dachte mir, wenn sie tot wären, könnte ich wenigstens um sie trauern und dann irgendwann wieder neu anfangen. Solange ich es nicht weiß, hat der Kummer kein Ende.«

Doch sogar als Mariann fast an der Zukunft verzweifelte, gab es noch positive Entwicklungen, die sie durchhalten ließen. Im November 1990 nahm sie an einem Seminar über internationale Kindesentführung teil, das von Senator Riegles Büro finanziert wurde. Dort wurde ihr bewußt, daß mehr Menschen von diesem Problem betroffen waren, als sie gedacht hatte. Am meisten beeindruckte sie Christy Khan, welche die Zusammenarbeit mit der örtlichen Moslemgemeinde für besonders wichtig hielt.

Es war ein schwerer Tag für Mariann gewesen, und sie weinte bei Christys Vortrag. Später sagte Christy zu ihr: »Ich hätte meinen Vortrag am liebsten abgebrochen und dich umarmt.« Die beiden tauschten ihre Telefonnummern aus, und etwa eine Woche danach nahm Christy Mariann mit zu Imam Mardini, dem Moslemführer von Detroit, bei dem sie zum Islam übergetreten war.

»Ich fürchtete mich, weil ich noch nie mit einem Imam gesprochen hatte«, sagte Mariann. »Aber er war sehr nett, völlig realistisch und der friedlichste Mensch, den man sich vorstellen kann.« Auch der Imam hatte Probleme: Die antiarabische Stimmung war auf dem Siedepunkt, und das moslemische Gemeindezentrum war zum zweitenmal zerstört worden. Er hörte sich Marianns Geschichte an und versprach, in ihrem Namen Kontakt mit Leuten im Irak aufzunehmen. Er betonte, seine Kultur lege vor allem Wert auf ein geordnetes Familienleben, und er mißbilligte Khalids Vorgehen als »nicht islamisch«.

Im Januar brachte CNN Mariann für ein gemeinsames Interview zu mir. Mariann hatte *Nicht ohne meine Tochter* kurz nach der Entführung ihrer Kinder gelesen; einige Passagen, die sie emotional nicht verkraften konnte, hatte sie nur überflogen. »Als ich Betty vorgestellt wurde, hatte ich das Gefühl, sie schon seit langem zu kennen. Alle sahen eine Verbindung zwischen uns, weil unsere Fälle so ähnlich sind, und alle verwechseln sowieso immer den Iran mit dem Irak. Bei den regionalen Nachrichtenprogrammen wurde ich dauernd gefragt: ›Kennst du Betty Mahmoody?‹«

Mariann merkte, daß Christy und ich in schwierigen Zeiten nach positiven Ansätzen suchten. Ich demonstrierte, wie wichtig es war, den Landsleuten meines Mannes zu vertrauen, den Freunden, die mir und Mahtab bei der Flucht geholfen hatten. Ich habe nie alle Iraner über einen Kamm geschoren oder Mahtabs iranisches Erbe verleugnet.

»All das hatte großen Einfluß auf mich und meine Probleme«, erklärte Mariann. »Man kann auf unterschiedliche Art vorgehen: Man kann wütend werden und kämpfen; man kann unverschämt und gemein sein oder einfach selbstzufrieden. Als Khalid mir die Kinder wegnahm, war ich natürlich wütend. Ich hätte der Presse gegenüber viele böse Dinge über ihn sagen können, aber ich hielt mich zurück. Menschen wie Betty und Christy überzeugten mich, daß ich meine Kinder sonst nie zurückbekommen würde.«

Ich wollte Mariann bei jenem Interview Mut machen. Als der CNN-Reporter fragte, ob ich einen Rat für sie hätte, antwortete ich: »Wenn Mahtab dort drüben wäre, würde ich hinfliegen.« Diese Worte spornten Mariann an, ebenso wie der Film *Nicht ohne meine Tochter* mit seinem Happy-End und der beklemmenden Schilderung der Situation der Mädchen im fundamentalistischen Iran.

»Am erschreckendsten war für mich, daß Mädchen im Iran schon mit neun oder zehn Jahren als heiratsfähig gelten. Das verschlug mir den Atem. Ich mußte an meine Tochter denken, und ich hatte große Angst, weil ich nicht wußte, wer sie aufzog und welche Pläne man mit ihr hatte. Später erfuhr ich, daß die Mädchen im Irak nicht so früh heiraten, aber ich mußte selbst hinfliegen und mich davon überzeugen.« Mariann unterdrückte ihren Zorn, aber es fiel ihr schwer, Kontakt mit der irakisch-amerikanischen Gemeinde herzustellen. »Ich wollte diese Leute nicht sehen, weil sie mich zu sehr an Khalid erinnerten.« Im März 1991, als die Operation »Desert Storm« beendet war und Mariann die von CNN gefilmten irakischen Kinder, die bei amerikanischen Soldaten bettelten, nicht mehr ertragen konnte, sagte sie sich: »Ich muß etwas tun. Ich kann nicht den ganzen Tag herumsitzen und auf Nachricht warten.« Als sie im Fernsehen einen Bericht über eine Detroiter irakisch-amerikanische Gruppe sah, die sich »Victims of War« (VOW) nannte und Geld für Nahrung und Medikamente sammelte, bot sie ihre Hilfe an.

Die Gruppe hatte zu wenig Mitarbeiter. Wie Mariann erfuhr, waren drei Mitglieder vor kurzem in den Irak aufgebrochen, um Lebensmittel und Briefe von Verwandten aus den USA zu verteilen. Man bat sie, im Büro Telefondienst zu machen.

Zuerst kam Mariann nur ein- oder zweimal wöchentlich vorbei, aber ab April nahm sie von montags bis freitags – sieben Stunden täglich – Anrufe entgegen. Der Informationsbedarf war enorm, und es tat Mariann gut, im Mittelpunkt des Geschehens zu stehen. Sie erhielt die neuesten Berichte über den Zustand im Irak. Die Arbeit hatte freilich auch ihre Schattenseiten. Die Mitarbeiter im Büro konnten zwar alle Englisch, sprachen untereinander aber Arabisch (oder Chaldäisch, den Dialekt irakischer Katholiken). Mariann fühlte sich ausgegrenzt. »Aber ich erinnerte mich an den Rat Bettys und Christys und zwang mich, jeden Morgen zu erscheinen.«

Nach einiger Zeit machte Mariann eine interessante Erfahrung: Trotz der Sprachbarriere entstand eine Art innerer Verbindung zu ihren Kollegen. Alle Mitarbeiter von VOW verurteilten Khalids Verhalten. Bald erkannte Mariann, daß sie und ihre Kollegen vieles gemeinsam hatten: notleidende Verwandte, das Entsetzen über die Folgen der Bombardierung und das Widerstreben, gegen den erst vor kurzem beendeten Krieg zu protestieren – aus Angst, sie könnten deshalb als schlechtere Amerikaner gelten.

Im Laufe der Wochen erwuchs aus der Zusammenarbeit gegenseitiges Vertrauen. Die Iraker erkannten, daß Mariann gegenüber ihrem Volk keine Feindschaft empfand, und akzeptierten sie als eine der ihren. Mariann war ihrerseits bereit, auf sie zuzugehen, da sie nicht mehr jeden Iraker mit Khalid identifizierte.

Wala Kachaco, die auf derselben Etage für die Chaldean Federation arbeitete, gestand Mariann in einem Gespräch: »Wenn ich dir während des Krieges auf der Straße begegnet wäre und gesehen hätte, daß du Amerikanerin bist, hätte ich sofort die Straßenseite gewechselt.« Mariann sagte: »Vor dem Krieg ging es mir genauso mit den Arabern. Aber das ist jetzt vorbei, und wir sind alle gute Freunde geworden.«

Einer ihrer besten Freunde war der stellvertretende Vorsitzende der Gruppe, Shakir Al-Khafaji, ein ruhiger Architekt, der unermüdlich Reisen von VOW in den Irak organisierte. Im Mai erhielt Mariann einen im März aufgegebenen Brief von Khalid, in dem er schrieb, er und die Kinder hätten den Krieg gut überstanden. Damit gab sie sich jedoch nicht zufrieden. Mariann mußte bei ihren Kindern sein, und sie war darauf eingestellt, notfalls den Rest ihres Lebens im Irak zu verbringen. Sie bat Shakir, ihr bei der Einreise zu helfen. Shakir erklärte sich sofort dazu bereit: »Das mache ich, kein Problem!« Mariann wurde Mitglied einer Delegation, die im späten Juni abreisen sollte.

Ein Jurist aus dem Außenministerium gab sich alle Mühe,

sie zu entmutigen: »Sie können doch jetzt nicht in den Irak reisen, Sie müssen verrückt sein. Wenn Sie wirklich hinkommen *und* wieder zurückkehren, fresse ich einen Besen.«

Daraufhin brach Mariann den Kontakt mit dem Außenministerium ab. »Ich konnte ihren Pessimismus nicht ertragen. Die Entscheidung für die Reise war mir ohnehin nicht leichtgefallen. Ich wußte ja nicht, ob Amerikaner dort Repressalien ausgesetzt sind und ob Khalid überhaupt noch wollte, daß ich kam. Ich wußte nicht, ob man mich dort wie Betty festhalten würde, ich wußte nicht einmal, ob ich die Kinder wiedersehen könnte. Wenn ich auf Pessimisten gehört hätte, wäre ich nie abgereist.«

Am 26. März kehrte Christy Khan in die USA zurück, nachdem ihr ein pakistanisches Gericht ihre beiden Söhne zugesprochen hatte. Es ist also *doch* möglich, dachte Mariann, egal, was die Juristen vom Außenministerium meinen.

Trotzdem mußte sie immer wieder gegen Angst und Ungewißheit kämpfen. »In den Medien klang das wie ein Märchen: Eine Mutter liebt ihre Kinder so sehr, daß sie alles aufgibt, um im Irak zu leben. Aber so war es überhaupt nicht. Ich mußte in vielerlei Hinsicht erst dazu gedrängt werden, und ein erheblicher Druck kam auch von seiten der Medien. Ich hatte gleich am Anfang gesagt, ich wolle in den Irak, und jetzt hatte ich die Möglichkeit und *mußte* es tun, weil man es von mir erwartete. Ein ganzes Jahr lang wußte ich nicht, was ich machen sollte und ob mein Vorhaben richtig war. Ich hatte es wirklich nicht leicht, denn ich wuchs in geordneten familiären Verhältnissen auf, wo alles sorgsam geplant war. Die Reise war also nicht das Ende eines Märchens, sondern eher eines Alptraums.«

Shakir hielt Wort. Er besorgte Mariann über den zum Internationalen Roten Kreuz gehörenden Irakischen Roten Halbmond ein Visum. Außerdem trieb er 300 Dollar auf, damit Mariann ihren fünftägigen Aufenthalt in Amman bestreiten konnte. Nach einer siebzehnstündigen Busfahrt – mit einer vierstündigen Verzögerung an der jordanischen Grenze – erreichte die VOW-Gruppe Bagdad am Montag, dem 1. Juli. Am nächsten Tag nahm Mariann ihre Aufgabe in Angriff: ihre Familie ausfindig zu machen. Ihr einziger Anhaltspunkt war eine Pension in Bagdad, in der Khalid auf Geschäftsreisen übernachtete. Ein Angestellter erinnerte sich an Khalid und versprach, ihn in Mosul zu benachrichtigen.

Aufgrund ihrer eigenen Erlebnisse und jener der anderen Delegationsmitglieder bekam Mariann eine erste Vorstellung davon, was die Operation »Desert Storm« in der Hauptstadt angerichtet hatte. Vier der fünf Brücken über den Tigris waren immer noch unpassierbar, und in der sengenden Hitze staute sich der Verkehr. Mariann war im berühmten Al-Rashid-Hotel untergebracht, aus dem CNN berichtet hatte. In der Umgebung war jedes größere Gebäude bombardiert worden. Zahlreiche Wohnhäuser waren ebenfalls zerstört. Ein ganzes Viertel lag in Schutt und Asche, weil eine Bombe eine Brücke in der Nähe verfehlt hatte. Laut Shakir waren allein dabei 500 Menschen getötet worden. Einigen am Fluß gelegenen Krankenhäusern war es ähnlich ergangen. Überall lagen Läden und Restaurants in Trümmern.

Am späteren Abend aß Mariann mit den anderen in einem Restaurant am Stadtrand, das wegen Stromausfalls von Kerzen beleuchtet wurde. Kurz nach elf Uhr kam ein Mann an ihren Tisch und sprach sie mit ihrem Namen an. Auf arabisch teilte der geheimnisvolle Botschafter ihr mit: »Wir haben Ihren Mann ausfindig gemacht. Er kommt morgen mit den Kindern her und holt Sie ab.« Offenbar war die Nachricht, die sie in der Pension zurückgelassen hatte, angekommen. Mariann war überwältigt bei dem Gedanken, bald ihre Kinder sehen zu können, und brach in Tränen aus. Auch ihre Begleiter, darunter Iraker, die in der Öffentlichkeit selten solche Gefühle zeigen, mußten sich Tränen aus den Augen wischen.

Am Mittwoch um zehn Uhr vormittags saß Mariann gespannt in der riesigen Lobby des Al-Rashid-Hotels. Plötzlich fuhr sie herum: Ihre Familie stand hinter ihr. Zum erstenmal seit einem Jahr konnte sie ihre Kinder an sich drücken. In der belebten Lobby wurde es plötzlich ganz still, alle Augen waren auf die Wiedersehensszene gerichtet. Adora, ein hübsches kleines Mädchen mit herzförmigem Gesicht und dichtem schwarzem Haar, schien etwas verunsichert, erwiderte die Umarmung ihrer Mutter jedoch bereitwillig. Adam, ein dünner Junge mit einem netten Lachen – an die Stelle der Milchzähne waren bereits die zweiten Zähne getreten –, betrachtete seine Mutter und grinste.

Mariann war erschrocken über die Veränderung der Kinder. Zwar waren beide ordentlich angezogen und machten einen gepflegten Eindruck. Aber der sonst so fröhliche Adam wirkte niedergeschlagen, und Adora verstand kaum noch Englisch und starrte ihre Mutter nur verdutzt an, als diese immer wieder aufgeregt fragte: »Wie geht es dir? Wie geht es dir denn?«

»Sie spricht kein Englisch«, erklärte Khalid entschuldigend. »Ich habe versucht, ihr Englisch beizubringen, aber die anderen sprechen alle Arabisch.«

»Na, das wird sich jetzt ändern, wo ich da bin«, sagte Mariann fest. Sie war verstimmt und immer noch wütend auf Khalid, mußte sich jedoch eingestehen, daß sie froh war, ihn wiederzusehen. Sein vertrautes Gesicht weckte die Erinnerung an zu Hause und an die Vergangenheit. Der Stand ihrer Beziehung war unklar. Khalid hatte seine Gefühle nie offen gezeigt, und Mariann erwartete auch nicht, daß er das jetzt tat. Sie hoffte aber, daß ihre Ehe noch eine Chance hatte.

»Ich hätte dir die Scheidungsurkunde mit der Post zuschicken können, dann hättest du die Kinder nie mehr gesehen«, sagte er. »Aber das wollte ich nicht. Ich weiß, daß die Kinder dich brauchen, und ich wollte, daß du herkommst.«

Die Kinder spielten in Marianns Hotelzimmer, und Khalid machte ein Nickerchen. Dann quetschten sich alle vier in einen Toyota Corolla zu Marianns Gepäck und Khalids Bruder und Nichte, die mitgekommen waren. Adora, die um zehn Zentimeter gewachsen war und mindestens 23 Kilo wog, saß auf Marianns Schoß. Dort schlief sie bis zum Ende der Fahrt.

Nach einer vierstündigen Fahrt über eine ausgetrocknete, öde Straße kamen sie in Mosul an. Marianns erste Eindrücke waren negativ. Im Gegensatz zu Bagdad gab es hier überhaupt kein Grün; der Frühlingsregen lag bereits Monate zurück, und seitdem waren alle Pflanzen verdorrt. Man hatte ihr gesagt, Mosul sei aufgrund seiner höheren und nördlicheren Lage kühler als Bagdad. Jetzt wußte sie, was das bedeutete: Wenn man in Bagdad unter 46 Grad stöhnte, schmachtete man in Mosul bei 37 Grad. Sie machte sich Sorgen wegen der schwarzen Hosen und Blusen, die sie mitgenommen hatte.

Als sie endlich zu dem Haus kamen, das Khalid gemietet hatte, war es in der Umgebung stockdunkel. Nur aus einigen vereinzelten Häusern, die ihren Strom aus privaten Generatoren bezogen, drang Licht. »Verdammt«, schimpfte Khalid, »kein Strom!« Er hielt vor einem eisernen Tor. Mariann ging durch einen kleinen, gekachelten Innenhof zu dem Zementhaus, das Khalid und die Kinder sich mit seiner Mutter teilten. Sie wurde von den zehn bis zwölf Anwesenden herzlich begrüßt. Dann setzte sie sich auf eine Matratze und versuchte, sich an das schwache Licht einer Kerosinlampe zu gewöhnen. Nach zehn Minuten schaute Khalid herein und sagte: »Ich bin in wenigen Minuten zurück.« Er blieb anderthalb Stunden weg und überließ seine Frau seinen Verwandten, die sie so mit Fragen überschütteten, daß Adam mit dem Übersetzen nicht nachkam. Er läßt mich schon wieder im Stich, dachte Mariann finster.

Verschwitzt und erschöpft fragte sie Adam nach einem Badezimmer. »Mom«, sagte Adam, als sie das Haus mit einer Lampe betraten, »die Badezimmer sind hier anders als zu Hause.«

»Was meinst du damit?« fragte Mariann.

»Sie sind anders als zu Hause«, wiederholte er.

Nichts hätte sie auf das vorbereiten können, was sie erwartete: ein übelriechendes Loch im Boden. Nicht einmal eine Spülung gab es, wie die Häuser der besser situierten Einwohner Mosuls sie hatten. Angewidert stolperte sie wieder hinaus, ohne ihre Notdurft verrichtet zu haben.

Als Khalid endlich zurückkam, konnte Mariann sich nicht mehr beherrschen. Sie ging mit ihm ins Haus und explodierte: »Ich weiß nicht, wie du hier leben kannst! Wie konntest du dich zu Hause in Michigan darüber beklagen, daß ich nicht genug putze, wenn du jetzt hier in diesem Dreck lebst?«

Khalid weinte. So hatte er sich ihre erste gemeinsame Nacht nicht vorgestellt. Er kannte den Zustand des Hauses nur zu gut und hatte im vergangenen Monat nach einer besseren Unterkunft gesucht, aber das Geld war knapp. Das Embargo der Vereinten Nationen hatte seinen Plan zunichte gemacht, ins Import-Export-Geschäft einzusteigen. Der Toyota war geliehen, denn er konnte sich kein eigenes Auto leisten. Seine Geschwister konnten ihm diesmal nicht helfen, da sie selbst durch die letzten beiden Kriege (mit dem Iran und den USA) ruiniert worden waren. Um wenigstens den Lebensunterhalt zu sichern, verbrachte Khalid seine ganze Zeit damit, den Umsatz eines Videoladens anzukurbeln, den er zu einem Spottpreis gekauft hatte.

Am nächsten Morgen bekam Mariann ihren ersten realistischen Eindruck von Mosul. Die Stadt lag unter einem diesigen, wolkenlosen Himmel, der sich nie ändern sollte. Im Gegensatz zu Bagdad war Mosul durch die amerikanischen Luftangriffe nur relativ leicht beschädigt worden, obwohl eine Bombe ein Haus nahe der Straße von Khalids Bruder zerstört hatte. Eine kleine Nichte Khalids war von einem Granatsplitter verwundet worden, als sie zusammen mit anderen Kindern die Blitze am nächtlichen Himmel beobachtete.

Aber auch nach Ende der Kämpfe war fast das ganze Leben in Mosul vom Krieg gezeichnet. Der Strom fiel ein- bis dreimal am Tag aus, wobei ein Ausfall bis zu sechs Stunden dauern konnte. Das Wasser wurde täglich drei bis fünf Stunden lang abgestellt, was in der sommerlichen Hitze einer Katastrophe gleichkam. Einmal folgte auf einen ungewöhnlich langen Stromausfall sofort ein Wasserausfall, der bis in die Nacht dauerte. Die Klimaanlagen funktionierten deshalb den ganzen Tag und die ganze Nacht nicht.

»Wir schrubbten den Innenhof mit kaltem Wasser und breiteten Matratzen für die Kinder aus«, erzählte Mariann. »Es gab im gesamten Wohnblock etwa 150 Kinder; die kleinsten hatten schreckliche Angst und heulten, da es stockdunkel war. Es war furchtbar.«

Der Krieg hatte noch eine andere städtische Dienstleistung zum Erliegen gebracht: die Ableitung der Abwässer aus den Reservoirs unter den Toiletten. Die Abwässer flossen auf die Straßen und überfluteten sie. Fußgänger mußten um den ekelerregenden grünen Strom einen großen Bogen machen.

Mariann fühlte sich drückend einsam. Ihre Kollegen vom VOW waren alle in Bagdad. Die Post war meistens unzuverlässig, und das Telefonnetz war beschädigt. Sie hatte keine Möglichkeit, ihre Angehörigen in den USA zu erreichen. Die Fernsehnachrichten wurden natürlich auf arabisch gesendet. »Ich litt sehr unter dem Rückzug der CNN«, meinte Mariann. Das einzig Interessante im Radio war Frank Sinatras in regelmäßigen Abständen gesendetes *My Way* in verschiedenen Arrangements, Saddam Husseins Lieblingslied. Da es auch keine westlichen Zeitungen gab, konnte Mariann die Gerüchte nicht einschätzen, die besagten, daß der Krieg vielleicht wieder anfangen werde.

Khalids Arbeitswut half auch nicht weiter. Er arbeitete genauso besessen wie damals in den Staaten am College. Um acht fuhr er in seinen Laden, machte während der unvermeidlichen mittäglichen Stromausfälle eine zweistündige Pause und arbeitete weiter bis halb elf Uhr in der Nacht. Wenn er dann nach Hause kam, war er müde, gereizt und verschlossen wie immer. Er arbeitete sieben Tage in der Woche; er war genausowenig religiös wie in den Staaten und beachtete die moslemischen Feiertage nicht.

Das Familienleben erinnerte Mariann in beklemmender Weise an das Leben in den USA, das sie so sehr gehaßt hatte.

An ihrem dritten Tag in Mosul wollte Khalid zum Mittagessen Lebensmittel mitbringen. Der Nachmittag verging, doch von Khalid keine Spur. Im ganzen Haus gab es nur tiefgefrorenes Pitabrot und Weinblätter, welche die Kinder nicht essen wollten. Mariann wußte, daß Khalid nie kochte und die Kinder gewöhnlich bei Sageta, Khalids Schwägerin, aßen. Sie wußte jedoch nicht, wo Sageta wohnte, und war überdies davor gewarnt worden, allein auf die Straße zu gehen. Infolge des Krieges gab es mehr Kriminalität, und obwohl Frauen im Irak keinen Tschador zu tragen brauchen, wäre Marianns westliche Kleidung zu auffällig gewesen. Sie hatte bisher nur eine einzige Frau in Hosen gesehen.

»Wir lagen auf dem Bett«, sagte Mariann, »und hatten den ganzen Tag nichts gegessen. Die Kinder weinten, ich weinte, und irgendwann schliefen wir ein.« Als Mariann Khalid spätabends zur Rede stellte, entschuldigte er sich und versprach, das Problem zu lösen. Er brachte zwar nie Lebensmittelvorräte nach Hause, aber seine zehn- bis fünfzehnköpfige Verwandtschaft kam nun jeden Tag zu Besuch, von frühmorgens bis Mitternacht. Es gab immer noch keine regelmäßigen Mahlzeiten und praktisch keine Planung, und aufgrund der Rationierung gingen gegen Monatsende Reis und Mehl aus. Aber wenigstens weinten Adam und Adora jetzt nicht mehr vor Hunger.

Für Mariann war die Aufmerksamkeit der Familie jedoch zuviel des Guten. Im Umkreis von acht Kilometern wohnten 200 Verwandte, und sie war mit Khalid kaum eine Minute allein. »Wir brauchen auch einmal Zeit für unser Familienleben, damit wir uns wieder näherkommen«, klagte sie.

»Ich lade sie ja nicht ein«, entgegnete Khalid, »aber man kann sie nicht einfach abweisen, das wäre unhöflich.«

Eine Ausnahme war Sageta, die stets höflich war und nur eine Stunde blieb. Sie war auch die einzige aus der Verwandtschaft, die Englisch sprach. Sageta sah sich Marianns Familienbilder aus Michigan an und versuchte sie aufzumuntern. »Du vermißt deine Familie«, sagte sie, »aber jetzt bin ich deine Schwester.«

Doch selbst diese Beziehung war nicht ohne Probleme. Sageta hatte sich praktisch als einzige um die Kinder gekümmert, wenn Khalid arbeitete. Adam hatte seine Mutter nie vergessen, doch Adora war noch sehr jung und nannte Sageta immer »Mama«.

Mariann erzählte: »Als ich ankam, sagte Sageta zu mir: ›Adora hat eine Mama im Irak und eine Mama in Amerika.‹ Darauf erwiderte ich: ›Nein, das stimmt nicht. Für mich hat sie nur eine Mama, und zwar nicht hier.‹ Doch Adora hatte Sageta wirklich sehr gern, weil diese sie wie eine Tochter behandelte, was Adora ja auch zugute kam. Aber mich verletzte das sehr.«

Als Mariann eine Woche da war, verkündete Khalid stolz, er habe in einer »Touristenstadt« am kurz zuvor umgetauften Saddam-Staudamm 25 Kilometer nördlich von Mosul für eine Woche ein Apartment gemietet. Mariann war von der modernen

Wohnung begeistert, denn dort gab es ein westlichem Standard entsprechendes Leitungssystem und vor allem heißes Wasser und eine Dusche. Doch die Freude war nur kurz, denn bald hörte sie das Dröhnen von US-Bombern, die sich auf einem Aufklärungsflug befanden. Sie flogen so niedrig, daß die Feriengäste die Nummern an ihrem Rumpf lesen konnten. Alle schauten nach oben, selbst die kleinen Kinder im Swimmingpool. Diese Vorfälle waren für Adora besonders traumatisch. Sie hatte solche Angst vor Bombern, daß sie jedesmal die Augen schloß, wenn sie im Fernsehen ein Flugzeug sah. Adam erzählte seiner Mutter, daß die USA früher täglich Angriffsflüge über der Farm gemacht hätten. Auf die Frage, wie er darauf reagiert habe, antwortete er: »Ich habe die Flugzeuge gezählt.« Damals befürchtete man, die USA könnten die Bombardements wieder aufnehmen. Die Saieeds reisten nach drei Tagen ab, als zwei Kampfhubschrauber wenige hundert Meter vor den Fenstern ihres Apartments vorbeiflogen.

In Mosul begann für Mariann wieder die tägliche Routine. Die Langeweile plagte sie so sehr, daß sie das einzige Buch, das sie bei sich hatte, einen 500 Seiten langen Roman, zweimal las. Um den Tag zu verkürzen, standen sie und die Kinder gewöhnlich erst um elf Uhr auf. Die Kinder schliefen auf Matten neben den Eltern, da das Kinderzimmer keine Klimaanlage besaß. Da sie nur wenige Spielsachen hatten, sang Mariann mit ihnen Lieder und dachte sich Spiele aus; zum Beispiel warfen sie Wäscheklammern in einen Eimer.

Eine weitere Abwechslung boten die Fotografien von zu Hause, die Mariann vor Khalid versteckt hatte, um ihn nicht zu verärgern. Adam war von einem Bild seiner sechsjährigen Cousine und Spielgefährtin Andrea besonders angetan. »Sie ist so schön, Mom«, sagte er, »ich wünschte, ich könnte sie sehen.« Er konnte nicht glauben, wie groß Andreas kleine Schwester Christina geworden war.

Adams Zuneigung zu seinen Cousinen beruhte auf Gegenseitigkeit. Ein Jahr nach der Entführung fand Andreas Mutter ihre Tochter schluchzend im Bett. »Adam und Adora fehlen mir«, klagte sie.

Mit Unbehagen stellte Mariann fest, wie wenig Kontinuität es im Leben der Kinder gab. Als sie Adam fragte, was er an seinem Geburtstag unternommen habe, kannte er nicht einmal mehr das Datum seines Geburtstags. Mariann machte Khalid deswegen Vorwürfe, doch er entgegnete nur: »Wir hatten keinen Grund zu feiern.«

Am Nachmittag, wenn es keine Elektrizität gab und die Klimaanlage aussetzte, ging sie mit den Kindern aus den stickigen Räumen ins Freie, um in dem kargen Schatten im Innenhof Erleichterung zu suchen. Hier begann die tägliche Hauptbeschäftigung: das Wäschewaschen von Hand. Mariann schloß einen Schlauch an die Küchenspüle an und führte ihn durch ein offenes Fenster nach draußen in einen großen Zuber. Adora arbeitete an einem kleineren Zuber, Adam spülte die Wäsche. Da die Kinder nur wenig Kleidung zum Wechseln besaßen, mußten sie täglich anderthalb Stunden oder länger waschen, bis die ihnen zugeteilte Allzweckseife gegen Monatsende ausging.

Der zweite tägliche Höhepunkt für die Kinder war die Ankunft ihres Vaters zum Mittagessen und zu einem späten Abendessen, obwohl Khalid meist wenig Geduld mit ihnen hatte. Adora konnte kaum etwas falsch machen, aber gegenüber Adam war er sehr hart. Er machte den Neunjährigen sogar für Streiche verantwortlich, die auf das Konto seiner kleinen Schwester gingen. »Du mußt auf sie aufpassen«, knurrte er. Einmal sagte Adam zu seiner Mutter: »Mom, erinnerst du dich noch an Amerika? Daddy hat mich nie verprügelt. Und weißt du was? Hier macht er es die ganze Zeit – die ganze Zeit.«

Wenn der ungeduldige Khalid an der verschlossenen Vordertür zweimal klingeln mußte, berichtete Mariann, »schimpfte er Adam aus, weil der Junge nicht gleich nach dem ersten Klingeln aufgemacht hatte. Sobald es an der Tür klingelte, rannte Adam los, dafür sorgte ich schon, weil ich auch nicht wollte, daß er ausgeschimpft würde. Ich sagte: ›Los, lauf schnell!‹ Und er sprang auf, fuhr in seine Sandalen und rannte zur Tür.«

Von Khalids unberechenbaren disziplinarischen Maßnahmen abgesehen, lag die Erziehung der Kinder allein bei Mariann. Das war keine leichte Aufgabe. Adora, offenbar durch die

Anwesenheit ihrer Mutter verwirrt, wurde wild und hyperaktiv. Sie kletterte auf Regale und hängte sich an Türrahmen, fiel dabei oft herunter und verletzte sich. Adam dagegen bekam Wutanfälle und leistete offen Widerstand. Mariann konnte nie etwas richtig machen. Versuchte sie, die Kinder zur Ordnung zu rufen, tadelte Khalid sie dafür. War sie liebevoll und nett zu ihnen, zeigte er sich ebenfalls unzufrieden und fühlte sich selbst vernachlässigt. »Du bist ja nur wegen der Kinder gekommen«, sagte er dann. »Ich bin dir egal.«

Obwohl sie sich in Mosul nie heimisch fühlte, machte sie auch positive Erfahrungen, und ihre Bewunderung für das Volk, das sie früher so gefürchtet und mit Mißtrauen betrachtet hatte, wuchs ständig. »Die Iraker sind das freundlichste Volk der Welt«, meinte sie. »Sie tun alles für dich. Wenn du jemanden besuchst und er hat selbst kaum etwas zu essen, gibt er dir das wenige, oder er läuft, während du dasitzt, schnell zum nächsten Laden und kauft, was du essen möchtest. Sie sind zehnmal herzlicher und gastfreundlicher als die Amerikaner. Ich mußte mich gewaltig umstellen, als ich wieder zurückkam.«

Die größte Gastfreundschaft hat natürlich ihre Grenzen, wenn der Gast nichts ißt. Und Mariann hatte während ihres ganzen Aufenthalts in Mosul Probleme mit dem Essen. Ob es nun am Streß oder an den fremden Speisen lag (»Sämtliches Gemüse war mir zu bitter«), sie hatte auf nichts Appetit, was Sageta zubereitete. Wenn sie sich zum Essen zwang, konnte sie es nicht bei sich behalten. Eine Ausnahme waren die Wassermelonen, die Khalid gelegentlich auf dem Nachhauseweg von der Arbeit mitbrachte. Oft waren die Früchte zu Marianns Enttäuschung freilich noch unreif. Da kaum noch Waren eingeführt wurden, mußten die irakischen Bauern die Früchte aufgrund des großen Bedarfs zu früh ernten.

In der dritten Woche verschlechterte sich ihr Zustand so sehr, »daß ich nicht mehr schlucken konnte. Ich suchte eine Ärztin auf, die meinen Zustand für psychisch bedingt hielt.« Die Auswirkungen waren drastisch: Während ihres Aufenthalts im Irak von etwas mehr als einem Monat verlor Mariann rund 18 Kilo.

Ende Juli hatte sie kaum noch die Kraft, das Bett zu verlassen. »Seit ich nicht mehr aß, nahm ich alles nur noch wie durch einen Schleier wahr. Ich bekam nichts mehr mit …«

Khalid zeigte wie üblich wenig Verständnis: »Weißt du, wie viele Einladungen ich deinetwegen schon absagen mußte? Weil du dich zu nichts aufraffen kannst.«

Als Mariann eines Morgens halb bewußtlos aufwachte, erkannte sie, daß sie vor einer furchtbaren Wahl stand: Sie mußte entweder den Irak verlassen, oder sie würde hier sterben. Sie war zu schwach, um zu kochen oder auch nur mit den Kindern zu spielen. Ich bin für alle eine Belastung, dachte sie. Ja, sie mußte fort. Es gab nur noch eine Frage: Würde sie Adam mitnehmen können?

Vor ihrer Reise hatte Mariann nicht daran denken wollen, daß Khalid ihr vielleicht erlauben würde, nur ein Kind mitzunehmen. Wenn es soweit kam, hatte sie damals gedacht, würde sie Adora mitnehmen, die noch ein Baby war. Jetzt hatte sie aufgrund von Khalids Sturheit ihre Meinung geändert. Adora hatte sich relativ gut an das Leben im Irak gewöhnt, Adam dagegen war unglücklich. Seine Ankunft im Irak sei die schlimmste Überraschung seines Lebens gewesen, sagte er. Er habe sogar schon angefangen zu vergessen, wie seine Mutter aussah. »Ich hätte so gern ein Bild von dir gehabt«, schluchzte er. Adam vermißte vieles von zu Hause: die Großeltern, den Freund von gegenüber und all die Spielsachen.

»Warum hast du mein Fahrrad nicht mitgebracht?« wollte er wissen. »Warum hast du meine GI-Joes nicht mitgebracht?«

»Adam«, erwiderte Mariann, »es wäre wirklich keine gute Idee gewesen, GI-Joes mitzubringen.«

Sie versprach ihm, alles zu tun, damit er mit ihr zurückkehren könne, und sie hatte einigen Grund zur Hoffnung. Khalid hatte sich schon immer hauptsächlich um Adora gekümmert und mehr als einmal die Absicht geäußert, Adam in den USA zur Schule zu schicken. Er sagte, Mariann solle sich »bereithalten« und »schon einmal packen«. Er und Adam würden sie nach Amman begleiten, und dort solle der Junge von der US-Botschaft einen Paß erhalten. Khalid deutete auch an, daß Adora und er in die USA folgen würden, sobald er den Videoladen verkauft habe. Den Zeitpunkt überließ er jedoch einer unbestimmten Zukunft.

Für den Rest der Woche war Adam krank vor Sehnsucht. Mariann plante bereits das Willkommensmenu: »Hamburger, Hackbraten, Hot Dogs, Sandwiches und Maiskolben. Wer nichts ißt, denkt nur noch ans Essen.« Auch sie wartete ungeduldig auf den Tag der Abreise, da er mit dem Tag des amerikanischen Ultimatums für eine Inspektion der irakischen Militärstützpunkte zusammenfiel. (Mariann fand später heraus, daß in dieser Woche 300000 ängstliche Iraker nach Jordanien geflohen waren.)

»Wie ist die Lage?« wollte sie, die Kriegsgefahr ständig vor Augen, von Khalid wissen. »Heute sieht es nicht gut aus«, sagte er dann, oder: »Besser als gestern.« Ausführlicher wurde er nicht. Mariann war deshalb auf ihre Phantasie angewiesen, die immer dann außer Rand und Band geriet, wenn ein amerikanischer Bomber die Schallmauer durchbrach.

Einige Tage vor der geplanten Abreise überlegte Khalid es sich anders: Adam sollte im Irak bleiben. Voller Verzweiflung rief Mariann Shakir in Bagdad an, der seinerseits Khalid anrief und sich für Mariann einsetzte. Wie sich herausstellte, kannten Khalid und Shakir einander von gemeinsamen Studentendemonstrationen in Washington. Shakir wollte einen Geleitbrief vom Roten Halbmond besorgen, damit sie an der Grenze keine Schwierigkeiten haben würden. Khalid stimmte zu.

Als Khalid am Donnerstag, dem 25. Juli, dem Tag ihrer geplanten Abreise nach Amman, nach Hause kam, verschob er die Reise auf Freitag. Am Freitag verschob er sie auf Samstag. »Ich wußte, daß er mich hinhalten wollte, und ich ahnte Böses«, berichtete Mariann. »Als er am Samstag nach Hause kam, fragte ich ihn, wann wir endlich abreisen könnten. Er antwortete: ›Laß uns darüber reden.‹ Ich wußte sofort, was das hieß. Wir gingen in ein anderes Zimmer. Er setzte sich hin und sagte: ›Ich bin zu einer Entscheidung gekommen. Ich will die Familie nicht auseinanderreißen. Wenn du bleiben und eine gute Mutter sein willst, bist du willkommen. Wenn du gehen willst, kannst du jederzeit gehen. Es liegt bei dir.‹« Er habe nie versprochen, daß Adam mich begleiten könne. Außerdem – und das war sein gemeinster Vorwurf – könne Mariann finanziell nicht mehr für ihren Sohn sorgen.

»Ich wurde hysterisch«, sagte Mariann. »Wie konnte er so grausam sein? Ich schrie ihn an und wollte mit einem Kissen nach ihm werfen. Er aber stand auf und sagte: ›Das wagst du nicht.‹ Er trat drohend auf mich zu, und ich setzte mich wieder hin. Dann schlug ich buchstäblich auf mich selbst ein, denn ich war so wütend, daß ich irgend jemanden schlagen mußte, und außer uns war keiner da.«

Die Kinder, die in Hörweite draußen spielten, hatten alles mitbekommen und waren erschrocken über den Wutausbruch ihrer Mutter. Als Marianns Schluchzen allmählich nachließ, kam Adora herein und fragte ihre Mutter, ob sie fort wolle.

»Ich erwiderte nur: ›Ich liebe dich, ich liebe dich. Spiel draußen weiter.‹ Dann kam Adam herein, gab mir einen Kuß auf die Wange und meinte: ›Keine Angst, Mom. Wenn ich groß bin, komme ich zu dir.‹ Er sagte das ganz ruhig, und dann ging er wieder hinaus.«

Im Rückblick erkannte Mariann, daß Khalid die Bereitschaft, Adam gehen zu lassen, nur vorgetäuscht hatte, um sie zum Bleiben zu bewegen. »Er wollte eine traditionelle irakische Hausfrau, die zu Hause bei den Kindern ist, ihm gehorcht und sein Leben teilt. Aber ich bin keine typische Hausfrau, und das wußte er.«

Obgleich sie sich schreckliche Sorgen um Adam machte, konnte sie ihre Abreise nicht länger hinauszögern. All ihre Begleiter vom VOW hatten den Irak bereits verlassen, und ihr Ausreisevisum lief bald ab. Wenn sie noch länger wartete, würde Khalid sie vielleicht an der Ausreise hindern, wie Moody es vor sieben Jahren mit mir getan hatte.

Eine Flucht mit den Kindern wäre unmöglich gewesen. Das nördliche Grenzgebiet des Irak war durch Minen und Stacheldraht unpassierbar gemacht worden. Und selbst wenn sie lebend zur Grenze gekommen wären, hätte sie keine Pässe für die Kinder gehabt.

Marianns Entschluß war gefaßt. »Ich hatte bereits ein Jahr ohne meine Kinder leben müssen«, erklärte sie, »und wahrscheinlich habe ich es nur deshalb fertiggebracht, ohne sie zurückzukehren, weil ich gelernt hatte, ohne sie zu leben.«

Als sie am Sonntag um 16 Uhr mit Khalid in ein Taxi nach Bagdad stieg, weinte sie immer noch. In Bagdad brach Khalid sein Wort erneut: Er werde sie doch nicht nach Amman begleiten. Sie könne sich auf den Taxifahrer verlassen. Wahrscheinlich will er nur zum Videoladen zurück, dachte sie düster. Khalid machte einen letzten Versuch: »Sei doch nicht so stur! Bleib hier, wie du es vorhattest!«

Als Mariann sich weigerte, wurde er grob. »Du warst es doch, die hierher kommen wollte, *ich* habe dich nicht eingeladen.« Dann entfernte er sich, eine steife, unnachgiebige Gestalt, die im Rückfenster des Wagens immer kleiner wurde, bis das weiße Nachmittagslicht von Bagdad sie verschluckte.

Während der dreizehnstündigen Fahrt nach Amman gingen Mariann viele Dinge durch den Kopf: Wie würden die Kinder sich ohne sie zurechtfinden? Würde es ihr gelingen, allein die jordanische Grenze zu überschreiten? Was würden die Freunde vom VOW in Amman zu ihrer Abreise sagen? Shakir machte ihr sanfte Vorwürfe. Er meinte, Mariann hätte »durchhalten« und einen Monat länger bleiben sollen; sie hätte sich mit Hilfe ihres Mannes ein neues Visum beschaffen sollen. Vielleicht wäre Khalid vor Schulanfang noch zur Besinnung gekommen. »Es ist doch besser, noch ein paar Wochen zu leiden als das ganze Leben.«

Die anderen dagegen hießen sie ebenso herzlich willkommen wie später ihre Familie und ihre Freunde in Michigan. Besonders freundlich waren zwei unverheiratete irakisch-amerikanische Frauen ihres Alters, Kawkub Daoud und Nadia Sukkar. »Nadia war sehr lieb zu mir«, erzählte Mariann. »Ich schüttete ihr mein Herz aus, und sie hörte sich alles an. Sie meinte: ›Ich weiß, daß du leidest, obwohl du es nicht verdient hast.‹ Und Kawkub gab mir einen Rat. ›Mariann‹, sagte sie, ›ich weiß, daß es anders kam, als du wolltest. Aber du darfst dich hier in Amman nicht deiner Verzweiflung überlassen. Du mußt auch die positive Seite sehen: daß du nämlich einen Monat mit deinen Kindern zusammen warst. Diese Möglichkeit hättest du sonst nicht gehabt.‹ Das hob meine Stimmung beträchtlich, und ich fühlte mich nicht mehr so elend.«

Während des fünftägigen Zwischenaufenthalts in Jordanien waren die Frauen unzertrennlich. Nadia und Kawkub teilten in ihrem Zimmer sogar ein Bett, so daß Mariann, die knapp bei Kasse war, das andere haben konnte. Nadia war ebenfalls sehr traurig. Ihr Vater lag wegen einer Herzschwäche in einem amerikanischen Krankenhaus, und ihre Heimatstadt Basra, die zweitgrößte Stadt des Irak, war im Luftkrieg besonders stark in Mitleidenschaft gezogen worden. Die Lage war so schlecht – die Menschen lebten auf der Straße, die alten Moscheen waren zerstört –, daß Taxifahrer sich geweigert hatten, Nadia in ihre Heimatstadt zu bringen.

Die Frauen hatten zwei Möglichkeiten: Sie konnten im Hotelzimmer sitzen und die Stunden bis zum Abflug zählen, oder sie konnten versuchen, sich ein wenig in Amman zu amüsieren und ihre Sorgen zu vergessen. Sie entschieden sich für letzteres, und Mariann konnte ihre Sorgen tatsächlich für einige Zeit vergessen. Sie faulenzten am Swimmingpool des Hotels und zogen durch die besten arabischen Restaurants, in denen Live-Unterhaltung geboten wurde. Khalid hatte ihr solche Dinge vorenthalten, und sie genoß alles: das Essen, die Musik und das gesamte Ambiente dieser so anderen Kultur.

Mariann kehrte nach Michigan zurück – ohne ihre Kinder. Aber in anderer Hinsicht kam sie keineswegs mit leeren Händen zurück. Ihr Weltbild hatte sich nachhaltig verändert. Sie konnte die Not der Menschen ferner Länder nicht mehr von sich schieben; aus ihr war eine Weltbürgerin geworden.

»In jeder irakischen Familie gab es jemanden, der ausgebombt oder getötet wurde«, sagte sie, »aber nicht das ist ihr Hauptproblem. Das Hauptproblem ist, daß infolge der Sanktionen die gesamte Wirtschaft zusammenbricht. Die Menschen haben seit langem keine Arbeit mehr und wissen, daß alles nur schlimmer wird. Frauen verkaufen ihren Schmuck und Mädchen ihren Körper, um etwas zu essen zu haben.

Man bekommt dort weder Milch noch Lebensmittel, noch Medikamente. 70 Prozent der Medikamente stammten aus dem Westen. Heute bekommen sie nur noch zehn Prozent, obwohl sie dreimal so viel brauchen. Anästhesisten resignieren, weil sie keine Narkosemittel mehr haben. Impfstoffe, die nicht gekühlt werden können, verderben, und in den Brutkästen sterben Babys, weil über Nacht der Strom ausfällt. Einige VOW-Mitarbeiter haben schon sterbende Babys im Arm gehalten.«

Trotz der Verwüstungen des Krieges stieß Mariann im Irak nicht auf Feindschaft. »Man unterscheidet genau zwischen der US-Regierung und dem amerikanischen Volk. Die Menschen haben keine Vorurteile den Amerikanern gegenüber, und sie wollten mich überzeugen, daß die Iraker nicht unsere Feinde sind.«

»Die gegenwärtigen Sanktionen«, fügte sie hinzu, »bereiten Saddam Hussein keine einzige schlaflose Nacht, aber die Bevölkerung wird getroffen. Die Mittelschicht verarmt, die Armen verzweifeln. Mit allen geht es rapide abwärts, und sie wissen nicht, warum. Sie haben keine Stimme in der Regierung, und sie verdienen nicht, was man ihnen antut. Sie wollen ein normales Leben führen, aber die Sanktionen hindern sie daran. Ein Ende ihres Leidens ist nicht abzusehen, obwohl es nicht ihre Schuld ist.«

Am 31. August, einen Monat nach ihrer Rückkehr aus dem Irak, rief Mariann den Besitzer des Kleidergeschäfts neben Khalids Videoladen in Mosul an, und der Besitzer meldete sich. So einfach war das. Endlich konnte man aus dem Ausland wieder mit dem Irak telefonieren. Sekunden später sprach sie mit ihrem Mann. Die Unterhaltung drehte sich ausschließlich um technische Probleme. Khalid fragte nach der von ihm beantragten US-Staatsbürgerschaft (die Prüfung hatte er bestanden, die Vereidigung vor seiner Abreise jedoch versäumt) und nach den Pässen der Kinder, mit denen alle drei leichter zurückkehren konnten. Mariann erwiderte, daß sie in beiden Angelegenheiten beim Außenministerium angefragt habe. Nach zehn Minuten wurde das Gespräch unterbrochen.

Khalid konnte immer noch nicht nach Amerika anrufen, aber sie konnte mit ihm telefonieren und nach vorheriger Absprache auch mit den Kindern – zum erstenmal seit 14 Monaten wann immer sie wollte. Ein Jahr zuvor wäre sie darüber noch glücklich gewesen. Nun war sie seltsam deprimiert.

»Jetzt muß ich mich zusammenreißen, daß ich nicht ständig anrufe. Ich könnte es jeden Tag tun, und selbst das wäre noch nicht genug. Aber es ist unverschämt teuer, ich kann es mir nur einmal im Monat leisten. Jetzt, wo ich weiß, daß ich jederzeit mit ihnen sprechen kann, denke ich die ganze Zeit an nichts anderes. Aber ich überstehe den Tag nur, wenn ich *nicht* an sie denke – und nun sind sie da, am anderen Ende der Leitung.«

Bevor die Verbindung unterbrochen wurde, wiederholte Khalid seine Einladung an Mariann, ihn von neuem zu besuchen, diesmal auf seine Kosten. »Aber ich will mir von ihm keine Bedingungen stellen lassen«, sagte Mariann, »denn dann kann ich nicht mehr selbst entscheiden, ob ich bleibe oder nicht.« Statt dessen hat sie angefangen, Geld zu sparen – in ihrem Fall eine langwierige, entmutigende Sache, da sie »hoch und auf ewig verschuldet« ist. Deshalb nahm sie Mitte September zwei Vollzeitjobs an: eine bezahlte Tätigkeit im VOW-Büro und eine Arbeit an der Kasse eines Videogeschäfts, das einem irakisch-amerikanischen Geschäftsmann gehört.

Die Zukunft ist ungewiß. Mariann hofft, Khalid und die Kinder innerhalb des nächsten Jahres wiederzusehen – im Irak oder auf neutralem Boden in Jordanien oder Österreich. Vielleicht kommt Khalid sogar mit den Kindern in die Staaten, auf Besuch oder für immer. Er hat keinen genauen Termin genannt, und Mariann hat gelernt, sich keine allzu großen Hoffnungen zu machen.

In mancher Hinsicht ist ihr Leben heute schwieriger als vor der Reise. Es gibt Tage, an denen Schuld und Einsamkeit sie zu überwältigen drohen. »Ich habe immer noch viel mit Depressionen zu kämpfen«, sagt sie. »Er ist immer noch da, dieser Teil von mir, der sich am liebsten irgendwo verstecken würde, damit ich nicht zu tun brauche, was ich muß.«

Die Ereignisse des vergangenen Jahres haben Mariann jedoch widerstandsfähig gemacht, und sie läßt sich von den Depressionen nicht mehr lähmen. Wenn es ihr schlechtgeht, ruft sie sich ins Gedächtnis, was sie Adam und Adora in Mosul gesagt hat: *Wenn das Schlimmste passiert und ich ohne euch abreisen muß, komme ich zurück und kämpfe um euch. Mommy liebt euch und wird euch immer lieben, und ich komme zurück.*

Mariann wird zu ihrem Wort stehen, soviel ist sicher. Sie weiß auch, daß ihre Geschichte kein glückliches Ende haben kann. »Wie es auch weitergeht«, sagt sie, »ich werde bis zum Schluß mit dem leben müssen, was geschehen ist.«

Dritter Teil

8

Die Mütter von Algier

Als ich 1988 nach Europa kam und die Mütter von Algier kennenlernte, jene französischen Frauen, deren Kinder von den Vätern nach Algerien entführt worden waren, spürte ich sofort, wie dringend nötig ein Buch war, das der Weltöffentlichkeit das ganze Ausmaß dieses wirklich globalen Problems vor Augen führte. Mein neues Vorhaben wurde von Arnie Dunchock nachhaltig unterstützt, der an dem Thema internationaler elterlicher Kindesentführungen bereits lebhaftes Interesse gezeigt hatte. Auch ihm war bewußt, daß dies ein Thema war, über das zu schreiben sich lohnte, und er wollte seinen Teil beisteuern. In den folgenden drei Jahren sollte er zahllose Stunden darauf verwenden, dieses Buch Realität werden zu lassen.

Ich wußte aus eigener Erfahrung, wie sehr Arnie sich engagieren konnte, wenn ihm ein Vorhaben am Herzen lag. Mit seiner Erlaubnis durfte ich ihm über die Schulter schauen, als er den Fall eines Amerikaners mexikanischer Herkunft namens Frank Garcia recherchierte, der nach Arnies Überzeugung zu Unrecht wegen Totschlags verurteilt und inhaftiert worden war. Je mehr ich in diesen Fall eindrang, desto fesselnder fand ich ihn. Ich empfand eine starke Bindung zu Frank, denn ich wußte, was es heißt, zu Unrecht seiner Freiheit beraubt zu werden.

Außerdem bewunderte ich den unermüdlichen (und unbezahlten) Einsatz, mit dem Arnie auf eine Berufung hinarbeitete. Im November 1988 ging der Prozeß in die zweite Runde.

Im Jahre 1990, zwei Jahre nach meiner ersten Begegnung mit den Müttern von Algier, reisten Mahtab und ich in Begleitung von Arnie und dessen Schwester Joan nach Paris, um sie wiederzutreffen. Wir waren überzeugt, daß ihre Geschichte ein wichtiger Teil des neuen Buches sein würde.

Kurz vor unserem Aufbruch nach Paris kam Mahtab mit einem Vorschlag zu mir: »Wenn du dort arbeiten willst, könnte ich doch Französisch lernen.« Ein ziemlich ehrgeiziges Vorhaben für ein zehnjähriges Mädchen, das Sommerferien hat. Antoine Audouard, mein französischer Lektor, besorgte für Mahtab und Joan einen Lehrer, der Anfänger in Französisch als Fremdsprache unterrichtet.

Mein Literaturagent Michael Carlisle war mit einem Schauspieler befreundet, der sich bereit erklärte, uns seine Pariser Wohnung für die Zeit zu überlassen, in der er anderswo einen Film drehte. Das war ein Glücksfall für meine Tochter und mich. Wir waren schon viermal nach Paris gereist, hatten aber jedesmal im Hotel gewohnt, und immer hatte uns mein französischer Verleger Fixot einen Chauffeur gestellt. Diesmal wollten wir Paris von innen her kennenlernen. Wir wollten die Stadt mit der Metro erkunden – eine ganz neue Erfahrung für zwei Menschen aus Michigan, wo alle Welt Auto fährt.

Bei unserer Ankunft in Paris an einem Sonntagabend hatten wir keinen Stadtplan, aber Mahtab fand das nicht weiter schlimm. »Du brauchst mich morgen früh nur zum Hotel Balzac zu bringen«, sagte sie. »Der Mann an der Rezeption spricht Englisch und gibt uns bestimmt einen Stadtplan.«

»Weißt du denn, wie man ins Hotel Balzac kommt?« fragte Joan.

»Wenn ihr mich zur Champs-Élysées bringt«, erwiderte Mahtab, »finde ich schon hin.« Von da ab wurden Joan und Mahtab ein tolles Gespann. Sie sahen in diesen zwei Wochen mehr von Paris als ich während meiner sechs Reisen dorthin. Unterdessen trafen Arnie und ich mit den Menschen zusammen, die mich so inspirierten wie kaum jemand zuvor: den Müttern von Algier.

Als Amar und Farid Houache im August 1980 ihr Zuhause in Frankreich verließen, um die Familie ihres Vaters in Algerien zu besuchen, freuten sie sich auf das Abenteuer. Die beiden kräftigen Jungen waren schon 1976 in Ghardaïa gewesen, einer im nördlichen Zentral-Algerien gelegenen Stadt, rund 400 Kilometer von Algier entfernt. Bei ihrer ersten Reise war ihnen ein wenig bange gewesen, doch nun waren sie älter – Amar war dreizehn, Farid fast zwölf Jahre alt –, und sie wußten, was sie erwartete. Sie freuten sich auf ihre Großeltern und die anderen Verwandten, vor allem aber auf die vielen Cousins, mit denen sie vier Jahre zuvor gespielt hatten. Im übrigen würde ihr Vater dabeisein, dem sie vertrauten und den sie verehrten. Bis zum Beginn des neuen Schuljahres in ein paar Wochen würden sie wieder daheim sein.

Im September eröffnete Brahim Houache seinen Söhnen, er sei »krank« und sie müßten ihre Rückkehr nach Frankreich verschieben. Amar und Farid waren froh über die Verlängerung ihrer Ferien. Doch die Tage vergingen, und sie wunderten sich allmählich darüber, daß ihr Vater keine Krankheitssymptome zeigte. Brahim meldete sie für die Zeit seiner »Genesung« in einer islamischen Schule an, und dort wurden sie bald unruhig. Die Schule war für Amar und Farid eine Zumutung, denn sie sprachen kein Wort Arabisch. Einige Lehrer übersetzten zwar für sie, aber andere nahmen keine Rücksicht. Die Jungen hatten kein Interesse daran, eine neue Sprache zu lernen. Schließlich konnten sie jeden Tag abreisen, und dann würden sie wieder ihre Schule in Frankreich besuchen.

Mittlerweile hatte Marie-Anne, die Mutter der Jungen, in der Pariser Vorstadt Massy Nachricht von Brahims Erkrankung und der verschobenen Rückkehr ihrer Söhne bekommen. Auch sie schöpfte bald Verdacht. In ihrer Ehe hatte es jahrelang gekriselt, nachdem Marie-Anne aus dem Geschäft, das sie gemeinsam mit Brahim geführt hatte, ausgeschieden war. Sie arbeitete zunächst in einem Büro, dann als Sekretärin in der Verwaltung. Brahim fühlte sich durch Marie-Annes Unabhängigkeit bedroht; ihm war die Vorstellung zuwider, daß sie selbständig und außer Haus arbeitete. Als sein Geschäft von einer Supermarktkette aufgekauft wurde, fühlte er sich noch tiefer gedemütigt.

Oberflächlich betrachtet schien Brahim sich völlig assimiliert zu haben. Er und Marie-Anne waren in einer katholischen Kirche getraut worden, und später wurden ihre beiden Söhne dort getauft. Aber obwohl Brahim stets Französisch und nie Arabisch sprach und ständig Umgang mit gebürtigen Franzosen hatte, fühlte er sich benachteiligt und isoliert – genau wie Moody, der wiederholt von amerikanischen Ärzten schikaniert worden war. Brahim schimpfte deshalb immer mehr über das Land, das er 1962 zu seiner neuen Heimat erwählt hatte. Frankreich sei ein »Mülleimer«. Wie Moody und Khalid Saieed glaubte er, die westliche Kultur verderbe die Kinder, und Amar und Farid würden einmal als Drogensüchtige und Straftäter enden. Brahim fürchtete, die Kontrolle über seine Söhne könnte ihm entgleiten, wie ihm bereits die Kontrolle über seine Frau entglitten war.

Vier Tage später erhielt Marie-Anne einen weiteren Brief: Brahim werde mit den Jungen in Algerien bleiben. Zuerst wollte sie es nicht glauben; der Schlag traf sie völlig unvorbereitet. Ihre zweite Reaktion bestand darin, daß sie sich den Tatsachen verschloß. Brahim würde damit nicht durchkommen. Nach französischem Recht, so meinte sie, könne sie die sofortige Rückkehr ihrer Söhne einklagen, die doch Franzosen waren. Sie blieb auch dann noch bei ihrer Überzeugung, als sie bei einem Anruf im französischen Justizministerium weder ermutigt wurde noch eine ausführliche Auskunft erhielt, von dem Hinweis abgesehen, man werde von derartigen Fällen überschwemmt. Marie-Anne war erstaunt; sie hatte noch nie von elterlichen Kindesentführungen gehört.

Anfang Oktober reiste Marie-Anne nach Algier, wo die französische Botschaft ein Treffen mit Brahim arrangiert hatte. Sie sei hingefahren, um mit ihm zu reden, erzählte sie, aber vor allem habe sie wissen wollen, was die Kinder von alledem hielten. Marie-Anne fuhr im Taxi zu Brahims Wohnung, aber sie mußte mehrere Stunden warten, ehe sie mit ihren Söhnen sprechen konnte, die sich im fast 200 Kilometer entfernten Haus ihrer Großmutter aufhielten.

Als Amar und Farid, die sich immer noch in Ferien wähnten, ihrer Mutter gegenüberstanden, waren sie aufgeregt und verängstigt zugleich. Weshalb war sie gekommen? War etwas Schlimmes geschehen?

Dann sahen sie ihre leidvolle Miene und begriffen schlagartig alles, noch ehe die Mutter ein Wort gesprochen hatte. »Euer Vater will, daß ihr für immer hierbleibt«, begann Marie-Anne.

»Aber Mama, wir wollen wieder nach Hause!« protestierte Amar. »Wir müssen doch in die Schule gehen!«

Marie-Anne beruhigte ihre Söhne, so gut sie konnte: »Ihr könnt noch nicht gleich mit, aber ich tue alles, damit ihr wieder nach Hause kommt.«

Die Zukunft sollte zeigen, daß die Mutter es mit diesem Versprechen sehr ernst meinte.

Die Jungen fragten Brahim, was denn eigentlich los sei. Warum wollte er sie hierbehalten? Welche Pläne hatte er? Amar, der gegenüber seinem Vater entschiedener (und lauter) auftrat, sagte: »Papa, wir wollen zurück nach Frankreich.«

»Sei still!« lautete die Antwort des Vaters. »Das habt nicht ihr zu entscheiden!« Seit ihrer Ankunft in Algerien ging Brahim schroffer und autoritärer mit seinen Söhnen um, und er war zunehmend verbittert über ihren Widerstand. Er war zu der Überzeugung gelangt, daß er das Richtige tat und daß es nur eine Frage der Zeit war, bis sie seine Entscheidung verstehen und ihm dafür dankbar sein würden.

Aber Brahim hatte sich gründlich verrechnet. Die Jungen wurden von widersprüchlichen Gefühlen hin- und hergerissen. Sie fühlten sich schuldig, weil sie sich zunächst über die verlängerten Ferien gefreut und dadurch unwissentlich das Vorhaben ihres Vaters begünstigt hatten. Vor allem aber brannte in ihnen jetzt ein jugendlicher Haß auf Brahim. Er hatte sie belogen und unter einem heimtückischen Vorwand aus ihrem Heim, von ihren Freunden und ihren französischen Verwandten fortgelockt. Sogar in Ghardaïa hatte er sie weiter angelogen und eine Krankheit vorgeschützt, um die Stunde der Wahrheit hinauszuschieben.

Den Jungen entging nicht, daß die ganze Familie an dem Komplott beteiligt war. Seit ihrer Ankunft hatte man sie in der Verwandtschaft von einem Haus ins andere umziehen lassen. Bisher hatten sie das Zusammensein mit ihren Cousins genossen, nun jedoch wurde ihnen klar, daß alle Mitglieder der Familie zugleich ihre Wächter waren. Sie folgerten daraus, daß Brahim ihre Entführung wahrscheinlich bei einem früheren Besuch im April geplant hatte. »Warum kommt ihr nicht wieder?«

hatten die Verwandten Brahim gedrängt. »Hier scheint immer die Sonne. Du hättest hier ein Haus und deine Jungen, und das Leben wäre einfacher.«

Amar und Farid waren um so niedergeschlagener, als man sie gar nicht hatte überreden müssen, nach Algerien zu kommen. Sie waren ihrem Vater ja freiwillig und voller Begeisterung gefolgt.

Wie Inzest und sexueller Mißbrauch verletzt auch die elterliche Kindesentführung die Persönlichkeit des Kindes. Amar und Farid hatten Vertrauen zu ihrem Vater. Mehr noch, sie idealisierten ihn, er war ihr Vorbild, dem sie nachstrebten. Dadurch, daß er sie einfach bei sich behalten hatte, ohne um ihr Einverständnis zu fragen, hatte er sie in ihrer aufkeimenden Männlichkeit, ja in ihrem ganzen Wesen verletzt.

Marie-Anne blieb noch zwei Wochen in Ghardaïa. Sie erwog sogar, dorthin zu ziehen, um über ihre Söhne wachen zu können, doch bald verwarf sie den Gedanken wieder. In Algerien hätte sie zum Islam übertreten müssen. Brahim zeigte ihr, wo sie wohnen sollte – allein, getrennt von ihren Kindern. (»Die Kinder müssen sich erst an ihr neues Leben gewöhnen«, sagte ihr Mann.) Vor allem aber wußte sie, daß sie nach algerischem Gesetz keine Chance hatte, ihre Söhne wiederzubekommen. Dagegen glaubte sie immer noch, daß sie vor französischen Gerichten Erfolg haben würde.

Amar und Farid verabschiedeten sich unter Tränen von ihrer Mutter. Sie klammerten sich an die Hoffnung, daß sie bald wieder bei ihr in Frankreich sein würden, vielleicht schon im folgenden Monat. So begann die Zeit, in der sie für diesen einen Tag lebten und planten, den sie in nächster Zukunft erwarteten. Sie überlegten sich sogar, welche Andenken an Algerien sie nach Hause mitnehmen sollten.

Es dauerte eine Weile, bis Marie-Anne erkannte, daß weder Frankreich noch Algerien die Opfer internationaler elterlicher Kindesentführungen schützte und daß nur neue, von beiden Seiten anerkannte gesetzliche Regelungen diese unmögliche Situation beenden konnten.

Frankreich und Algerien sind nur durch das an dieser Stelle rund 650 Kilometer breite Mittelmeer getrennt und lediglich eine Flugstunde voneinander entfernt. Jahrhundertelang bestand zwischen beiden Kulturen eine leidenschaftliche, oft haßerfüllte Beziehung. Algerien, das der Islam einst zu großen Teilen erobert hatte, wurde zwischen 1834 und 1962 von Frankreich regiert, bis die Algerier den Kampf um die nationale Unabhängigkeit gewannen. Frankreich erlebte ein ähnliches Trauma wie die Vereinigten Staaten in Vietnam: einen langen, blutigen Krieg, der keinem klaren Ziel mehr diente. Bei Siegern wie Verlierern blieben Unbehagen und Groll zurück.

In den letzten Jahren hat Frankreich eine wachsende Zahl von Einwanderern aufgenommen. Der größte Teil davon sind 800000 Algerier. Man schätzt, daß diese überwiegend jungen Nordafrikaner zu 40 Prozent arbeitslos sind. Außerdem machen ihnen rassistische Politiker das Leben schwer, die den Haß auf Einwanderer schüren. Im Land herrscht auf beiden Seiten der kulturellen Kluft großes Mißtrauen.

Die Kluft ist besonders in Ehen zwischen algerischen Männern und französischen Frauen zu spüren. (Der umgekehrte Fall tritt nur selten auf, denn islamische Frauen dürfen keine Nicht-Moslems heiraten; tun sie es doch, werden sie von ihren Familien verstoßen.) Die französische Gesetzgebung billigt dem Ehemann und der Ehefrau gleiche Rechte zu; die Erziehung und die Sorge um die Zukunft der Kinder liegt in ihrer gemeinsamen Verantwortung. Dieses Ideal einer gemeinsamen elterlichen Sorgepflicht gilt auch dann noch, wenn die Eltern in Scheidung leben. Das algerische Familienrecht, wie es 1984 vom Parlament gebilligt wurde, ist sowohl von patriarchalischen als auch von islamischen Vorstellungen geprägt. Polygamie ist erlaubt, allerdings nur für Männer. Will eine Frau heiraten, braucht sie die Einwilligung eines männlichen Vormundes, und als Ehefrau muß sie sich den Wünschen ihres Mannes fügen.

Nach geltendem Familienrecht ist es Aufgabe der Mutter, sich um die leiblichen Bedürfnisse der Kinder zu kümmern, während der Vater für die geistigen Belange verantwortlich ist.

Er muß die Kinder in den Sitten und Geboten des Islam unterrichten und sie zu guten Moslems machen.

In Frankreich kollidiert der Versuch der Algerier, den Vorrang des Vaters geltend zu machen, mit einem anderen moslemischen Ideal, nämlich dem gefestigter und harmonischer Familienverhältnisse. Scheich Abbas, das geistliche Oberhaupt der Großen Moschee von Paris, konnte die Welle der elterlichen Kindesentführungen nach Algerien nur beklagen (bis Mitte der achtziger Jahre insgesamt 3000 Fälle) und feststellen: »Daß diese Kinder nicht in der Obhut ihrer Mütter aufwachsen, finde ich zutiefst beunruhigend. Die Mutter ist unersetzlich. Niemand kann das bestreiten. Andererseits muß man auch sehen, daß der Vater als Familienoberhaupt die Verantwortung für die Zukunft des Kindes trägt. Das Kind trägt den Namen des Vaters und gehört derselben Religion an.«

Wird in Algerien eine Ehe geschieden, bleibt der Vater der alleinige gesetzliche Vertreter der Kinder. Zwar kann eine Mutter das Sorgerecht ausüben, aber sie hat keine Entscheidungsgewalt und muß die Kinder in der Religion des Vaters, also islamisch, erziehen. In Frankreich, wo jede dritte Ehe, ob gemischt oder nicht, mit einer Scheidung endet, erlebten Algerier, daß französische Richter das elterliche Sorgerecht – und damit jegliche elterliche Erziehungsgewalt – in der Regel der Mutter zusprachen. Dies brachte die Väter in eine unmögliche Lage. Von der französischen Gesellschaft ausgestoßen und außerdem durch den Verlust der Frau empfindlich getroffen, wandten sie sich mit neuer Inbrunst dem Islam zu. Viele kamen zu der Erkenntnis, daß ihnen nur eine Wahl blieb: ihre Kinder heimlich nach Algerien zu bringen. Dabei hatten sie kein schlechtes Gewissen, denn daheim in Algerien fanden sie moralische Unterstützung durch Islam und Staat.

So gesehen war Brahim Houache ein repräsentativer Kindesentführer. Ohne Zweifel war er verbittert, und er fühlte sich in Frankreich schlecht behandelt. Als seine Ehe in die Brüche ging, hielt ihn nicht mehr viel zurück. Für Brahim war es nur natürlich, daß er sich in die Sicherheit der heimatlichen Kultur zurückzog, in die er nun sogar noch tiefer eingebunden war als vor seinem Weggang, und daß er die beiden Jungen mitnahm, für die er sich verantwortlich fühlte.

Für Amar und Farid konnte es jedoch keine glückliche Anpassung an ihr neues Leben in Algerien geben. Selbst unter den günstigsten Umständen wäre ihnen der Wechsel nicht leichtgefallen. Alles war fremd für sie: die Sprache, das traditionelle Gewand (einschließlich der Kopfbedeckung für den Schulbesuch), die Religion, das soziale Leben. Die einzigen unverschleierten weiblichen Gesichter, die sie hier sahen, gehörten ihrer Großmutter und ihren Tanten.

Und die Umstände, unter denen sie nach Algerien gekommen waren, waren alles andere als günstig. Die Jungen verloren nie das Gefühl, verschleppt worden zu sein. Sie klammerten sich weiterhin an die Hoffnung, irgendwann, und sei es nach Jahren, aus Algerien fliehen zu können. Marie-Anne kam fast alle sechs Monate zu Besuch, und jedesmal hofften die Kinder, mit ihr nach Frankreich zurückkehren zu können. Warum sollten sie sich einer Umgebung anpassen, die sie als vorübergehend betrachteten?

Amar und Farid wurde ihre Andersartigkeit täglich vor Augen geführt. In der Schule hatte der Rektor, der mit ihrem Vater verwandt war, ein strenges Auge auf sie. Obwohl sie von ihren Klassenkameraden akzeptiert wurden, waren sie doch »die von jenseits des Meeres« – Fremde, keine Einheimischen. Vom Arabischen abgesehen, das sie mit der Zeit fließend sprechen lernten, fanden sie den Unterricht in Englisch und Französisch und im Koran öde und langweilig, zumal er größtenteils aus mechanischen Übungen bestand. Die beiden Brüder wußten, daß sie gegenüber ihren Klassenkameraden zu Hause in Frankreich zurückfielen.

Im Januar 1981 sah Marie-Anne im Fernsehen eine Sendung über Rückentführungen. Sie nahm Kontakt zu zwei der im Fernsehen gezeigten Frauen auf: zu Gabrielle Barton, die ihre beiden Kinder aus Saudi-Arabien herausgeholt hatte, und zu Jocelyne Bany, deren siebenjähriger Sohn von seinem Vater nach Algerien entführt worden war. Obwohl Marie-Anne immer noch auf eine legale Lösung hoffte, schmiedete sie einen Plan, der sie mit freudiger Erwartung, aber auch mit Angst erfüllte: Sie wollte ihren Söhnen zur Flucht verhelfen.

Im März reiste sie nach Ghardaïa, um die Jungen wiederzusehen. Sie vereinbarte mit ihren Söhnen einen geheimen Verständigungscode und wies sie an, sich für alle Fälle bereitzuhalten. Außerdem machte sie Fotos von den Jungen für gefälschte Pässe. Bald merkte sie freilich, daß ihr Plan keine Aussicht auf Erfolg hatte. Zum einen verfolgte Brahim argwöhnisch jede Bewegung Marie-Annes und hinderte sie daran, mit Amar und Farid allein zu sein. Zum anderen stellte sie fest, daß sie eine schriftliche Erlaubnis von Brahim vorweisen mußte, wenn sie die Jungen außer Landes bringen wollte, auch wenn die falschen Pässe nicht beanstandet wurden. Und schließlich lagen 400 Kilometer Sahara zwischen Ghardaïa und Algier, der einzigen Stadt, durch die sie das Land verlassen konnte. Sie sah keine Möglichkeit, dorthin zu gelangen.

Die Jungen waren wütend über den reglementierten Umgang mit ihrer Mutter. Die Beziehung, die ihnen am meisten bedeutete, wurde mit Füßen getreten. Sie waren auch darüber erbost, wie geringschätzig Brahims Familie Marie-Anne behandelte. Ihre Mutter galt der Familie als niedere Person, als »unrein«, weil sie Christin war und – Gipfel der Grausamkeit – weil sie ihre Kinder verloren hatte. Brahim verbot ihr sogar, im Haus irgend etwas zu berühren.

Mutter und Söhne spielten endlose Partien Scrabble, damit sie wenigstens beieinandersitzen und sich stumme Zeichen geben konnten. Sie schlichen sich auch heimlich in den Hof, um Brahims beklemmenden Blicken wenigstens für einige Momente zu entfliehen ... und um sich zu umarmen und zu küssen und von Flucht und einem gemeinsamen Leben zu träumen.

Kurze Zeit nach dem zweiwöchigen Besuch und ihrer Rückkehr nach Frankreich erhielt Marie-Anne einen Brief, den ihre Söhne an ihrem Vater vorbei hinausgeschmuggelt haben mußten. »Mutter, sei vorsichtig«, hieß es darin, »Vater will wieder heiraten.« Marie-Anne beschritt daraufhin den Weg, den so viele Eltern beschreiten, die ihre Kinder verloren haben: Sie schöpfte die gesetzlichen Möglichkeiten ihres Landes aus. Sie erwirkte die Scheidung und nahm wieder ihren Mädchennamen Marie-Anne Pinel an. Zudem erreichte sie, daß ihr von einem französischen Gericht das Sorgerecht für Amar und Farid zugesprochen wurde. Doch sie mußte wie so viele vor ihr feststellen, daß das Urteil wertlos war. Trotz oder gerade wegen der seit langem bestehenden Beziehungen zwischen den beiden Ländern hat das Urteil eines französischen Gerichts in Algerien keine Gültigkeit.

Als Marie-Anne versuchte, das Sorgerecht von einem algerischen Gericht zugesprochen zu bekommen, erhielt sie eine Abfuhr. Das im Land geltende islamische Recht war eindeutig: Die Jungen gehörten zu ihrem Vater. Allerdings entschied das Gericht, Brahim müsse Marie-Anne finanziell entschädigen. Das Geld sollte ihr helfen, die Prozeßkosten zu bestreiten.

Nach Brahims erneuter Heirat 1982 wohnten die Jungen nicht mehr bei anderen Verwandten, sondern zogen in das Haus ihres Vaters. Dort mußten sie sich den Anweisungen der Stiefmutter fügen. Die Konflikte waren vorhersehbar, besonders als ihr Vater wegen politischer Aktivitäten für zwei Wochen ins Gefängnis mußte. Als Amar einmal trotz strengen Verbots erst um 22.30 Uhr heimkam, beendete die Stiefmutter den anschließenden Wortwechsel mit Schlägen.

Amar und Farid fügten sich den Anordnungen ihres Vaters und befolgten widerwillig die wichtigsten Gebote des Islam, einschließlich des Fastens von Sonnenaufgang bis Sonnenuntergang im Monat Ramadan. Der islamische Glaube interessierte sie nicht; sie sahen darin nur Äußerlichkeiten und Heuchelei. Je länger sie ihren Vater bei seinen täglichen Gebeten beobachteten, desto zynischer wurde ihr Urteil über ihn. Brahim hatte seine Familie zerstört, seine Söhne belogen und sie an einen Ort verschleppt, der ihnen verhaßt war. Wie konnten er oder seine Verwandten von sich behaupten, sie seien gute Moslems? Oder, wie Farid es ausdrückte: »Die Leute sagen Schwarz, tun aber Weiß, oder sie sagen Weiß, tun aber Schwarz.«

Die Haltung der Jungen gegenüber ihrer Umwelt war von der gefühlsmäßigen Distanz zu ihrem Vater geprägt. Mit der Zeit verloren Amar und Farid die Angst und zugleich die Achtung vor Brahim, wie Mahtab den Respekt vor ihrem Vater an dem Tag verloren hatte, als Moody sagte: »Wir kehren nicht nach Hause zurück.« Das große Idol der Jungen war vom Sockel gestürzt, und sein Sturz war tief. Sie empfanden nur Verachtung und herablassendes Mitleid für diesen Mann, der sich im Recht glaubte, dessen Leben mit ihnen aber auf einer unverzeihlichen Lüge basierte.

Von Anfang an sabotierte Brahim jeden Kontakt zwischen seinen Söhnen und ihrer Mutter. Auf seine Weisung hin fingen die Angestellten der lokalen Post, mit denen er befreundet oder verwandt war, alle Sendungen in beide Richtungen ab, auch Marie-Annes Geburtstagspäckchen und Weihnachtskarten. Brahim beauftragte sogar seine neue Frau, die Schulbücher der Jungen nach versteckten Fotos der Mutter zu durchsuchen und die Fotos zu zerreißen. Dennoch konnte Brahim Marie-Anne nicht von ihrem Bestreben abbringen, die Jungen nach Frankreich heimzuholen.

Nach meiner Begegnung mit Marie-Anne war ich verblüfft darüber, wie ähnlich unser Schicksal war: wie hilflos wir uns anfangs gefühlt hatten, wie sehr uns das geltende Recht enttäuschte und wie abschätzig wir in der islamischen Welt behandelt wurden. Allerdings gab es auch erhebliche Unterschiede. Ich hatte das Glück gehabt, nach unserer Entführung bei meiner Tochter zu bleiben; dann hatte ich fliehen und, wie sich herausstellte, unsere Umstände in relativ kurzer Zeit ordnen können. Nichts dergleichen war für Marie-Anne möglich. Sie hatte lediglich den Vorteil, daß sie in ihrer Heimat Unterstützung und Ermutigung fand. Man muß ihr hoch anrechnen, und darin war sie mir weit voraus, daß sie früh die Zusammenarbeit mit anderen suchte, statt sich als Einzelkämpferin durchzuschlagen.

Annie Sugier war ein 1,65 Meter großes Energiebündel – ein Mensch, der Dinge durch die bloße Anspannung seines Willens verändern kann. Sie hatte eine sanfte, helle Stimme, aber ihr Selbstvertrauen und ihre Entschlossenheit waren nie zu verkennen.

Von Beruf war Annie Ingenieurin bei der französischen

Atomenergiebehörde. Sie hatte im Ausland gelebt und kannte andere Kulturen. Sie engagierte sich leidenschaftlich für den Feminismus, und dadurch hatte sie 1981 Jocelyne Bany kennengelernt. Aus Betroffenheit über die Not dieser Frau, deren Kind fern von der Mutter festgehalten wurde und die alles hilflos mitansehen mußte, empfahl Annie Jocelyne an die feministische Rechtsanwältin Linda Weil-Curiel weiter. Als die Frauen feststellten, daß Jocelynes Fall nur einer von vielen war, gründeten Annie und Jocelyne die Solidargemeinschaft für Mütter entführter Kinder, genannt »Mütter von Algier«. Zu ihrer Unterstützung zogen sie noch drei befreundete Frauen heran: Chantal Hanoteau, eine Wissenschaftspublizistin, Odette Brun, eine pensionierte Ärztin, und Anne-Marie Lizin, eine Abgeordnete des belgischen Parlaments.

Die Frauen verstanden sich weniger als Wortführerinnen denn als »Betreuerinnen« der um ihre Kinder gebrachten Mütter, doch sollte man sie besser Patinnen nennen. Keine von ihnen hatte eigene Kinder, aber alle waren von dem brennenden Wunsch erfüllt, internationale elterliche Kindesentführungen zu verhindern. Zwar waren sie Feministinnen, doch kam ihr Engagement aus einer breiteren Tradition, die dem Grundsatz der Gleichheit und dem Ideal der Menschenrechte verpflichtet ist und auf Voltaire und die Französische Revolution zurückgeht.

Im November 1983, als der algerische Präsident Bendjeddid Chadli zu einem Staatsbesuch in Frankreich weilte, veranstalteten die Patinnen eine Demonstration vor der algerischen Botschaft in Paris, in deren Verlauf die Polizei massiv einschritt. Mehrere Frauen wurden festgenommen und in ein Polizeifahrzeug verfrachtet. Hier lernte Annie Marie-Anne Pinel kennen. Die Demonstration darf als der offizielle Gründungstag der Mütter von Algier gelten.

Die Verhaftungen hatten den Willen der Solidargemeinschaft nicht brechen können. Im Gegenteil, die Frauen wollten nun noch entschiedener auftreten. Ihre nächste Aktion sollte ihrem Anliegen eine bisher nicht gekannte Publizität verschaffen: Die Mütter wollten mit einem *Liberté* getauften Schiff nach Algerien fahren, um dort eine Begegnung mit Behördenvertretern zu erzwingen und ihre Söhne und Töchter wiederzusehen. Das *Schiff nach Algier*, wie es in den Medien genannt wurde, sollte am 6. Juli 1984 mit rund 30 Müttern an Bord, darunter einige gebürtige Nordafrikanerinnen mit Wohnsitz in Frankreich, in See stechen.

Als sich die Mütter in Marseille am Kai versammelten, waren sie voll freudiger Erwartung, aber nicht ohne Sorge. Marie-Anne hatte ihre Söhne alle sechs Monate besucht, doch andere Mütter hatten ihre Kinder schon seit Jahren nicht mehr gesehen. Wenn sie nun in Algerien festgenommen wurden oder die Kinder gar nicht zu Gesicht bekamen? Hatten die Kinder genug zu essen? Weinten sie nachts? Hatten sie sich in ihr neues Leben gefügt, und würde die Mutter sie in diesem Fall nicht ein zweites Mal aus ihrer vertrauten Umgebung reißen? Würden sie ihre Mutter überhaupt wiedererkennen? Wovon sollte die Familie leben, wenn es wirklich gelang, die Kinder heimzuholen?

Einige Tage vor der geplanten Abreise hatten die französische und die algerische Regierung, die sich der Brisanz der Angelegenheit bewußt waren, den Patinnen offene Verhandlungen angeboten, wenn sie die Protestaktion absagten. Annie schwankte: Was sollte sie tun? Sie befürchtete, daß die Gruppe für eine straffe Organisation zu groß sein könne; vielleicht würde sie auseinanderfallen, wenn die Frauen in Algerien eintrafen und die Verhaftung drohte.

Die Mütter wollten schon an Bord der *Liberté* gehen, als Annie plötzlich rief: »Nein, wir bleiben hier! Die Aktion *Schiff nach Algier* ist abgeblasen!« Die Mütter waren bestürzt, respektierten aber Annies Entscheidung und gehorchten ihr.

Kaum waren die Worte über ihre Lippen gekommen, da bereute Annie sie schon. »Es war ein Fehler von mir, daß ich 1984 die Schiffsaktion im letzten Augenblick stoppte«, gestand sie später. »Dieser Fehler hat mir keine Ruhe gelassen.« Da waren all die Frauen versammelt gewesen, die ihr Leben geändert und die Hoffnung nicht aufgegeben hatten, und nun war Annie gekommen und hatte sie alle enttäuscht. Statt dessen hatte sie auf die Regierungen gesetzt, welche die zugesagten Verhandlungen jedoch immer weiter hinauszögerten. »Ich hatte einen großen

Fehler begangen und mir damit eine enorme Verantwortung aufgeladen«, sagte sie selbst. Künftig würde sie ihre Anstrengungen noch verdoppeln, damit diese Frauen endlich erreichten, was ihnen am wichtigsten war: die Wiederaufnahme der Beziehung zu ihren Kindern.

Für das weitere Vorgehen wurde als erstes beschlossen, einen festen Kern innerhalb der Solidargemeinschaft zu bilden: fünf Repräsentantinnen, auf die man unter allen Umständen zählen konnte. »Nur Frauen, die auch kämpfen konnten, hatten unser Vertrauen«, sagte Annie. Sie mußten von untadeligem Charakter, hundertprozentig loyal, kooperativ und bereit sein, alles für das gemeinsame Ziel zu opfern.

»Natürlich wissen wir, man darf von niemandem Vollkommenheit erwarten«, sagte Linda Weil-Curiel, »aber diese Mütter mußten vollkommen sein, wenn wir Erfolg haben wollten.«

Annie war von vornherein überzeugt, daß Marie-Anne Pinel zu der Fünfergruppe gehören sollte: »Ich mochte Marie-Anne seit unserer ersten Begegnung. Sie war stets pünktlich, tat, was ihr aufgetragen wurde, und redete nicht viel. Sie war genau die Person, nach der ich gesucht hatte.«

Als politisch denkende Menschen im besten Sinne wußten die Patinnen, daß ein Kampf, dessen Ziel die Mühe lohnte, nicht im Handumdrehen zu gewinnen wäre. Ihnen war klar, daß sie Geduld brauchten. In den folgenden sieben Jahren sollten sie große Opfer an Zeit und Geld bringen. (Recht lange bestritten sie die Unkosten für die Organisation sogar ganz aus der eigenen Tasche.)

Die Patinnen erkannten auch, daß einheitliche Gruppenaktionen sowohl aus prinzipiellen Erwägungen wie aus Gründen der Effektivität notwendig waren. Sie handelten in jeder Hinsicht loyal, uneigennützig, einzig um der gemeinsamen Sache, nicht um eines Individuums willen: Annie, die Gruppensprecherin, trat der Diskussion einzelner Fälle entschieden entgegen. Wollten die Mütter ihr Ziel erreichen, mußten sie einig sein und ihre Kräfte konzentrieren.

Während sich die Aktionen der Patinnen herumsprachen, bekamen sie Zulauf von Dutzenden von Müttern, deren Kinder in Algerien gestrandet waren. Für die Mütter war die Arbeit in der Gruppe eine Therapie im positivsten Sinn: Sie konnten ihre Energien auf ein sinnvolles Ziel richten, Spannungen abreagieren und sich gegenseitig Halt geben.

Nach dem Fiasko der Schiffsaktion »wollten wir etwas gemeinsam tun, Aktionen starten, die uns sinnvoll schienen«, berichtete Jocelyne Bany, eine andere gewählte Vertreterin. »Da wir nicht die Herausgabe unserer Kinder verlangen konnten, versuchten wir, Verhandlungen aufzunehmen und erfüllbare Forderungen zu stellen.«

»Wir wollten die Regierung kritisieren und ihre Schwäche bloßlegen«, sagte Annie. »Als wir zur Menschenrechtskommission der Vereinten Nationen zogen und mit dem französischen Vertreter sprachen, erklärte er: ›Dies ist weder der richtige Zeitpunkt noch der richtige Ort.‹ Ich konnte das nicht hören.«

Die Mütter forderten zunächst Besuchsrechte und ein Verfahren, nach dem diese Rechte eingeklagt werden konnten. Aber die Mühlen der Regierungsbürokratie sowohl auf französischer wie auf algerischer Seite mahlten entnervend langsam. Deshalb trugen die Mütter von Algier ihre Forderungen erneut auf die Straße. Am 17. Juni 1985, fast fünf Jahre nach Amars und Farids Verschleppung nach Ghardaïa, reiste der Kern der Gruppe nach Algier. Dort überrumpelten sie eine Sekretärin, drangen in den Komplex der französischen Botschaft in Algier ein, ließen sich mit ihren Rucksäcken auf dem Rasen nieder und weigerten sich, das Gelände zu verlassen. Zuerst versuchten die Botschaftsangestellten, sie zum Gehen zu überreden: »Ist Ihnen bewußt, daß dies eine Botschaft ist? Was wollen Sie wirklich? Hier können Sie nicht bleiben.« Aber die Frauen blieben. Dann versuchte man ihnen Angst einzujagen. Ihnen wurde mitgeteilt, nach Einbruch der Dunkelheit lasse man zur Sicherung des Geländes Wachhunde umherstreifen.

Die Mütter waren unbeeindruckt. »Wir gehen erst«, sagte eine von ihnen, »wenn unser Problem gelöst ist.«

Der französische Botschafter befand sich in einer heiklen Lage. Er wollte die Frauen keineswegs in ihrem lästigen Protest ermutigen. Andererseits konnte er sie nicht im Freien übernachten lassen. Er mußte ihnen Obdach gewähren. Deshalb ordnete er widerwillig an, innerhalb des Botschaftskomplexes ein kleines einstöckiges Gebäude, das früher als Snackbar gedient hatte, für sie zu öffnen.

Die Besetzung hatte begonnen. Die Mütter, die ihre Arbeitsplätze um ihrer gerechten Sache willen verlassen hatten, wußten nicht, wie lange sie bleiben mußten und ob ihr kühner Schritt Früchte tragen würde, aber sie waren entschlossen, alles durchzustehen. Die französische Regierung war wie gelähmt. Wie ungelegen die Besetzung auch kam, jeder Versuch, die Mütter zu vertreiben, wäre zum öffentlichen Skandal geworden. Die Umstände wollten es, daß ausgerechnet zu diesem Zeitpunkt ein gekapertes Flugzeug in Algier gelandet war und die Aufmerksamkeit der internationalen Presse auf sich lenkte. Als die Flugzeugentführung nach wenigen Stunden ein Ende gefunden hatte, wußten die versammelten Reporter nicht mehr, worüber sie berichten sollten – es sei denn über die Botschaftsbesetzung durch die Mütter, die folglich bald zu Medienruhm gelangen sollte.

Die Unterbringung war alles andere als luxuriös. Nachts schliefen die Frauen in dem einzigen großen Raum in Schlafsäcken auf nackten Fliesen. In einem kleinen Nebenraum gab es eine Kochgelegenheit sowie einen Gasofen und einen nachträglich installierten Kühlschrank. Auch ein Waschraum mit einer kalten Dusche war vorhanden.

Die ersten Nächte glichen einer Pyjamaparty. Jede Frau erzählte ihre Geschichte und konnte sich anfangs der gespannten Aufmerksamkeit und Teilnahme aller sicher sein. Später, als die Geschichten sich zu wiederholen begannen, ließ die Aufregung nach; die Frauen merkten, daß sich ihre Schicksale auf bedrückende Weise ähnelten.

Die Tage versanken in grauer Monotonie. Es gab kein Fernsehen und keine Telefonanrufe, und das Radiogerät konnte zeitweilig nur einen Sender empfangen. Annie, Linda und einige andere, darunter auch eine Geistliche, fungierten als Botinnen, die alles Nötige heranschafften, von Fertigsuppen und Tellern bis zu Büchern und Zahnpasta. Marie-Anne erlebte eine glückliche Unterbrechung der Monotonie, als Amar, der wegen einer Sportveranstaltung gerade in Algier war, sich zu einem kurzen Besuch in der Botschaft freimachen konnte.

»Wir werden unseren Posten nicht verlassen«, schrieben die fünf am 21. Juni an Annie. »Die Stimmung ist ausgezeichnet, auch wenn wir hier sechs Monate ausharren müssen. Wir sind auf das Schlimmste gefaßt. Bleib dran! Wir wissen, daß wir auf dich zählen können.«

Nach viermonatiger Besetzung war eine der Mütter am Ende ihrer Kräfte. Hélène Montetagaud wollte keinen Tag länger in der Botschaft bleiben. Um das Image der Gruppe zu wahren, verkündeten die anderen, Hélène werde sie verlassen, um ihre »Botschafterin« in Paris zu werden. Hélène sprach vor dem französischen Parlament über das Engagement der Mütter und ihr Leben auf dem Gelände der Botschaft in Algier. Von diesem Zeitpunkt an schickte Hélène jeden Mittwoch insgesamt 40 weiße Rosen an den französischen Präsidenten, den Premierminister, den Justizminister und die beiden Kammern der Volksvertretung. Anfangs waren die Blumen frisch; später ging Hélène zu welken Rosen über, als Symbol für die welkenden Hoffnungen der Mütter.

Dank der ungeheuren publizistischen Resonanz hatte die Besetzung schließlich Folgen. Die eingerostete Regierungsbürokratie setzte sich quietschend in Bewegung. Französische und algerische Regierungsvertreter unterbreiteten ein Angebot: Wenn die Mütter ihren Protest beendeten, wollten beide Regierungen einen Vermittler benennen, der die Besuche vorantreiben und eine »juristische Regelung« ausarbeiten sollte, um das Problem zu lösen und Besuche der Kinder über Weihnachten zu ermöglichen.

Am 24. November, fünf Monate nachdem sie die Botschaft betreten hatten, verließen die verbliebenen vier Mütter das Gelände. Ihr Abenteuer hatte zwar noch keinen glücklichen Abschluß gefunden, aber für alle vier war die spartanische Erfahrung in Algier der Höhepunkt der gemeinsamen politischen Arbeit.

Die Mütter waren des Wartens müde. Die Schulferien rückten näher, aber die Kinder waren immer noch in Algerien und so unerreichbar wie zuvor. Die Regierung Chadli hatte mit Vorbehalt zugestimmt, in den Ferien grenzüberschreitende Besuche zu erlauben, allerdings nur, wenn eine offizielle Zusage von französischer Seite vorliege, daß die Kinder nach Algerien zurückkehren würden.

Am 25. November 1985 schrieb Marie-Anne Pinel an den französischen Präsidenten Mitterrand:

»Wir sind nach fünfmonatiger friedlicher Besetzung der französischen Botschaft in Algier wieder zurückgekehrt, allerdings ohne unsere Kinder.

Wir stehen nun am Beginn der Weihnachtszeit. Mir ist der Gedanke unerträglich, daß meine Kinder Amar und Farid Houache wieder auf die Liebe ihrer französischen Familie verzichten müssen ... Wenn Sie mit Präsident Chadli darüber sprächen, könnten Amar und Farid in den Weihnachtsferien vom 20. Dezember bis zum 3. Januar nach Frankreich kommen.

Ich verpflichte mich hiermit, in diesem Fall meine Kinder am Ende der Ferien wieder zurückzuschicken. Auch werde ich ihren Aufenthalt in Frankreich nicht dazu nutzen, vor hiesigen Gerichten das Sorgerecht für sie zu erlangen ...«

Marie-Annes Eltern, ihr Vorgesetzter im staatlichen Seefahrtsamt und der Bürgermeister von Massy richteten ähnliche Gesuche an Mitterrand. Der Präsident antwortete, er könne ohne offiziellen Vertrag keine Zusage geben. Die Mütter von Algier ließen sich indes nicht entmutigen, sondern wandten sich an ein ganzes Spektrum von Persönlichkeiten aus politischen und kirchlichen Kreisen, angefangen von der Kommunistischen Partei über den Verband der Protestanten bis hin zu Scheich Abbas, und baten sie um schriftliche Bürgschaften. Annie versprach, die Kinder persönlich zum Flugzeug nach Algier zu begleiten, »damit sie ohne Schwierigkeiten den Rückflug antreten können«. Um auch die letzten Vorbehalte zu zerstreuen, verpflichteten sich die Mütter unter Eid, die Kinder am Ende der Ferien zurückzusenden.

Da die algerische Regierung ihre Bedingungen nunmehr

erfüllt sah, veranlaßte sie ihrerseits, daß die Abmachung in die Tat umgesetzt wurde. Wenn sich Väter uneinsichtig zeigten, erhielten sie Besuch von der Polizei, die auf die betreffenden Kinder zeigte und sie aufforderte mitzukommen.

Zunächst kamen nur wenige Kinder über das Meer, insgesamt sechs, darunter Amar und Farid. Obwohl die französischen Familien ihre Rückkehr feierten, war die Freude nicht ungetrübt. Alle wußten, daß die Ferien nur eine kurze Linderung des Trennungsschmerzes sein würden.

Zwei Wochen später mußten die Mütter ihre härteste Prüfung bestehen – viel schlimmer als die Gefahr, bei einer Demonstration verhaftet zu werden, oder als fünf Monate lang auf einem nackten Fußboden zu schlafen. Um zu beweisen, daß sie das früher mit den Vätern gemeinsam ausgeübte elterliche Sorgerecht nicht mißbrauchen, daß sie zu ihrem von der algerischen Regierung mit soviel Mißtrauen beäugten Ehrenwort stehen und daß sie miteinander solidarisch sein wollten, gaben sie ihre Kinder zur festgesetzten Frist zurück.

Welche Qualen dies für die Mütter bedeutete, kann gar nicht ermessen werden. (Ein Kind sagte, es wolle lieber getötet werden, als wieder zu seinem Vater zurückzukehren.) Hätten die Mütter ihr Wort gebrochen und die Kinder behalten, wären die Algerier nicht in der Lage gewesen, sie zur Rückgabe zu zwingen. Die Frauen waren so stark, daß sie ihre Töchter und Söhne zurückgaben, obwohl alles in ihnen sich dagegen gesträubt haben muß.

Amar Houache war ein besonderer Fall. Mit 18 Jahren war er nach französischem Recht volljährig, in Algerien dagegen noch minderjährig, denn dort beginnt die Volljährigkeit erst mit 19. Amar mußte in Ghardaïa seine eigene »Ehrenerklärung« unterzeichnen, mit der er sich verpflichtete, nach Algerien zurückzukehren. Zwar hätte er sich trotzdem anders entscheiden können, aber es kam ihm nie in den Sinn, sein Wort zu brechen. »Er bewies großen Mut und moralische Reife«, sagte Linda. »Ihm war bewußt, daß er die Verhandlungen gefährden würde, wenn er in Frankreich blieb. Deshalb kehrte er zurück. Er hat sich selbst für die anderen geopfert.«

Ungefähr zur selben Zeit, im Januar 1986, begab sich die prominenteste Patin auf eine Mission, durch die sie ihre Zukunft und sogar ihre Freiheit aufs Spiel setzte. Anne-Marie Lizin war als Nicht-Französin zu einer vertrauenswürdigen Vermittlerin zwischen den Müttern und der algerischen Regierung geworden. In ihrer Heimat Belgien hatte die Regierung die Probleme der Mütter ignoriert. Für Anne-Marie, die ihr Land im Europa-Parlament vertrat, war dies ein unhaltbarer Zustand.

Anne-Maries Assistentin Ginny war auf den Fall einer belgischen Staatsbürgerin aufmerksam geworden, der meinem und dem von Marie-Anne Pinel glich. Im Jahr zuvor hatte ihr Ehemann ihre drei Kinder im Teenageralter, zwei Jungen und ein Mädchen, unter dem Vorwand nach Algerien gelockt, sie sollten am Wochenende an einer Hochzeit teilnehmen. Nach der Ankunft ließ der Vater die Kinder bei Verwandten in einem Ort bei Algier zurück und brach jeden Kontakt mit der Mutter ab. Als der Vater nach Belgien zurückkehrte, um die Schulunterlagen der Kinder zu holen, wurde er verhaftet und ins Gefängnis gesteckt. Das war der Stand der Dinge: Der Vater saß im Gefängnis, die Kinder waren bei der Großmutter und völlig mittellos.

Als die Kinder sich um Hilfe an die belgische Botschaft wandten, hörten sie, den Diplomaten seien die Hände gebunden. Anne-Marie bekam eine ähnliche Antwort von Regierungsvertretern in Brüssel. »Ich kann in diesem Fall wirklich nichts tun«, erklärte ihr der Außenminister, »weil wir kein Abkommen mit Algerien haben.« Da eine vertragliche Grundlage fehlte, zeigte die belgische Regierung keine Neigung, Algerien unter Druck zu setzen, zumal ein Vertrag über Erdgaslieferungen zwischen den beiden Ländern geschlossen werden sollte.

Vertraulich gab die Regierung Anne-Marie jedoch etwas anderes zu verstehen. »Wir müssen etwas unternehmen«, sagte ein hoher Beamter, »aber das geht nicht auf amtlichem Weg.«

Anne-Marie hatte genug vom schleppenden Gang der Bürokratie. »Wer auf offizielle Schritte hofft, kann Jahre warten«, klagte sie. Doch die Kinder konnten nicht so lange warten; eines von ihnen hatte bereits ein Jahr an der Universität verloren. Anne-Marie wollte den Staat herausfordern und vor vollendete

Tatsachen stellen. In Begleitung eines Journalisten wollte sie inkognito in die algerische Stadt Annaba, nahe der tunesischen Grenze, reisen. Ein tunesischer Taxifahrer sollte die Kinder von ihrem derzeitigen Wohnort abholen und zu einem vereinbarten Treffpunkt bringen. Anne-Marie und der Journalist wollten sich als die Eltern der Kinder ausgeben und versuchen, sie über die Grenze zu schmuggeln, wo Anne-Maries Mann sie erwartete. Gemeinsam wollten sie dann nach Belgien zurückfliegen.

Der Plan war von Anfang an zum Scheitern verurteilt. Irgend jemand informierte die Algerier über Anne-Maries Absichten. Sie wurde verhaftet, als sie in Annaba aus dem Flugzeug stieg. Der tunesische Taxifahrer wurde, nur wenige Minuten nachdem er die Kinder abgeholt hatte, angehalten. Die Kinder mußten zu ihren Verwandten zurückkehren. Sie konnten lange nicht verstehen, was überhaupt gespielt wurde, und sollten erst sehr viel später die ganze Wahrheit erfahren.

Anne-Marie und der Journalist kamen für eine Nacht ins Gefängnis, dann verlegte man sie in ein Hotel, wo sie sechs Tage lang unter Hausarrest standen. Zwar wurden sie höflich behandelt (»Schlagen Sie diese Frau nicht!« hatte der belgische Botschafter gebeten), aber sie blieben von der Außenwelt abgeschnitten. Anne-Marie fürchtete das Schlimmste: Der unausbleibliche Skandal würde ihre politische Karriere zerstören, sie selbst würde lange in Haft bleiben.

Während des Verhörs fragte sie die algerischen Behörden immer wieder nach den Kindern und verlangte nachdrücklich deren Befreiung und Rücksendung nach Belgien. Die Algerier zeigten sich zu Verhandlungen bereit – vorausgesetzt, der Vater werde aus dem Gefängnis in Brüssel entlassen. Man vereinbarte einen Tauschhandel: Die Anklagen gegen Anne-Marie und den Journalisten wurden fallengelassen, der Vater wurde auf freien Fuß gesetzt, und die ganze Familie kam in Algier zusammen, um dort über eine Versöhnung zu reden. Die Mutter, die sich über ihre Gefühle gegenüber dem Vater immer noch nicht im klaren war, erklärte sich schließlich bereit, mit ihm nach Belgien zurückzukehren.

Um das Gesicht zu wahren, bestanden die Algerier darauf,

daß die Mutter allein nach Belgien zurückflog und der Vater mit den Kindern erst eine Woche später vor laufenden Fernsehkameras folgte.

Anne-Marie freute sich sehr, daß die Kinder heimkehren durften. Auf dem Rückflug nach Belgien dachte sie wehmütig, daß jetzt wohl das Ende ihrer politischen Tätigkeit gekommen sei. Einen Freund, der sie bei der Ankunft in Brüssel begrüßte, fragte sie: »Muß ich gleich ins Gefängnis?«

»Soll das ein Witz sein?« fragte der Freund. »Du bist der Star des Tages.« Und tatsächlich: Anne-Maries Verhaftung hatte in ganz Europa Schlagzeilen gemacht. Sie war in ihrer Abwesenheit zu einer berühmten Frau geworden, und sie galt als das seltene Beispiel einer Politikerin mit Herz. Ihr mutiger Rettungsversuch bedeutete nicht das Ende ihrer Karriere, im Gegenteil, sie wurde wenig später befördert. Kurze Zeit darauf wurde sie zur belgischen Ministerin für Europa 1992 ernannt, also mit jenem Ressort betraut, das sich mit der anstehenden europäischen Einigung befaßt.

Als ich die heimgeholten Jugendlichen fragte, wie sie Anne-Marie Lizins kühne Aktion beurteilten, antworteten sie, ohne zu zögern: »Gut!«

Nach ihrer Rückkehr nach Frankreich fühlten sich die Mütter von Algier schon bald wieder hingehalten. Die Zeit schien für Frankreich reif zu sein, mit Algerien einen bilateralen Vertrag über die Frage elterlicher Kindesentführungen auszuhandeln. Doch im März 1986 verloren die französischen Sozialisten die Macht an die Neo-Gaullisten, und der politisch günstige Augenblick war verpaßt.

Am ersten Jahrestag der Botschaftsbesetzung besuchten Marie-Anne Pinel und die anderen Mütter eine Gedenkfeier in Paris. Als ein Reporter offene Zweifel daran anmeldete, daß Amar Algerien wirklich verlassen wolle, ließ sie eine telefonische Verbindung zu dem Musikgeschäft herstellen, in dem ihr älterer Sohn arbeitete. Amar antwortete, ohne zu überlegen: »Wir reisen aus.«

Amar hatte seiner Mutter immer gesagt, Farid und er würden

Algerien zusammen verlassen. Als er 19 Jahre alt wurde, kaufte er für seinen Bruder und sich selbst Flugtickets nach Algier. In der Hauptstadt angekommen, versuchten sie in die französische Botschaft zu gelangen. Jetzt waren sie an der Reihe, Schutz, Gerechtigkeit und eine Heimat zu suchen. Die Jugendlichen hatten keine Papiere und wurden an der Pforte abgewiesen. Ihre französische Staatsbürgerschaft fand keine Anerkennung; für die Botschaft waren sie Algerier. Hier war kein Platz für sie. Der Schock saß tief! Ähnliches hatten Mahtab und ich erlebt, als uns die schweizerische Botschaft in Teheran das Asyl verweigerte.

In den nächsten zwei Wochen blieben Amar und Farid in der Hauptstadt. Sie versteckten sich in verschiedenen Strandhäusern algerischer Freunde. Bald erfuhren sie, daß ihr Vater Haftbefehle gegen sie erwirkt hatte: Der siebzehnjährige Farid wurde als jugendlicher Ausreißer gesucht, während Amar, der inzwischen auch nach algerischem Recht volljährig war, unter der schwerwiegenderen Anklage stand, einen Minderjährigen zu einer Straftat angestiftet zu haben. Als bei einem ihrer Verstecke plötzlich die Polizei vor der Tür stand, mußten die Brüder sich im Badezimmer verbergen, während ihre Freunde leugneten, sie gesehen zu haben.

»Wenn sie hier gefunden werden, gibt das Ärger, sogar erheblichen Ärger«, drohten die Polizisten.

Die Brüder, die seit vielen Jahren engste Verbündete waren, mußten eine schwere Entscheidung treffen: Um ihre Freunde zu schützen, würden sie sich trennen. Amar wollte der Verhaftung entgehen, indem er nach Frankreich flog. Ein Angestellter der französischen Botschaft und Linda Weil-Curiel, die sich gerade in Algier aufhielt, sollten ihm dabei behilflich sein. Farid fuhr mit dem Bus nach Ghardaïa zurück, wo ihn Brahim zum Verhör auf die nächste Polizeiwache schleppte. Auf die Frage, wo er gewesen sei, sagte Farid: »Ich war dort, wo ich gern sein wollte.«

Amar wurde das Gefühl nicht los, seinen Bruder betrogen zu haben, der dazu neigte, seine Gefühle und seinen Schmerz zu unterdrücken. Tatsächlich aber wurde Farids Leben nach seiner Rückkehr nach Ghardaïa leichter. Möglicherweise hatte sich Brahim, der sah, daß die Zeit gegen ihn arbeitete, damit abgefunden, daß er seinen jüngeren Sohn nicht mehr am Gängelband führen konnte. Er erlaubte Farid zu besuchen, wen er wollte, und zu tun, was ihm gefiel. So lebte Farid mit Brahim in einem verspäteten Waffenstillstand und zählte die 18 Monate, bis er endlich das Alter der Freiheit erreichen würde.

Eines Tages teilte Farids Stiefmutter Brahim mit, sie wolle ihre Eltern besuchen und über Nacht bei ihnen bleiben. Brahim gestattete ihr nicht, ihre beiden kleinen Kinder mitzunehmen. Tags darauf verstieß er seine Frau. Er ließ sich von ihr scheiden und behielt die Kinder, die ihre Mutter nie wiedersahen.

Farid versuchte, für seine Stiefmutter einzutreten. Er wußte, wie schmerzhaft es war, der Mutter entrissen zu werden, und konnte die Vorstellung nicht ertragen, daß sich seine und Amars Leidensgeschichte an den kleinen Geschwistern nun wiederholen sollte. Doch obwohl er sich für die Stiefmutter einsetzte, sah sie ihre Kinder nie wieder.

Im Jahre 1986 gab es keine grenzüberschreitenden »Winterbesuche«. Scheich Abbas hatte den Müttern geraten, die Besuche nicht mehr »Weihnachtsbesuche« zu nennen, um die Gefühle der Moslems nicht zu verletzen. Die algerischen Väter weigerten sich, ihre Kinder reisen zu lassen, und diesmal wurde die ungeschriebene Vereinbarung nicht eingehalten.

Die Mütter von Algier überkam ohnmächtiger Zorn. Sie hatten alles getan, was von ihnen verlangt worden war, und dennoch hielt man ihre Kinder fern von ihnen. Die Patinnen schmiedeten einen neuen Plan: einen dreiwöchigen Protestmarsch von Paris nach Genf. Der harte Kern der Gruppe wollte die 600 Kilometer lange Strecke mitten im scheußlichen Winterwetter dieses Jahres bewältigen.

»Ich bin bei diesem Marsch aus Zorn dabei«, sagte eine Mutter.

»Wir hatten lange Zeit so gut wie keine Hoffnung«, fügte Margaret Hughes hinzu, eine Engländerin, die sich dem engeren Kreis angeschlossen hatte, »aber jetzt engagieren wir uns, weil wir glauben, daß wir etwas bewegen können. Wir marschieren, um zu verhandeln.«

Auf einer Pressekonferenz in Paris erklärte Anne-Marie Lizin: »Dieser Protestmarsch entspringt der Verzweiflung, aber wir marschieren auch, damit andere Länder nicht zu Komplizen einer Politik werden, die Kindern Gewalt antut. Kinder sollen ihre Väter und Mütter über Grenzen hinweg besuchen können.«

Ein von den Patinnen herausgegebenes Kommuniqué mündete in einen flammenden Aufruf: »Zu einer Zeit, da Väter und Mütter ein Tauziehen auf dem Rücken der Kinder veranstalten, möchten sie [die Teilnehmer des Protestmarsches] deutlich machen, daß eine elterliche Kindesentführung niemals ein Zeichen der Liebe, sondern stets ein Akt der Gewalt ist, der das Kind vernichtet ... Das Gesetz des Stärkeren darf nicht die Beziehungen in einer Familie regeln.«

Die Mütter traten mit einer Reihe ehrgeiziger Forderungen hervor: nach Freizügigkeit für die Kinder und freiem Besuchsrecht für beide Elternteile; nach Ernennung eines europäischen Vermittlers; nach Ernennung eines neuen französischen Vermittlers, da dessen Posten zu dieser Zeit unbesetzt war; nach offizieller Anerkennung durch die Menschenrechtskommission der Vereinten Nationen und schließlich nach einem offiziellen, dauerhaften Vertrag zwischen Frankreich und Algerien.

Die algerische Regierung, die im Begriff war, sich vor der Weltöffentlichkeit eine weitere Blessur einzuhandeln, tat ihr möglichstes, um den Protestmarsch zu verhindern. Aber Annie hatte aus der Erfahrung gelernt, und die Mütter lehnten eine Einladung zu Gesprächen nach Algier ab. Der französische Präsident Mitterrand, der ihre Sache inzwischen unterstützte, wünschte ihnen schriftlich viel Erfolg und versprach, er werde »in dieser Angelegenheit persönlich mit Präsident Chadli sprechen«.

Am 10. Februar 1987 verließen die Mütter unter dem Surren der Fernsehkameras Paris. Sechs Tage später machten sie in Straßburg Zwischenstation, wo die Algerier ein unverhofftes Widersehen veranstalteten. Sie hatten mehrere Kinder zu einem zweitägigen Besuch eingeflogen. Als die Mütter ihre Kinder auf dem Flughafen wiedersahen, erlebten sie freilich eine unliebsame Überraschung: Die Väter waren ebenfalls mitgekommen, außerdem weitere Männer, in denen die erzürnten Mütter Leibwächter erkannten.

Die Begegnung zwischen Müttern und Kindern war ein bewegender Anblick. Manche hatten sich seit Jahren nicht gesehen und erkannten sich nicht einmal wieder. Die Begrüßung war nicht einfach, da Mütter und Kinder nicht mehr dieselbe Sprache benutzten. Die Mütter versuchten verzweifelt, den Kindern ihre Liebe mit Küssen und Umarmungen zu zeigen, mußten sich aber selbst Einhalt gebieten, weil sie die Kinder erschreckten.

Der algerische Vermittler hatte gehofft, die Eltern würden sich versöhnen oder doch ihre Meinungsverschiedenheiten beilegen, wenn sie Gelegenheit hätten, gemeinsam die Nacht zu verbringen. Genau das aber war für die meisten Frauen unmöglich, die seit Jahren in Trennung oder Scheidung lebten. Die Väter wiederum wollten den Kindern nicht erlauben, bei den Müttern allein über Nacht zu bleiben.

»Wir hatten das Gefühl, hintergangen worden zu sein«, sagte Jocelyne Bany.

Und Hélène Montetagaud, deren Tochter nicht im Flugzeug gewesen war, erklärte: »Das Problem besteht darin, daß die Väter glauben, die Kinder werden nicht mehr nach Algerien zurückkehren, wenn sie erst einmal in Frankreich sind. Die Mütter fürchten ihrerseits, daß die Kinder nicht mehr wiederkommen, wenn sie sie einmal loslassen. Es ist ein Teufelskreis.«

Diese Worte sollten sich als prophetisch erweisen.

Ehe die Gruppe Straßburg verließ, wo die Mütter eine weitere schmerzvolle Trennung von ihren Kindern erleben mußten, verkündete Annie, die Mütter und Väter hätten private Absprachen für grenzüberschreitende Besuche getroffen. Obwohl diese Vereinbarungen nicht gerichtlich einklagbar waren, versprach die algerische Regierung, sich dennoch an sie zu halten.

Annie betonte jedoch, der Protest habe sein Ziel noch nicht erreicht: »Die Mütter von Algier kämpfen nicht nur für sich selbst, sondern für alle in ähnlicher Lage. Unser Ziel ist eine vertragliche Regelung, die den Kindern reelle und dauerhafte

Beziehungen zu beiden Eltern ermöglicht.« Die Gruppe marschierte weiter in Richtung Schweiz.

Bei der Ankunft der Mütter in Genf hatte die Kampagne in der Presse solche Ausmaße erreicht, daß der Widerstand der Gegner ins Wanken geriet. Leonid Emenov, der Präsident der Menschenrechtskommission, fand in seiner Begrüßungsrede herzliche Worte und erklärte: »Die Leiden der Mütter sind die Leiden der Menschheit, denn Mütter sind die Quelle des Lebens und des Friedens ... Wir glauben, daß die internationale Gemeinschaft eine Lösung für viele Probleme finden wird, Ihres eingeschlossen.«

Der algerische Botschafter bei den Vereinten Nationen wurde noch konkreter: »Wir stehen vor einem traurigen Problem und sind uns dessen durchaus bewußt. Wir in Algerien glauben, daß beide Seiten betroffen sind. Erlauben Sie uns daher zu sagen, daß auch Väter genau wie Sie ein Herz haben. Doch niemand will Ihre Lage noch schwerer machen. Ich bin überzeugt, daß das Problem zu lösen ist.«

Die Mütter von Algier konnten in den meisten Punkten Erfolge verbuchen: offizielle Anerkennung durch die Vereinten Nationen, eine weitere Verpflichtung seitens der Algerier, Besuche zu fördern, und die Wiederaufnahme von Verhandlungen mit dem Ziel eines bilateralen Vertrages. Nach den vielen früheren Rückschlägen blieben die Mütter allerdings skeptisch. »Man hat die Kinder wie Bauern in einem Schachspiel benutzt«, sagte Marie-Paule Meziani, die zum harten Kern der Teilnehmerinnen am Protestmarsch gehörte. »Alle reden von Rechten, doch niemand spricht von den Leiden der Kinder.«

Die Verhandlungen in Genf gingen weiter. Wie Annie bemerkte, bestand die Schlüsselfrage darin, »die gerichtliche Zuständigkeit« zu klären: Welches Land war befugt, in einem gegebenen Fall über die Vergabe des Sorgerechts zu bestimmen? Bei der Lösung dieses Problems durften laut Annie nationalstaatliche Erwägungen keine Rolle spielen – etwa der Gedanke, daß Frankreich oder Algerien von vornherein das für Kinder besser geeignete Land sei –, sondern allein das Wohl des Kindes sei entscheidend. Man müsse dem Recht des Kindes auf geordnete Lebensverhältnisse Rechnung tragen und es vor Entführung durch einen Elternteil schützen.

Die Franzosen machten deutlich, daß sie keine kulturelle Überlegenheit für sich in Anspruch nahmen, denn dies war verständlicherweise ein wunder Punkt für die Algerier. Der französische Delegierte bei der UN-Kommission hob hervor: »Die Kinder haben ein Recht auf die Zuwendung ihrer Väter und ihrer Mütter und ihrer Familien väterlicherseits und mütterlicherseits sowie das Recht, aus zwei verschiedenen Kulturen Nutzen zu ziehen.«

Es bestand wieder Grund zur Hoffnung, und die Mütter wagten es nun, sich dieser Hoffnung hinzugeben. »Zwei vom Geist der Menschlichkeit inspirierte Parteien«, sagte Claude Allaer, der neue französische Vermittler, »können stets zu einer Einigung gelangen.«

Im Juli 1987 kam es zu den zweiten grenzüberschreitenden Besuchen von 26 Kindern, die ohne Zwischenfälle verliefen. Im Dezember reisten 44 weitere Kinder nach Frankreich.

Diese Besuche waren von Freude, aber auch von niederschmetternder Enttäuschung gekennzeichnet. Unter den Besuchern, die über Weihnachten kamen, war auch ein Kind, das seine Mutter seit zehn Jahren nicht gesehen hatte. Die Begegnung rührte alle, die Zeugen wurden. Aber viele andere Mütter waren mit der Erwartung, ihre Kinder begrüßen zu können, zum Flughafen Orly gekommen und mußten dann feststellen, daß die Väter im letzten Augenblick doch nicht Wort gehalten hatten. Manche hatten ihre Söhne, aber nicht ihre Töchter reisen lassen, andere keines der Kinder. Zehn Mütter entschlossen sich auf dem Flughafen spontan zu einem Hungerstreik.

Für die anderen verging der Besuch viel zu schnell ... Dann geschah etwas, woran niemand zu denken gewagt hatte. Eine französische Mutter weigerte sich, ihren siebzehnjährigen Sohn wieder nach Algerien zurückzuschicken. Als Annie davon hörte, war sie empört: »Es sind immer die Unehrlichen, deren Wünsche erfüllt werden.«

Im März 1988 kam es zu einem zweiten Vorfall, der noch

demoralisierendere Folgen hatte als der erste. Nach einem eigens für ihre kleine Tochter arrangierten Besuch brach eine weitere Mutter ihr Wort und behielt das Mädchen bei sich. Die anderen Mütter wußten, daß diese Frau das labilste Mitglied der Kerngruppe war und daß ihre Geschichte sich durch besondere Tragik auszeichnete. Der algerische Vater arbeitete in Saudi-Arabien und lebte in Frankreich und hatte die Tochter bei seiner Familie in Algerien untergebracht.

Die beiden gebrochenen Versprechen hatten katastrophale Auswirkungen. Bereits zu Beginn der Verhandlungen hatten die Algerier betont, wie wichtig es ihnen sei, mit integren Partnern zu verhandeln. Angesichts der kulturellen Unterschiede zwischen beiden Ländern und des fehlenden rechtlichen Rahmens war das Ehrenwort der Mütter der einzige Hebel, der die andere Seite zum Handeln veranlassen konnte. Die Algerier glaubten ohnehin, bereits die größeren Zugeständnisse gemacht zu haben. Die Väter hatten die physische Gewalt über die Kinder, wie es in der algerischen Gesellschaft üblich war. Warum sollten die Algerier diese Macht aus der Hand geben, wenn sie sich nicht auf das Ehrenwort der Mütter verlassen konnten?

In der Mehrzahl der Fälle war auf dieses Ehrenwort Verlaß gewesen. Aber in zwei Fällen wurde es gebrochen, und nun fürchteten die Patinnen, ihre Vertrauenswürdigkeit sei zerstört. Sie fürchteten, die Wortbrüche könnten ihre Bewegung gerade im entscheidenden Augenblick, da sie das Ziel schon vor Augen hatten, diskreditieren. Das Ziel war ein bilateraler Vertrag, der die Rechte der Kinder garantieren sollte.

Obwohl zutiefst erschüttert, ließen die Patinnen in ihrem Eifer nicht nach. Besonders Annie wollte nicht aufgeben oder auch nur zurückstecken. Vielmehr wollte sie das negative Bild ins Positive wenden. (Anne-Marie Lizin bezeichnete Annie einmal als den intelligentesten Menschen, dem sie je begegnet sei.) Sie mobilisierte den Beistand der Öffentlichkeit, den die Mütter von Algier sich im Laufe der Jahre verschafft hatten, und reiste im April mit Linda nach Algerien, um mit hohen Regierungsvertretern zusammenzutreffen.

Erstens, so machten die Patinnen deutlich, hätten die Bemühungen der Mütter ehrenwerte Motive; die Weltöffentlichkeit erwarte von Algerien, daß es diese Motive honoriere, indem es einem Vertrag zustimme. Zweitens seien die grenzüberschreitenden Besuche umständlich und auf Dauer unpraktikabel. Im folgenden Jahr würden die Mütter um Besuchserlaubnis für 200 Kinder bitten, im darauffolgenden Jahr für 400 Kinder.

Drittens erinnerten die beiden gebrochenen Versprechen schmerzhaft daran, daß Menschen fehlbar seien; man dürfe von Müttern oder Vätern nicht verlangen, sich ständig zwischen der Stimme des Herzens und dem Wohl der größeren Gemeinschaft entscheiden zu müssen. Persönliche Versprechen seien unangemessen. Man brauche vielmehr einen *Vertrag*, der einklagbar sei und juristische und soziale Legitimität verbürge. Keine der beiden Seiten dürfe zulassen, daß Betroffene, die sich einfach über ihre Versprechen hinwegsetzten, über das Schicksal aller anderen bestimmten.

Die Krise, fand Linda, »half uns tatsächlich sehr. Wir hatten schon immer eine vertragliche Regelung gefordert. Wir wollten das Problem nicht ohne ein gesetzliches Instrument lösen.«

Die beiden Frauen waren wie stets überzeugend aufgetreten. Linda erinnerte sich: »Als wir uns trennten, sagte der Regierungsvertreter: ›Wir müssen endlich zu einer Lösung kommen.‹ Nach unserer Rückkehr nach Frankreich sprachen wir mit einem Berater des Premierministers; er sagte, die Worte des Diplomaten würden durchaus ernstgemeint klingen. ›Vielleicht können wir neue Gespräche aufnehmen.‹«

Die auf einen Vertrag abzielenden Verhandlungen wurden mit neuem Elan angekurbelt. Allerdings gab es einen Verlust zu verschmerzen: Der hochgeachtete französische Vermittler Claude Allaer, der sich persönlich dafür verbürgt hatte, daß die Kinder nach Algerien zurückkehren würden, sah sich zum Rücktritt gezwungen, als die erste Frau wortbrüchig wurde.

Als Gegenbeispiel muß freilich auch Farid Houaches Verhalten in dieser Zeit erwähnt werden. Zum Zeitpunkt der dritten grenzüberschreitenden Besuche war er fast 19 Jahre alt – in Frankreich laut Gesetz ein Erwachsener, in Algerien knapp vor der Volljährigkeit. Wäre er in Frankreich geblieben, hätte ihn niemand zur Rückkehr zwingen können.

Aber Farid tat das genaue Gegenteil; er handelte so, wie es sich Eltern von ihren Kindern wünschen. Er hatte sich die Werte zu eigen gemacht, für die seine Mutter und die Gruppe, in der sie eine so wichtige Rolle gespielt hatte, stets eingetreten waren. Er verstand den Wert und die Bedeutung des Opfers. Wie sein Bruder wollte auch er mithelfen, alle Kinder zu befreien, nicht nur sich selbst.

Den Müttern war klar, daß der Druck aufrechterhalten werden mußte. Claude Allaer war von der Bühne abgetreten, und der Vertrag war nach wie vor Theorie. Es bestand also wenig Hoffnung, daß sie ihre Kinder in den Sommerferien dieses Jahres sehen würden. Um ihrer bangen Ungewißheit dramatischen Ausdruck zu verleihen, traten sechs Mitglieder am Muttertag auf dem Flughafen Orly in einen Hungerstreik. Der Hungerstreik sollte über einen Monat dauern, und zuletzt war eine der Mütter in einem kritischen Zustand. Ein Zeichen für den wachsenden Einfluß der Bewegung lieferte die Tatsache, daß Präsident Mitterrand den Hungerstreikenden mit dem Hubschrauber einen Besuch abstattete.

Als die Verhandlungen in die entscheidende Phase traten, legten die Patinnen die Verhandlungsführung in die Hände der Ministerin für Einwanderungsfragen, Georgina DuFoix. Sie war die erste Vertreterin des Staates, die der Sache der Mütter von Algier höchste Priorität eingeräumt und 1985 den Charterflug für den ersten grenzüberschreitenden Besuch organisiert hatte. Wie Annie Sugier und Anne-Marie Lizin gewann auch sie das Vertrauen der Algerier, indem sie die persönliche Integrität über Fragen des Protokolls stellte. »Mir liegt nichts an Ihrem Wort als Diplomat«, sagte sie einmal zu einem Regierungsvertreter, um ihn für die schwierige Aufgabe zu begeistern, »ich möchte Ihr Wort als Mann.«

Die Algerier machten Georgina ein großes Kompliment: »Sie hat eine solche Ausdauer, daß sie ein Mann sein muß.«

Zwar war Allaer abgetreten, aber seine Ideen lebten in dem

Vertragsentwurf weiter, der unter seiner Federführung ausgearbeitet worden war. Was nun blieb, war die prosaische, aber notwendige Aufgabe, die Einzelheiten auszuhandeln. Die Verhandelnden merkten, daß der endgültige Wortlaut höchste juristische Präzision besitzen mußte. Denn nur dann konnte der Vertrag verabschiedet werden und in beiden Ländern gesetzliche Geltung beanspruchen.

Vor allem aber durfte der Vertrag die kulturellen Empfindungen der Algerier nicht verletzen. Linda sagte: »Man kann einem algerischen Vater nicht sagen, er sei nicht das Oberhaupt der Familie und habe nicht die Erziehungsgewalt über sein Kind.« Oder wie es die Algerier formulierten: »Man kann einen ehrenwerten Vater nicht dazu zwingen, sein Kind wegzugeben.« Angesichts dessen, so Linda weiter, müsse der Vertrag die Bezeichnungen »Vater« und »Mutter« überhaupt vermeiden. Kein Abkommen könne die juristischen Traditionen beider Länder miteinander verbinden. Im Vertrag sollte dieses Problem dadurch umgangen werden, daß der Text vom »verantwortlichen Elternteil« sprach und das Wohl des Kindes in den Mittelpunkt rückte. Der Vertrag mußte vor allem der Realität Rechnung tragen, nicht juristischen Spitzfindigkeiten.

Die beiden Hauptgrundsätze des Vertrages waren über jegliche Diskussion und erst recht über jegliche Kritik erhaben. Der erste Grundsatz lautete, daß Kinder ein Recht haben, an dem Ort zu leben, den sie als ihre Heimat betrachten, und daß kein Elternteil ein Kind gewaltsam von diesem Ort entfernen darf. Der zweite Grundsatz bestätigte das Recht der Kinder auf Umgang mit beiden Eltern und schloß regelmäßige Besuche bei dem nicht sorgeberechtigten Elternteil ein.

Diese beiden Grundsätze zusammengenommen würden, darin bestand für die Patinnen kein Zweifel, den meisten internationalen elterlichen Entführungen die Grundlage entziehen. Wenn Eltern wußten, daß ein entführtes Kind rasch wieder nach Hause geschickt werden würde, konnten sie mit einer Entführung nicht viel gewinnen. Und wenn Eltern sicher sein konnten, daß ihre Elternrechte unabhängig von ihrer ehelichen Situation nicht bedroht waren, dann gab es für sie wenig Anreiz, eine solche Verzweiflungstat überhaupt zu wagen. Solange Kinder sich freizügig bewegen dürften – zwischen Eltern, Kulturen und Kontinenten –, hätte niemand einen Grund, sie an einem bestimmten Ort festzuhalten.

Wie sich herausstellte, sprach der Vertrag für sich. Die Weltöffentlichkeit hatte zu seiner Verwirklichung entscheidend beigetragen. Die improvisierten grenzüberschreitenden Besuche waren zu sporadisch gewesen. Vor allem aber war der Vertrag so formuliert, daß er die algerischen Ängste zerstreute. In ihm verbarg sich keine List, um den Vätern jegliche elterliche Kontrolle zu entziehen. Vielmehr forderte er, daß beide Eltern sich die Verfügungsgewalt in Form von Sorgerecht und Besuchsrecht teilten und daß beide in der Pflicht standen, die Rechte ihrer Kinder zu gewährleisten.

Nach sieben Jahren schleppenden Fortgangs ereignete sich der historische Durchbruch unverhofft rasch. »Kommen Sie«, drängte der algerische Verhandlungsführer sein Gegenüber Georgina DuFoix im Juni 1988. »Der Vertrag ist unterschriftsreif. Es sollte jetzt geschehen. Kommen Sie rasch nach Algerien.«

Drei Tage später, am 21. Juni, wurde das algerisch-französische Abkommen unterzeichnet. Eine befristet eingesetzte, binationale Kommission sollte über alle laufenden Entführungsfälle beraten, einschließlich derjenigen der Mütter von Algier. Künftige Fälle sollten direkt an die Gerichte verwiesen werden.

Ich bin überzeugt, daß dies ein bedeutsames Ereignis in der Geschichte der zwischenmenschlichen Beziehungen war. Es war ein Sieg der schönsten Art, denn es gab keine Verlierer. Die Patinnen hatten ihre Vision bis zum Ziel durchgefochten. Die Mütter von Algier waren nicht länger von ihren Kindern abgeschnitten. Und die Algerier gewannen dadurch neuen Respekt in der Welt, daß sie die Ketten gegenseitigen Mißtrauens durchbrachen und den Werten einer anderen Kultur Verständnis entgegenbrachten. Niemand konnte sie länger als Bösewichte in die Ecke stellen.

Am meisten aber gewannen die Kinder – alle Kinder, die nun zwei Eltern statt nur eines Elternteils hatten, und alle, die dem Trauma einer Entführung in Zukunft entgehen würden.

Und in dieser beeindruckenden Bestätigung ihrer Rechte gegen gewaltige Widerstände durften sich die Kinder der ganzen Welt als Sieger fühlen.

Mit seiner Definition der »gerichtlichen Zuständigkeit« überwand das algerisch-französische Abkommen den juristischen Nationalismus, der heute vielerorts elterliche Kindesentführer schützt. Ein algerischer Vater kann nicht länger davon ausgehen, daß ihn ein algerisches Gericht schützt und bevorzugt, und eine französische Mutter kann nicht auf eine Begünstigung durch ein französisches Gericht hoffen. Gemäß dem Vertrag liegt die gerichtliche Zuständigkeit in Fällen internationaler elterlicher Kindesentführungen in dem Land, wo die Eltern die Ehe geschlossen, zusammengelebt und die Kinder aufgezogen haben, kurz gesagt dort, wo die Heimat der Kinder ist.

In der Praxis hat man in den meisten Fällen, die unter das Abkommen fallen, Kinder, die von ihren Vätern nach Algerien gebracht wurden, wieder zu ihren Müttern nach Frankreich geschickt. Allerdings gibt es auch Beispiele dafür, daß Kinder in Algerien blieben. Das sind vornehmlich solche Fälle, in denen die Länge des Aufenthalts diese Entscheidung angemessen erscheinen ließ.

Ist die Frage der gerichtlichen Zuständigkeit geklärt, entscheidet das Gericht, daß die Kinder in ihr Heimatland zurückgebracht werden. Gleichzeitig vergibt es – als notwendige Ergänzung zum Sorgerecht – Besuchsrechte an den nicht sorgeberechtigten Elternteil.

Das Abkommen legt Anwendung und Vollzug in die Hände der Justizministerien der jeweiligen Länder. Die Schiedssprüche der Gerichte werden auf beiden Seiten des Mittelmeers ernst genommen. Staatliche Stellen in Algerien und Frankreich sind befugt, die betreffenden Kinder ausfindig zu machen, dem Richter jede zweckdienliche Information zu beschaffen und Kinder dem mit der elterlichen Sorge betrauten Elternteil im Sinne der Gerichtsentscheidung zuzuführen. Aufschübe sind nicht zulässig. Hat ein Gericht das Sorgerecht zuerkannt, werden die Kinder gewöhnlich innerhalb weniger Monate zurückgeholt.

Das Abkommen sieht auch Sanktionen vor, die notwendig sind, angesichts des anhaltenden Widerstands algerischer Väter besonders in streng moslemischen Hochburgen, etwa in Constantine. Ein sorgeberechtigter Elternteil, der die gesetzlich vorgesehenen Besuche blockiert, setzt sich strafrechtlicher Verfolgung aus. Und wenn nicht sorgeberechtigte Eltern ihre Kinder nicht fristgemäß nach den Besuchen zurückschicken, schreiten die örtlichen Behörden ein und senden die Kinder nach Hause.

Die französischen Mütter haben mit diesem Abkommen einen großen Erfolg erzielt, aber sie haben keinen Blankoscheck erhalten. Um zu verhindern, daß ein Kind ein weiteres Mal aus seiner gewohnten Umgebung gerissen wird (das sogenannte »Pingpong-Syndrom«), muß sich die Mutter gewöhnlich binnen Jahresfrist auf das Abkommen berufen. Wartet sie zu lange, entscheidet das französische Gericht, daß die Zuständigkeit an Algerien übergegangen ist. Wenn die Frau selbst von ihrem Mann unter einem Vorwand nach Algerien gelockt worden ist, muß sie zuerst nach Frankreich zurückkehren, sich von ihrem Mann scheiden lassen und sich dann beeilen, damit sie ihre Kinder zurückbekommt. Besucht sie in der Zwischenzeit die Kinder, darf sie nur im Hotel oder an einem anderen neutralen Ort wohnen; nimmt sie das eheliche Leben mit ihrem Mann wieder auf, kann dies die Übertragung der gerichtlichen Zuständigkeit an Algerien bedeuten.

Das algerisch-französische Abkommen ist nicht ohne Schwächen. Um die Ratifizierung durch die algerische Seite zu erreichen, wurden mehrere bedeutende Personengruppen ausgeschlossen: uneheliche Kinder, Eltern, die zwar in Frankreich die Ehe geschlossen haben, aber Bürger anderer Staaten sind, und Mütter, die von Geburt Französinnen sind, aber einen algerischen Vater haben. (Nach algerischem Recht wird die Staatsbürgerschaft durch den Vater bestimmt, eine doppelte Staatsbürgerschaft gibt es nicht. Eine Frau, deren Vater Algerier ist, ist Algerierin. Daher kann sie gegen einen algerischen Vater keine Anklage wegen internationaler elterlicher Kindesentführung erheben.)

Aber kein juristisches Schlupfloch kann die phänomenale,

unerhörte Leistung der Mütter von Algier schmälern. Sie haben erreicht, was keine Gruppe und keine Regierung vor ihnen geschafft hat: ein funktionierendes Abkommen über die Frage des elterlichen Sorgerechts zwischen einem christlichen und einem islamischen Staat. Dank ihres Einsatzes, ihrer Bereitschaft, sich Gefahren an Leib und Seele auszusetzen, und ihrer Fähigkeit, einflußreiche Personen für ihre Ziele zu gewinnen, ist es ihnen wahrhaftig gelungen, Berge zu versetzen.

Drei Jahre nach der Ratifizierung des algerisch-französischen Abkommens ist die Zahl der elterlichen Kindesentführungen zwischen beiden Staaten fast auf Null zurückgegangen. Das so überwältigend erfolgreiche Abkommen ist ein Modell für künftige Abkommen zwischen islamischen und nichtislamischen Staaten sowie, irgendwann in der Zukunft, für die ganze Welt.

Amar und Farid sind heute junge Männer von 24 und 23 Jahren. Sie werden zeit ihres Lebens von den traumatischen Jahren in Algerien geprägt bleiben; sie sind nüchterner und mißtrauischer, als sie es früher waren. »Ich habe das Gefühl, daß ich um meine Jugend betrogen worden bin«, sagte mir Farid, als ich seine Familie im Jahre 1990 besuchte.

Ihre Geschichte erzählt von einem Triumph, aber auch von einer Tragödie. Ohne Zweifel hatte Brahim Houache gute Absichten, als er seine Söhne 1980 unter einem Vorwand nach Algerien lockte. Offensichtlich fühlte er sich aus einer ganzen Reihe von Gründen dazu verpflichtet, seine Kinder in das Land zu bringen, das er am besten kannte. Und sicher hoffte er, in seinen Söhnen Achtung für das Erbe ihres Vaters, für seine Kultur und Religion zu wecken.

Aber Brahims Strategie hat das Gegenteil von dem bewirkt, was er beabsichtigt hatte. An allem, was folgte, haftete der Makel des Zwanges, den der Vater angewandt hatte. Seine Söhne verloren jede Achtung vor ihm und jedes Interesse daran, mehr über sein Heimatland zu erfahren. Tatsächlich hatten sie gegenüber ihrer neuen Heimat die gleichen Gefühle wie Gefängnisinsassen gegenüber ihrer Haftanstalt. Unter älteren entführten Kindern ist dies ein weitverbreitetes und besonders trauriges Phänomen. Mit einem Schlag verlieren sie beide Eltern: den

Elternteil, den sie zurücklassen müssen, und den anderen, welchen sie von nun an ablehnen.

Doch obwohl Amars und Farids Groll immer noch anhält und der Bruch mit ihrem Vater möglicherweise nie heilen wird, wäre es falsch, sie als unglücklich zu bezeichnen. Sie verbringen soviel Zeit wie möglich mit Marie-Anne, als wollten sie die verlorenen Jahre nachholen. Ich habe nie Söhne gesehen, die ihre Mutter so offenkundig bewundern und lieben, noch sind mir Jungen begegnet, die so stolz aufeinander sind und sich so gut verstehen, auch wenn sie, wie alle Brüder, ihre Streitereien haben. Sie sind Menschen, so scheint mir, die einander stets mit Respekt behandeln werden. Sie haben wahrhaftig eine Brücke zwischen den Generationen geschlagen. Die Werte der Mutter werden in den Söhnen fortleben.

Unter allen Schicksalen der Welt, von denen ich gehört habe, hat dieses eine besondere Bedeutung für mich. Meine Bekanntschaft mit Amar und Farid läßt mich hoffen, daß das Verhältnis meiner eigenen Söhne zueinander und zu mir ebenso dauerhaft sein wird. Denn es gibt nichts Wichtigeres als die Bande der Familie. Wir, die wir sie bedroht gesehen haben, wissen das am besten.

9

Die Erfüllung eines Gelöbnisses

Im März 1990 flogen Mahtab und ich nach Tel Aviv, wo unser Film *Nicht ohne meine Tochter* gedreht wurde. Das war ein neues und aufregendes Erlebnis für uns.

Wir landeten auf dem Ben-Gurion-Flughafen und begaben uns dann sofort zum Drehort, wo gerade unsere Ankunft in Teheran gefilmt wurde. Wir gingen auf Moodys Filmfamilie zu, und alle standen auf und begrüßten uns. Zuerst meinte ich, unter Halluzinationen zu leiden: Einige der Schauspieler sahen genauso aus wie die Menschen, die ich in Erinnerung hatte. Sofort entschuldigten sie sich für das, was uns im Iran zugestoßen war.

Sheila Rosenthal, die sechsjährige Schauspielerin, die Mahtab spielte, war entzückend. Mahtab und ich mochten sie vom ersten Augenblick an. Zuerst war sie etwas verwirrt, denn sie dachte, wir seien gerade erst aus dem Iran geflohen. Sie sagte, wie glücklich sie sei, daß wir es geschafft hätten, und wollte wissen, ob wir nicht sehr müde vom Reisen seien.

Dann wurden wir sofort Sally Field vorgestellt, die meine Rolle spielte. Ich hatte keine Zeit, mir zu überlegen, was ich ihr sagen sollte. Deshalb drückte ich nur meine Freude darüber aus, daß sie die Rolle übernommen hatte. Sie sagte, »diese unglaubliche Geschichte« habe sie sehr beeindruckt.

Ich verbrachte drei Wochen am Drehort in Israel, und Mahtab bekam sogar eine kleine Rolle als Statistin in der Schulszene. Im Iran war jeder Tag für Mahtab ein traumatisches Erlebnis gewesen, an dem sie von mir getrennt wurde und in eine Schule gehen mußte, die ihr fremd war und Furcht einflößte. Nun, da das Ganze nur Schein war, fand sie Spaß daran, sich zu verkleiden. Jeden Tag trug sie ihr *Maghna'e* oder Kopftuch und einen langen Mantel ohne Taille, den *Manto.*

An einem Tag standen 300 kleine Statistinnen in iranischen

Gewändern auf dem Balkon der Schule und riefen »Mahtab, Mahtab«, als wir näher kamen. Sie waren alle gespannt darauf, mit der echten Mahtab zu sprechen.

Sheila war großartig. Als Schauspielerin war sie bereits ein richtiger Profi, und sie erteilte Mahtab ein wenig Schauspielunterricht. Wenn eine Szene gedreht war, sagte sie immer: »Mahtab, du warst wirklich gut!« Sie war stolz darauf, für Mahtab die hebräischen Wörter übersetzen zu können, die sie bereits gelernt hatte. Sie pflegte Mahtab als die »echte Mahtab« vorzustellen und fügte dann hinzu: »Ich bin die falsche Mahtab.«

Mahtab schloß auch Freundschaft mit Lee Harmon, Sallys Maskenbildner. Lee machte sich am Drehort stundenlang die Mühe, mit Sheila und Mahtab Papierflugzeuge zu basteln und fliegen zu lassen. Er erinnerte Mahtab an ihren Großvater; er war lustig und angelte gerne. Noch lange nach den Dreharbeiten dachte Mahtab an Lee und erkundigte sich nach ihm.

Eines Tages sagte er zu Mahtab: »Komm mit in den Wohnwagen, ich verpasse dir ein blaues Auge.« Genau das tat er auch. Es sah unglaublich echt und schmerzhaft aus. Dann pflanzte er ihr noch eine große »Brandnarbe« auf die Hand.

In Jaffa, dem alten arabischen Viertel von Tel Aviv, sah es genauso aus wie in Teheran. Für den Film wurden große Plakate mit in Farsi geschriebenen Schlagzeilen aus dem Iran importiert. Man wechselte Straßenschilder aus und brachte riesige Bilder des Ayatollah an den Fassaden der Gebäude an. Autos wurden weiß und orange lackiert und bekamen iranische Nummernschilder, damit sie wie iranische Pakons oder Teheraner Taxis aussahen. Iranische Berater halfen der Requisite, authentisch aussehende Kleider zu entwerfen. Die Israelis waren sehr neugierig, und es sammelten sich so viele Menschen an, daß die Polizei kam und Fragen stellte. Daraufhin erklärten die Uflands in einer Pressemitteilung: »Hier wird ein Film gedreht. Tel Aviv ist nicht vom Geist des Ayatollah befallen worden.«

Die Ähnlichkeit mit Teheran erinnerte mich daran, daß wir nur 1000 Kilometer vom Iran entfernt waren – bedenklich nahe bei Moody. Aufgrund dieser geographischen Nähe und der langjährigen israelisch-palästinensischen Konflikte hatte ich der

Reise nach Israel sorgenvoll entgegengesehen. Doch die Uflands, Michael Carlisle und Vertreter des amerikanischen Außenministeriums beteuerten, Israel habe das beste Sicherheitssystem der Welt. Davon konnte ich mich überzeugen, als ich in Chicago bei der Abfertigung für unseren El-Al-Flug vom Personal der Fluglinie wegen meines iranischen Nachnamens festgehalten wurde. Man schenkte meinen Erklärungen erst dann Glauben, als die Produzenten telefonisch alles bestätigt hatten. Später entschuldigten die El-Al-Leute sich, aber ich war froh über ihr Pflichtbewußtsein.

Der Alltag der Dreharbeiten nahm mich bald ganz gefangen. Es war faszinierend und geradezu unheimlich, mein Leben so an mir vorbeiziehen zu sehen. Fast alles gefiel mir; nur manche Szene konnte ich kaum ertragen. Als Sheila vor Entsetzen gellend schrie, weil sie zum erstenmal allein in der Schule zurückbleiben mußte, krampfte sich in mir alles zusammen, und ich wäre beinahe zu ihr gerannt, um sie zu trösten. Am schlimmsten waren die Szenen, in denen Moody uns mißhandelte. Sie waren so realistisch, daß ich mich in den Iran zurückversetzt glaubte. Genauso hatte ich es erlebt.

Als ich Monate zuvor mehrere Stunden mit John Goldwyn und Chris Bomba über dem Drehbuch verbracht hatte, erhielt ich nach der Sitzung ein großes Kompliment: »Wer Sie kennenlernt und dann Ihre Rolle übernimmt, müßte eigentlich sehr echt wirken: als Mensch wie du und ich, mit dem sich jeder identifizieren kann.«

Für die Hauptrolle hatte ich sofort an Sally Field gedacht. Ich fand sie in den Filmen, in denen ich sie gesehen hatte, bewegend und glaubwürdig. Wie sich herausstellte, war Sally für die Rolle perfekt geeignet. Zwar sprach sie sich nicht mit mir ab, was die Charakterisierung betraf, aber ich hatte das Gefühl, daß das Drehbuch, an dem ich mit Brian Gilbert gearbeitet hatte, uns verband. Es war faszinierend für mich, am Ende eines jeden Tages die Muster anzuschauen und dabei Sallys Augen zu beobachten: Sie drückten genau aus, was ich damals gefühlt hatte. Besonders verblüfft war ich von der aufschlußreichen Szene, in der ich Moody sage, ich wolle für uns ein Leben im

Iran aufbauen – eine List, die Mahtab und mir Zeit und Raum geben sollte, unsere Flucht zu organisieren. Als Sally bei dieser falschen Versöhnung die Arme um Alfred Molina schlang, der Moodys Rolle spielte, konzentrierte sich die Kamera auf ihre Augen, und es wurde deutlich, daß sie nicht meinte, was sie sagte, und daß ihre Zuneigung nur gespielt war.

An meinem ersten Tag am Drehort beeindruckte Sally mich sehr: Als wir in die Pause gingen, damit die Crew eine neue Szene aufbauen konnte, bückte sie sich, hob einen herumliegenden Plastikbecher auf und warf ihn in eine Mülltonne. Das war eine erfrischend natürliche Geste für einen Filmstar. Zwischen den Szenen fertigte sie perfekte Stickereien an.

Von dem Augenblick an, in dem Mahtab und ich aus dem Flugzeug stiegen, genossen wir die ungeteilte Aufmerksamkeit der Uflands. In ihrer Limousine fuhren wir jeden Tag zum Drehort und wieder zurück. Wir aßen zusammen zu Mittag und wurden jeden Abend zum Abendessen eingeladen. Harry und Mahtab schwatzten dauernd über Mahtabs geliebte Detroit »Pistons«, eine Basketballmannschaft, die sich gerade für das Endspiel der Meisterschaft qualifiziert hatte. Zu Mahtabs Freude stand Harry selbst dann auf der Seite der »Pistons«, als sie gegen die »Lakers« aus seiner Heimatstadt Los Angeles spielten. Die Freundschaft zwischen mir und den Filmproduzenten wurde im Lauf der Zeit immer tiefer. Sie waren mitfühlende und fürsorgliche Menschen, und wir blieben noch lange nach Ende der Dreharbeiten in Verbindung.

Nach ungefähr einer Woche erklärten die Uflands, die Fluchtszene müsse gestrichen werden. Sie hatten erwartet, daß in den Bergen bei Elat im Süden Israels Schnee liegen würde, aber ein schneeloser Winter hatte ihre Pläne durchkreuzt. Ohne Schnee, meinten die Produzenten, würde die Szene an Dramatik verlieren. Sie ganz zu streichen sei am einfachsten und billigsten. Alan Ladd jr., der Direktor von MGM/Pathe, war aus Sicherheitsgründen von Anfang an gegen eine Schneeszene gewesen.

Brian meinte dagegen, die Flucht sei für die Geschichte sehr wichtig, und schlug vor, die Szene in Spanien zu drehen, wo

Schnee lag. Aber den Uflands war das zu extravagant und zeitraubend. Das Filmteam aus Atlanta stand bereit, die amerikanischen Szenen zu drehen; es blieb einfach keine Zeit mehr, an einen anderen Drehort zu wechseln.

Sally war noch enttäuschter als Brian und drohte sogar damit abzureisen. Um ein Unheil abzuwenden, schlug Harry einen Kompromiß vor: Die Fluchtszene solle wieder in den Film aufgenommen, aber in Israel gedreht werden – ohne Schnee. Sally stimmte zu und blieb. Brian schrieb das Drehbuch rasch um. Jetzt kämpfte ich nicht gegen die Kälte, sondern gegen die Hitze. Die Dreharbeiten gingen weiter.

Als wir in Teheran gefangengehalten wurden, hatte ich vor Gott ein Gelöbnis abgelegt, ein *Nasr.* Das ist ein unter Iranern sehr verbreiteter Brauch. Mehdi, der Sohn von Moodys Neffen Reza, kam mit mißgebildeten Füßen auf die Welt. Er wurde operiert und mußte spezielle Schuhe und Schienen tragen. Seine Eltern legten ein Gelöbnis ab, daß sie nach Mashad pilgern würden, wenn Mehdi gehen könnte. Ich hatte gelobt, mit Mahtab nach Jerusalem zu reisen und dort den Wegen Jesu zu folgen, wenn wir aus dem Iran fliehen könnten.

Während meines Besuches bei den Dreharbeiten stellten uns die Uflands einen Wagen mit Chauffeur zur Verfügung. Mahtab arbeitete zwar fast jeden Tag am Drehort, aber wir machten trotzdem ein paar kürzere Ausflüge. Zuerst fuhren wir nach Jericho, Massada und ans Tote Meer. Mony Rae, die Schauspielerin, die im Film Moodys Schwester spielte, begleitete uns. Ich hatte geradezu das Gefühl, als seien wir wieder mit unseren iranischen Verwandten unterwegs. Obwohl wir Mony Rae sehr gerne mochten, war die Situation schwierig, weil sie im Film meine böse Feindin spielte. Sie glaubte immer, sich entschuldigen zu müssen, aber dann entwickelte sich trotzdem eine herzliche Freundschaft zwischen uns.

Mahtab und ich erstarrten vor Ehrfurcht, als wir an den Ort kamen, an dem die Mauer von Jericho eingestürzt war. In Massada betraten wir den Palast von König Herodes und hörten, welch große Opfer hier einst erbracht worden waren. Das Tote

Meer war wunderschön – ein besonders eindrucksvolles Erlebnis. Es riecht dort sehr intensiv, und das Wasser ist extrem salzhaltig, so daß man beim Schwimmen nicht untergeht.

Mahtab bringt ein Land oft mit einem bestimmten Kind, das dorthin entführt wurde, in Verbindung. Als sie über den Jordan schaute, fiel ihr ein kleiner Junge ein, und sie sagte traurig: »Ich wünschte, wir könnten da hinüber und ihn holen!«

Von der Straße aus sahen wir die Zelte von Beduinenstämmen und auf den Hügeln die Silhouetten von Kamelen. Es war, als sei die Zeit stehengeblieben. Die einzigen Menschen, die sich außerhalb der Zelte aufhielten, waren Frauen. Nach Aussage unseres Fahrers verrichteten Frauen die tägliche Arbeit und umsorgten die Männer unablässig. In der Beduinengesellschaft mußten die Männer traditionsgemäß ausgeruht sein, damit sie kämpfen und ihre Familien beschützen konnten.

Es war unglaublich, wie einfach diese Menschen immer noch lebten. Ich kann mir ein solches Leben kaum vorstellen, zumal wenn ich daran denke, welchen Komfort wir als selbstverständlich hinnehmen.

Entlang der Straße erinnerten uns verrostete Lastwagen und Panzer an die Kämpfe des Sechstagekrieges. In Israel gehört dies nicht zur Vergangenheit. Das Unheil vergangener und künftiger Kriege ist allgegenwärtig. Ich empfand Mitleid mit den Eltern, die ihre Kinder in dem Bewußtsein aufzogen, daß diese jederzeit in den Krieg geschickt und getötet werden konnten. Und was denken Kinder, die einer so ungewissen Zukunft entgegenleben?

Wenige Tage später fuhren wir nach Jerusalem und erfüllten damit unser Gelübde. Unser erster Halt galt der Grabeskirche. Wir hatten den richtigen Tag gewählt: Es war der Samstag zwischen Karfreitag und Ostersonntag, eine Zeit, die sehr zum Nachdenken anregt.

Uri, unser Chauffeur, war Archäologe und sprach hervorragend Englisch. Er erklärte uns, wie zu verschiedenen Zeiten Städte übereinander gebaut worden waren. Mahtab war sehr beeindruckt und entwickelte ein besonderes Interesse für Archäologie.

Uri erzählte, man habe seinen Wagen bei einer früheren Fahrt durch dieselben Straßen mit Steinen beworfen und die Fensterscheiben eingeschlagen. Weil er Angst vor einem weiteren Angriff hatte, ließ er uns am Grab Jesu allein zurück und fuhr zu einer Tankstelle.

Mahtab und ich suchten die Orte auf, wo Jesus seine Jünger unterrichtet und wo das Abendmahl stattgefunden hatte. Wir besuchten das Grab und den Garten, in dem die Leiche Jesu gelegen hatte. Der Ort der Kreuzigung ist unserem Führer zufolge heute leider eine Bushaltestelle.

Trotz der andauernden Konflikte in dieser Gegend gab es viele Besucher. Ein Teil der Altstadt war wegen palästinensischer Demonstrationen abgesperrt. Später lasen wir in der Zeitung, daß dort am folgenden Tag drei Menschen getötet worden seien.

Dann fuhren wir in die besetzten Gebiete der West Bank. Aus Sicherheitsgründen konnten wir nur Bethlehem besuchen. Dort wollte ich Mahtab in einem großen Laden ein goldenes Armband kaufen. Sie bevorzugte jedoch eine wunderbar gearbeitete Krippenszene, und ich suchte mir eine in Olivenholz geschnitzte Darstellung des Abendmahls aus – beides zukünftige Erbstücke.

In Jaffa lud uns der israelische Drehbuchregisseur ein, mit seiner Familie das Pessachfest zu feiern. Mehrere Familienmitglieder sprachen Englisch, und englische *Haggadas*, Gebetbücher für das Pessachfest, standen uns zur Verfügung, so daß wir den Gebeten mühelos folgen konnten. Man war sehr zuvorkommend und erklärte uns alles. Ich freute mich über die Gelegenheit, die Menschen näher kennenzulernen, eine solche Feier mitzuerleben und einen Eindruck vom Leben außerhalb des Hotels zu bekommen.

Die Hälfte unseres Besuches war schon vorbei, als Sheilas Mutter in ihrer Hotelsuite eine Geburtstagsparty für Sheilas dreijährige Schwester Nicole vorbereitete. Daran nahmen Sally, ihr Mann, ihr zweijähriger Sohn Sam mit Kindermädchen sowie Mahtab und ich teil. Der Geburtstagskuchen, den sie im Hotel bestellt hatte, war eine gelungene Überraschung. Er sah aus wie ein ganz normaler Schokoladenkuchen, war aber den Vorschriften des Pessachfestes entsprechend aus ungesäuertem Teig gebacken worden.

Es war mir eine besondere Ehre, Alfred Molina kennenzulernen. Alfred hatte viele Fragen zu Moody, zu unserer Beziehung und dazu, wie Moody sich Mahtab gegenüber verhalten hatte. »Was würde Moody in dieser Situation tun? Wie würde er sich bewegen? Was würde er sagen? Womit beschäftigten Mahtab und Moody sich am liebsten, wenn sie zu Hause waren? Sprach er mit ihr wie mit einem Erwachsenen oder wie mit einem Kind?« Alfred sah ganz anders aus als mein Ex-Mann. Der Schauspieler war größer und schlanker, trug einen Bart und hatte mehr Haare. Alfred nahm seine Rolle ernst und spielte Moodys Stimmungsumschwünge sehr überzeugend. Er hatte Moodys Stimme und dessen Verhalten so sehr verinnerlicht, daß es mich aus der Fassung brachte. Schließlich fragte ich ihn im Scherz, ob er sich heimlich mit Moody treffe.

Alfred ist ein fürsorglicher und zugänglicher Mann, der gut mit den anderen Schauspielern auskam. Er aß lieber im Mannschaftszelt als in seinem Wohnwagen und erprobte gern sein komödiantisches Talent. Bei den Dreharbeiten blieb er freilich ernst. Seine Frau, die ebenfalls Schauspielerin ist, war eine Zeitlang am Drehort. Die beiden erzählten, wie sie von meiner Geschichte gehört hatten. 1988, als ich auf Lesereise in England war, saßen sie gerade am Küchentisch beim Mittagessen, als ein Interview mit mir im Rundfunk gesendet wurde. »Das wäre *der* Stoff für einen Film«, sagte Alfred zu seiner Frau, ohne auch nur im entferntesten zu ahnen, daß er einmal die männliche Hauptrolle darin spielen würde. Während der Aufnahmen wurde immer wieder darüber gewitzelt, wie überzeugend Alfred in den Szenen sei, in denen er gewalttätig zu sein hatte. Seine Frau scherzte: »Darin hat er viel Übung – von zu Hause.« Natürlich bekam er das während der restlichen Dreharbeiten noch oft von uns anderen zu hören.

Als die Fluchtszene »im Kasten« war, kamen die amerikanischen Szenen in Atlanta, Georgia, an die Reihe, die in der Zeit vor unserer Reise in den Iran spielten. Wie in den meisten Spielfilmen wurden die Szenen für *Nicht ohne meine Tochter* nicht in ihrer tatsächlichen zeitlichen Abfolge gedreht.

Auf der Heimreise von Israel legten Mahtab und ich einen Zwischenstopp in Paris ein und besuchten Bernard Fixot, unseren französischen Verleger. Die Verkaufszahlen unseres Buches hatten gerade die Anderthalb-Millionen-Grenze überschritten, und Bernard sagte: »Wenn man bei uns Anlaß zum Feiern hat, geht man ins Maxime.«

Mein Lektor Antoine Audouard und seine Frau holten uns im Hotel ab. Beide staunten darüber, wie groß Mahtab in der Zwischenzeit geworden war, und fanden, sie sehe in ihrem gestreiften Baumwollkleid entzückend aus. In dem legendären Restaurant erhielt Mahtab noch mehr Komplimente. »Mahtab, dein Kleid ist wunderschön«, sagte Michelle, unsere französische Literaturagentin. »Wo hast du es her?«

Da Mahtab in der Öffentlichkeit eher schüchtern ist, erwartete ich, daß sie wie gewöhnlich nur mit einem Achselzucken antworten würde. Doch statt dessen gab sie sachlich und mit ungewöhnlich lauter Stimme Auskunft: »Von K-Mart!« Ich hatte das Kleid in dem bekannten amerikanischen Discountladen im Vorbeigehen von der Stange gekauft.

Unsere Freunde schwärmten weiter, und mir wurde klar, daß ich die einzige war, die sich über Mahtabs Antwort amüsierte. Sicher glaubten sie alle, K-Mart sei eine elegante Kinderboutique.

Wir waren lange fort gewesen, und in Michigan wartete eine Menge Arbeit auf mich, darunter wahre Berge von Post. Wir waren erst wenige Stunden zu Hause, als Bill Hoffer anrief und berichtete, die Kinder der Freundin eines seiner Koautoren seien gerade in den Iran entführt worden. Er bat mich, mit der Frau zu sprechen.

Ich rief Jessie Pars sofort an, und sie erzählte mir, ihr sechsjähriger Sohn und ihre achtjährige Tochter seien in der vorangegangenen Woche entführt worden. Sie war völlig verzweifelt und wußte nicht, an wen sie sich wenden sollte. Arnie und ich boten an, zwei Tage später zu ihr nach Philadelphia zu fliegen und zu klären, ob wir ihr irgendwie helfen konnten.

Jessie, ihre Schwester und ihr Schwager holten mich am Flughafen ab; anschließend fuhren wir zu ihr nach Hause. Als ich Jessies Haus betrat, sah ich noch die Ostereierkörbe der Kinder auf dem Tisch und um die Ecke im Wohnzimmer ihre Spielsachen. Jessie sagte: »Als die Kinder loszogen, um ihren Vater zu besuchen, winkte mein Sohn Cy mir von der Einfahrt aus zu und rief: ›Mom, vergiß nicht, Bobby zu meinem Geburtstag einzuladen!‹« Jessie konnte die Tränen nicht zurückhalten. »Heute ist sein sechster Geburtstag!«

Jessie hatte einige Telefongespräche aufgenommen, die sie in letzter Zeit mit ihrem früheren Mann geführt hatte. Wir hörten uns einige Aufnahmen an, unter anderem auch eine kurze Nachricht von ihrer Tochter Sarah. Schluchzend rief Sarah: »Mommy, komm und hol mich! Komm und hol mich!« Keiner der um den Tisch Versammelten konnte die Tränen unterdrücken. Uns allen war klar, daß diesen Kindern, die in einem Dorf im nördlichen Iran gefangen waren, sobald wie möglich geholfen werden mußte.

Wir flogen an jenem Nachmittag wieder nach Hause zurück, denn am folgenden Tag wurde ich zu den restlichen Dreharbeiten von *Nicht ohne meine Tochter* in Atlanta erwartet. Aber wir blieben mit Jessie in Verbindung und rieten ihr, den Kontakt zu ihrem früheren Mann aufrechtzuerhalten. Vielleicht konnte sie ihn überzeugen, den Iran mit den Kindern wieder zu verlassen. Das war der einzige Weg, die Kinder nach Amerika zurückzuholen.

Meine Freundin Mary Ann Morris, die Frau meines Hausarztes, begleitete Mahtab und mich nach Atlanta. Ihre Tochter Jamie und ihre Nichte Haley kamen auch mit, um Mahtab Gesellschaft zu leisten. Später schlossen sich uns noch Arnie und Michael an. Es war für mich wunderbar, so viele mir wichtige Menschen um mich zu haben und mit ihnen während der Dreharbeiten meine Aufregung teilen zu können.

Wieder war ich beeindruckt von dem Aufwand, mit dem

Brian und die Uflands versucht hatten, die dem Fluß zugewandte Seite unseres Hauses in Alpena, Michigan, nachzubauen. Sie hatte die gleichen großen Fenster mit Blick auf den Fluß und glich dem Vorbild so sehr, daß einige unserer Bekannten später meinten, die Szenen seien in Alpena aufgenommen worden. (Übrigens hatte ich gehofft, die Dreharbeiten würden in Alpena stattfinden. Aber es war erst Mai, und wir brauchten eine sommerliche Atmosphäre.) Ich hatte meine iranischen Sachen an den Drehort schaffen lassen, außerdem Mahtabs Wiege sowie einige alte Spielsachen und Puppen, denen wir Mahtabs frühere Babykleider anzogen.

Mr. und Mrs. Brooks, die Eigentümer des Hauses, erzählten uns, eines Tages habe ein Fremder vor der Tür gestanden und gefragt: »Dürfen wir in Ihrem Haus einen Film drehen?« Sie waren von der Idee begeistert und sagten sofort zu. Ein Vertrag wurde unterzeichnet, und dann schaffte die Crew alle Habseligkeiten der Besitzer aus dem Haus und richtete es neu ein. Man nähte Vorhänge und hängte sie auf; als Brian sie sah, meinte er: »Die passen nicht. Nehmt sie wieder ab!« Sofort wurden neue genäht. Als die Einrichtung fertig war, sahen die Innenräume des Hauses fast so aus wie die, in denen ich sechs Jahre zuvor gewohnt hatte.

Die fünf Tage dauernden Dreharbeiten in Atlanta waren besonders anstrengend. Die Schauspieler litten unter der Zeitumstellung und waren noch von den Sieben-Tage-Wochen in Israel erschöpft – vor allem Sally, deren zweijähriger Sohn sich noch an die Zeitumstellung gewöhnen mußte. Die Nerven aller waren zum Zerreißen gespannt.

Schließlich näherten sich die Dreharbeiten dem Ende. Als die Außenaufnahmen abgeschlossen waren, lud man die Sträucher und Blumen, die den Weg zum Fluß verschönert hatten, in einen Lastwagen. Nach Beendigung der Innenaufnahmen wurde der Rest abtransportiert. Man ersetzte die neuen durch die ursprünglichen Tapeten und strich die Wände wieder um. Wenig später war das Filmteam verschwunden – so schnell, wie es gekommen war.

Während der Vorbereitungen zur Premiere meines Films, die im Januar 1991 stattfinden sollte, wurden Mahtab und ich im Dezember von MGM nach New York eingeladen, wo wir uns den Film vorab im kleinen Kreis ansehen sollten. In der Vorweihnachtszeit besuche ich New York am liebsten. Außerdem war es eine willkommene Gelegenheit, den Film kennenzulernen, bevor wir unsere Gefühle mit der ganzen Welt teilten.

Das Ereignis fand einen Stock unter dem Büro meines Agenten von der William-Morris-Agentur statt. Mahtab und ich waren zwar aufgeregt bei dem Gedanken, daß wir unser Leben gleich über die Leinwand flimmern sehen würden, aber wir hätten nicht mehr Beistand haben können: Arnie, Michael, dessen Partnerin Sally und seine Stieftochter Holly, die wir 1988 in Paris kennengelernt hatten, wo Mahtab gleich mit ihr Freundschaft schloß, alle waren da, um uns zu unterstützen. Mahtab hatte sich vorher ausdrücklich erkundigt, ob auch Holly kommen könne.

Obwohl wir den Dreharbeiten beigewohnt hatten, war dies unsere erste Gelegenheit, den Film in voller Länge zu sehen. Schon recht früh, während der Szene, in der Moody mir eröffnet, daß er uns nicht erlauben werde, den Iran wieder zu verlassen, fing ich an zu weinen. Ich wußte nicht, ob ich in der Lage sein würde, mir den Rest des Films anzusehen. Ich hatte damals meinen Mann verloren, der bis dahin mein bester Freund gewesen war, und Mahtab hatte ihren Vater verloren, vom Abbruch des Kontakts zu meiner Familie in den Vereinigten Staaten ganz zu schweigen.

Immer wieder blickte ich Mahtab an, die sich erstaunlich gut hielt. Plötzlich machte ich mir Sorgen, weil sie so unbeteiligt dasaß. Ließ sich ihre Ruhe dadurch erklären, daß Alfred so ganz anders aussah als ihr Vater? Doch schließlich konnte Mahtab ihre Gefühle nicht mehr verbergen. Während der Szene, in der Moody ihr sagt, daß ich den Iran verlassen und sie mich nie wiedersehen würde, begann sie zu weinen und zu zittern. Ich nahm ihre Hand, wollte aber nicht, daß sie ihre Gefühle unterdrückte. Wenn sie weinen mußte, sollte sie ihren Emotionen freien Lauf lassen dürfen. Erst als sie immer stärker zitterte, überlegte ich, ob wir hinausgehen sollten.

Diese Szene rief mir einen Tag in Erinnerung, den ich nie vergessen werde. Mahtab war in unserem Haus in Teheran zu Moody ins Büro gegangen. Als sie wieder herauskam, lag ein Ausdruck von Haß und tiefem Schmerz auf ihrem Gesicht. Bitter schaute sie mich an und rief: »Du willst mich verlassen!« Ich versuchte, ihr zu erklären, daß das nicht wahr sei, daß ihr Vater mich zur Abreise zwingen wolle, daß ich den Iran aber nicht ohne sie verlassen würde.

Jetzt, fünf Jahre später, zeigte sich, daß Mahtab immer noch Fragen zu jenem Tag im Iran gehabt hatte, Fragen, die durch den Film beantwortet wurden. Als der Film beendet war, sah sie zu mir auf, lächelte mich durch ihre Tränen an und sagte einfach: »Danke, Mom.«

Ich hatte zwar nie ernsthaft daran gezweifelt, das Richtige getan zu haben, aber dieses Lächeln bestätigte es mir noch einmal. Dieser Augenblick wog alles auf, selbst wenn der Film ein totaler Mißerfolg werden sollte.

Am folgenden Tag wollte ich Mahtab ein Kleid für die Premiere kaufen. Als sie aus der Umkleidekabine kam, merkte ich plötzlich, daß sie nicht mehr das kleine Mädchen war, das entschlossen den Weg durch die Berge in die Freiheit gewagt hatte. Sie war jetzt eine schöne junge Dame, die durch diese Erfahrung an Charakterstärke gewonnen hatte. Ich war sehr stolz darauf, diese junge Dame meine Tochter nennen zu dürfen.

Ich wollte von Anfang an, daß die Premiere in meiner ländlichen Heimat in Michigan stattfand. Ich bin immer stolz auf meine Herkunft aus dieser Gegend gewesen. Meine Familie und die meisten meiner Freunde wohnen noch heute dort. Ich wollte keine glanzvolle Premiere in Los Angeles oder New York, an der nur wenige der Menschen, die mir nahestanden, teilnehmen konnten.

Als eine örtliche Dienstleistungsorganisation anbot, gegebenenfalls bei der Ausrichtung der Premiere mitzuhelfen, wagte ich es, MGM darauf anzusprechen. Beim Studio wünschte man jedoch ein ganz besonderes Ereignis und bezweifelte, daß die

Premiere in einer Kleinstadt einem Film mit so bekannten Stars wie Sally Field und Alfred Molina gerecht werden würde.

Aber nachdem der Werbeleiter des Studios die Organisation besucht hatte, war man von den Vorbereitungen sehr beeindruckt. Die geplante Premiere würde den Stolz der ganzen Bevölkerung auf ihre Heimat wecken.

Angesichts der wachsenden politischen Unruhen jener Tage am Persischen Golf und meiner besonderen Beziehung zu diesem Teil der Welt begann die Publicity für den Film, bevor ich damit gerechnet hatte. Plötzlich wollten mich alle Fernseh- und Radiostationen der Umgebung bei mir zu Hause interviewen.

CNN schickte Mariann Saieed, die ich im November in unserem Workshop kennengelernt hatte und deren Kinder in den Irak entführt worden waren. Jetzt drohte in der Golfregion ein Krieg, und man bat mich, Mariann einen Rat zu geben. Die Entführung ihrer Kinder hatte ihr jegliche Freude am Leben geraubt. Für mich hätte es in dieser Situation nur eine Lösung gegeben: Es wäre zwar nicht einfach, und Mariann hatte keine Garantie, jemals wieder aus dem Irak herauszukommen, aber wenn Mahtab dort drüben gewesen wäre, würde ich mein Land verlassen haben, um bei ihr zu sein. Trotz der Aufregung um die bevorstehende Feier konnte ich die vielen tausend Mütter und Väter nicht vergessen, deren Kinder vom anderen Elternteil ins Ausland entführt worden sind, ebensowenig wie die vielen tausend Kinder, denen dieses schreckliche Schicksal widerfährt. Allein in den Vereinigten Staaten werden dem Außenministerium im Jahr über 400 Fälle gemeldet.

Die Vorbereitungen gingen weiter. Inmitten des ganzen Rummels – ich versuchte obendrein, mein Haus nach einem Umbau wieder in Ordnung zu bringen – überraschten mich meine Söhne mit der Nachricht, daß sie die Premiere nicht besuchen wollten. Ich war davon ausgegangen, daß sie an diesem Abend zusammen mit Mahtab und mir als Teil der Familie dabeisein würden. Als ich fragte, ob sie andere Pläne hätten, zeigten sich beide sehr kurz angebunden, und ich spürte ihr Unbehagen. Sie waren mit den traumatischen Erlebnissen unserer Familie nicht so leicht fertig geworden wie Mahtab. Statt ihre Gefühle offen zum Ausdruck zu bringen, hatten sie das Thema verdrängt. Genauso hatte ich früher auf seelischen Kummer oder Konflikte reagiert. Sie hatten *Nicht ohne meine Tochter* nicht gelesen und waren jeglicher Diskussion über Mahtabs und meinen Aufenthalt im Iran ausgewichen.

»Mom, du verstehst uns nicht«, sagte John mit Tränen in den Augen. »Als du da drüben warst, konnte ich abends nicht einschlafen, weil ich nicht wußte, ob du noch am Leben bist.« Wir weinten alle drei, und Joe sagte: »Wir wußten nicht, ob du jemals wieder zurückkommst.«

Ich hatte nie bezweifelt, daß Joe und John mehr unter dieser ganzen Tortur gelitten hatten als Mahtab und ich, daß die Ungewißheit ihre größte Qual gewesen war. Im Iran hatte ich die schlimmste Prüfung durchmachen müssen, als Mahtab und ich getrennt waren. Die Ungewißheit bereitete mir größere Schmerzen als Moodys härteste Schläge.

Schließlich besuchten sowohl Joe als auch John die Premiere.

Bei dieser Gelegenheit stießen Freunde aus Texas, New York, Kalifornien und West Virginia zu unserer Familie und unseren einheimischen Freunden, und ich konnte meine Aufregung mit den Menschen teilen, die uns seit unserer Rückkehr aus dem Iran so tatkräftig unterstützt hatten.

Für Mahtab war es der Höhepunkt, als Sheila und ihre Eltern aus Kalifornien eintrafen. Sheila ist ein schönes Mädchen, ein lieber Mensch und eine Entertainerin obendrein – vor und hinter der Kamera. Am Vorabend der Premiere hatten wir einige Gäste zu einem persischen Abendessen eingeladen. Michael hielt eine kurze, rührende und nachdenklich stimmende Rede auf Mahtab, Sheila und mich, die Heldinnen dieser Geschichte. Nachdem wir uns zum Essen hingesetzt hatten, wurde unsere Aufmerksamkeit nochmals beansprucht: Sheila, die im Schneidersitz vor dem *Sofre*, dem persischen Tischtuch, auf dem Boden saß, schlug plötzlich mit der Gabel an ihr Glas. Sie brachte einen herzlichen Toast aus, der alle zutiefst beeindruckte. Als ich ihren Vater anschaute, strömten ihm Tränen über das Gesicht. Zwischen Mahtab und Sheila entwickelte sich eine herzliche Freundschaft, die sicher noch viele Jahre bestehen wird.

Am 5. Januar 1991, am Nachmittag vor der Premiere, kamen Hunderte von Freunden und Angehörigen zu einer Cocktailparty zu mir nach Hause. Mahtabs drei beste Schulfreundinnen seit der ersten Klasse – Angie, Jamie und Cathy – waren etwas eifersüchtig, weil sie an diesem Tag Mahtabs Aufmerksamkeit mit den anderen Gästen und dem Fernsehteam von *Entertainment Tonight* teilen mußten.

Zu diesem Nachmittagsempfang erschien auch Christy Khan mit ihrem jüngsten Sohn Eric, ihren Eltern und einigen anderen Verwandten. Ich wußte, daß Christy nicht in der Lage gewesen war, *Nicht ohne meine Tochter* ganz bis zum Ende zu lesen, weil es sie zu sehr aufwühlte. (Sie hatte das Buch schon einmal gekauft, bevor ihre Söhne entführt wurden, aber ihr Mann hatte es sofort weggeworfen.) Obwohl mich die vielen Blitzlichter und Fernsehteams sehr ablenkten, tat mir das Herz weh, wenn ich an Johnathan und Adam dachte, die immer noch in Pakistan waren. Christy konnte sich nicht überwinden, sich den Film anzusehen. Schon der Anblick des Werbeplakats – auf dem zu sehen war, wie Sally Field, Inbegriff der beherzten Mutter, die kleine Mahtab vor dem Hintergrund einer türkischen Stadt in die Freiheit trägt – hätte sie fast aus dem Raum getrieben.

»Das zerriß mir das Herz«, erklärte Christy später. »Sally Fields Gesicht drückte alles aus, was ich fühlte. Ich erinnerte mich, wie mir die Kinder aus den Armen gerissen wurden. Ich wollte während des Jahres in Pakistan eigentlich nur eines: mit den Kindern wegrennen und alles hinter mich bringen.«

Ich teilte Christys Schmerz und hoffte erneut, daß der Film aufklärend wirken und helfen würde, weitere Kindesentführungen zu verhindern.

Es war ein anstrengender Tag für mich. Zur Premiere waren tausend Menschen gekommen, und sie nahmen den Film mit großer Begeisterung auf. Leider konnte der Mensch, der für alles verantwortlich war und der so stolz auf uns gewesen wäre, nicht dabeisein: mein Vater. Ihm verdanke ich meine Entschlossenheit und die Überzeugung: »Wo ein Wille ist, ist auch ein Weg.« Obwohl ich ihn an jenem Tag sehr vermißte, spürte ich, daß er im Geiste unter uns war.

Früh am nächsten Morgen brach ich nach Kalifornien auf, um den Film dort vorzustellen. Als ich später zu Hause anrief, fragte ich Mahtab: »Hat der Film deinen Freundinnen gefallen?« Sie erwiderte: »Sie fanden die Fahrt im Auto toll.« Ihre Freundinnen kannten sie unter einem anderen Namen, und Sheila spielte die Rolle eines Mädchens, das fünf Jahre jünger war. Anscheinend sahen die Freundinnen keine Verbindung zwischen meiner Tochter und dem Mädchen im Film.

Drei Tage nach der Premiere flogen Sally und ich zusammen nach Chicago, wo wir zur *Oprah-Winfrey-Show* eingeladen waren. Sally behandelte mich wie eine alte Freundin. Sie redete während des Fluges ununterbrochen, und ich bekam sämtlichen Klatsch aus Hollywood zu hören. Sally war einmal mit einem Flugzeug abgestürzt. Ihre Angst vor dem Fliegen überwand sie jetzt, indem sie in einem fort redete.

Oprah war übrigens sehr nett zu mir, sehr offen und herzlich. Sie kam in die Garderobe und sagte, sie habe unseren Film am Abend vorher gesehen. Obwohl sie meine Geschichte seit dem ersten Interview mit Barbara Walters verfolgt hatte und wußte, daß ich am nächsten Tag in ihrer Show auftreten würde, hatte sie den Film kaum durchstehen können. Sie fürchtete ständig, daß uns die Flucht aus dem Iran nicht gelingen würde. Oprah hatte der Film wirklich sehr gut gefallen, und sie investierte ungeheuer viel Energie in die Show.

Andere vertraten eine weniger gute Meinung.

Ich hatte zwar eine gewisse Kritik erwartet, aber dennoch war ich schockiert über Roger Eberts beißenden Kommentar. Eberts Rezension wurde am 5. Januar im ganzen Land gesendet – am Tag der Premiere in Michigan und eine Woche vor der landesweiten Freigabe des Films. Er behauptete, der Film habe eine »rassistische« Tendenz – genau das, was alle, die an dem Film beteiligt waren, hatten vermeiden wollen.

Als Bill Hoffer und ich unser Buch schrieben, wollten wir ganz einfach nur schildern, was mir zugestoßen war. Wir hatten uns keine Gedanken darüber gemacht, wie unsere Leser reagieren würden, und nur wenige Kritiker warfen uns vor, wir seien den Iranern gegenüber unfair gewesen.

Was den Film betrifft, so war uns das Problem der Ausgewogenheit durchaus bewußt, und wir milderten das Drehbuch, auch wenn es dabei an Farbe verlor. Ich erklärte den Produzenten und dem Regisseur von Anfang an, das Publikum dürfe nach dem Film auf keinen Fall glauben, alle Iraner seien so wie Moodys Angehörige. Deshalb verringerten wir zum Beispiel die Anzahl der Szenen, in denen Moody uns schlägt. Wir legten außerdem Wert darauf, einige mitfühlende Iraner zu zeigen: etwa Hamid, den hilfsbereiten Ladenbesitzer, oder den selbstlosen Amahl, einen außergewöhnlichen Menschen, der uns außer Landes schaffte.

Unsere Bemühungen um Ausgewogenheit schlugen sich in den voreiligen Urteilen der Filmkritiker überhaupt nicht nieder. Roger Ebert hatte mit seiner ersten Kritik den Ton angegeben, und seine Anschuldigungen tauchten in vielen Rezensionen aus aller Welt auf. (Dabei war Ebert in seiner ungekürzten Rezension, die einige Tage später in seiner Fernsehsendung ausgestrahlt wurde, weitaus moderater.)

Der Film hatte einige unglückliche Mängel, vor allem in der Fluchtszene. Die Szene hätte wie im Buch der Höhepunkt sein sollen, wurde jedoch zum schwächsten Teil des Films. Auf den Schnee verzichten zu müssen war ein schwerer Schlag, aber unsere Erlebnisse auf der Flucht nicht zu zeigen war schlimmer. Ich hatte damals wirklich geglaubt, in den Bergen sterben zu müssen. Einmal, als ich vor Kälte wie gelähmt war, hatte ich Mosehn, den Anführer der Schmuggler, gebeten, Mahtab zu nehmen und ohne mich weiterzumarschieren. Diese Resignation am Ende des Weges, diese totale Erschöpfung ging bei der Verfilmung verloren.

Ich tröstete mich damit, daß ich anfänglichen Bedenken zum Trotz durchgesetzt hatte, die Schlußszene in Ankara drinzulassen. Mahtab und ich waren dort dem Geräusch einer im Wind flatternden amerikanischen Fahne gefolgt und so zur US-Botschaft gelangt. »Das Publikum will eure Flucht aus dem Iran sehen, nicht eure Reise nach Ankara«, hatten Produzenten und Regisseur argumentiert. Ich entgegnete, wir seien mit der Überquerung der iranisch-türkischen Grenze noch lange nicht gerettet gewesen und hätten uns erst im Schutz der amerikanischen Botschaft sicher gefühlt. Seither haben mir viele Zuschauer mitgeteilt, wie bewegend die Schlußszene sei.

Trotz der schlechten Presse und der rassistischen Vorwürfe wäre der Film vielleicht ein Kassenschlager geworden, wäre er nicht zur ungünstigsten Zeit herausgekommen. Am Freitag, dem 11. Januar, dem Tag seiner landesweiten Freigabe, wurde die östliche Hälfte des Landes von einem starken Schneesturm heimgesucht. In San Diego erhielt ein Kino eine Bombendrohung, was dazu führte, daß sich das Publikum in den Kinos der Westküste einer Sicherheitskontrolle unterziehen mußte. Wenige Tage später wurde Sally bedroht, und sie mußte Leibwächter engagieren.

Drei Tage lang – Samstag, Sonntag und Montag – lief der Film sehr gut, und es sah ganz so aus, als würde er doch ein Erfolg werden. Am Dienstag, dem 15. Januar, endete jedoch die Frist, die Präsident Bush dem Irak für den Rückzug aus Kuwait gesetzt hatte, und am folgenden Tag begannen die USA ihre Invasion. Während der nächsten beiden Wochen gingen die Amerikaner nicht ins Kino: Sie saßen vor dem Fernseher.

Was sie sich anschauten, nannte sich »Operation Desert Storm«, ein Drama, das aktueller und erschütternder war als jeder Spielfilm. Wir hatten jahrelang daran gearbeitet, das Leben im Iran zwischen 1984 und 1986 zu beschreiben. Jetzt hatte das Publikum in aller Welt Gelegenheit, einen wirklichen Krieg Tag für Tag mitzuerleben. Zwar waren die Aufnahmen von Sand und Sonne in der Fluchtszene des Films der Lawine von Filmmaterial über den Krieg durchaus ebenbürtig, aber als die Menschen wieder ins Kino gingen, suchten sie Zerstreuung und wollten der traurigen Realität entfliehen. Ein ernster Spielfilm, der noch dazu im Iran spielte, hatte da keine große Chance.

In Europa, wo der Film unter weitaus günstigeren Bedingungen anlief, übertraf er alle Erwartungen. In Deutschland lag er mehrere Wochen hintereinander an der Spitze. Der Film mag Schwächen haben, doch ich glaube, daß er vielen Menschen etwas Wahres und Wichtiges mitgeteilt hat, und dafür bin ich dankbar.

10

Moodys Reaktion

Nicht ohne meine Tochter erschien zuerst bei St. Martin's Press in den Vereinigten Staaten. Das Buch bekam vortreffliche Kritiken und verkaufte sich ausgezeichnet. Von da an folgte ein Erfolg auf den anderen. Den ersten Erfolg außerhalb des englischsprachigen Raumes hatte *Nicht ohne meine Tochter* in Frankreich. Das *Guinness Buch der Rekorde* von 1990 vermerkt, daß von dem Buch mehr Exemplare verkauft wurden als von irgendeinem anderen Sachbuch in der Geschichte der französischen Sprache. Der nächste große Erfolg war Schweden, wo fast jeder zweite Haushalt das Buch besitzt und über ein Drittel der Bevölkerung es gelesen hat. Das größte Echo fand es jedoch in Deutschland; dort wurden über vier Millionen Exemplare verkauft, und es führte über zwei Jahre die Bestsellerliste an. (Aus diesem Grund wurde ich 1990 in Deutschland zur Frau des Jahres gewählt – eine Auszeichnung, die ich immer hoch schätzen werde.)

Insgesamt wurde das Buch in rund 20 Sprachen übersetzt und rund zwölf Millionen Mal verkauft.

Warum wurde *Nicht ohne meine Tochter* in drei Kontinenten – sowohl in Australien wie in Nordamerika und Europa – ein Bestseller? Im nachhinein meine ich, das Buch wurde von der Universalität seines Themas getragen: der engen Beziehung zwischen Eltern und Kind und dem extremen Verhalten, das Menschen zeigen, wenn diese Beziehung bedroht ist. Aber für die emotionale und dramatische Wirkung des Buches ist noch etwas anderes verantwortlich: das Interesse am Alltäglichen. Von Anfang an, noch bevor ich erkannte, daß ich im Iran gefangen war, wollte ich der Welt zeigen, wie die Menschen dort leben, wie sie einkaufen und Reis zubereiten, wie sie ihr Geschirr und ihre Wäsche waschen, ja wie sie die Toilette benutzen. Unabhängig von unserer sozialen Stellung haben wir alle einen Alltag und ein natürliches Interesse am Alltag anderer.

Obwohl *Nicht ohne meine Tochter* die Geschichte einer fest in der Mitte der Vereinigten Staaten verwurzelten Amerikanerin ist, könnten sich die geschilderten Ereignisse auch anderswo abspielen. Und sie haben sich bereits andernorts abgespielt. Vor allem in Westeuropa hat die jüngste Einwanderungswelle zu einem großen Anstieg der Zahl von gemischtnationalen Ehen und von Kindern gemischter ethnischer Zugehörigkeit geführt. Franzosen und Algerier, Deutsche und Türken, Belgier und Marokkaner, sie alle leben und arbeiten heute Seite an Seite. Sie haben ganz unterschiedliche Auffassungen von der Rolle und den Pflichten der Familie – Auffassungen, die vielleicht erst nach der Geburt eines Kindes zutage treten.

Selbst als uns klar wurde, daß *Nicht ohne meine Tochter* viele Menschen ansprechen würde, ahnten wir nicht, daß meine Geschichte die ganze Welt erobern sollte.

Ich war nicht nur auf schriftstellerischem Gebiet eine Anfängerin, sondern auch als Rednerin. Noch ehe ich Angst bekommen konnte, weil ich so vieles nicht wußte, was ich eigentlich hätte wissen sollen, bekam ich eine wichtige Einladung vom Beverly Hills Country Club. Wie sich jedoch herausstellte, verspürte ich von Anfang an keine Scheu vor dem Publikum; ich sagte mir immer, daß ich selbst meine Geschichte schließlich am besten kannte.

Nach der Veröffentlichung des Buches wurde ich von zahlreichen Gruppen zu Vorträgen eingeladen. Weitere Organisationen folgten diesem Beispiel, und seitdem ist mein Terminkalender voll. Ich habe vor großen und kleinen Gruppen gesprochen, aber das denkwürdigste Ereignis war die Verleihung des American Freedom Award am 4. Juli 1991 in Provo, Utah, an Mahtab und mich. Mahtab (die bisher jüngste Preisträgerin) und ich teilten uns die internationale Ehrung mit Teddy Kollek, dem langjährigen Bürgermeister von Jerusalem, und Nathaniel Howell, dem amerikanischen Botschafter in Kuwait, der nach der irakischen Invasion sein Leben riskiert hatte, um bei seinen Mitarbeitern bleiben zu können. Für mich war das Ereignis auch deshalb besonders denkwürdig, weil ich gebeten wurde, an Stelle von Margaret Thatcher, die kurzfristig abgesagt hatte, vor mehr als 20000 Menschen im Stadion der Brigham Young University die Festrede zu halten. Trotz der Größe des Publikums habe ich mich mit meinen Zuhörern selten so verbunden gefühlt.

Nach dem offiziellen Teil gingen Mahtab und ich zu einem Empfang im Haus von Alan Osmond, dessen Söhne – die Four Osmond Boys – uns das Lied *Danny Boy* vortrugen. Zum krönenden Abschluß des Festes wurde ich zur Luftfahrerin und stieg mit einem Heißluftballon auf. Nach der Ballonfahrt über Provo forderten mich meine Gastgeber auf, ein ungewöhnliches Ritual zu vollziehen. Um offizielle Luftfahrerin zu werden, mußte ich mich mit den Armen auf dem Rücken hinknien, nach vorn beugen, mit den Zähnen ein Glas »Champagner« aufnehmen und es austrinken, ohne einen Tropfen zu verschütten. Ich bestand die Prüfung glänzend und wußte, daß meine nächste Landung glatt verlaufen würde.

Meine Vortragsreisen sind manchmal sehr zermürbend, aber die anschließenden Diskussionen ermutigen mich stets, weiterzumachen. Mit der Geschichte meiner Mißhandlung stieß ich im Ausland auf großes Interesse. Viele, die Ähnliches erduldet, aber bislang geschwiegen hatten, meldeten sich zu Wort, wenn sie mir zuhörten. Sie hatten schon lange darauf gewartet, ihre eigene Geschichte erzählen zu können, aber sie trauten sich erst, nachdem ich gesprochen hatte.

Viele meiner Zuhörer sind Opfer einer gescheiterten Beziehung, ob nun gemischtnational oder nicht. Nach einem meiner ersten Vorträge erzählte mir eine attraktive, gutgekleidete Dame: »Ich bin Amerikanerin, mit einem Amerikaner verheiratet und lebe in Amerika … , und Sie haben meine Geschichte geschrieben. Ich war eine Gefangene im eigenen Haus. Sie waren eine Frau und eine Amerikanerin und keine Moslime. Als ich Ihre Geschichte gelesen hatte, wußte ich: Wenn Sie mit solchen Schwierigkeiten fertig wurden, dann konnte auch ich mein Leben ändern. Und ich tat es.«

Ich hatte mich nie als mißhandelte Frau betrachtet, vielleicht weil ich nie völlig aufgab. Ich habe mich immer freigekämpft. Aber als sich weitere Frauen mit ähnlichen Schicksalen meldeten, nahm ich in meine Vorträge das Thema mißhandelte Frauen und Frauenrechte auf.

Wer *Nicht ohne meine Tochter* gelesen hat, kennt das Schicksal Ellen Rafees bereits. Sie wurde in einer Kleinstadt in Michigan geboren. Ich lernte sie beim Koran-Unterricht in Teheran kennen und freundete mich mit ihr an. Viele haben mich seither nach ihr gefragt.

Im Jahre 1987 hatte mein Bruder Jim einen Telefonanruf von Ellens Cousine Florence erhalten, die mit einem Frauenhaus in Verbindung stand.

Ich rief Florence zurück und erfuhr, daß Ellen, ihr Mann Hormoz und die beiden Kinder Jessica und Ali gerade bei Ellens Eltern in Florida zu Besuch seien. Florence erzählte, Hormoz habe Ellen und die Kinder mißhandelt und Ellen wolle nicht in den Iran zurückkehren.

Ich rief Ellen mehrmals an, da ich ihr nicht genügend vertraute, um ihr meine Nummer zu geben. Hocherfreut berichtete mir Ellen, daß sie Farsi in Wort und Schrift jetzt schon fast perfekt beherrsche.

Sie bestätigte, was Florence mir erzählt hatte, und sagte: »Betty, ich hoffe, du verstehst mich. Wenn ich im Iran einen Gedanken fassen konnte, wollte ich dir helfen, aber die übrige Zeit versuchte ich, uns vor Hormoz zu schützen. Er explodiert zwei- oder dreimal im Jahr und geht auf jeden los, der ihm in die Quere kommt.« Es sei im Grunde ihre eigene Schuld, daß sie geschlagen werde, meinte sie, denn wenn Hormoz die Kinder schlage, »wird er wütend, falls ich mich einmische. Er prügelt Jessica so brutal, daß man es schon nicht mehr als Bestrafung bezeichnen kann. Es ist wirklich schlimm.« Einmal, fuhr sie fort, habe Hormoz ihre Tochter mit einem hölzernen Kleiderbügel geschlagen. »Der Bügel zerbrach in drei Teile, und Jessica weinte. Ich sah den Kleiderbügel und flippte fast aus!« Jessica schilderte ihrer Mutter, wie Hormoz sie auf den Rücken geschlagen hatte. Als der Kleiderbügel zerbrach, sammelte er die einzelnen Teile auf und schlug damit weiter auf sie ein, bis auch sie zerbrachen. »Ich verlor die Beherrschung und schrie, und dann schlug er auch auf mich ein«, sagte Ellen.

»Ich glaube, er hat mein Trommelfell schon durchbohrt, bevor ich dich kennenlernte. Das war die schwerste Verletzung, die er mir zufügte, aber er prahlt damit, daß er uns auch kleinkriegen kann, ohne Spuren zu hinterlassen. Er kennt alle Griffe. Etwa einen Monat vor unserer Ankunft im Iran passierte es. Er fing an, Jessica zu schlagen, ich trat dazwischen, und da griff er mich an. An der Stelle, wo er meinen Arm festhielt, als er ihn mir auf den Rücken drehte, bekam ich blaue Flecken. Am nächsten Morgen konnte ich den Hals nicht mehr bewegen. Mein Rücken schmerzt immer noch.«

Ellen erzählte, Florence habe angeboten, ihr einen Job in einem Zentrum für mißhandelte Frauen zu besorgen. »Ich antwortete: ›Na ja, vielleicht sollte ich gleich als Patientin statt als Lehrerin dort hingehen.‹ Davor hatte ich ihr nichts gesagt. Diesmal erzählte ich es auch meinen Eltern, weil ich dringend Unterstützung brauchte, um hierbleiben zu können. Aber mein Dad wiederholte dauernd, ich solle [im Iran] bleiben, Hormoz sei ein guter Mensch. Dad glaubt, Hormoz werde sich vielleicht ändern.«

In Teheran hatte Hormoz Moody in meiner und Ellens Gegenwart erklärt, er habe nach seiner und Ellens Ankunft im Iran zunächst Probleme mit Ellen gehabt. Ihr habe das Leben dort nicht gefallen, aber er habe sie geschlagen und eingesperrt, und schließlich sei sie zum Islam übergetreten und »eine gute Ehefrau« geworden. Als ich das hörte, wußte ich genau, was Moody von mir erwartete. Moody mochte Ellen, weil sie sich »angepaßt« hatte.

»Die Männer ändern sich nicht, denn sie glauben, daß sie im Recht sind«, sagte ich zu Ellen. »Sie finden nichts Schlimmes an dem, was sie tun.«

Aber Ellen versuchte sich einzureden, ihr Vater habe vielleicht doch recht. »Hormoz schwört, daß er mich nie wieder schlagen wird und daß wir, wenn er es doch tut, den Iran verlassen und nach Amerika zurückkehren werden.«

Sie fuhr fort, sie habe *Nicht ohne meine Tochter* in Fortsetzungen im *Ladies Home Journal* gelesen. Florence habe bezweifelt, daß alles der Wahrheit entspreche, aber Ellen hatte das

Buch »Wort für Wort gelesen« und versicherte: »Das Buch enthält die reine Wahrheit, und ich kann alles bestätigen, weil ich die ganze Zeit mit Betty zusammen war. An einige dieser Treffen kann ich mich noch lebhaft erinnern.«

Dann sagte Ellen, Hormoz und sie hätten damals geglaubt, ich sei zufriedener geworden und hätte mich im Iran eingelebt. Sie brachte ihre Enttäuschung darüber zum Ausdruck, daß ich ihr meine Absichten nicht anvertraut hatte. Ich wußte jedoch, daß ich Ellen nicht trauen konnte, seit sie mir Monate vor unserer Flucht erklärt hatte, es sei ihre »islamische Pflicht«, Moody mitzuteilen, daß ich mit Mahtab fliehen wolle.

Ellen berichtete, wie sie von meiner und Mahtabs Flucht erfahren hatte. »Ich war die erste, die überprüft wurde. Bereits nach 24 Stunden suchten mich Kriminalbeamte auf. Moody und sein Neffe Mammal kamen ebenfalls vorbei, um dich bei mir zu suchen. Er traute keinem.«

Einige Amerikanerinnen, die ich im Iran kennengelernt hatte, wurden verdächtigt, mir bei der Flucht geholfen zu haben. »Moody schickte Kriminalbeamte hin, die sie schikanierten«, erzählte Ellen. »Die junge Amerikanerin, die in der Nachbarschaft von Moodys Schwester wohnte, wurde zusammen mit ihrem Mann aufs Polizeirevier gebracht.«

»Aber sie wußte nichts!« sagte ich. »Niemand wußte etwas.«

»Man verdächtigte sie. Moody war überzeugt, daß sie log, und wollte ihr Haus durchsuchen lassen, weil er dachte, du würdest dich dort verstecken. Es war schlimm für sie.«

Traurig entgegnete ich: »Ebendeshalb sollte ja niemand wissen, was ich vorhatte, weil ich nicht wollte, daß sich jemand schuldig macht.«

Ellens Information stimmte genau mit dem Anruf überein, den ich kurz nach meiner Rückkehr vom amerikanischen Außenministerium erhalten hatte. »Einige Amerikanerinnen sind in Schwierigkeiten«, erklärte der Anrufer. »Moody glaubt, Sie hielten sich immer noch im Iran versteckt. Sie müssen ihn anrufen und ihm sagen, daß Sie das Land verlassen haben, um diese Leute zu entlasten.« Ich konnte damals einfach noch nicht mit Moody sprechen. Deshalb bat ich meine Schwester Carolyn, an meiner Stelle anzurufen. Da Moody nicht wissen sollte, daß wir wieder in Amerika waren, ich diese unschuldigen Amerikanerinnen jedoch unbedingt entlasten wollte, erzählte ihm Carolyn, wir hielten uns in einem Land außerhalb des Iran auf. Moody erwiderte, er wisse, daß ich weder Geld noch Pässe hätte, deshalb sei er sicher, daß ich noch im Iran sei.

»Ich hatte das Gefühl, daß ich nicht anders handeln konnte«, erklärte ich Ellen. »Es war Moody, der unser Leben zerstörte.«

»Ich bin ganz deiner Meinung«, sagte Ellen. »Ich meine nicht, daß du dich schuldig fühlen solltest. Betty, du hättest umkommen können! An dieser Grenze passiert das dauernd. Ich kann nicht glauben, wie mutig du bist. Ich hätte das nicht gekonnt.«

Als wir über die Flucht sprachen, mußte ich Ellen einfach erzählen, wie tapfer Mahtab gewesen war. »Wir hatten fünf Tage lang nichts zu essen. Aber nur einmal sagte sie: ›Mommy, ich habe Hunger.‹ Sie beklagte sich nie, trotz der Kälte, der Müdigkeit und des Hungers; von der Angst ganz zu schweigen. Sie wollte nur nach Hause. Ich glaubte, sterben zu müssen. Ich sagte zu ihr: ›Tut mir leid, aber es ist so anstrengend, und ich glaube nicht, daß ich es schaffen werde.‹ Sie sagte nur: ›*Ich* schaffe es, ich bin stark, ich tue alles, um nach Amerika zu kommen.‹ Und sie schaffte es. Sie ist so stark.«

Wie sehr sich Ellen nach der Freiheit gesehnt hatte, wurde aus ihren Worten deutlich: »Mir war genauso zumute wie euch in der Türkei, als ich in Deutschland aus dem Flugzeug stieg. Wir mußten zur amerikanischen Botschaft in Bonn, um meinen Paß abzuholen. Ich fühlte mich plötzlich so frei. Meine Schritte waren richtig beschwingt.«

Ellen und Hormoz hatten Moody im Mai 1987 besucht und sich nach seiner Familie erkundigt. »Ich sehe sie zur Zeit überhaupt nicht«, sagte er. »Ich gebe ein Seminar, habe guten Kontakt zu den Ärzten und bin sehr beschäftigt.« Seine Schwester habe ihm geraten, wieder zu heiraten, erzählte Ellen, aber er habe seit einem halben Jahr nicht mehr mit ihr gesprochen. Seit meiner Abreise habe er hart gearbeitet, oft rund um die Uhr.

»Moody leidet massiv unter Verfolgungswahn«, sagte Ellen.

»Er glaubt, alle seien hinter ihm her. Er hat behauptet, die CIA habe ein Komplott gegen ihn geschmiedet, als er sich noch in Amerika aufhielt, und er ging sogar so weit, dich als Agentin hinzustellen. Er hat wirklich Wahnvorstellungen.«

Ich erinnerte mich, daß Moody mir gegenüber ähnliche Verdächtigungen geäußert hatte, als wir im Iran waren. Damals hatte ich ihn gefragt, warum er sich für so wichtig hielt, daß die CIA hinter ihm her sein sollte.

Laut Ellen war Moody wütend auf mich und haßte mich, aber er konnte auch »ganz sentimental« sein. »Er sagte: ›Ich glaube, zum ersten Schultag kommt sie wieder zurück.‹ Als es dann auf Weihnachten zuging, meinte er: ›Vielleicht kommt sie jetzt zurück.‹ Und wenn irgendein anderes Ereignis bevorstand, erklärte er: ›Vielleicht kommt sie dann und dann zurück.‹«

»Wie konnte er nur glauben, daß ich nach allem, was er uns angetan hat, zurückkehren würde?«

»Ich weiß es nicht«, erwiderte Ellen. »Ich kann es nicht begreifen. Ich könnte mir lediglich vorstellen, daß er eine gespaltene Persönlichkeit ist. Wenn er wütend wird, verliert er völlig die Kontrolle, und wenn er nicht wütend ist, kann er sich an die schlimmen Dinge nicht mehr erinnern.«

Ich vertraute Ellen an, daß wir weiterhin Moodys Rache fürchteten. »Es ist schwer, aber wir versuchen, ein ganz normales Leben zu führen.«

»Moody ist nie ganz offen zu uns«, erklärte Ellen. »An deiner Stelle würde ich mich weiterhin in acht nehmen. Daß er *mir* nichts gesagt hat, heißt noch gar nichts. Es gibt eine Menge Dinge, die er uns nicht erzählt.«

Dann fragte ich Ellen nach ihren Plänen. Ich erinnerte sie daran, daß ihre Tochter mir immer versichert hatte, wenn sie groß sei, werde sie weglaufen, zu ihrer Großmutter ziehen und Christin werden.

»Jessica tut mir ja auch leid«, sagte Ellen. »Ich bin jetzt 30 und kann bestimmte Dinge aufgeben, weil mittlerweile vielleicht andere Dinge wichtiger für mich sind. Aber sie bekommt alles, was ich ihr geben kann, bis sie alt genug ist, um ihr eigenes Leben zu führen.«

»Aber du weißt, daß sie im Iran nicht die Möglichkeit hat, eigene Entscheidungen zu treffen«, entgegnete ich. »Wenn Hormoz plötzlich beschließt, sie mit irgend jemandem zu verheiraten, hat sie keine Wahl. Dann muß sie für den Rest ihres Lebens im Iran bleiben.«

Ellen räumte ein, Jessica bettele ständig, »hier [in Florida] bleiben zu dürfen. Du kannst dir nicht vorstellen, wie durcheinander ich bin. Meine Kinder haben Freude an den Ferien, sogar mein Mann genießt sie mehr als ich. Ich leide Höllenqualen, Betty. Ich fürchte mich vor der Ungewißheit. Ich habe all diese emotionalen Probleme; wahrscheinlich sind es psychische Probleme. Ich habe acht Jahre im Iran gelebt, und sicher hatte das Auswirkungen ... Es ist wie ein Minderwertigkeitskomplex. Ich bin einfach nicht so selbstsicher wie du. Du hast dein Leben offenbar im Griff, ich nicht. Ich hasse das Leben im Iran, aber ich weiß auch nicht, ob ich meinen Mann verlassen könnte. Dazu bin ich zu unsicher. Ich kann nicht allein leben.«

Ich fragte, ob Hormoz sich vorstellen könne, in den Staaten zu bleiben. »Nein, das will er nicht«, meinte Ellen. »Ich habe ihn angefleht. Ich mußte ihn richtig drängen, diesmal mitzukommen, und ich habe inbrünstig gehofft, daß etwas passiert und wir bleiben müssen.«

Daraufhin erklärte ich Ellen, ich wolle sie zu nichts überreden, aber ich persönlich würde meine Entscheidung nicht bedauern; auch sie habe eine Wahl. Fünf Wochen nach unserem ersten Gespräch erfuhr ich, daß sie abreisen wollte. »Ich bin mit den Kindern auf dem Weg zum Flughafen«, sagte sie. »Sie müssen wieder zur Schule. Hormoz bleibt eine Weile bei meinen Eltern, um noch mehr Geld zu verdienen, das er mit zurücknehmen kann. Er schlägt uns zwar, aber er sorgt auch für uns.«

Ellens Geschichte ist keineswegs einzigartig. Als ihr Mann ihr sagte, sie dürfe den Iran nicht mehr verlassen, glaubte sie, dies akzeptieren zu müssen – eine verbreitete Reaktion. Während meines Aufenthalts im Iran hatte ich Frauen kennengelernt, deren Leben viel schlimmer war als meines, aber ich hatte nie eine getroffen, die versucht hätte, auszubrechen. Sie ergaben sich in ihr Schicksal.

Wenn ich mir im Rückblick vorstelle, wie anders mein Leben hätte verlaufen können, fällt mir der Tag ein, an dem Moody mir mitteilte, wir würden den Iran nie mehr verlassen. Hätte ich mich damals seinem Willen gebeugt, wäre ich wohl nie geschlagen worden. Aber dann wäre ich jetzt auch nicht wieder zu Hause in Freiheit und könnte niemandem meine Geschichte erzählen.

Moodys Verhalten wirkte sich nachhaltig auf meine Familie aus. Vor unserer verhängnisvollen Reise hatten meine Eltern meinen Ex-Mann geliebt und ihm vertraut. Dad und Moody unterhielten sich gern über den Iran, wo mein Vater während des Zweiten Weltkrieges stationiert gewesen war. Meine Mutter verehrte Moody wegen der vielen wunderbaren Dinge, die er getan hatte, und nicht zuletzt, weil er Mahtabs Vater war.

Als Moody Mahtab und mich im Iran festhielt, litt meine Familie sehr darunter. Ihre Liebe zu Moody schlug in Haß um, ihr Vertrauen in Groll. Meine Familie fühlte sich derart verraten und getäuscht, daß sie nur noch Bitterkeit empfand, und ihre Feindseligkeit richtete sich gegen alle »Ausländer«.

Mein Vater war bis zu seinem Tod ungewöhnlich aufgeschlossen, aber meine Mutter hatte mehr als alle anderen gelitten, und sie konnte ihre Bitterkeit nicht unterdrücken. Im Jahre 1985, über ein Jahr nach unserer Abreise in den Iran, fuhr sie nach Alpena, um vor dem dortigen Nachlaßgericht als meine Vermögensverwalterin aufzutreten. Es war eine Qual für sie, sich mit dem weltlichen Besitz ihrer Tochter zu befassen, die sie vielleicht nie wiedersehen würde.

In Alpena traf sie zufällig unsere treuesten Freunde, die Parseghians, eine armenische Familie, die drei Generationen umfaßte: Nana, die liebenswürdige alte Großmutter, die während des Völkermordes an den Armeniern vor 70 Jahren zur Waise geworden war, die beiden Schwestern Vergine und Anahid, deren Mann im Bürgerkrieg im Libanon ums Leben kam, und ihre Kinder. Die Parseghians hatten gewaltige Hindernisse überwinden müssen, bis sie sich in ihrer Wahlheimat etabliert hatten. Moody hatte ein besonders enges Verhältnis zu ihnen, obwohl sie keine Moslems waren.

Wie Tarik und Farzana, unsere pakistanischen Freunde, die versucht hatten, uns bei der Flucht zu helfen, traten die Parseghians sofort in Aktion, als sie von unserem Elend in Teheran erfuhren. Sie bombardierten Moody mit Anrufen und Briefen und flehten ihn an, Mahtab und mich nach Hause reisen zu lassen. Sie schickten regelmäßig Pakete mit Nahrungsmitteln und Geschenken. Wie mein Vater gaben sie die Hoffnung nicht auf, daß wir eines Tages zurückkommen würden. In der Zwischenzeit halfen sie mit, die aufgelaufenen Rechnungen für unsere Kreditkarten zu bezahlen, und sie schafften die Möbel aus unserem Mietshaus und lagerten sie ein. Nach unserer Rückkehr gaben sie mir Geld und boten Mahtab und mir an, bei ihnen zu wohnen. Es gab nichts, was sie nicht für uns getan hätten, und sie verlangten nichts dafür.

Es überrascht nicht, daß aus Moms Sorgen und Unsicherheit Haß wurde, und diesen Haß ließ sie ausgerechnet an den Parseghians aus. »Es ist eure Schuld, daß Betty im Iran ist«, warf sie ihnen vor. »Wenn sie sich nicht mit Ausländern abgegeben hätte, wäre das nicht passiert.«

Auch nachdem Mahtab und ich bei ihr und Dad eingezogen waren, beruhigte sie sich nicht. Eines Tages fragte Mahtab mich in aller Unschuld: »Mommy, kochst du mir persisches Essen?« Meine Mutter hörte das und bekam einen Wutanfall: »Ich dachte, du hättest genug von diesem Fraß.«

Dad hatte keine Haßgefühle, und er merkte, wie andere Mitglieder der Familie mich aufregten. »Mach dir nichts daraus«, riet er. »Sie begreifen nichts.«

Ich bin froh, sagen zu können, daß Mahtab keine Vorurteile gegen Ausländer hat. In der Kleinstadt, in der wir leben, gibt es nur sehr wenige Ausländer. Als wir eines Tages eine Straße entlangfuhren, sah meine Tochter eine Frau in einem Sari und rief: »Sieh mal, Mom. Da ist eine Inderin. Meinst du, wir könnten uns mit ihr anfreunden, damit sie für uns *puri* [indisches Brot] macht?«

Seit meiner Rückkehr nach Amerika ist mein Leben schwierig, anstrengend und unberechenbar. Ich habe erfahren, daß Reisen auch eine andere Seite hat: Ich konnte nie richtig ausschlafen, hatte keine Freizeit und keinen Urlaub. Zudem litt ich unter den Zeitverschiebungen, unter Schlaflosigkeit und Alpträumen. Ich hatte mehr zu tun, als ein Mensch allein bewältigen kann.

Der Streß wurde ab Anfang 1991 immer stärker, als ich mich neben meinem vollen Vortragsprogramm auch noch verpflichtete, für den Film zu werben. Im Januar trat ich außerdem als Sachverständige in einem Scheidungsprozeß auf – eine besonders anstrengende Aufgabe, da ich vor Gericht dem Ehemann aus dem Nahen Osten gegenübertreten und die Fragen seines Anwalts abwehren mußte, der sein möglichstes tat, um mich zu diskreditieren.

Am Sonnabend, dem 16. März, kam es zur Krise. Von einer zweitägigen Vortragsreihe in Dayton, Ohio, flog ich direkt zu einer Tagung hoher Beamter nach Washington. Auf dem Rückflug nach Michigan am Abend desselben Tages verspürte ich einen heftigen Schmerz, der von der rechten Schulter zum Brustkorb ausstrahlte. Ich konnte kaum atmen und dachte zuerst, ich hätte eine Lungenentzündung. Als ich nachts im Bett lag und das Pochen auch in den Hals stieg und immer heftiger wurde, fürchtete ich, es könne das Herz sein.

Am Sonntag fuhr Arnie mich zum Carson City Hospital; dort kam ich auf die Intensivstation. Nach einer Reihe von Tests und Röntgenuntersuchungen war ich beinahe erleichtert, als ich die Diagnose hörte: Geschwüre im Zwölffingerdarm und eine entzündete Gallenblase, hervorgerufen durch Erschöpfung. Ich blieb fünf Tage im Krankenhaus. Außer Mahtab wußte niemand, wo ich war. Seit Monaten hatte ich mich danach gesehnt, einmal einen Tag lang Luft holen, mich entspannen zu können und keine Reden halten zu müssen. Ich lag in meinem Einzelzimmer im Bett, atmete tief durch und dachte: »Ah, ich koste jetzt jede Sekunde aus.« Es war zwar nicht der Club Méditerranée, aber trotzdem tat mir die Ruhe gut.

Meine größte Sorge war, Mahtab, damals zehn Jahre alt, könnte über meine Hilflosigkeit beunruhigt sein. Aber sie wurde mit der Situation genausogut fertig wie nach Johns Unfall.

Sie kochte sich mehrere Mahlzeiten, wusch und bügelte. Sie bereitete sogar ganz allein das persische Neujahrsfest *Nauruz* vor. »Sag mir, was man für das *haft sin* braucht«, meinte sie, Bleistift und Papier in der Hand. »Wenn du nach Hause kommst, ist alles fertig.« Es freute mich, daß *Nauruz* zum festen Bestandteil *ihres* väterlichen Erbes geworden war, etwas, an dem sie immer festhalten würde.

Ein andermal war ich erstaunt, als Mahtab mich im Krankenhaus anrief und einige Worte Farsi sprach, obwohl sie dies in Gegenwart anderer nicht gern tut. Farsi gehört zu der besonderen Beziehung zwischen uns.

Als ich das Krankenhaus verlassen hatte, ging es mir zwei Wochen lang sehr schlecht; ich spürte jedes einzelne meiner 45 Lebensjahre. Ein Gespräch fiel mir ein, das ich unlängst mit Mahtab geführt hatte. »Mommy«, fragte sie, »wurdest du in den fünfziger oder in den sechziger Jahren geboren?«

Ich lächelte schwach, sah sie an und antwortete: »Würdest du mir glauben, wenn ich sage, in den Vierzigern?«

Mahtab starrte mich mit aufgerissenen Augen an. Dann fing sie sich wieder, küßte mich und sagte mit jugendlicher Toleranz: »Ich liebe dich trotzdem.«

Also machte ich weiter …

Fragen sind Ausdruck von Interesse. Viele Menschen stellten die gleichen Fragen zu Personen, die sie aus *Nicht ohne meine Tochter* kannten.

Was wurde aus Amahl, dem Mann, der Ihnen half zu fliehen?

Ich habe über einen Dritten immer noch Kontakt zu Amahl. Er bleibt im Iran, denn er steht zu dem, was er mir immer wieder versicherte: »Ich gehe erst, wenn auch meine Frau und meine Kinder gehen dürfen.«

Zum Glück wurde er nicht mit unserer Flucht in Verbindung gebracht. Ich hoffe, daß ich ihn und seine Familie eines Tages in irgendeinem Land außerhalb des Iran treffen werde.

Und was wurde aus Helen Balasanian, der Frau aus der Schweizer Botschaft im Iran, die Ihnen erklärte, Ihre Lage sei trostlos?

Jedesmal wenn Helen Balasanian außerhalb des Iran Urlaub machte, rief sie an, um zu hören, wie es uns ginge. Sie hatte Mahtab so gern, daß sie immer darauf bestand, mit meiner Tochter persönlich zu sprechen, um sich von ihrem Wohlergehen zu überzeugen.

Als ich eines Abends den Telefonhörer abhob, meldete sich eine fremde Männerstimme: »Keine Sorge, Helen hat mir Ihre Nummer gegeben.« Der Mann erklärte, er sei halb Iraner und halb Armenier und lebe in Kalifornien. »Ich bin Witwer und möchte Helen heiraten.« Helen hatte zu ihrem Verehrer im Spaß gesagt: »Bitte Betty Mahmoody um Erlaubnis.«

Ich fühlte mich geehrt. Damals gab Helen ihren Posten bei der Schweizer Botschaft in Teheran auf, und heute ist sie glücklich verheiratet und lebt in den Vereinigten Staaten.

Und Ihre Söhne?

Joe und John litten furchtbar unter unserem Martyrium, das in vielerlei Hinsicht auch ihr eigenes war. Die Wunden sind noch nicht vollständig verheilt, aber die beiden sind prächtige junge Männer, und ich bin stolz auf sie.

John war 14, als ich in den Iran reiste, und wahrscheinlich litt er am meisten, weil er mich noch brauchte. Während meiner Abwesenheit wohnte er bei seinem Vater und besuchte hin und wieder meine Eltern. Manchmal konnte er aus Sorge um Mahtab und mich nicht schlafen. Weil er so schnell erwachsen werden mußte, fühlt er sich um seine besten Jugendjahre betrogen.

Er stand meinem Dad sehr nahe. John unterhielt sich oft stundenlang mit meinem Vater und reinigte sogar seinen künstlichen Darmausgang. Einmal sagte Dad zu mir mit Tränen in den Augen: »Man findet nicht viele junge Leute, die tun würden, was er tut.« Als Dad starb, verlor John seinen besten Freund. Sein Autounfall und der anschließende Genesungsprozeß waren auch eine sehr schwere Zeit.

Mom wollte nach Dads Tod nicht allein sein. Deshalb brachte John sie abends immer mit dem Wagen zu uns nach Hause. Als er sich von dem Unfall erholt hatte, blieb er immer öfter bei ihr, weil das für sie einfacher war. Mom verwöhnt John gern, und John verwöhnt gern seine Großmutter.

Joe war 18 und hatte gerade die High-School hinter sich, als ich in den Iran reiste. Er arbeitete im Montagewerk einer Autofabrik in der Spätschicht. Ich kochte ihm jeden Abend eine Extramahlzeit und stellte sie in den Kühlschrank. Wenn er nach Hause kam, hörte ich die Tür der Mikrowelle zuschnappen. Dann war ich beruhigt und konnte den Rest der Nacht gut schlafen.

Im Gegensatz zu John, der immer eine Freundin hatte, trieb sich Joe mit seinen Kumpanen herum und brachte nie ein Mädchen mit nach Hause. Aber mit 23 änderte sich sein Verhalten grundlegend. Selbst Mahtab bemerkte es und sagte im Spaß: »Paß auf, Mom. Joe hat irgendwas vor.« Auf einmal mußte ich ihn nicht mehr bitten, Dinge im Haushalt zu erledigen: Er war ungewöhnlich hilfsbereit. Dann klingelte eines Tages das Telefon. Als ich den Hörer abnahm, fragte eine weibliche Stimme: »Ist Joe zu Hause?« Soviel ich wußte, war das die erste junge Dame, die Joe sprechen wollte. Zwei Jahre später waren Joe und Peggy verheiratet. Er ist reifer und gesetzter geworden und scheint glücklicher denn je zu sein.

Am 18. September 1991, um 8.10 Uhr, ertönte in der chiropraktischen Klinik von Carson City das Geschrei eines neugeborenen, acht Pfund schweren Jungen. Stolz stand Joe an der Seite seiner Frau. In derselben Klinik hatten John und Joe eine Generation früher das Licht der Welt erblickt, und dort hatte ich Moody kennengelernt und meinen Dad verloren. Jetzt saß ich im Wartezimmer und wartete darauf, ein neues Leben zu begrüßen.

Früher als erwartet kam Joe zu mir heraus – blaß, nervös, dem Zusammenbruch nahe. Matt sank er auf einen Stuhl. Ich hatte Angst, irgend etwas zu sagen, bis er keuchte: »Es ist ein Junge.« Dabei lächelte er. Auf dem Weg zu seiner Frau begegneten wir Roger Morris, der sofort sämtliche Bedenken ausräumte: »Dem Kleinen geht es großartig.«

Brandon Michael Smith lag auf dem Tisch, und jeder Körperteil wurde genau untersucht. Seine Hautfarbe war nicht mehr purpurrot, sondern schon fast normal. Seine Lungen arbeiteten ausgezeichnet. Ich war stolz auf meinen Sohn, der nun bereit war, die Rolle eines Vaters zu übernehmen. Onkel John war fast ebenso stolz. Und Tante Mahtab war in der Schule und wartete ungeduldig auf einen Anruf.

Kinder wachsen schnell heran. Das Leben geht weiter.

Am häufigsten werde ich gefragt: *Wie geht es Mahtab?* Sie ist ein fröhliches, zwölfjähriges Mädchen. Mit ihrem dichten, welligen rotbraunen Haar und den großen grünlich-braunen Augen hat sie sich zu einer bemerkenswerten jungen Dame entwickelt. Sie angelt gern, schwärmt für die Footballspieler aus Michigan, die Basketballspieler der Detroit Pistons und sieht gern fern – zum Leidwesen ihrer Mutter. Sie spielt in der Basketballmannschaft der Mädchen und versucht sich als Cheerleader. Außerdem nimmt sie Klavierunterricht, aber nur, weil ich ihr keine Wahl lasse. Sie zieht die Kleider an, die Kinder ihres Alters am liebsten tragen, Sweatshirt und Jeans – etwas ganz anderes als die Rüschenkleider und die dazu passenden Schuhe, auf denen Moody bestand, bevor wir in den Iran reisten.

Mahtab wirkt für ihr Alter reif und überlegt und hat einen drolligen Humor. Aufgrund ihrer Erlebnisse bekundet sie ein ungewöhnlich starkes Interesse an internationaler Politik.

Eines Tages kam sie aus der Schule und sagte: »Mom, ich war heute im Unterricht ganz durcheinander. Die Lehrerin sprach über Mohammed, und ich dachte, sie rede vom Islam. Aber die anderen Kinder dachten ans Boxen. Ich fragte die Lehrerin, und sie sprach tatsächlich vom Islam.« Ich erklärte ihr, ihre Klassenkameraden hätten an den Boxer Muhammad Ali gedacht; Mahtab besaß ein ganz anderes Bezugssystem.

Da Mahtab schon weit herumgekommen ist, kennt sie sich in Geographie besser aus als die meisten. Als sie noch ein Baby war, hatten Moody und ich angefangen, Puppen aus den Ländern zu sammeln, die sie besucht hatte. Ihre Sammlung ist bereits so groß, daß sie das Fassungsvermögen ihres Zimmers zu sprengen droht.

Mahtab erinnert sich gern an ihre Reisen, aber sie freut sich stets auf ihr Zuhause. Einmal preßte sie nach einer langen Reise die Hände an die Wangen, lockerte die Gesichtsmuskeln und meinte: »Gut, daß ich jetzt nicht mehr lächeln muß.«

Sie setzt klare Prioritäten, und sie weiß, was im Leben zählt. Da ihre Gebete in einer schlimmen Situation erhört worden sind, ist sie sehr religiös.

Mahtab hat einen ausgeprägten ethischen Sinn, und sie läßt sich nicht leicht zu etwas verleiten, das sie für falsch hält. Sie ist eine hervorragende und motivierte Schülerin, aber eines haben die Lehrer an ihr auszusetzen: Sie hält sich buchstabengetreu an alle Vorschriften. Ich weiß, was die Lehrer meinen. Am Ende unserer anstrengenden Lesereise durch Europa gaben Mahtab und ich in England einer australischen Zeitschrift ein Interview. Nachdem wir bereits im Hotel fotografiert worden waren, sollten auch draußen Aufnahmen gemacht werden. Deshalb gingen wir zu einem Museum in der Nähe.

»Stellen Sie sich dort drüben auf den Rasen«, wies der Fotograf uns an. Ich kam seinem Wunsch nach und gab Mahtab ein Zeichen, mir zu folgen. Aber sie rührte sich nicht. Ich ging zu ihr zurück und bat sie, mit mir zu kommen, aber sie weigerte sich – ein seltsames Benehmen, da Mahtab sonst recht folgsam ist. »Komm schon«, sagte ich ein wenig gereizt, »beeil dich, damit wir es hinter uns bringen.«

»Nein«, erwiderte sie, »auf dem Schild hier steht: ›Betreten des Rasens verboten.‹« Trotz der Bitten von drei frustrierten Erwachsenen ließ sie sich nicht erweichen. Mahtabs Sturheit erinnerte mich an Moody, dessen strenge Selbstdisziplin eindeutig auf sie abgefärbt hat. Noch bis vor kurzem achtete Mahtab wie ihr Vater peinlich genau darauf, daß sie ihre Socken nicht verkehrt herum auszog. Eines Tages fragte sie mich: »Komme ich wirklich in die Hölle, wenn ich meine Socken verkehrt herum ausziehe?« Verblüfft fragte ich: »Wieso denn das?« – »Weil Daddy gesagt hat, wenn ich meine Kleider verkehrt herum ausziehe, komme ich in die Hölle.« Ich fühlte mich verpflichtet, ihr diesen Aberglauben auszureden, obwohl ich jetzt jedesmal beim Wäschewaschen überlege, ob das richtig war.

Die meisten Tage zu Hause folgen einer schönen Regelmäßigkeit. Wir kochen zusammen, und ich helfe Mahtab bei den Hausaufgaben. Es kommt allerdings auch vor, daß diese Normalität unsanft gestört wird. Mahtab und ich haben schlimme Erinnerungen an unser Leben in einem Kriegsgebiet. Wenn es gewittert, klingt das wie der Lärm einschlagender irakischer Bomben, und wir haben beide Angst.

Leider kann Mahtab nur mit mir offen über Moody und den Iran sprechen. In Gegenwart meiner Familie ist sie nicht so offen, weil sie kein Mißfallen erregen will. Wenn meine Mutter sie fragt, ob sie Moody vermisse (was unzweifelhaft der Fall ist, obwohl Moody sie so oft verraten hat), antwortet Mahtab: »Überhaupt nicht.« Vor meiner Familie muß sie ihre wahren Gefühle verbergen; aufgrund des Vorurteils meiner Angehörigen ist sie innerlich gespalten.

Auf die Frage eines schwedischen Journalisten, ob sie ihren Daddy gern wiedersehen würde, erwiderte Mahtab: »Ja, ich würde ihn gern besuchen, aber im Gefängnis, damit er mir nicht weh tun kann.« Es lag kein Groll in ihrer Bemerkung, keine Rachsucht. Es war die Antwort eines kleinen Mädchens, das sich nach seinem Vater sehnt und zugleich nach Sicherheit – Mahtabs unerfüllbarer Traum.

Genau elf Tage nach der Premiere unseres Films und fünf Tage nachdem der Film in den Kinos angelaufen war, begannen die USA und ihre Verbündeten, den Irak zu bombardieren. Als im Fernsehen der grelle Schein des Flakfeuers aufleuchtete, blickte Mahtab mich nervös an. »Ich glaube, wir sollten das Licht ausmachen und hinuntergehen«, sagte sie. In den folgenden zwei Wochen saß sie jeden Abend bis 23 Uhr wie gebannt vor dem Bildschirm und verfolgte die Sendungen der Cable Network News. Sie verzichtete dafür sogar auf ihre Lieblingsshows.

Für viele Amerikaner war der Golfkrieg ein hochtechnisiertes, abstraktes Geschehen, ein steriles Computerspiel. Mahtab wußte, was sich hinter den Tabellen und Szenarios verbarg; sie hatte das Gemetzel an der Front aus der Nähe gesehen. Sie glaubte nicht, daß der Krieg sich nicht ausweiten konnte oder daß wir zu weit weg waren, um etwas davon abzubekommen. Ihr Vater hatte uns erklärt, die irakischen Bomben könnten Teheran nicht erreichen, aber das war ein Irrtum gewesen. Wie konnte ich sie überzeugen, daß wir diesmal sicher waren?

Mahtabs Erinnerungen an die irakischen Luftangriffe lebten mit aller Deutlichkeit wieder auf. Gemeinsam dachten wir an die schreckliche Zeit, als wir Flugzeuge, Schreie und Sirenen hörten und die Luft nach Pulverdampf und verbranntem Fleisch roch. Wir hatten großes Mitleid mit denen, die unter diesem neuen Krieg zu leiden hatten.

Mahtab sorgte sich vor allem um unsere Bekannten im Iran; am meisten aber fürchtete sie, ihr Vater könne verwundet werden. Ich versuchte, Mahtab zu beruhigen, aber zugleich erfüllte mich ihre Angst um ihren Vater mit Zuversicht. Sie zeigte, wie weit sie schon dabei fortgeschritten war, das schmerzlichste Problem ihres jungen Lebens zu lösen.

Mahtab und ich hatten vom Moment ihrer Geburt an eine sehr enge Beziehung. An dem Tag, an dem Moody erklärte, wir könnten nicht nach Amerika zurückkehren, wuchsen meine Tochter und ich noch enger zusammen. In den folgenden anderthalb Jahren waren wir Partner, die einander vollkommen vertrauten, und unser Verhältnis ist heute noch genauso herzlich.

Jeder Tag mit Mahtab ist kostbar. Trotz meines vollen Terminkalenders lege ich meine Reisen so, daß ich Mahtab möglichst oft mitnehmen kann. Jeden Abend freue ich mich darauf, sie ins Bett zu bringen und mit ihr zu beten: »Lieber Gott, wir danken Dir, daß wir zusammen sein können und daß wir frei sind.«

Die Trennungen sind immer schwer – für mich vielleicht noch schwerer als für Mahtab. Sie hat eine »große Schwester« namens Lori, die in meiner Abwesenheit bei ihr bleibt. Als ich sie einmal aus Deutschland anrief und sagte, ich würde bereits am nächsten Tag zurückkehren – drei Tage früher als geplant –, fragte sie: »Warum kommst du früher zurück?« Da wußte ich, daß es ihr gutging.

Ich werde ständig gefragt: »Haben Sie keine Angst, Moody könnte zurückkommen, um Mahtab zu holen?« Ich antworte dann, daß ich immer Angst habe. Mahtab und ich haben den Iran vor über 2000 Tagen verlassen, und keiner dieser Tage ist ohne außergewöhnliche Vorsichtsmaßnahmen vergangen; einige dieser Maßnahmen liegen auf der Hand, andere weniger.

Mahtab hat nicht die Privilegien, die für die meisten Mädchen ihres Alters selbstverständlich sind. Sie darf weder allein radfahren noch auf der Straße spazierengehen. Und sie hat gelernt, stets auf der Hut zu sein.

Schweren Herzens habe ich ihr in den letzten beiden Jahren erlaubt, im Sommer zelten zu gehen. Aber ich hatte deswegen ein sehr schlechtes Gewissen, denn schließlich ist es albern, bei uns zu Hause so vorsichtig zu sein und Mahtab dann für ein oder zwei Tage ganz ohne Aufsicht zu lassen. Inzwischen will sie noch mehr: Zum erstenmal fragt sie, wann sie wieder allein zur Schule gehen kann. Ich bin noch nicht so weit, aber ich weiß, daß ich sie nicht ewig beschützen kann. Mahtab beklagt sich schon: »Immer muß jemand auf mich aufpassen. Ich wünschte, ich wäre wie andere Kinder.« Das ist eigentlich ein kleiner, verständlicher Wunsch. Aber seine Erfüllung ist deshalb so schwer, weil Moody vor unserer Flucht aus dem Iran mehr als einmal geschworen hat, er werde Mahtab zurückholen und mich umbringen.

Trotz ihrer Ungeduld ist sich Mahtab der fortwährenden Gefahr bewußt. Einmal sahen wir in *20/20,* wie eine Mutter ihre Kinder zurückholte, die der Vater zu irgendeiner Sekte gebracht hatte. Ich fragte Mahtab nach ihrer Meinung. »Wenn ich entführt würde«, erklärte Mahtab sehr ernst, »würde ich erwarten, daß du kommst und mich holst.«

Von einigen Entführungsfällen war Mahtab tief berührt. In einem Zeitungsinterview erklärte sie: »Ich bin stolz auf meine Mom, weil sie anderen Kindern hilft.«

Wenn ich meine Tochter heranwachsen sehe, muß ich daran denken, was Moody alles versäumt und in den kommenden

Jahren noch versäumen wird. Ich allein weiß, was er verloren hat, und ich kenne die Macht von Mahtabs Vertrauen und Liebe. Wie bei jedem Menschen gibt es auch bei mir Momente, in denen ich an mir und meinen Entscheidungen zweifle. Glücklicherweise ist meine Tochter immer da, um mir zu helfen. Zum Muttertag 1989 bekam ich von Mahtab, die damals in die zweite Klasse ging, eine besonders schöne Anerkennung. Sie schrieb:

> »Liebe Mom,
> Du bist die beste Mom der ganzen Welt! Ich liebe Dich so sehr, Mom, daß ich, wenn ich unter allen Müttern der Welt wählen könnte, Dich wählen würde. Du hast so viel für mich getan, daß ich es gar nicht alles aufzählen kann. Mom, es ist mir egal, ob Du zwei oder hundertundzwei bist, ich liebe Dich trotzdem. Ich würde nichts an Dir ändern. So wie Du bist, bist Du perfekt. Ich weiß nicht, was ich ohne Dich machen würde, Mom, Du bedeutest mir soviel.
> Ich liebe Dich, Mom!!!
> In Liebe, Mahtab.«

Wie mein Vater erwartet auch Mahtab ständig von mir, daß ich mich durchsetze. »Mommy«, sagte sie im Iran immer wieder, »überlege, wie wir nach Amerika zurück können.« Sie ließ nicht zu, daß ich aufgab. Als es darum ging, alles zu riskieren, und wir mit Schmugglern, deren Absichten wir nicht kannten, die unwegsamen Berge durchquerten, bewies Mahtab ungewöhnlich viel Mut.

Wie man sieht, hat der Titel *Nicht ohne meine Tochter* noch eine andere Bedeutung: Theoretisch hätte ich schon früher aus dem Iran fliehen können, wenn ich bereit gewesen wäre, das Land ohne Mahtab zu verlassen – ein Weg, den viele andere in meiner Situation schweren Herzens gewählt haben.

Ich bin jedoch überzeugt, daß ich heute im Iran begraben läge, wenn Mahtab nicht gewesen wäre. Sie hielt mich aufrecht. Ich erinnere mich, wie ich nach ein paar Monaten im Iran einen Bleistift zur Hand nahm und zu schreiben versuchte. Ich war durch die Ruhr und durch meine Verzweiflung derart geschwächt, daß ich nicht einmal einen Brief schreiben konnte. Damals war ich sicher, daß ich sterben würde. Ich glaubte es wirklich. Aber wenn ich starb, würde Mahtab im Iran festsitzen. An jenem Tag sagte ich zu Moody: »Ich werde hierbleiben und tun, was du willst. Ich will hier leben.« Kurz darauf war ich wieder gesund. An jenem Tag wurde aus mir eine Überlebende.

Seit meiner Flucht aus dem Iran habe ich Moody nicht mehr gesehen … , und doch bin ich seiner Gegenwart und dem unauslöschlichen Einfluß, den er auf mein Leben hat, nicht entronnen.

Es war der 27. Dezember 1990. Mahtab hatte Weihnachtsferien und war bei ihrer Großmutter. Ich war allein zu Hause. Nach einem anstrengenden Tag, der mit Öffentlichkeitsarbeit und anderen Vorbereitungen für die Filmpremiere ausgefüllt war, sank ich ins Bett und schlief sofort ein. Dann wachte ich plötzlich schreiend auf. *Moody* stand neben dem Bett, beugte sich über mich, seine Hände glitten über meinen Hals, seine Lippen öffneten sich zu einem schwachen Lächeln der Vergeltung …

Ich wachte auf, zitternd und ängstlich, schweißgebadet, mit klopfendem Herzen. Die Vision war so echt gewesen, viel lebendiger, als ein Traum sein durfte. War es ein böses Omen? Ich konnte den Traum nicht vergessen. Ich war froh, daß Moody seine Drohung, wieder in unser Leben zu treten und es zu zerstören, bisher nicht wahrgemacht hatte. Ich fragte mich, wie lange unser Glück wohl noch dauern würde.

Seit unserer Flucht hatte es keinen Tag gegeben, an dem ich nicht an Moody und den Schaden denken mußte, den er uns zufügen konnte, wenn er wollte. Wann würde er kommen? Wie würde er vorgehen? Welche Waffe würde er gegen mich einsetzen? Und wie würde er versuchen, Mahtab aus ihrem geordneten Leben zu reißen? Ich stellte mir alles mögliche vor, nur nicht, daß Moody auftauchen würde, während meine Tochter und ich auf der anderen Seite des Globus waren, oder daß er nicht meine Person, sondern mein Innerstes treffen wollte.

Am 17. Juli 1991 starteten Mahtab und ich zu einer Reise, bei der meine Tochter zum erstenmal die Datumsgrenze überschreiten sollte. Um für den Film *Nicht ohne meine Tochter* Werbung zu machen, reisten wir auf die andere Seite des Globus – nach Perth an der fernen Westküste Australiens. Als wir spät abends in unserem Hotel eintrafen, war ich überrascht, eine Nachricht von Mitra und Jalal vorzufinden, zwei entfernten Verwandten Moodys, die wir im Iran kennengelernt hatten und die inzwischen nach Australien ausgewandert waren.

Ich hatte die beiden ein paar Wochen vor unserer Flucht zum letztenmal gesehen. Sie selbst hatten einige Monate zuvor versucht, unsere Flucht zu organisieren. Jalal hatte einen Bäcker in einem nahegelegenen Brotladen überredet, mit mir eine Scheinehe einzugehen; wenn ich den Mann »geheiratet« hatte, sollten Mahtab und ich das Land mit Hilfe seines Passes verlassen. Der Plan klang vielversprechend, aber in der Schweizer Botschaft hatte man mir davon abgeraten. Wenn die iranischen Behörden mich erwischten, konnte ich wegen Bigamie hingerichtet werden.

Mitra hatte mich mehrmals zur Schweizer Botschaft begleitet, wo ich Briefe von meiner Familie abholte, immer in der Hoffnung, daß eines Tages ein Wunder geschehen würde.

Obwohl Jalal und Mitra die beiden freundlichsten und hilfreichsten Menschen waren, die ich im Iran kennengelernt hatte, zögerte ich zunächst wegen ihrer Verwandtschaft mit Moody, ehe ich sie an unserem ersten Morgen in Perth anrief. Als ich jedoch Mitras herzliche Stimme hörte, vergaß ich meine Bedenken. Sie hätten sich vor acht Monaten hier niedergelassen, erzählte sie. Jalal hatte Arbeit als Wissenschaftler gefunden, Mitra studierte Informatik. »Wir können euch jederzeit treffen«, sagte sie, »egal wo.« Wir verabredeten uns für 20 Uhr am selben Abend.

Während der Interviews tagsüber mußte ich unablässig an den Iran denken. Im Gegensatz zu Moodys Familie waren Mitras Verwandte eher liberal eingestellt. Das ging so weit, daß sie sich Videokassetten von verbotenen westlichen Filmen anschauten.

Mahtab und ich hatten bei ihnen *E.T.* gesehen. Oft saßen wir auch bei ihnen in der Küche und sprachen leise über unsere Hoffnungen auf eine Flucht.

Jalal war ein Bruder von Essey, die mit Moodys Neffen Reza verheiratet war. Seine Verwandten waren religiöser als die Mitras, aber auch sie hatten Verständnis für Mahtab und mich. Sitte und Anstand hinderten sie zwar daran, sich in Moodys Angelegenheiten einzumischen, aber sie bewiesen uns ihre Zuneigung, indem sie uns zu sich nach Hause einluden. Frau Alemohammed, Jalals Mutter, kochte immer meine Lieblingsgerichte, zum Beispiel Fisch mit Tamarinde. Mitra und Jalal nahmen uns oft in ihre Wohnung mit und spielten uns amerikanische Musik vor, so daß wir Heimweh bekamen.

Als Mitra und Jalal an diesem Abend in unserem Hotel in Perth eintrafen, empfing ich sie unten im Foyer. Mahtab blieb währenddessen in unserem Zimmer. Nach all den Jahren war meine Vorsicht zum Reflex geworden. Ich wollte unbedingt sichergehen, daß sie allein waren. Bei unserem Wiedersehen war es wie in alten Zeiten – außer daß Mitra und ich keinen Tschador mehr trugen. Wir umarmten uns. Mitra sah mit ihrem Make-up und den frisierten Haaren wundervoll aus. Auch Jalal umarmte und küßte mich. Sie stellten mir ihre Tochter Ida vor, ein ruhiges, hübsches kleines Mädchen, das ich zum letztenmal gesehen hatte, als es etwas über ein Jahr alt war.

Auf dem Weg in unser Zimmer drückte mein australischer Agent mir einen Briefumschlag in die Hand. Der Umschlag enthielt ein Fax der Illustrierten *Quick*. Noch völlig verwirrt über das Wiedersehen, legte ich es beiseite, um es später zu lesen.

Mitra konnte immer noch kaum glauben, daß wir frei waren. »Im Iran haben wir zwar über eine Flucht gesprochen, aber nun hast du es tatsächlich getan, und das ist etwas anderes. Es war gefährlich!« Ein Freund von ihr habe ein paar Monate später gleichfalls versucht, aus dem Iran zu fliehen. Er wurde erschossen – höchstwahrscheinlich von Angehörigen der *Pasdar*. Sein Leichnam war derart von Kugeln durchlöchert, daß seine Familie ihn nicht zurückkaufen konnte. (Im Iran müssen Familien, die von der Polizei einen Leichnam zurückbekommen wollen, einen Preis zahlen, der sich nach der Anzahl der Einschüsse richtet.)

Jalal wechselte das Thema. »Erinnerst du dich noch, wie wir ans Kaspische Meer gefahren sind?«

»Ja«, fiel Mitra ein, »ich erinnere mich, wie du aufs Meer hinausgesehen und dir gewünscht hast, du könntest nach Rußland schwimmen.«

»Und *ich* erinnere mich«, meinte Jalal, »daß du auf dieser Reise gesagt hast: ›Irgendwann schreibe ich ein Buch.‹ Du hast es getan!«

Mitra, die von Jalals Familie ständig schikaniert worden war und deshalb den Iran schon seit langem hatte verlassen wollen, las *Nicht ohne meine Tochter* während eines Irland-Aufenthalts. Sie sagte, das Buch habe ihr dabei geholfen, ihre Ehe zu retten. Sie gab es Jalal, der in seinem Verhalten Parallelen zum Verhalten von Moodys Verwandten entdeckte und von da an bemüht war, sich zu ändern. Jetzt erwarteten sie ihr zweites Kind, und sie waren glücklicher als je.

»Ich habe früher nie darüber nachgedacht«, sagte Jalal. »Ich war mir dessen nicht einmal bewußt. Als ich dein Buch las, erkannte ich meine Schuld.« Er hatte das Buch in kleinen Teilen von jeweils einigen Seiten kopiert und seiner Familie im Iran geschickt. Er war sicher, daß Moody es gelesen hatte.

Mitra und Jalal bestätigten vieles von dem, was Ellen Rafaee mir bereits vier Jahre zuvor erzählt hatte: daß Moody sich nach unserer Flucht ganz in sich zurückgezogen habe. Er hatte nur noch Kontakt zu seiner Schwester, seinem Schwager und deren Kindern. Die Arbeit war sein einziger Lebensinhalt geworden. Moody verbrachte viele Stunden im Talaghani-Krankenhaus und bewohnte dort sogar ein Zimmer. Er hatte alles weggegeben, was uns gemeinsam gehört hatte. Unwillkürlich fragte ich mich, was aus Mahtabs Hasen, Tobby Bunny, geworden war.

Es gab auch Neues über Moodys Neffen zu berichten, zumeist Schlechtes. Majid war zweimal verhaftet und eingesperrt worden, weil er nicht-zugelassene Kosmetika hergestellt hatte. Hossein, der Apotheker aus Arak, war wegen Drogenhandels ebenfalls im Gefängnis gelandet. Reza und Mammal hatten ihre Arbeit aufgegeben und sich an Majids Geschäften beteiligt.

Drei Jahre zuvor hatten Mitra und Jalal ihre Familien im Iran besucht. Baba Hadschi, Moodys Schwager und das Oberhaupt der Familie, lud sie zum Mittagessen und zum Baden in seinem Swimmingpool ein. Als der Besuch sich dem Ende näherte, fragte Baba Hadschi: »Also, was hat Betty denn in ihrem Buch über uns geschrieben?«

Die Stunden mit meinen alten Freunden vergingen wie im Flug. Beim Abschied versprachen sie, am nächsten Morgen zu meinem Vortrag zu kommen und mit uns zu plaudern, bis Mahtab und ich am Nachmittag nach Adelaide weiterflögen.

Nach diesem langen Tag konnte ich nur noch an Schlaf denken, aber dann fiel mir der Brief ein, den mein Agent mir zugesteckt hatte. Ich begann zu lesen, und je weiter ich las, desto größer wurde meine Unruhe. In dem Brief stand, am Tag zuvor sei im deutschen Fernsehen ein Interview mit Moody ausgestrahlt worden. Er habe unter anderem behauptet, Mahtab und ich seien gar nicht aus dem Iran geflohen, er habe uns nie gegen unseren Willen dort festgehalten. Wir seien bequem nach Zürich geflogen, und er habe sogar unsere Tickets bezahlt! Die Mitarbeiter von *Quick* glaubten ihm nicht, aber sie wollten eine exklusive Stellungnahme – und jemanden, der meine Geschichte bestätigte.

Die Buchstaben verschwammen vor meinen Augen. Ich war gekränkt, wütend und verblüfft. Ich wußte, daß Moody zu fast allem fähig war. Er war der perfekteste Lügner, den ich je kennengelernt hatte. Aber ich hätte nie gedacht, daß er versuchen würde, eine Realität zu leugnen, die Millionen von Lesern bekannt war, ganz zu schweigen von den Beamten im amerikanischen und im türkischen Außenministerium.

Moody hatte wieder einmal den Zeitpunkt gewählt, an dem er mir am meisten schaden konnte. Als ich fünf Monate nach unserer Flucht meinen Vater verlor, hatte ich den Beistand vermißt, den nur ein Ehemann geben kann. Jetzt mußte ich, weit weg von zu Hause und von meinen Freunden, mit diesem öffentlichen Skandal fertig werden.

In jener Nacht war nicht an Schlaf zu denken. Die nächsten Stunden verbrachte ich mit hektischen Telefonaten. Ich war noch nie dankbarer für die moderne Technik gewesen. Obwohl ich mich in Australien aufhielt und auf einen Vorfall im Iran reagieren mußte, konnte ich mich sofort mit New York, Michigan und Deutschland in Verbindung setzen, wo es noch Tag war. Zuerst rief ich meinen Agenten Michael Carlisle an. Er erzählte mir, Anja Kleinlein, meine enge Freundin und Lektorin beim Gustav Lübbe Verlag, bei dem mein Buch in Deutschland herausgekommen war, werde von Journalisten mit Fragen überhäuft und wolle mich unbedingt sprechen.

Ich müsse schnell reagieren, meinte Michael. Ich bat ihn, die Übersetzung von Moodys Erklärung zu mir nach Hause zu faxen, damit Arnie sie lesen könnte. Ich vertraute Arnies Urteil, denn er scheint in solchen Dingen einen besonderen Scharfblick zu haben. Abgesehen von seinem scharfen Verstand und seiner ungeheuren Energie wußte Arnie besser als jeder andere, wie er mich beruhigen konnte. »Hör zu«, sagte er, nachdem er Moodys Interview gelesen hatte. »Denk in aller Ruhe nach. Wenn fünf Männer mit Uzis bei dir an die Tür geklopft hätten, hätte ich dir nicht helfen können. Aber das ist ja nicht der Fall. Michael und ich sind Anwälte. Moody hat auf eine Weise gehandelt, mit der wir umgehen können.« Er begann sofort, eine Gegendarstellung aufzusetzen.

Mitten in der Nacht erreichte ich endlich Anja. »Es ist schrecklich!« rief sie. Sie sagte, Moody habe das Interview in einem palastartigen Haus mit prächtigen Möbeln und Perserteppichen gegeben. Er habe behauptet, das Haus vor unserer Abreise für Mahtab und mich gekauft zu haben. Es hatte nichts mit dem Einzimmer-Apartment im Krankenhaus gemein, in dem Moody laut Jalal und Mitra wohnte. Moody hatte weiter erklärt, er habe mich nie geschlagen, und Mahtab und ich hätten nach Belieben kommen und gehen können.

»Moody hat gelogen! Wir wissen, daß er gelogen hat«, sagte Anja. »Aber du mußt reagieren, und zwar schnell.«

Ich bat Anja um Verständnis dafür, daß mir viele Dokumente, die ich zu Hause gesammelt hatte, im Augenblick nicht zugänglich seien. Dazu gehörte auch mein türkischer Busfahrschein von Van nach Ankara. Aber ich hatte meinen Paß, der auf dem Polizeirevier in Ankara abgestempelt worden war. Ich sagte Anja, ich würde ihr durch Michael zusammen mit meiner Gegendarstellung eine Kopie des Passes zukommen lassen.

Kurz darauf wurden Faxleitungen aktiv, die drei Kontinente miteinander verbanden. Innerhalb weniger Minuten wurde eine Kopie meines Passes um die ganze Welt geschickt.

Noch ehe in Perth der Tag anbrach, waren Arnie und Michael mit meiner Erklärung fertig. Ich beschloß, statt einer exklusiven Stellungnahme eine allgemeine Verlautbarung zu veröffentlichen. Man sollte nicht denken, ich sei wie Moody für meine Darstellung bezahlt worden.

Meine Erklärung lautete wie folgt:

»Es ist außerordentlich aufschlußreich, daß Dr. Mahmoody fünfeinhalb Jahre damit gewartet hat, meine Darstellung zu dementieren. Dabei beruft er sich weder auf Zeugenaussagen, noch legt er Beweise für etwaige Widersprüche in meiner Geschichte vor.

Mein Leben mit meinem Mann und unserer Tochter war genau so, wie ich es in meinem Buch geschildert habe. Ich stehe zu jeder Einzelheit meiner Darstellung.«

Am nächsten Vormittag mußte ich den Vortrag halten. Obwohl ich am liebsten mit dem erstbesten Flugzeug nach Hause geflogen wäre, durfte ich all die Menschen, die eine Eintrittskarte gekauft hatten, nicht enttäuschen. Arnie und Michael rieten mir, offen über Moodys Interview zu reden, den normalen Vortrag abzukürzen und meine Erklärung abzugeben. Die Standardfrage: »Haben Sie etwas von Moody gehört?« hatte ich bis dahin ich einfach verneint. Nun aber hatte ich von Moody gehört, wenn auch indirekt. Niemand sollte glauben, ich wolle etwas verbergen.

Ich schlief ein paar Minuten, dann mußte ich versuchen, Mahtab zu erklären, was über Nacht passiert war. Meine erste Frage an sie lautete: »Erinnerst du dich an unsere Flucht über die Berge?«

»Ja«, antwortete sie erstaunt.

»Erinnerst du dich, daß Daddy uns geschlagen hat und uns nicht nach Hause lassen wollte?«

Jetzt mußte sie mich für völlig konfus halten. »Natürlich erinnere ich mich daran. Warum?«

»Daddy hat ein Interview gegeben«, sagte ich, und dann besprachen wir alles. Mahtab war sichtlich erschüttert, aber sie umarmte mich ganz fest und sagte: »Ich liebe dich, Mom.« Ich entschuldigte mich bei ihr für das Benehmen ihres Vaters und fuhr fort: »Ich liebe dich so sehr, Mahtab, und ich bin so stolz auf dich. Wie konnte ich nur soviel Glück haben und eine so wunderbare Tochter wie dich bekommen?«

Während des Vortrags fühlte ich mich elend und unsicher. Die Veranstaltung war ausverkauft, und als ich ans Podium trat, sah ich reihenweise erwartungsvolle Gesichter. Über den vollen Tanzsaal legte sich aufmerksame Stille. Während ich meine Erklärung abgab, mußte ich plötzlich innehalten. Es schnürte mir die Kehle zu, und ich konnte einfach nicht weitersprechen. Ich spürte, wie mir die Tränen in die Augen stiegen. Was sollte ich tun? Ich wußte nur, daß ich an dieser Stelle nicht abbrechen konnte, denn niemand würde verstehen, weshalb ich weinte.

Ich holte ein paarmal tief Luft, trank einen Schluck Wasser und schaffte es irgendwie, weiterzureden. Im Laufe meiner Erklärung konnte ich die Unterstützung und das Mitgefühl der Zuhörer geradezu spüren. Wenn das ein Vorgeschmack auf die Reaktion in Deutschland war, brauchte ich mir keine Sorgen mehr zu machen.

Aber was dachten Mitra und Jalal dort unten im Publikum? Sie mußten furchtbar verwirrt sein; vielleicht glaubten sie, ich sei ihnen gegenüber am Abend zuvor unaufrichtig gewesen. Als die Veranstaltung zu Ende war und die lange Reihe der Menschen, die mir die Hand drücken wollten, sich aufgelöst hatte, lauteten Jalals erste Worte: »Wie kann er so etwas sagen? Er lügt doch!«

Wir kehrten in das Hotelzimmer zurück und sprachen über meinen nächsten Schritt. Jalal erklärte, Mitra und er könnten bestätigen, daß wir gegen unseren Willen im Iran festgehalten worden seien. Zwar waren sie nie Zeuge geworden, wie Moody mich schlug, doch sie hatten oft mit Familienmitgliedern gesprochen, die Moodys Mißhandlungen bestätigten. Mitra erinnerte sich vor allem an ein Gespräch mit Mahtab, kurz nachdem ich geschlagen worden war, und an den Schmerz in der Stimme meiner Tochter, als sie davon erzählte. Jalal sagte sogar, sie seien beide bereit, eine Erklärung abzugeben und zu unterzeichnen, um mir zu helfen – was sie auch taten.

In der Erklärung hieß es:

»Wir sind sehr enge Freunde von Mrs. Betty Mahmoody und haben das Elend von Betty und Mahtab miterlebt. Sie mußten gegen ihren Willen im Iran bleiben und durften das Land nicht verlassen.

Wir verkehrten in Moodys Familie und hatten engen Kontakt zu seinen Verwandten. Wir haben miterlebt, welche Anstrengungen Betty unternahm, um ihr Leid durch eine Flucht aus dem Iran zu beenden.

Dr. Sayyad Bozorg Mahmoody [Moody] hat Betty physisch und psychisch mißhandelt und sie 18 Monate lang gefangengehalten …

Es ist wirklich ungerecht, daß Betty und Mahtab zuerst derart unmenschlich behandelt werden und daß er [Moody] dann lügt und seine Vergehen leugnet.

Wir hoffen, daß er Betty und Mahtab nicht noch weiteres Leid zufügt und sich selbst nicht noch mehr in Verlegenheit bringt, denn wir wissen, daß viele andere das gleiche bezeugen können wie wir.«

Jalal waren Moodys Lügen besonders peinlich. »Wenn man stiehlt, wird einem die Hand abgehackt«, sagte er. »Aber wenn man lügt, ist man kein Moslem mehr.«

In den Tagen nach Moodys verbaler Attacke wurde meine Wut zu Groll. Ich war immer freundlich zu ihm gewesen – zu freundlich. Ich hatte ihn als einzige ermutigt, den Kontakt zu seiner Familie wiederaufzunehmen. Und ich hatte dafür gesorgt, daß Mahtab ihren Vater in einem günstigeren Licht sah. Jetzt war alles umsonst. Moody hatte Mahtab fünf Jahre lang ignoriert, und als er schließlich sein Schweigen brach, geschah es nur deshalb, damit er wieder um sich schlagen und sie verletzen konnte. Ich hatte meine letzte Achtung vor Moody verloren, und ich konnte meiner Tochter nicht verübeln, daß sie ebenso empfand.

Ein paar Tage nachdem der Sturm losgebrochen war und Mahtab und ich nach Adelaide weitergeflogen waren, wurde im Fernsehen ein Werbespot zu unserem Film ausgestrahlt. Man zeigte zwei Ausschnitte: Im ersten schwor Moody in Michigan beim Koran, daß er uns nie im Iran festhalten werde. In der zweiten Szene sah man ihn in Teheran, wo er schwor, ich würde meine Heimat nie wiedersehen.

»Mom, guck dir das an!« sagte Mahtab mit funkelnden Augen. »Das gefällt mir – weil Daddy wirklich gelogen hat!« Mahtab und ich hatten unsere letzten Illusionen über Moody verloren. Er hatte uns alles genommen außer unserer Angst – der dumpfen Angst, daß er irgendwann wieder zuschlagen könnte.

Vor unserer Abreise in den Iran hatte Moody uns tatsächlich belogen, und zwar im Namen des Islam. Im Iran fragte ich ihn wiederholt, ob er bereits vor unserer Abreise aus Michigan geplant habe, uns in seiner Heimat festzuhalten. Er hatte dies immer bestritten, aber jetzt wurde sein Täuschungsmanöver aufgedeckt. Bei dem Interview im deutschen Fernsehen gab er zu, daß er von vornherein geplant habe, im Iran zu bleiben. Ihm sei klar gewesen, daß ich nicht freiwillig mitgekommen wäre, wenn ich das gewußt hätte. Wir *waren* Gefangene gewesen. Jedesmal wenn ich mit der Schweizer Botschaft Kontakt aufnahm, war das amerikanische Außenministerium telegrafisch verständigt worden. Diese Telegramme bewiesen, daß wir gefangengehalten, geschlagen und mit dem Tod bedroht worden waren.

Moodys Behauptung, er persönlich habe uns in Teheran in eine bequeme Linienmaschine nach Zürich gesetzt, konnte ich mit einer telegrafischen Mitteilung des Außenministeriums widerlegen; darin ist von einem Brief die Rede, den Moody der Botschaft übergeben hatte. In dem Brief schreibt er, Mahtab und ich seien am 29. Januar 1986 aus seinem Haus »verschwunden und seitdem nicht zurückgekehrt«. Weiter heißt es dort: »Ich bin außerordentlich um ihre Sicherheit besorgt.«

Wären Mahtab und ich nicht geflohen, dann hätte Moody mich, getrennt von meiner Tochter, wohl auf unbestimmte Zeit gefangengehalten.

Ich weiß, daß Moody noch im Iran lebt. Ich weiß, daß er verbittert ist; seine Todesdrohungen klingen mir noch in den Ohren. Aufgrund von Berichten seiner Verwandten weiß ich, daß er seinen islamischen Glauben jetzt aktiv praktiziert. Wie aus seinen Worten in dem Interview des deutschen Fernsehens hervorging, muß Mahtab leider – aber notwendigerweise – ohne ihren Vater und ohne die Hälfte ihres Erbes leben. Es sind immer die Kinder, die für die Sünden der Eltern und die Gleichgültigkeit der Welt teuer bezahlen müssen.

11

Die Hilferufe werden gehört

Zahllose Gespräche während der PR-Tour für mein Buch in den USA im Jahre 1987 zeigten mir, daß mein Fall kein Einzelfall ist. Erschütternd dabei war vor allem die Tatsache, daß viele Kinder – ohne irgendwelche Hilfe von außen – all das erleiden mußten, was Mahtab und mir zugestoßen war.

Jeden neuen Fall besprach ich mit dem Außenministerium, und schon bald entdeckte ich, daß alle Fälle etwas Gemeinsames hatten. Senator Alan Dixon hatte sich schon früh für das Problem der Kindesentführung engagiert. Zusammen mit seiner Mitarbeiterin Sara Pang hatte er Hunderte von Fällen bearbeitet. Zwischen Sara und mir entwickelte sich in der Folge eine enge Zusammenarbeit.

Da juristische Lösungen nicht zur Hand sind, kommt es zunächst darauf an, daß die Eltern, deren Kinder entführt wurden, jemanden haben, dem sie ihr Herz ausschütten können, der sie versteht, weil er eine ähnliche Situation erlebt hat wie sie. Daß Mahtab und mir die Flucht geglückt war, gab vielen Zuversicht, denen man zuvor erklärt hatte, da könne man nichts machen. Dieser Auftrieb war vor allem dann nötig, wenn Familienangehörige oder Freunde auf den verlassenen Eltern herumhackten und meinten, man hätte es ja schon immer gewußt, daß es zu einer Entführung kommen werde.

Viele Anrufer wollten von mir einfach auch nur ein wenig emotionale Zuwendung und Mitgefühl. So erzählte mir jemand von seinen Ängsten vor einer möglichen Kindesentführung, weil er sonst niemanden hatte, der ihm zuhörte, der ihm Verständnis entgegenbrachte, geschweige denn die Verzweiflung nachvollziehen konnte. Viele dieser besorgten Eltern müssen sich wie ich den Vorwurf gefallen lassen, hysterisch und geistesgestört zu sein.

Als mich immer mehr verlassene Eltern um Hilfe baten,

bedauerte ich, ihnen so wenig bieten zu können. Auf meinen Schultern ruhte eine ungeheure Verantwortung, und ich konnte nichts weiter tun, als ihnen verständnisvoll zuzuhören und einige allgemeine Ratschläge zu geben.

Ich brauchte Hilfe. Deshalb lud ich Beamte der staatlichen und bundesstaatlichen Behörden, Richter, Rechtsanwälte, Vertreter der Einwanderungsbehörde und die Mitarbeiterin eines Frauenhauses zu einer Diskussionsrunde ein.

Zu Beginn des Gesprächs lehnte sich ein Anwalt in seinem Stuhl zurück, verschränkte die Arme und fragte: »Über wie viele Kinder reden wir überhaupt?« – »Es sind ungefähr 10000«, antwortete ich. Er sagte ungeduldig: »Sie meinen, wir sitzen hier und verschwenden unsere Zeit für 10000 Kinder? Wissen Sie, wie viele Kinder es in diesem Land gibt?« Daraufhin entgegnete ich: »Wie viele Geiseln haben wir im Libanon?« Dieser Anwalt hatte nicht in Betracht gezogen, daß die 10000 Kinder sämtlich Bürger unseres Landes sind, denen ihre garantierten Rechte genommen wurden. Und weil es nur Kinder waren, die ein Elternteil entführt hatte, widmete man ihnen nicht die gleiche Aufmerksamkeit wie Geiseln. Nach der zweistündigen Diskussion saß der Anwalt nicht mehr mit verschränkten Armen da. Ihm war wie den anderen klargeworden, wie ernst das Thema ist. Nun wollte er helfen.

Ähnlich wie die Teilnehmer dieser Diskussionsrunde reagierten zahlreiche andere Gruppen und Sachverständige, mit denen ich im Laufe der Jahre zu tun hatte. Alle waren sich mit mir darüber einig, daß Kindesentführung ein Problem ist, ohne jedoch eine Lösungsmöglichkeit zu kennen. Die wollten sie von mir wissen. Der einzige Konsens, der bei einer Tagung im Büro von Senator Carl Levin erzielt werden konnte, war der, daß man davon ausging, daß die Lösungsmöglichkeiten steigen würden, wenn man sie auf Bundesebene ansiedelte. In den USA wird dieses Problem nämlich als innere Angelegenheit der einzelnen Bundesstaaten betrachtet und fällt somit nicht in den Zuständigkeitsbereich der Bundesregierung.

Gegen Ende des Jahres 1988 hatte ich Gelegenheit, vor einer Anwaltsvereinigung in Houghton Lake, Michigan, zu sprechen.

Ich hatte gerade einige internationale Entführungsfälle erläutert, mit denen ich mich in letzter Zeit beschäftigt hatte, als eine Frau aufstand und sagte: »Wir hatten in unserem Bezirk eine Mandantin, die eine Entführung befürchtete. Ich glaubte ihr nicht.« Dann stand noch jemand auf und sagte: »Wir hatten bei uns zwei derartige Fälle.« Wie sich herausstellte, waren die beiden nicht die einzigen im Raum, die von Eltern angesprochen worden waren, welche eine Entführung ihrer Kinder ins Ausland befürchteten. Verschiedene Anwälte gaben zu, solche Befürchtungen nicht ernst genommen zu haben. Zum erstenmal wurde den Anwesenden klar: *Wir haben hier bei uns in Michigan ein ernstes Problem.*

Einen Großteil des folgenden Jahres verbrachte ich auf Versammlungen, Hearings und Seminaren. In diese Zeit fiel auch meine Aussage vor einem Gericht in Florida, das mich als Sachverständige zu einem Sorgerechtsprozeß hinzugezogen hatte.

Der Parlamentarier Francis (»Bus«) Spaniola sorgte dafür, daß der Gesetzgeber sich mit diesem Problem beschäftigte, und lud mich ein, vor dem Repräsentantenhaus des Staates Michigan auszusagen.

Unsere Bemühungen wurden schließlich am 29. November 1989 von Erfolg gekrönt, als der von uns vorgelegte Gesetzentwurf verabschiedet wurde. Soviel ich weiß, ist es das erste Gesetz zu diesem Thema in den Vereinigten Staaten. Das Gesetz räumt den Bürgern von Michigan, die mit einem Ausländer verheiratet sind, das Recht ein, wenn ihre Kinder »gefährdet« sind, einen Scheidungsantrag auch außerhalb des Kreises stellen zu können, in dem sie ihren Wohnsitz haben. Diese Maßnahme soll vor allem dem nicht-sorgeberechtigten Elternteil die Auffindung und Entführung oder Rückentführung des Kindes/der Kinder erschweren.

Das neue Gesetz hatte natürlich eine unmittelbare Auswirkung auf mein eigenes Leben. Da ich unsere Adresse vor Moody geheimhalten wollte, hatte ich den Prozeß um das Sorgerecht immer wieder hinausgeschoben. Ich hatte nur alle sechs Monate meine einstweilige Sorgerechtsverfügung verlängern lassen. Der Richter war über diese Verlängerungsanträge nicht erfreut, aber ich umging damit die Verpflichtung, Moody schriftlich über das Sorgerechtsverfahren zu informieren.

Sobald das neue Gesetz in Kraft war, reichte ich bei einem Gericht, das ziemlich weit von meinem Wohnort entfernt war, die Scheidung ein und beantragte das ständige Sorgerecht für Mahtab. Beide Schriftstücke wurden an die uns zuletzt bekannte Adresse Moodys in Teheran geschickt und auch an die Büroadresse von Moodys Schwager Baba Hajji. Moody antwortete jedoch nicht. Die Scheidung wurde schließlich am 19. Juni 1991 ausgesprochen – einen Tag vor Moodys 52. Geburtstag.

Obwohl ich erleichtert war, das ständige Sorgerecht für Mahtab erhalten zu haben, war ich irgendwie unzufrieden. Ich hatte immer geglaubt, eine Scheidung sei der endgültige Abschluß, und ich hatte dieses Kapitel meines Lebens so schnell wie möglich hinter mich bringen wollen. Aber jetzt fühlte ich mich kein bißchen anders als zuvor. Gefühlsmäßig war ich mit Moody noch nicht fertig; meine Angst vor einer Rückentführung Mahtabs blieb. Ich betete darum, daß er sie genug liebte, um sie ein für allemal loszulassen, damit sie nicht ein zwischen den Eltern hin- und hergerissenes Kind würde. Ich hoffte, daß sein Schweigen mit der Einsicht verbunden war, Mahtabs Leben dürfe nicht noch einmal zerrüttet werden.

Arnie und mir war bewußt, daß unsere Arbeit noch lange nicht beendet war, nicht einmal in Michigan. Das neue Gesetz war zwar ein Teilsieg, aber es reichte bei weitem nicht aus. Clark Harder, der Nachfolger Spaniolas, stimmt darin mit uns überein und arbeitet bereits an ergänzenden Gesetzentwürfen. Bei der Urteilsfindung über Scheidungs- und Sorgerechtsfälle berücksichtigen die Gerichte in Michigan zwar verschiedene Kriterien: von der gesundheitlichen Eignung eines Elternteils bis hin zu dessen moralischer Einstellung. Aber sie sind nicht verpflichtet, das Risiko einer internationalen Entführung in Betracht zu ziehen.

Allzuoft gehen elterliche Entführer vor Gericht und ziehen Nutzen daraus, daß die gesetzlichen Prozeßvorschriften für beide Parteien gelten. Häufig haben sie das vom Gericht angeordnete Besuchsrecht dazu mißbraucht, Kinder der Reichweite des Gerichts zu entziehen. Als die Grenzen der Gesetzgebung auf der Ebene des Einzelstaats deutlich wurden, engagierten Arnie und ich uns für ein zumindest kurzzeitig effektiveres Abschreckungsmittel: den Erlaß bundesweiter strafrechtlicher Sanktionen gegen internationale elterliche Entführer.

In anderen Zusammenhängen gilt die Entführung auf der ganzen Welt als besonders schwerwiegende Straftat. Die Entführung durch Fremde ist sogar ein Kapitalverbrechen. Innerhalb der Vereinigten Staaten wird die elterliche Entführung in fast allen 50 Bundesstaaten als Verbrechen verfolgt.

Bis zum heutigen Tage jedoch hat der Kongreß noch kein Gesetz gegen internationale elterliche Entführer erlassen. Die Geiselnahme wird seit 1983 als eine Form der Entführung definiert und bundesweit als Verbrechen geahndet. Wenn dagegen ein Elternteil ein Kind in ein anderes Land verschleppt, was viel öfter vorkommt, gilt dies als eine familienrechtliche Angelegenheit außerhalb der Zuständigkeit der Regierung. Weil eine solche Entführung auf Bundesebene nicht als Verbrechen gilt, kann das Außenministerium wenig gegen das Land unternehmen, in welches das Kind entführt worden ist. Ein Auslieferungsbegehren ist nicht möglich. Der elterliche Entführer hat sich dem Arm des Gesetzes entzogen.

Wenn ich meine Zuhörer über diese offensichtliche Gesetzeslücke informiere, reagieren sie entsetzt und empört. Spreche ich über dieses Problem im Ausland, ist das Publikum noch erstaunter. Ebenso reagierte eine wachsende Zahl von Abgeordneten in Washington. Im Jahre 1990 verabschiedete der Senat der Vereinigten Staaten mit überwältigender Mehrheit einen Gesetzentwurf, der die internationale elterliche Entführung bundesweit zu einem Verbrechen machte. Als ich im September desselben Jahres vor einem Rechtsausschuß des Repräsentantenhauses zusammen mit anderen Befürwortern des Entwurfs aussagte, schien man uns mit großem Wohlwollen zuzuhören. Ich reiste mit dem Gefühl nach Hause, demnächst einen Erfolg feiern zu können. Aber der Entwurf ging in der Bürokratie des Parlaments unter und wurde nie verabschiedet.

Im Jahre 1991 verabschiedete der Senat das Gesetz nochmals, diesmal als Ergänzung zum Comprehensive Crime Control Act. Das Repräsentantenhaus schloß sich dem an, und das Gesetz wanderte zu einem gemeinsamen Resolutionsausschuß. Dort blieb es über die Zeit liegen und konnte nicht in Kraft treten. Das Problem ist also nicht die Opposition, sondern fehlende Antriebskraft, die Trägheit unseres Regierungssystems zu überwinden. Sollte das Gesetz doch noch in Kraft treten, so ist dies vor allem den beiden Senatoren Alan Dixon aus Illinois und Donald Riegle aus Michigan und ihren Mitarbeiterinnen Sara Pang und Chris Korest zu verdanken. Sie haben in den vergangenen fünf Jahren hart auf diesen Durchbruch hingearbeitet.

»Für uns ist das ein wichtiges Thema«, sagte ein anderer Mitarbeiter von Senator Dixon, »nicht jedoch für Menschen, die mit der Problematik nicht vertraut sind. Wir mußten uns jahrelang abrackern, das öffentliche Bewußtsein zu wecken. Wenn die Senatoren und Kongreßabgeordneten erst einmal durch ihre Wählerschaft von solchen Fällen gehört haben, unterstützen sie uns immer.«

Nach meinen Erfahrungen in Washington konnte ich den Ausspruch würdigen: »Dafür ist ein Bundesgesetz notwendig.« Ich bewunderte die Mütter von Algier noch mehr als bisher, weil sie ohne politische oder finanzielle Macht gleich *zwei* nationale Regierungen zur Kooperation veranlaßt hatten. Die Mütter hatten keinerlei Einfluß auf Handel und Geopolitik, aber sie setzten sich durch.

Ich freue mich auf den Tag, an dem sich der Kongreß der jungen Bürger annimmt, die nicht auf sich selbst achtgeben können, zumal wenn sie im Ausland gefangengehalten werden. Bei meiner Suche nach einer Lösung des internationalen Problems der Kindesentführung kam ich in viele Länder dieser Erde.

Bei einem Besuch in Deutschland im September 1990 hörte ich, eine dortige Organisation sei über *Nicht ohne meine Tochter* verärgert.

Die IAF (Interessengemeinschaft der mit Ausländern verheirateten Frauen e.V.) wurde von den deutschen Ehefrauen türkischer und anderer Einwanderer gegründet; die Frauen wollten ihre Ehemänner vor bestimmten Politikern schützen, die deren Abschiebung forderten. Sie bestanden auf ihrem Recht, mit ihren Männern in ihrer Heimat zu leben, und setzten sich für interkulturelle Verständigung ein. Auch sie blieben vom Problem der internationalen elterlichen Entführung nicht verschont.

Ich wurde von vielen deutschen Journalisten, denen ich ein Interview gab, um meine Meinung zu einem Artikel im *Spiegel* gefragt, in dem die IAF zu meiner Haltung den Iranern gegenüber Stellung nahm. Die IAF glaubte fälschlicherweise, ich wolle die Menschen davor warnen, außerhalb ihrer eigenen Kultur zu heiraten. Sie warf mir außerdem vor, ein verzerrtes Bild von den Iranern zu zeichnen und die häßlichen Vorurteile gegenüber Ausländern auszuschlachten.

Diese Reaktion enttäuschte mich. Seit dem Tag meiner Ankunft in Teheran hatte ich mit den Iranern gelitten, die während der Islamischen Revolution und des Krieges mit dem Irak soviel durchgemacht hatten. Nie hatte ich einen Zweifel daran gehabt, daß für mein persönliches Elend nur ein Mensch verantwortlich war: mein Mann. Ich habe nie allgemeine Urteile über die Iraner gefällt, erst recht nicht, nachdem so viele meine Freunde geworden waren und mir bei der Flucht geholfen hatten.

Während fundamentalistische schiitische Moslems Moodys Verhalten billigten und ihn darin bestärkten, lehnten viele gewöhnliche Iraner es ab. Tatsächlich waren viele meiner iranischen Bekannten – von Moodys engsten Angehörigen abgesehen – beschämt und erzürnt über das, was Moody Mahtab und mir antat. Sie gaben sich viel Mühe, uns zu helfen, damit wir nicht dachten, alle Iraner seien gleich. Nur ich weiß, was sie für uns getan haben, und ich begreife, daß wir ihnen unser Leben verdanken. Unsere Kulturen sind sehr verschieden, aber ich habe niemals auch nur angedeutet, die westliche Kultur sei gut und die persische Kultur schlecht. Ich war überzeugt, daß die IAF etwas mißverstanden hatte. Trotz der Vorbehalte meiner deutschen Lektorin, die um meine Sicherheit besorgt war, wollte ich mich mit dieser Gruppe treffen, um das Mißverständnis auszuräumen.

Angesichts der Geiselnahmen im Libanon und der Drohungen gegen den Schriftsteller Salman Rushdie hatte ich dann doch plötzlich Angst. Wäre Arnie nicht bei mir gewesen, hätte ich vielleicht nicht den Mut gehabt durchzuhalten. Ich bat um ein Treffen an einem öffentlichen Ort, und die Wahl fiel auf ein Restaurant. Während des Gesprächs schienen die sechs Frauen, welche die IAF vertraten, langsam einzusehen, daß unsere Ziele keinen Gegensatz zu den ihren bildeten. Wir hatten uns kaum fünf Minuten unterhalten, als eine der Frauen sagte: »Ich glaube, wir haben Sie falsch eingeschätzt.« Den Frauen wurde klar, daß ich keinen Groll gegen die Iraner hegte und daß ich niemanden verletzen wollte. Umgekehrt gelangte ich zu der Überzeugung, daß die IAF eine rechtschaffene Gruppe mit ehrenwerten Absichten ist.

Zu meiner Überraschung stellte ich fest, daß die Ziele der IAF den meinen sehr ähnlich sind. Da ich mehr über die Gruppe erfahren wollte, vereinbarte ich ein weiteres Treffen – diesmal in ihrer Frankfurter Zentrale, einem Hochhaus mit zahlreichen Büros und Konferenzräumen. Eine eindrucksvolle Bibliothek umfaßt Bücher über Kulturen und Religionen aus aller Welt, darunter auch einige von der Gruppe verfaßte Werke über gemischtnationale Ehen und Beziehungen. Andere Räume sind mit Kunstwerken geschmückt. Im Raum für Indien kann man zum Beispiel indische Musik hören, indische Bücher lesen, über indische Teppiche gehen und sogar indisch essen.

Die IAF hat bei deutschen Gerichten einen guten Ruf und wird oft zur Beratung herangezogen, wenn es um internationale Fälle des Sorge- oder Besuchsrechts geht. Besteht die Gefahr einer Kindesentführung, wird der elterliche Besuch unter Aufsicht im Haus der IAF abgehalten. Die IAF bietet auch eine Eheberatung an sowie allgemeine Informationen für alle, die einen Partner aus einem anderen Kulturkreis heiraten wollen.

Trotz aller Zuversicht bin ich jedoch realistisch genug einzusehen, daß kein Land, so gut seine Absichten auch sein mögen, dieses Problem allein lösen kann. Internationale Probleme können definitionsgemäß nur auf internationaler Ebene gelöst werden. Dieses Ziel verliere ich nie aus den Augen.

12

Eine Welt für Kinder

Das Haager Abkommen ist die beste Lösung, um mit dem Problem der internationalen Kindesentführung fertig zu werden.

Die steigende Zahl der Entführungsfälle in Kanada führte zur Ausarbeitung des Haager Abkommens über die zivilrechtlichen Aspekte der internationalen Kindesentführung. Frankreich und Portugal schlossen sich Kanada im Jahre 1980 an und unterzeichneten das Abkommen.

1988, ein Jahr nach der Veröffentlichung von *Nicht ohne meine Tochter*, ratifizierten die Vereinigten Staaten als zehntes Land das Haager Abkommen. Mittlerweile gibt es 24 Unterzeichnerstaaten. Im Grunde genommen erkennen die Mitglieder der Vereinten Nationen die Grundsätze des Haager Abkommens an.

Im Jahre 1991 reiste ich nach Den Haag und sprach dort mit Adair Dyer, der am Entwurf maßgeblich mitgearbeitet hatte. Er erklärte mir die Entstehungsgeschichte und die Einzelheiten des Abkommens.

Das Haager Abkommen besagt in Kürze, daß jedes Kind unter 16 Jahren, das »widerrechtlich« in ein anderes Land gebracht worden ist, sofort wieder in sein bisheriges Zuhause oder an seinen bisherigen »Lebensmittelpunkt« zurückgeschickt werden muß. Anders ausgedrückt: Der Zustand, der vor der Entführung bestanden hat, muß wiederhergestellt werden.

Das Abkommen verhängt keine Strafen und versucht nicht, strittige Sorgerechtsansprüche zu klären. Vielmehr stellt es fest, daß das dringlichste Problem – und das wahre Delikt – die Entführung an sich ist. Nach der Übereinkunft müssen Auseinandersetzungen um das Sorgerecht vor einem Gericht in der Heimat des Kindes geführt werden. Ein elterlicher Entführer kann den Wohnsitz der Familie jetzt nicht mehr verlassen, um anderswo günstigere Bedingungen für seine Ansprüche zu suchen oder um eine Gerichtsverhandlung zu umgehen.

Die traditionellen Zufluchtsländer wie zum Beispiel die Vereinigten Staaten und Deutschland, die einst elterlichen Entführern in beiden Richtungen Asyl boten, bestehen als solche nicht mehr. Wäre das Abkommen in diesen Ländern schon 1989 in Kraft gewesen, hätte Craig DeMarr eine legale Alternative zur Rückentführung seiner Töchter gehabt.

»Wir schieben den Entführungen einen Riegel vor und bringen die Leute dahin, wohin sie gehören, nämlich vor Gericht«, sagte ein Beamter des amerikanischen Außenministeriums. »Wir verbieten niemandem, Kinder ins Ausland zu bringen. Wir verlangen lediglich, daß er sich zuerst mit dem Sorgerecht auseinandersetzt. Man kann nicht einfach wegrennen.«

Für amerikanische Eltern gelten die gleichen Maßstäbe wie für Eltern aus anderen Unterzeichnerstaaten. Dies belegt der Fall von Henry und Michèle Tyszka. Er war Lehrer und US-Bürger, sie war Französin. Ihre beiden kleinen Kinder hatten relativ lange – vierzehn beziehungsweise neun Monate – in Frankreich gelebt und französische Schulen besucht. Im Sommer 1990 kaufte Henry Rückflugkarten für sich und die beiden Kinder, um Michigan zu besuchen. Michèle fuhr sie zum Flughafen.

Doch am 4. September reichte Henry, statt wie geplant zurückzukehren, die Scheidung ein. Er rief seine Frau an und teilte ihr mit, er werde die Kinder behalten. Daraufhin reichte Michèle ihrerseits die Scheidung in Frankreich ein und berief sich vor einem Landgericht in Michigan auf das Haager Abkommen.

Im November, nur zwei Monate später, entschied der Landrichter, Henry habe die Kinder widerrechtlich in den Vereinigten Staaten zurückgehalten und das Sorgerechtsurteil müsse am Wohnsitz der Kinder in Frankreich gefällt werden. Er verfügte die Rückgabe der Kinder an Michèle, die mit ihnen nach Frankreich zurückkehrte.

Die Sorgerechtsverhandlungen finden in Frankreich statt.

In Krisenfällen kann man das Abkommen recht schöpferisch einsetzen. 1987 versuchte ein Vater, seine beiden Töchter aus deren australischer Heimat nach Saudi-Arabien zu entführen. Doch sie wurden bei einer Zwischenlandung in Zürich abgefangen. Australische Beamte hatten sich bei der Schweizer Behörde auf das Haager Abkommen berufen; hätten sie gewartet, bis die Kinder Saudi-Arabien, einen Nichtunterzeichnerstaat, erreichten, wäre das Abkommen unwirksam gewesen. Die Mutter und die Töchter wurden in der Schweiz zusammengeführt und kehrten nach Australien zurück.

Trotz solcher ermutigender Beispiele ist es schwierig, die allgemeine Wirkung des Haager Abkommens einzuschätzen. Angaben über Kindesentführungen sind – wie Statistiken über Vergewaltigungen – ungenau und irreführend. Das amerikanische Außenministerium kann nur die Zahlen an uns weitergeben, die ihm selbst von betroffenen Eltern vorliegen. Da das Bewußtsein der Öffentlichkeit für solche Fälle gestiegen ist, dürfen wir annehmen, daß in Zukunft mehr Fälle gemeldet werden. Immerhin hat das Haager Abkommen offenbar einen gewissen Einfluß. Nach Jahren starker Zunahmen scheint die Zahl der elterlichen Entführungen in den Vertragsstaaten zurückzugehen. In den drei Jahren seit der Ratifizierung des Abkommens durch die Vereinigten Staaten hat das Außenministerium 800 Entführungen aus und nach den USA bearbeitet. Die Hälfte dieser Kinder ist jetzt wieder zu Hause – entweder infolge eines Gerichtsbeschlusses oder nach freiwilliger Rückgabe.

Wie beim algerisch-französischen Abkommen bekennen die Unterzeichnerstaaten sich zu einem wichtigen Prinzip: Das Wohl der Kinder ist keine Angelegenheit, die innerhalb der Familie oder auf lokaler Ebene geregelt wird, und der Schutz der Kinder – der Zukunft aller Nationen – ist ein Abkommen auf höchster Ebene und den Einsatz der gesamten Staatsmacht wert. Anne-Marie Lizin drückte es so aus: »Kinder müssen so wichtig werden wie ein Erdgasabkommen.«

Trotz des vielseitigen Potentials des Haager Abkommens gibt es noch allzu viele Zufluchtsorte für elterliche Entführer. Das Abkommen hat außerhalb der Vertragsstaaten – also in Afrika und in fast ganz Asien – keinerlei Wirkung. Im Gegensatz zur algerisch-französischen Übereinkunft muß das Haager Abkommen in den islamischen Ländern noch durchgesetzt werden.

Diese Einschränkung läßt das algerisch-französische Abkommen noch bemerkenswerter erscheinen, nämlich als Modell für künftige Bemühungen dieser Art. Bis heute hat noch niemand fertiggebracht, was die Mütter von Algier geschafft haben. Sie haben eine Brücke zwischen zwei unterschiedlichen Kulturen geschlagen, jahrhundertelange Auseinandersetzungen überwunden, zwei mißtrauische Regierungen miteinander versöhnt und dadurch Millionen von Menschen ermöglicht, ein universales Prinzip in Ehren zu halten: daß das Wohl der Kinder zuerst kommt.

Ein anderer Fall, in den Frankreich verwickelt war, führt auf eindrückliche Weise vor Augen, wie wichtig es ist, daß die Grundsätze des Haager Abkommens überall durchgesetzt werden. Alles begann 1980 in Großbritannien. Zana und Nadia Muhsen, zwei typisch britische Teenager, wurden von ihrem Vater eingeladen, die Ferien in seiner Heimat Jemen zu verbringen. Die Schwestern träumten von Kamelrennen und sauberen Stränden und stimmten begeistert zu. Zana war damals 15 Jahre alt, Nadia war ein Jahr jünger. Für sie war die Reise ein exotisches Abenteuer, bevor die Schule wieder anfing.

Im Jemen, über 1500 Kilometer von zu Hause entfernt, mußten die Schwestern erfahren, daß ihr Vater sie in unmenschlichster Weise betrogen hatte: Er hatte sie nach jemenitischem Brauch für 12 000 englische Pfund in arrangierte Ehen verkauft. Die Käufer brachten die Mädchen in entlegene Dörfer, und dort begann für sie ein Alptraum ohnegleichen.

Eine Frau, die in ein jemenitisches Dorf einheiratet, wird zur Sklavin. Das Wort des Ehemanns oder des Schwiegervaters ist absolutes Gesetz. Wenn Zana und Nadia den Befehlen dieser Männer nicht gehorchten, wurden sie verprügelt. Dazu kam die schwere körperliche Arbeit, die sie im Dorf verrichten mußten, wo es wie im Mittelalter keinen Strom, kein Telefon und keine ärztliche Betreuung gab. Um ihre Familien mit Wasser zu versorgen, mußten sie bis zu zwölfmal am Tag mit schweren Krügen auf dem Kopf auf einen Berg steigen. Sie verbrachten zahllose Stunden damit, von Hand Mais zu mahlen, um Brot backen zu können.

Ihre Kinder brachten sie zu Hause zur Welt, ohne Ärzte oder Medikamente.

Ich erfuhr von dem furchtbaren Schicksal der Schwestern auf meiner Lesereise durch Europa im März 1988, wenige Tage nach meiner ersten Begegnung mit den Müttern von Algier. Die Geschichte entsetzte mich. In mir regte sich mein mütterlicher Instinkt, und zugleich fühlte ich mit den Töchtern als verheiratete Frau, die selbst einmal gegen ihren Willen in einem fremden Land festgehalten worden war.

Die Mutter hatte ihre Töchter damals gerade im Jemen ausfindig gemacht, und jetzt endlich wurde auch die Presse auf sie aufmerksam. Die jemenitischen Behörden wurden sowohl von den Medien wie auch von diplomatischer Seite unter Druck gesetzt. Sie stimmten zu, Zana noch im selben Jahr ausreisen zu lassen – unter der Bedingung, daß sie die Scheidungspapiere unterzeichnete. Dabei wurde Zana zum zweitenmal betrogen. Da die Schriftstücke ausnahmslos in arabischer Sprache abgefaßt waren, konnte sie nicht wissen, daß sie mit ihrer Unterschrift gleichzeitig auf das Sorgerecht für ihren zweijährigen Sohn Markus verzichtete.

»Mach schnell und hole mich, sobald du kannst«, bat Nadia ihre Schwester beim Abschied. Sie versprach, bis zur Rückkehr ihrer Schwester für Markus zu sorgen, aber man nahm ihr den Jungen kurz nach Zanas Abreise weg und brachte ihn an einen unbekannten Ort.

Nach England zurückgekehrt, hörte Zana drei Jahre lang nichts von ihrer Schwester. Jede Kommunikation erwies sich als unmöglich. Aber Zana vergaß ihre Schwester und die Kinder nicht. Sie verklagte ihren Vater wegen Kindesentführung (der Prozeß ist noch nicht entschieden) und schrieb ein Buch mit dem Titel *Verkauft*, von dem sie sich erhofft, daß es genug öffentliches Interesse weckt, um Nadia, ihre Kinder und Markus zu befreien.

Ich bekam die englischen Fahnen des Buches von Anja Kleinlein, als ich im Juni 1991 in Deutschland meinen Film vorstellte. Das Buch war zwar nicht besonders gut geschrieben, und in Großbritannien waren nur 9000 Exemplare verkauft worden, aber ich konnte es trotzdem nicht mehr aus der Hand legen. Das uns so fremde Milieu, die unaussprechliche Qual der Mädchen, Zanas ungeheurer Mut – all das trug dazu bei, daß mich das Buch fesselte.

Ich gab meine Eindrücke an meinen französischen Verleger Fixot weiter, und er beschloß, das Buch herauszubringen. *Verkauft* wurde neu geschrieben und als erster Band einer »Betty-Mahmoody-Reihe« in Frankreich herausgegeben. Ich hatte die Ehre, das Vorwort zu dieser Ausgabe schreiben zu dürfen, die in Frankreich und Deutschland auf großes Interesse stieß. Fixot bat alle französischen Journalisten, sie sollten ihre Leser auffordern, an die jemenitische Botschaft zu schreiben oder dort anzurufen und Nadias Befreiung zu verlangen. Die Botschaft wurde von Briefen und Telefonanrufen geradezu überschwemmt. Über ein Jahrzehnt nachdem die Schwestern ihren »Ferienaufenthalt« angetreten hatten, war ihr Fall zu einer Cause célèbre geworden.

Am 5. Februar 1992, auf den Tag genau sechs Jahre nachdem Mahtab und ich in Ankara angekommen waren, lernte ich Zana bei Fixot kennen. Mit ihren schwarzen Haaren, den schwarzen Augen und der dunklen Haut sah sie ganz wie eine Araberin aus, aber sie sprach mit unverkennbar britischem Akzent. Lange Jahre des Maismahlens hatten von Zana ihren Tribut gefordert: Ein Handgelenk war arthritisch deformiert, und ihre Fingerspitzen waren dauerhaft vergrößert.

Die Geschichte der Schwestern sollte der Öffentlichkeit in der beliebten französischen Fernsehsendung *Sacrée Soirée* vorgestellt werden, man lud deshalb Zana und mich ein, zusammen mit dem jemenitischen Botschafter in Frankreich in der Sendung aufzutreten. Als 14 Millionen Zuschauer die schrecklichen Einzelheiten von Zanas Gefangenschaft erfuhren, schien sich der Botschafter zunehmend unbehaglich zu fühlen.

»Die Schwestern wurden gegen ihren Willen festgehalten«, gab er schließlich zu. »Diese Männer haben etwas getan, was ein schlechtes Licht auf das ganze jemenitische Volk wirft.« Der Botschafter versprach dem Moderator der Sendung, er dürfe Zana mit seinem Kamerateam in den Jemen begleiten, um dort Nadia und die Kinder der beiden Schwestern ausfindig zu machen. Die Macht der Medien war mir nie deutlicher als in diesem Moment.

Fünf Tage später reisten Zana und ihre Mutter in Begleitung eines Kamerateams und meines Verlegers Bernard Fixot in den Jemen. Leider hielt die jemenitische Regierung ihr Versprechen nicht. Nadia, die inzwischen 26 Jahre alt war, wurde zwar zu dem Treffen mit ihrer Schwester und den anderen gebracht – allerdings ohne ihre Kinder, die sie im Dorf hatte zurücklassen müssen. In Gegenwart von 30 bewaffneten jemenitischen Soldaten beharrte die offensichtlich eingeschüchterte, zitternde Nadia darauf, sie wolle das Land nicht verlassen. Es war unmöglich, ihr ihre wahren Gefühle zu entlocken. Vielleicht fühlte Nadia, daß es zu spät für sie war und daß sie – von ihren eigenen Wünschen einmal abgesehen – die Kinder einem solchen Schock, wie es die Verpflanzung in eine völlig andere Kultur gewesen wäre, nicht aussetzen durfte.

Auch wenn Nadia, ihre Kinder und Markus noch heute im Jemen sind, eines macht dieser Entführungsfall ganz deutlich: Die französische Öffentlichkeit erfuhr von diesem Skandal, war empört darüber, daß britische Staatsbürger im Jemen gefangengehalten wurden, und handelte.

Die französische Reaktion muß im Zusammenhang mit unserer sich immer schneller verändernden Welt gesehen werden. In den letzten Jahren haben wir eine ganze Reihe umwälzender Wandlungen erlebt. Die Stimme der Freiheit wurde gehört, und viele, die bis dahin unter dem Diktat des Kommunismus leben mußten, folgten ihr. Araber und Israelis kommen zu Friedensgesprächen zusammen. Der Krieg im Persischen Golf hat bewiesen, daß die Länder der Erde Aggressionen gemeinsam entgegentreten können.

In ihrer Gesamtheit lassen diese Ereignisse auf die Entstehung eines globalen Bewußtseins schließen: auf gemeinsame Prinzipien und Handlungen, auf eine wachsende Einheit, die durch den umwälzenden Fortschritt in der Kommunikation und im Verkehrswesen begründet ist. Das neue Bewußtsein hat die Vision einer neuen Welt zur Folge, in der nationale Grenzen überwunden und die Schwachen geschützt werden.

Ein wichtiger Bestandteil der neuen Vision ist, daß alle Kinder angeborene Rechte haben und nicht gewaltsam aus einer Kultur herausgerissen und in eine andere verpflanzt werden sollten. Diesem Ziel gilt die Organisation »One World: For Children«, die ich zusammen mit Arnie Dunchock aufgebaut habe. Die Organisation widmet sich der interkulturellen Verständigung und dem Schutz von Kindern überall auf der Welt. Sie wurde 1990 offiziell gegründet und erhielt im darauffolgenden Jahr einen steuerfreien, gemeinnützigen Status.

In unserer Grundsatzerklärung steht, daß die Organisation nach einer »neuen Weltordnung strebt, in der Vernunft vorherrscht und die Rechte der Kinder anerkannt und geschützt werden«.

»One World: For Children« ermöglicht, den von einer Kindesentführung betroffenen Eltern, die mich jeden Tag anrufen, systematischer zu helfen. Die Organisation fördert die Verständigung zwischen unterschiedlichen Kulturen, berät Eltern, deren Kinder entführt worden sind, und vermittelt den Kontakt zu Behörden und Sachverständigen.

Wir sagen nicht, daß man sich nicht in Menschen aus einem anderen Kulturkreis verlieben sollte. Jedesmal wenn ich Mahtab ansehe, wird mir klar, welch ein Geschenk eine solche Beziehung sein kann. Aber wir raten allen, sich so viel Wissen wie möglich über das kulturelle und familiäre Leben in der Heimat des zukünftigen Partners anzueignen. Diese Art der Aufklärung in Verbindung mit einer offenen Diskussion kann einer Ehe nur helfen – und vor allem den Kindern, die dieser Ehe entspringen.

Die Vision des Haager Abkommens wird von unserer Organisation geteilt. Ich kann nur hoffen, daß die Zahl der Vertragsstaaten weiterhin wächst – vielleicht etwas schneller als in der Vergangenheit. Selbst wenn Staaten dem Haager Abkommen formell nicht beitreten, bleibt doch zu wünschen, daß sie Entführungsfälle in gegenseitigem Einvernehmen regeln.

Ich stelle mir eine Welt vor, in der die Rechte von Kindern respektiert und kulturelle Unterschiede anerkannt werden; eine Welt, in der kein Kind zu fürchten braucht, Mutter oder Vater zu verlieren, und in der es keine verlassenen Eltern gibt.

Die Welt hat endlich begonnen, vom Problem der internationalen elterlichen Kindesentführung Notiz zu nehmen. In den Vereinigten Staaten, Frankreich, Algerien und Deutschland werden verschiedene Wege zu einer Lösung des Problems erprobt.

Drei Jahre nachdem mich Teresa Hobgood vor Moody warnte, ist Mahtab immer noch an meiner Seite und in Sicherheit. Trotzdem vergeht kaum ein Tag, an dem ich mich nicht frage, wann Moody zuschlagen wird. Obwohl ich wirklich dankbar dafür bin, mit meiner Tochter zusammenleben zu dürfen, teile ich das Leid vieler anderer Eltern, deren Kinder entführt worden sind oder die eine Entführung befürchten.

Christy Khan, Ramez Shteih, Craig DeMarr, Mariann Saieed, Marie-Anne Pinel und Tausende anderer betroffener Eltern, deren Geschichte hier unerwähnt bleibt, haben unvorstellbare Einsamkeit und Verzweiflung durchlitten. Trotzdem haben sie nicht aufgegeben, genausowenig wie ich im Iran, und sie schöpfen immer neuen Mut aus der mächtigsten Kraft, die die Menschheit kennt: der Liebe zu ihren Kindern.

Nachbemerkung

Im Falle einer internationalen elterlichen Entführung kann der verlassene Elternteil unter Berufung auf das Haager Abkommen bei der zuständigen zentralen Vollstreckungsbehörde des Landes, in welches das Kind entführt wurde, vorstellig werden. Sobald ein Elternteil einen solchen Antrag einreicht, werden laufende Sorgerechtsverfahren vorläufig eingestellt. Auf Veranlassung der zentralen Behörde entscheidet das zuständige Gericht – in den Vereinigten Staaten ein Gericht auf Staats- oder Bundesebene – nur darüber, ob eine rechtswidrige Handlung vorliegt. Stellt das Gericht fest, daß das Kind in dem Land, wo die Entführung stattfand, seinen »Lebensmittelpunkt« hat, verfügt es, daß das Kind zurückgegeben wird.

Das Haager Abkommen tritt immer dann in Kraft, wenn ein elterlicher Entführer gegen eine Sorgerechtsverfügung verstößt. Es läßt sich jedoch auch auf Fälle anwenden, in denen es keine Sorgerechtsverfügung gibt, wenn zum Beispiel ein Ehepartner ohne Erlaubnis des anderen gemeinsame Kinder ins Ausland bringt. Um das Kind nicht einer noch größeren Belastung auszusetzen, wird meist schnell entschieden. In Großbritannien beispielsweise, wo die Gerichte besonders rasch und ausgewogen entscheiden, werden die Kinder im allgemeinen innerhalb eines Monats nach Antragstellung zurückgegeben.

Es gibt Ausnahmen, die jedoch sehr eng definiert sind. Wenn ein Kind schon länger als ein Jahr in dem Land lebt, in das es entführt wurde, kann das Gericht verfügen, daß es dort bleibt – aber nur, wenn der elterliche Entführer beweisen kann, daß das »Wohl des Kindes« in der neuen Umgebung gewährleistet ist. Das Gericht kann eine Herausgabe des Kindes auch dann verweigern, wenn das Kind dadurch physisch oder psychisch ernsthaft gefährdet würde.

Die folgende Liste der unabhängigen Staaten der Welt (Stand April 1992) wurde von der National Geographic Society, Washington, zur Verfügung gestellt.

Die Aufstellung der mit Sternchen gekennzeichneten Länder, die das Haager Abkommen über die zivilrechtlichen Aspekte internationaler Kindesentführung unterzeichnet haben, wurde vom amerikanischen Außenministerium zur Verfügung gestellt.

Einige Unterzeichnerstaaten haben nicht mit allen anderen Mitgliedern gegenseitige Abkommen geschlossen.

Im Falle einer Entführung oder wenn Sie mehr über den Status Ihres Landes nach dem Haager Abkommen wissen wollen, wenden Sie sich bitte an die Behörden Ihres Landes oder an eine der folgenden Adressen:

Mr. Adair Dyer, Erster Sekretär
(englisch, französisch und spanisch)
oder die Sekretariate:
Mrs. Françoise Franck (französisch)
Mrs. Sarah Adam (englisch)
Mrs. Laura Molenaar (englisch)

Haager Konferenz des Internationalen Privatrechts
Ständiges Büro
Scheveningseweg 6
NL-2517 KT Den Haag
Telefon: 0031/70/3633303
Telex: 33383
Telefax: 0031/70/3604867

oder:

One World: For Children
P.O. Box 124
Corunna, Michigan 48817
USA
Telefon: 001/517/7252392

Afghanistan
Ägypten
Albanien
Algerien
Andorra
Angola
Antigua und Barbuda
Äquatorialguinea
Argentinien*
Armenien
Aserbaidschan
Äthiopien
Australien*
Bahamas
Bahrain
Bangladesch
Barbados
Belau (Palauinseln)
Belgien
Belize*
Benin
Bhutan
Birma
Bolivien
Bophutha Tswana
Bosnien und Herzegowina
Botsuana
Brasilien
Brunei
Bulgarien
Burkina Faso (Obervolta)
Burundi
Chile
China, Volksrepublik
Ciskei
Costa Rica
Dänemark*
Deutschland*
Dominica
Dominikanische Republik
Dschibuti
Ecuador*
Elfenbeinküste
El Salvador
Estland
Fidschi
Finnland
Frankreich*
Gabun
Gambia
Georgien
Ghana
Grenada
Griechenland
Großbritannien*
Guatemala
Guinea
Guinea-Bissau
Guyana
Haiti
Honduras
Indien
Indonesien
Irak
Iran
Irland*
Island
Israel*
Italien
Jamaika
Japan
Jemen
Jordanien
Jugoslawien*

Kambodscha
Kamerun
Kanada*
Kap Verde
Kasachstan
Katar
Kenia
Kirgisien
Kiribati
Kolumbien
Komoren
Kongo
Korea, Nord-Korea
Korea, Süd-Korea
Kroatien
Kuba
Kuwait
Laos
Lesotho
Lettland
Libanon
Liberia
Libyen
Liechtenstein
Litauen
Luxemburg*
Madagaskar
Makedonien
Malawi
Malaysia
Malediven
Mali
Malta
Marokko
Marshallinseln
Mauretanien
Mauritius
Mexiko*
Mikronesien
Moldawien
Monaco
Mongolei
Mosambik
Namibia
Nauru
Nepal
Neuseeland*
Nicaragua
Niederlande*
Niger
Nigeria
Norwegen*
Oman
Österreich*
Pakistan
Panama
Papua-Neuguinea
Paraguay
Peru
Philippinen
Polen
Portugal*
Ruanda
Rumänien
Rußland
Saint Christopher-Nevis
(Saint Kitts)
Saint Lucia
Saint Vincent
Salomoninseln
Sambia
San Marino
São Tomé e Principe
Saudi-Arabien

Schweden*
Schweiz*
Senegal
Seychellen
Sierra Leone
Simbabwe
Singapur
Slowenien
Somalia
Spanien*
Sri Lanka
Südafrika
Sudan
Surinam
Swasiland
Syrien
Tadschikistan
Tansania
Thailand
Togo
Tonga
Transkei
Trinidad und Tobago
Tschad
Tschechoslowakei
Tunesien
Türkei
Turkmenistan
Tuvalu
Uganda
Ukraine
Ungarn*
Uruguay
Usbekistan
Vanuatu
Vatikanstadt
Venda
Venezuela
Vereinigte Arabische Emirate
Vereinigte Staaten von Amerika*
Vietnam
Westsamoa
Zaire
Zentralafrikanische Republik
Zypern
Zypern, nördlicher Teil